江苏省“十四五”时期重点出版物出版专项规划项目

幼儿园劳动教育丛书

刘颖 虞永平 / 主编

用生命呵护生命

幼儿园饲养劳动教育实践探索

陈小娟
张贤青
桂国青
徐 婷
孟珊珊
著

江蘇鳳凰教育出版社
Phoenix Education Publishing, Ltd

感谢您使用本书。您在使用时如有建议或发现质量问题，请联系我们。
【内容质量】电话：4008283622
【印装质量】电话：4008283610

图书在版编目（CIP）数据

用生命呵护生命：幼儿园饲养劳动教育实践探索 / 陈小娟等著. -- 南京：江苏凤凰教育出版社，2024. 10. --（幼儿园劳动教育丛书 / 刘颖，虞永平主编）.
ISBN 978-7-5743-1254-8

Ⅰ. G613.3

中国国家版本馆 CIP 数据核字第 20244K44N9 号

幼儿园劳动教育丛书
书　　名　用生命呵护生命——幼儿园饲养劳动教育实践探索
作　　者　陈小娟　张贤青　桂国青　徐　婷　孟珊珊
出版策划　刘　煜
责任编辑　韩宇新
出版发行　江苏凤凰教育出版社（南京市湖南路 1 号 A 楼　邮编210009）
苏教网址　http://www.1088.com.cn
照　　排　江苏凤凰制版有限公司
印　　刷　江苏扬中印刷有限公司（电话：0511-88420818）
厂　　址　江苏省扬中市大全路 6 号
开　　本　787 毫米 × 1092 毫米　1/16
印　　张　23.25
版　　次　2024 年 10 月第 1 版
印　　次　2024 年 10 月第 1 次印刷
书　　号　ISBN 978-7-5743-1254-8
定　　价　68.00 元
网店地址　http://jsfhjycbs.tmall.com
公 众 号　苏教服务（微信号：jsfhjyfw）
邮购电话　025-85406265，025-85400774
盗版举报　025-83658579

序

劳动对人类而言，有着特殊且重要的价值。劳动能够创造财富、创造世界。劳动对个体的发展更有着不可替代的价值。劳动能够让人发现自我、改造自我、确证自我，因此我们说，劳动“使人真正成其为‘人’，根本超越了动物界”①。劳动是人全面发展的重要途径，劳动教育是全面发展教育体系的重要组成部分。在2018年的全国教育大会上，习近平总书记特别强调了劳动教育的重要性，强调要在学生中弘扬劳动精神，教育引导学生崇尚劳动、尊重劳动，懂得劳动最光荣、劳动最崇高、劳动最伟大、劳动最美丽。2020年3月，中共中央、国务院印发了《关于全面加强新时代大中小学劳动教育的意见》，强调了劳动教育是中国特色社会主义教育制度的重要内容，并要将劳动教育纳入人才培养的全过程。

遗憾的是，在过去的一段时间内，有关劳动教育的政策话语和研究热点主要出现在大、中、小学阶段，对幼儿园劳动教育的研究处于相对滞后的状态。然而，我们不能就此忽视劳动以及劳动教育对幼儿发展和学前教育质量提升的意义。

劳动活动是幼儿综合的学习。劳动需要动手。年龄较大的儿童，以对间接经验的学习为主，学习的场所能够发生在课堂中，学习的方式能够以讲解为主。而幼儿是在直接感知、实际操作、亲身体验的过程中学习的。让幼儿获得经验，就是让幼儿去做事。幼儿的劳动，就符合这里所说的做事的特点。劳动对幼儿学习的意义直接体现在为幼儿提供了更多做事的机会。

劳动能够促进儿童全面的发展。尽管劳动强调身体的参与，劳动教育强调劳动态度、劳动习惯和劳动情感的涵养，但其价值绝不仅仅局限在身体发展和价值

① 赵敦华，孙熙国．中西哲学的当代研究与马克思主义哲学创新［M］．北京：人民出版社，2011：298.

观的培养上。劳动的过程，是多个领域的经验有机结合的过程，也指向多个领域经验发展的过程。杜威在中国访问演讲时，就曾对南京高等师范学校附属幼稚园养蚕一事深有感触，并以此阐释劳动对学前儿童多领域发展的综合作用。

劳动教育是落实《3—6岁儿童学习与发展指南》（以下有时简称《指南》）精神、提升学前教育质量的重要抓手。劳动教育重在亲身参与和实践，强调幼儿动手能力的发展。开展劳动教育，为幼儿提供了丰富的直接感知、实际操作和亲身体验的学习机会，有利于改变学习方式小学化的倾向。劳动教育关注对儿童劳动素养的培养，促进儿童体、智、德、美和创造力的全面发展，有利于改变当前教育中“扬心抑身”的倾向，能更好地落实《指南》精神。

尽管劳动教育未曾远离过我国幼儿园教育实践一线，我们在幼儿园中也总能看到这样那样热火朝天的劳动场景，但有关幼儿园劳动教育的理论与实践还充满着挑战和难题。例如，如何在我们的课程中定位劳动教育？如何处理劳动教育中劳动品质涵养和其他方面发展的关系？怎样合理地处理劳力和劳心的关系？如何为新时代的幼儿园劳动教育注入时代发展的特点？如何提供满足当代幼儿需要的劳动教育？如何不断丰富幼儿劳动教育的内容和形式？如何建构幼儿园劳动教育的资源和环境？如何在劳动活动中有效地回应幼儿，并为幼儿提供充分的机会和挑战？如何协同家庭、社区的力量共同参与到幼儿园劳动教育的实践当中？

基于对幼儿劳动以及幼儿园劳动教育价值的考量，我们和全国有志于从事劳动教育研究的十多所幼儿园一道，从2019年开始，开展了系统的幼儿园劳动教育研究。参与研究的幼儿园来自我国各个地区，有着不同的园情和研究基础。但共同的，是他们研究劳动教育的决心、热情和努力。每一所参与劳动教育实践研究的幼儿园，既整体性地对幼儿园劳动教育进行了探究，还从园所自身的基础条件、幼儿发展的现实需求出发，选择了种植劳动、饲养劳动、工艺劳动、工程劳动、生活自理劳动、社群服务劳动中的一类，进行了深入的实践与研究，以获得更扎实的幼儿园劳动教育研究经验和研究成果。

在这数年时间中，参与幼儿园劳动教育研究的各所幼儿园迎难而上，在实践中重新审视了幼儿园劳动教育的价值，凝练了劳动教育的理念，总结了组织劳动教育活动的策略，梳理了与《指南》对接、符合幼儿身心发展规律的劳动教育目标，建构了与幼儿生活密切相关的劳动教育内容体系，探索了多种形式的劳动教育组织形式，并尝试开展幼儿劳动教育的评价工作。在与实验园所园长、老师们共同研究的过程中，我们见证了完整儿童的发展，见证了老师们教育观念的更新、教育方法的改善、教育能力的提升，见证了《指南》精神的逐渐落地。

江苏凤凰教育出版社策划并出版的这套“幼儿园劳动教育”丛书，是对幼儿园劳动教育理论和实践研究的总结与展示，是对幼儿园劳动教育理念、立场、观点、策略、方式、机制的挖掘和整理。作为国内第一套系统呈现幼儿园劳动教育研究成果的书籍，本套丛书在内容、形式、体例上都还有诸多不尽如人意之处，我们也将在后续的研究中不断完善。此时推出这套丛书，我们希望能够给更多的学前教育同行以启发，让更多的幼儿园深刻地认识到幼儿园劳动教育的价值和实现价值的可能性，让更多的幼儿园参与到幼儿园劳动教育研究的队伍中来，让幼儿园劳动教育研究的成果造福更多的儿童。

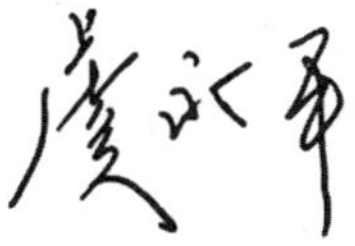

在自我奋进中攀登新高峰

国家推动学前教育发展提升行动计划以来，镇江学前教育发展的成绩是有目共睹的。他们抓住机遇，树立目标，创新手段，加速发展。二圣中心幼儿园的发展是一个典型的例子。记得省里开展课程游戏化项目不久，当时镇江句容市教育局分管领导在教育厅有关负责人的陪同下，来到南京师范大学，协商加强对句容学前教育的专业支持。2017年在镇江举行学前教育现场会，我被分配到二圣中心幼儿园，负责指导幼儿园课程游戏化项目建设。我亲眼见证了二圣中心幼儿园从茫然、被动到积极主动、努力创新的重大变化，看到了幼儿园在课程游戏化建设过程中很多的典型案例。我经常介绍的那棵大树及其相关的活动就来自这个幼儿园。

二圣中心幼儿园还参加了我组织的一个南京民间课程建设小组“课程四合院”，可以肯定地说，“二圣”这个编外的成员取得的成绩是最明显的。活动上“二圣”的每一次发言都能让人感受到他们在努力学习、在积极探索、在不断完善。陈小娟园长每次都出席并发言，甚至还拖着怀孕的身躯，赶那么远的路，坚持参加活动。正是这种强大的内需、务实的精神和对机会的积极把握，推动了幼儿园课程建设的不断进步。今天的二圣中心幼儿园已经脱胎换骨：环境呈现了崭新的面貌，真正体现了儿童为本的理念；儿童的活动形式多样，生动活泼，真正体现了“自由、自主、愉悦、创造”的游戏精神；课程的结构不断完善，理念清晰，目标完整，内容具有明显的本土特征。

二圣中心幼儿园还参加了刘颖副教授和我主持的幼儿园劳动教育项目。根据幼儿园环境资源的优势，二圣中心幼儿园重点研究了幼儿园的饲养劳动。饲养劳动一直是幼儿园劳动教育的重要内容。陶行知、陈鹤琴、张雪门都很关注儿童的饲养劳动。俄罗斯的学前教育体系中，仍然保留着饲养劳动的传统。饲养是对生命的了解和关注，是在关注的过程中，发现动物、植物、人以及环境条件之间的关系。饲养劳动不仅使儿童加深了对动物的认识，还使其了解动物生长发展和变化的过程，了解动物的特征和习性，了解动物生长的生态环境，并且有助于培养儿童的劳动态度、习惯和能力，增进儿童对动物和自然世界的情感。二圣中心幼儿园在儿童劳动教育的研究中，坚持把学习放在重要的位置，站位高，有明确的理念指导，鼓励儿童积极探索和尝试，教师为儿童饲养态度、能力和习惯的形成提供了很多有价值的机会，探索和积累了很多饲养劳动教育的策略和方法。二圣中心幼儿园的劳动教育内容丰富，儿童的参与性强，儿童的主动性、积极性和创造性得到了很好的激发。教师真正处于研究的状态，与儿童一起探索和发现，一起创新和变革。一个饲养劳动体系已经清晰地建立起来了。难能可贵的是，老师们已经能很好地使用学到的理论来说明和解释遇到的问题以及现象，理论真正伴随实践，指导实践和发展实践。

希望二圣中心幼儿园以饲养劳动研究的成果为新的起点，不断扩展劳动教育研究和实践的范围，以劳动教育的实践不断丰富幼儿园课程建设，真正为儿童提供更加丰富、更加适宜、更加有趣和更加有效的课程。为学前教育高质量发展提交二圣中心幼儿园的新答案。

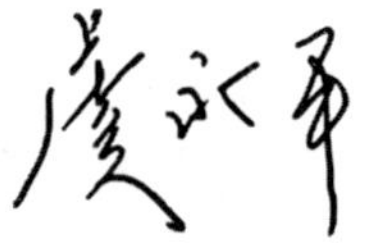

目录

第一章

饲养劳动教育概述

第一节
饲养劳动教育的内涵与价值

一、饲养劳动教育的内涵

所谓劳动是指："人们改变劳动对象使之适合自己需要的有目的的活动。"① 现代哲学家恩斯特·卡西尔在其著作《人论》中指出："人的突出特征，人与众不同的标志，既不是他的形而上学本性也不是他的物理本性，而是人的劳作。"② 可见，劳动是人的本质属性，是区别于其他动物的根本标志，它不仅创造了人，而且促进了人自身的进化和发展。

虞永平教授曾说过："从最本质的意义上来讲，幼儿的劳动就是同物质世界的相互作用。在劳动的过程中，幼儿使用工具或材料改变客观世界，达到自己的目的，并对包括劳动者在内的人产生一定的影响。"幼儿的劳动有别于传统意义上纯粹的体力劳动，是"劳力上的劳心"，是有思维参与的劳力的过程。饲养劳动是幼儿劳动的形式之一，是在动物饲养过程中劳力与劳心的过程。在这里需要提醒的是，饲养劳动不仅仅局限于喂养动物，而要以关系思维为前提，以动物饲养为出发点，涉及与动物饲养相关的方方面面，如喂食喂水、清洁打扫、修屋筑巢等方面以及由此衍生出来的相关活动。

劳动教育是指："对学生进行热爱劳动和劳动人民、珍惜劳动成果、树立正确的劳动态度、通过日常生活培养劳动习惯的教育活动。"③ 饲养劳动教育就是以

---

① 陈至立 . 辞海（第七版）缩印本［M］. 上海：上海辞书出版社，2022：1298.

② 卡西尔 . 人论［M］. 甘阳，译 . 上海：上海译文出版社，1985:87.

③ 同①.

饲养劳动为抓手，对学生进行热爱劳动、热爱劳动人民、珍惜劳动成果、树立正确的劳动态度、通过日常生活培养劳动习惯的教育活动。

劳动教育是基于人、培养人、发展人的教育，儿童的发展是一个整体，要促进儿童身心全面和谐发展，劳动教育是不可或缺的一个重要方面。幼儿阶段是劳动教育的启蒙阶段，是劳动素养培育的最佳时期。

二、饲养劳动教育的价值

蒙台梭利在《蒙台梭利早期教育法》中指明："为了身体成长的需要，有必要让儿童暴露在生机勃勃的自然力量面前……达到这个目标的途径，便是让儿童从事农业劳作，引导他们种植植物、养育动物，领会大自然的智慧意图。"①幼儿对动物具有与生俱来的好奇和兴趣，他们喜爱各种小动物，乐意与动物交朋友。饲养也是农村幼儿司空见惯的一项劳动活动。饲养的过程是幼儿感知和了解生命的一种方式，他们在悉心照料、饲养动物的过程中，逐渐熟悉动物的外形特征和生活习性，在与动物朝夕相处的过程中，不断增进对动物的情感。随着饲养劳动活动的持续和深入，幼儿探究的问题也会越来越多、越来越深入，如动物与植物的关系、动物与人的关系、动物与天气的关系，寻找答案的过程会让幼儿对生命的奥秘有更多了解，对生命的尊重与珍爱有更深的体验和理解。

这种贴近生活、基于兴趣同时又是发展需求的活动内容正是遵循了《幼儿园教育指导纲要（试行）》（以下简称《纲要》）中所说的选择活动内容的原则要求，同时也落实了《3—6岁儿童学习与发展指南》（以下简称《指南》）的精神，即"关注幼儿学习与发展的整体性"②，具体表现如下：

（一）饲养劳动促进幼儿"体"的发展

劳动过程中本就需要体力的付出，不管是清理棚舍，还是投食喂水，抑或是给水中小动物换水，都能锻炼幼儿体能。如为了建造一个合适的防疫工具柜，他们运送砖木，用锤子钉钉敲敲，这是大肌肉发展的好时机；整理、编制鸟笼，给豚鼠安装"家具"，这是小肌肉锻炼的机会；上二楼鸡窝捡鸡蛋，行走在窄长的楼梯上，又很好地锻炼了平衡能力。在饲养动物过程中正确熟练地使用各种工具，安全科学地照顾动物，会无形中帮助幼儿养成良好的生活卫生习惯，以及发展保护动物和保护自己的能力。如基于卫生要求的考虑会定期清扫棚舍，而进入棚舍时需要穿戴防护工具，这既是照顾动物的需要，也是自身安全保护的需要；要照

---

① 蒙台梭利．蒙台梭利早期教育法［M］．龙玫，译．杭州：浙江工商大学出版社，2018:117-118.

② 李季湄，冯晓霞．《〈3—6岁儿童学习与发展指南〉解读》［M］．北京：人民教育出版社，2013:39.

顾好动物势必要了解动物习性，按照动物的生长规律去饲养，在陪伴动物生长的美好体验中，他们会不断积累积极的情绪，感受到规律的作息对于呵护生命的作用，丰富自己的经验。

（二）饲养劳动促进幼儿“智”的发展

苏霍姆林斯基曾说过“那些最简单的劳动过程，都应当渗透研究性的、试验性的思想”，① 在学前教育中的劳动教育本就是劳心前提下的劳力，是有思维参与的体力活动过程，因此饲养劳动的过程就是幼儿思维能力运转的过程。如在为鸽子制作喂食器的活动中，幼儿通过观察、设计、比较、测量、记录、讨论等形式，在持续不断的尝试中，通过不断修正过程中出现的问题，最终完成喂食器的制作。在这一过程中，他们的空间思维、数概念、观察能力等方面都得到很好的发展，且积极主动、认真专注、不怕困难、敢于探究和尝试、乐于想象和创造等良好的品质也进一步得到强化。幼儿在与同伴、与成人的互动过程中，倾听与表达必不可少：倾听别人的意见和建议，表达自己的认知、计划、困惑等，饲养过程中也常常会翻阅工具书、阅读故事书，用图画和符号的方式记录饲养故事……这些都为幼儿语言的发展提供了机会。

（三）饲养劳动促进幼儿“德”的发展

蒙台梭利说过“动植物培育中蕴含着道德教育的宝贵途径”。② 在观察照顾动物的生长过程中，他们会自然而然地理解成人对自己的关爱。当他们认识到动物需要他们精心饲养、否则就会忍饥挨饿，甚至会生命终止时，就会开始感受到自身的使命。这种责任意识的养成，得益于照料动物过程中的自我教育，它甚至无需成人的谆谆教导而自然形成。不论是清理饲养场地还是喂食饲养动物，都会遇到需要分工合作解决问题的情况，幼儿通过“协商解决问题”③，实现“能与同伴友好相处”④ 的目标，在与同伴积极交往中不断发展适应社会生活的能力。幼儿在饲养过程中各司其职，无形中养成了“主动承担任务，遇到困难能够坚持而不轻易求助”⑤ 的坚毅、忍耐的良好品质；通过长期饲养照顾动物，他们真正感受到要“珍惜他人的劳动成果”⑥，进而自觉养成“尊重为大家提供服务的人”⑦。

---

① 刘颖 . 中国教育报 .2020 年 5 月 3 日 : 第三版 .

② 蒙台梭利 . 蒙台梭利早期教育法［M］. 龙玫 , 译 . 杭州 : 工商大学出版社 ,2018:118.

③④ 李季湄，冯晓霞 .《〈3—6 岁儿童学习与发展指南〉解读》［M］. 北京 : 人民教育出版社 ,2013:308.

⑤ 同③ ,307.

⑥ 同③ ,310.

⑦ 同③ ,310.

（四）饲养劳动促进幼儿“美”的发展

饲养劳动中动物本身的美常常让幼儿感到惊诧：孔雀开屏时的华丽、珍珠鸡身上的纹理、纯白似雪的小兔、灵动游弋的金鱼等都让他们不经意间与美撞个满怀，在不自觉中感受与欣赏生物的美丽以及生命所赐予的活力。在直接感知中，他们发现生物的独特性，即便是同一种禽类的鸣叫声也各不相同，午后的休憩时光，高低、长短、强弱不同的啼叫声汇聚成一首具有浓浓乡土气息的“啼鸣协奏曲”，这不仅让幼儿驻足，也常常会引发他们的模仿，进而升级为一场演奏表演。在装饰屋棚、工具房、布置小兔婚礼现场等活动中，他们从自己的生活经验出发，运用剪、画、贴、塑等技法表征自己对于美的认知和理解，在由饲养动物而引发的表演、创作中，他们在充分感受与欣赏的基础上，大胆发挥着自己的想象力与创造力，尽情地演、说、唱、跳。

以幼儿感兴趣的饲养劳动活动为基点，从生命关切的角度出发，通过课程的实施巧妙地融合“五大领域”的培养目标，有利于完整地呈现出幼儿探究动物的自主学习建构过程，从而进一步促进幼儿身心发展，促进他们口语表达和认知、情感体验、同伴间交往合作、欣赏美与创造美等能力的发展。

当然，从本质上来说，饲养劳动并不是以“养”为目的，“养”只是一种手段，“劳动”才是根本价值所在。饲养劳动是为了让幼儿通过活动亲自参与劳动，掌握劳动技能与方法，养成爱劳动的品质与习惯。因此，作为一项劳动活动，饲养劳动还有着十分重要且独特的本体价值与功能。

首先，饲养劳动有利于培养幼儿的劳动意识与品质。苏霍姆林斯基表示：“热爱劳动的品质是在劳动过程中。”“在精神生活（智力的、情感的、意志的精神活动）的过程中来培养的。”① 在长期照顾动物的过程中，幼儿会逐步意识到劳动是一项艰辛、诚实、智慧的创造性活动，需要有脚踏实地的行为、兢兢业业的态度。在克服困难、完成任务的同时，友好合作的意识、快乐愉悦的情绪、诚实守信的品行、辛勤刻苦的意志、富有责任的精神、精益求精的努力等品质，被不断地磨练与形成，幼儿也因此逐步养成乐于劳动、勤于劳动和尊重劳动及劳动者等积极的劳动品质。

其次，饲养劳动有利于增长幼儿的劳动知识与技能。通过对饲养劳动和饲养过程的观察，幼儿在逐步了解劳动对象（如常见动物的外形特征、生活习性、生长规律）的同时，还会认识和使用各种劳动工具（如制作动物屋舍时用的木工类工具、打扫屋舍时用的清扫消毒类工具、饲养投食喂水时用的餐饮工具等），也能学会处理劳动材料（如制作调拌喂养饲料、制作动物棚舍、给水生动物换水等）以及练习

---

① 苏霍姆林斯基．苏霍姆林斯基论劳动教育［M］．萧勇，杜殿坤，译．北京：教育科学出版社，2019:9.

和掌握相关动物的饲养方法和技能。这些经验不断丰富幼儿的生命认知和生活经验，同时饲养中解决问题的过程，也正是劳动知识积累、技能不断提升的过程。

鉴于对饲养劳动价值与功能的理解和认同，我们坚定地认为：饲养劳动是一种回归生活、承接地气的幼儿生命体验活动，是一种涵育幼儿劳动素养的重要方式。同时，它与我园一直倡导的“立足生命、基于生活、融入生态、促进生长”的“自然生长”课程理念高度契合、一脉相承。对饲养劳动价值意义的深刻理解和一致认同，为我们构建饲养劳动课程提供了价值引导和思想基础。

第二节
幼儿园饲养劳动课程研究历程

基于对饲养劳动教育的理性认识，我园自2017年起，就紧紧抓住贯彻落实《指南》和课程游戏化改革精神这一契机，充分依托园所地处农村、占地面积大和自然资源丰富的空间环境优势：大部分农村家庭中本就有饲养动物的传统习惯，很多家庭会饲养猫、狗、猪、牛、羊等家畜，鸡、鸭、鹅等家禽，还有家庭利用随处可见的池塘养殖多种鱼类等。虽然饲养的初衷各不相同，但是因为这些常见的饲养行为，幼儿有了一定的生活经验，这使得饲养动物对于农村幼儿来说就是生活中一件自然而然发生的事情，他们不仅知道饲养，而且因为有一定的生活经验，所以对于饲养活动的兴趣就会比对其他的活动要浓厚。此外农村家庭内外开阔的空间环境，为饲养场地的建设奠定了良好的物质基础。因此我园选择了饲养劳动项目作为开展劳动教育的抓手，通过饲养劳动活动课程化建构与游戏化实施，逐步推进劳动教育在幼儿园落地生根，促进幼儿全面和谐发展。我园饲养劳动研究可分为两个阶段：

一、饲养活动探索阶段（2017年9月—2019年3月）

2017年9月，幼儿园以课程资源库建设为抓手，积极开展园本课程建设，重点工作之一就是“拓资源”，反映在饲养活动方面主要有：①拓展饲养场地。早期饲养场地设置在种植园的一个角落，主要从两个方面考虑，一是种植养殖都是生命科学的内容，联结在一起更加便于幼儿去整体感知、体验。二是饲养过程中产生的粪便可以收集起来作为种植肥料的来源之一，而种植园的菜也可以作为喂养小动物的食物来源，将养殖与种植串联起来。但是这样的饲养场地比较狭小、封闭。为了实现场地资源使用最大化、最优化的目的，我园在保留原饲养场地之外，又开辟了一块开阔、可互动、自然生态混合的饲养区域，同时也将原来作为水生景观的生态水池开发为户外水生动物的饲养场。②丰富饲养品种。最初在饲养园中只有两种动物——小兔和鸽子，通过与孩子商讨以及教师审议后，现在的饲养园基本保持有十种混合饲养的小动物，且里面的动物会随时变化。可以随时接收新的饲养对象，“禽类大聚会”“鸡兔同笼”是饲养园的常态。有了丰富的资源，幼儿就有了丰富体验的可能性。在这个阶段中，我们主要侧重于动物饲养的实践上，整个过程中强调喂养、观察与记录，主要目标是通过饲养、探究不同的动物，感知生命的多样性，在与动物的朝夕相处中，感知动物与人的关系，形成朴素的生态观，这时的饲养活动对于幼儿的发展是具有多面性的，但是对于幼儿的劳动素养的养成没有重点关注，因而还不是一种全面的教育。

二、饲养劳动课程研究阶段（2019 年 4 月至今）

这个阶段我们立足对原有饲养活动的认知，重点从劳动的意义与价值层面进一步深度挖掘饲养活动的教育价值，研究如何在饲养活动中提升幼儿劳动素养，形成明确的饲养劳动课程培养目标。由此，资源的梳理更加多样、全面，不仅有饲养对象的资源梳理，还有饲养工具、饲养食物、饲养劳动环节以及饲养劳动课程中涉及的拓展资源的梳理（如图书、音乐、各类表格等）。我们关注的饲养劳动不仅仅包含饲养园的饲养，还涉及班级饲养区的饲养，不仅立足园内饲养，还拓展到家庭饲养。全体教职工通过理论学习与实践探索，对劳动教育核心价值的把握以及饲养劳动中幼儿核心经验的构建有了一定的认识，进而逐步凝炼出饲养劳动课程的理念，形成了一定的研究脉络。可以说我们关注到饲养活动中的劳动教育就是发挥了饲养活动对于促进幼儿学习与发展的整体性作用。

第三节
幼儿园饲养劳动课程理念

一、理论依据

（一）杜威“三中心”的理念

杜威是现代教育理论的首要代表，他提出了儿童中心、活动中心、经验中心的“三中心”教学论。

儿童中心。杜威是在批判旧教育的过程中提出“儿童中心主义”思想的，在杜威看来，学校的任何事情都应从儿童的天性出发，促进儿童的个性发展。在整个饲养劳动活动过程中我们强调幼儿的主体参与性，同时强调针对幼儿在活动中的状况要适时地作出回应。

活动中心。杜威认为学习是在主动实践探索中发生的，而不是在别人的权威中被动地接受。所以教师要把探索学习的场地变成儿童活动的乐园，引导儿童积极自愿地投入活动，从活动中不知不觉地获得经验。我们的饲养劳动就是积极引导幼儿参与真实的饲养活动，让他们有明确的目标以及强烈的责任心，通过关注饲养过程中的劳动素养的养成从而促进他们整体性的发展。

经验中心。杜威指出教育能传递人类积累的经验，丰富人类经验的内容，增强用经验指导生活和适应社会的能力，从而维系社会生活，即教育的目的就是促进人的全面经验提升。劳动素养是一个人全面发展、可持续发展不可或缺的因素。因此基于饲养活动的劳动教育需要与生活紧密结为一体，通过饲养实践活动构建核心经验，促进个体在已有经验基础上不断积累新经验。

（二）维果茨基最近发展区理论

维果茨基把最近发展区定义为对儿童来说能独立完成的最困难的任务和在他人帮助下能完成的最困难的任务之间的距离。其下限是儿童自己独立完成一件事情时获得的经验，其上限是在他人帮助、协助下完成一件事情所获得的经验，在上下限之间的最近发展区内，幼儿需要成人给予支架。在饲养劳动中，我们提倡发挥幼儿的主体参与性，教师的作用在于通过观察分析，了解幼儿当下的发展状况，以便适时地采取支架措施，帮助建构相关的最近发展区来促进幼儿的生命成长，使他们形成良好的品质、掌握相关技能、积累相应的认知与经验。

（三）布朗芬·布伦纳生态系统理论

布朗芬·布伦纳生态系统理论强调发展来自人与环境的相互作用。生态学思想的核心强调各种要素之间的互生、互补和互利性，要促进各元素之间相互融合、交流，最终实现自身的超越。在饲养劳动课程系统中涉及的元素很多，从主体角度来说有幼儿、同伴、教师、家长、动物、植物等，从资源角度来说有工具、辅助材料、饲养对象、食物等，从空间角度来说有幼儿园、家庭、社区等。这些要素之间要能够互生、互补、互利，要打破这些要素间的隔阂，从而满足幼儿探索、理解、尊重、照顾所有生命的深切需要，达到人与自然和谐相处，整体生命能有质量地成长。

（四）可持续发展理念

“可持续发展”这一概念来自人类对自身所经历的发展道路及所面临的一系列重大难题的思考，呼吁人们不要以牺牲自己的未来为代价换取今天的利益。它带给我们的启示是：幼儿教育必须着眼于幼儿的“可持续发展”，需以长远的眼光看待孩子的教育，尊重幼儿天性和成长规律，着眼于幼儿完整、和谐、健康快乐地成长，为他们的终身发展和未来幸福蓄积可持续的动能。饲养劳动的课程理念中包含的对生命的敬畏、对生物多样性的尊重以及促进完整儿童发展的教育愿景都是基于可持续发展立场下的相关思考。

二、课程理念

饲养劳动课程的核心理念是“友好共处，一起成长”。

培养“体健、善思、博爱、创美”全面发展的和谐儿童是我园自然生长课程的总体目标，也是构建饲养劳动课程的核心价值取向。我们将饲养劳动课程的核心理念定位于“友好共处，一起成长”，是基于对饲养劳动独特价值和儿童生命成长特点的认知而作出的价值判断。

首先，通过饲养劳动活动，引导幼儿与动物友好相处，启蒙幼儿的生态和生命意识。蒙台梭利说过："在劳作中，孩子的心灵与其照料下成长的生命之间联系也随之产生。儿童天然地热爱生命。"①幼儿是自然之子，他们对大自然有着与生俱来的情结。饲养劳动活动的前提就是引导幼儿与自己的饲养对象——动物建立联系，通过陪伴式的饲养劳动，了解动物的生命习性和生长规律，从而懂得生命的珍贵，并逐渐与动物建立感情，使幼儿从心底喜欢各种动物，用心呵护动物，乐于与动物做朋友，并能够悉心照料动物，乐意为动物做力所能及的事，培育他们珍爱生命、呵护生命、善待生命的生态责任感。

其次，通过饲养劳动活动，帮助幼儿学会与同伴友好合作，唤醒他们的社会交往和合作共处意识。饲养劳动既是一种个体行为，更是一种集体活动，需要幼儿与幼儿之间相互配合、相互支持、共同协商。在饲养劳动活动中，教师有意识地引导幼儿用眼观察、用心思考，共同讨论各种动物的生活习性，共同商量决定动物的喂养食物、使用工具、饲养方法，以及随着动物的成长，怎样逐步提升喂养食物的质与量等。通过在劳动过程中共同完成喂养任务，培养幼儿和平共处、友好合作的态度与行为。

再次，通过饲养劳动活动，鼓励幼儿积极寻求教师和家长的支持，增进幼儿与家长、与教师之间的亲情与友爱。家长是幼儿的第一任教师，教师是幼儿成长的引路人，在饲养劳动中，幼儿离不开教师的引导与支持，离不开家长的配合与陪伴。无论是饲养知识的获得、饲养技能与方法的习得，还是饲养劳动态度与习惯的养成，家长和教师都不可缺席。因而要通过饲养劳动活动，鼓励幼儿与家长、与教师建立友好共处关系，寻求认知与技能的帮助、支持，从而增进师幼间、亲子间的感情。

最后，通过饲养劳动体验，照顾动物生命生长，帮助幼儿学习相关动物饲养的知识与技能、情感与态度，养成良好的劳动品质与习惯，促进幼儿心智全面发展，并带动家长、教师共成长。幼儿收获的是劳动素养的提升和生命生态意识的觉醒，动物收获的是生命自身的茁壮成长，教师收获的是教育对象的全面和谐成长与自身专业素养的提升，家长收获的是孩子的健康快乐成长和亲子感情的加深。由此可见，"友好共处，一起成长"的主体是多元的。

（一）幼儿与饲养对象（动物）友好共处，一起成长

通过陪伴式的饲养，让饲养劳动落实到幼儿一日生活中去。幼儿在陪伴动物生长，反之动物也在陪伴幼儿成长。在与动物亲密的接触过程中，幼儿对于动物的关爱之情油然而生，关爱生命、关心弱小，不需要说教，就在饲养动物的过程中、在悉心照料动物的行为里自然生成。此外，为了完成饲养任务所必须承担的劳动任

① 蒙台梭利．蒙台梭利早期教育法［M］．龙玫，译．杭州：工商大学出版社，2018:121.

务，也让幼儿养成了一定的责任心，并通过自身的实践逐步养成珍惜他人劳动成果的良好品质。

（二）幼儿与幼儿友好共处，一起成长

在饲养劳动过程中，同伴之间的互动是最常见的，他们共同喂养动物、打扫卫生、制订规则、发现问题、寻找答案，他们都是饲养劳动中的主体，在探索、行动中共同养成良好的劳动品质、学会相关的劳动技能、获得科学认知等方面的发展。

（三）幼儿与教师友好共处，一起成长

幼儿与教师的互动是幼儿饲养劳动过程中的催化剂、推进器。当幼儿对饲养对象产生兴趣的时候，教师需要创造条件与机会促使他们能够有更多的互动；当在活动过程中出现困难、活动难以继续的时候，教师需要及时出现，直接或间接地助力一把；当活动开展水平层次不高的时候，教师需要适度介入，将活动向深处引领。饲养劳动过程中，师幼的互动主要是幼儿在前、教师在后，虽然从显性上看不到教师的身影，但实际上教师的价值、作用都无痕地隐藏在幼儿的行为中、语言里：教师通过有目的的观察，了解幼儿的发展水平，以此来调整教育策略，最终促进幼儿劳动素养的提升。

（四）幼儿与家长友好共处，一起成长

都说陪伴是最长情的告白，家长给予孩子最好的礼物就是陪伴，而高质量的陪伴才是最好的教育。在饲养劳动过程中，家长的参与不仅能让幼儿在劳动品质、劳动技能等方面获得发展，还能加强亲子关系，我们相信在一个充满爱的环境中成长的幼儿，他的一生是充满无限可能的。

总之，“友好共处”是饲养劳动课程的方式和形态，“一起成长”是饲养劳动课程的旨归与目的，二者互为因果，共促共生，构成了饲养劳动课程的核心价值取向。

第二章

饲养劳动课程目标

第一节
饲养劳动的目标

一、立足劳动课程的目标

以培养幼儿诚实友爱、吃苦耐劳、懂得合作、善于分享的劳动品质为价值取向，通过引导和支持幼儿对饲养劳动活动深度、持久的体验，帮助幼儿树立积极的劳动观念与品质，养成良好的劳动习惯、掌握相关的劳动知识与技能，形成终身受益的劳动素养。

二、基于饲养活动的目标

通过饲养劳动过程的体验，启发幼儿初步建构认识生命、珍爱生命、呵护生命的生命意识和亲近自然、对动物友善、与动物和谐相处的生态伦理观，丰富幼儿的生命认知与生活经验，提升幼儿现代文明素养。

由此可见，饲养劳动课程的总目标是通过饲养劳动课程的实施，从劳动态度、劳动技能和饲养认知三个角度出发，把幼儿培养成“爱劳动、会劳动、善饲养”的“体健、善思、博爱、创美”全面发展的和谐儿童。

第二节
幼儿园饲养的发展目标

幼儿园饲养劳动课程建构一以贯之地秉承“以生命为本、生活为源、生态为体、生长为轴”的指导思想，同时兼顾饲养劳动的独特价值，赋予饲养劳动课程目标以鲜明的个性化导向和特征。饲养劳动课程涉及生命成长的特殊意义，每一种动物都是大自然中独特的存在，都具有珍贵的价值，都与人的生活息息相关，要引导幼儿充分体验到人的生命与动物之间自然和谐的关系，同时在饲养活动中，孩子们通过看、听、摸、想、理解、欣赏、看护、照料、享受、创造等方式，更为积极主动地发现、感受、体验生活中的真善美，使之成为自己生命的一部分。

一、饲养劳动态度发展目标

态度属于社会心理学概念，是指“个体指向一定对象的，具有持久性和评价性特点的心理倾向，包含认知、情感和行为意向三种成分”①。饲养劳动态度是指在饲养劳动中所呈现出来的认知、情感和行为意向。具体不同年龄段幼儿饲养劳动态度的关键经验如下：

3—4 岁

1. 愿意参加饲养劳动。
2. 愿意承担一些小任务。
3. 喜欢接触动物，对饲养劳动感兴趣。
4. 感受动物是我们生活的一部分，动物生病时能表示同情。

① 陈至立 . 辞海（第七版）缩印本［M］. 上海：上海辞书出版社，2022：2179.

5. 饲养劳动中与同伴发生冲突时，能听从成人的劝解。

6. 在成人的提醒下能够遵守《饲养公约》。

7. 在成人的提醒下能够尊重别人的劳动成果。

4—5岁

1. 喜欢和同伴、教师、家长一起参加饲养劳动。

2. 敢于尝试有一定难度的饲养劳动和任务。

3. 感知发现动物的多种形态，对不同的动物有兴趣，体验饲养活动的快乐。

4. 饲养劳动时尽量做到不打扰动物，能轮流照顾动物。

5. 饲养劳动中与同伴发生冲突时，能在他人帮助下和平解决。

6. 饲养劳动时愿意接受同伴的建议与意见，不欺负弱小。

7. 会制订规则并愿意遵守饲养约定。

8. 知道尊重别人的劳动成果。

5—6岁

1. 能主动参加饲养劳动。

2. 主动承担任务，遇到困难能够坚持而不轻易求助，能与同伴分工合作，一起克服。

3. 喜欢为动物做事，知道不打扰小动物，热爱饲养劳动。

4. 饲养劳动中与同伴发生矛盾时，能自己协商解决，不欺负别人，也不许别人欺负自己。

5. 饲养取得成功后还想做得更好，有高兴或有趣的事愿意与大家分享。

6. 能主动遵守与同伴制定的饲养劳动约定，不做危险的事，不给他人造成危险。

7. 能够尊重别人的劳动成果、尊重劳动者。

二、饲养劳动技能发展目标

饲养劳动技能本质上是人的劳动能力，这种劳动能力包括人的体力能力、智力能力和心理能力。体力能力是其他能力要素形成与发挥的基础，智力能力是劳动技能的核心，心理能力即人的心理特征，对其他技能的形成与发挥起到推动或阻碍的作用。下面是不同年龄段幼儿饲养劳动技能的具体关键经验。

3—4岁

1. 能借助辅助物上下狭窄的楼梯并能身体平稳地跨过障碍物。

2. 能用勺子为小动物搅拌食物，尝试投喂食物。

3. 在成人的帮助下，能利用简单的工具喂水、换水。

4. 在成人的帮助下，能利用半成品材料给动物做窝。

5. 初步认识工具并探索使用工具。

6. 在成人的指导下，有序清洗工具、洗手。

7. 在成人的提醒下，会收拾劳动工具并放回原处。

8. 在成人的提醒下，知道进入饲养区要进行安全防护。

9. 能协调多种感官，采取一系列动作去饲养动物，关注动作产生的结果。

10. 能用涂涂画画的形式进行装扮（动物的家、劳动工具、动物餐具等）。

11. 能用语言和简单的符号记录看到的内容。

4—5 岁

1. 投食、清扫、捡蛋时能保持身体平衡上下楼梯，能在较窄的低矮物上平稳地走上一段距离。

2. 捡蛋时能以合适的方式钻进棚舍，保持膝盖悬空等。

3. 能熟练地使用不同工具搅拌食物，独立完成喂食、喂水、换水。

4. 能利用简单的材料和同伴一起制作动物的家。

5. 爱惜劳动工具，会根据不同的用处选择合适的工具。

6. 能娴熟地清洗工具，合理利用工具清洗场地并主动洗手。

7. 会整理收拾劳动工具，能按图示将劳动工具放回原处。

8. 知道进入饲养区要进行安全防护，并能和同伴互相帮助穿脱防护服。

9. 在成人的提示下，能够制订饲养方案，自己的事情自己做，不依赖别人。

10. 能综合利用各种材料进行装扮（动物的家、劳动工具、动物餐具等）。

11. 能用绘画或其他符号记录观察内容以及饲养过程。

5—6 岁

1. 投食、清扫、捡蛋时能双脚灵活上下楼梯。

2. 捡蛋时能用不同的方式钻进棚舍，并注意安全。

3. 熟练使用各种饲养工具，探索不同的喂养、喂水、换水的方法。

4. 能综合利用各种资源制作动物的家。

5. 能利用工具制作简单的饲养食物。

6. 能按类别整理好工具（防护、打扫、洒水类等工具）。

7. 能主动穿脱防护用具，会清洗、消毒饲养场地。

8. 能与同伴共同制订饲养方案，并主动去执行。

9. 饲养过程积极主动，不会的愿意主动去学。

10. 能用语言、动作、绘画等多种形式进行表征。

11. 能够主动进行持续性的饲养观察，并乐意将观察结果分享给同伴。

三、饲养劳动认知发展目标

认知指“人类认识客观事物、获得知识的活动，包括感觉、记忆、言语、思维和想象等过程，即对外界信息进行积极加工来获取知识的过程”①。在我们的研究中把饲养劳动认知定位于：在饲养劳动过程中，通过感觉、记忆、言语、思维、想象等过程获得的知识。具体不同年龄段幼儿有以下饲养劳动认知的关键经验。

3—4 岁

1. 敢于向成人提问，并经常摆弄相关工具。

2. 认识常见的动物及动物的食物，能注意动物明显的外形特征。

3. 感知和发现动物的多种形态，体会生物多样性。

4. 能感知和区分动物的大小、高矮、长短等量方面的特点，并用相应的词语表示。

5. 能手口一致地点数 5 个以内的动物、食物、工具等，并能说出总数，能按数取物。

6. 能感知饲养园、饲养区基本的空间位置与方位，理解上下、前后、里外等方位词。

4—5 岁

1. 喜欢提出问题，经常动手动脑探索物体和材料。

2. 通过调查，了解动物的生活习性、生长变化及饲养的基本条件。

3. 能对动物进行比较观察，发现相同与不同。

4. 了解季节、环境变化对于动物饲养的影响，知道尊重和珍惜生命、保护环境。

5. 感知和体会有些动物可以用数量来描述，能进一步探究环境中各种数字的含义。

6. 能使用上下、前后、里外、中间、旁边等方位词描述物体的位置和运动方向。

5—6 岁

1. 对于自己的疑问，能主动去寻找答案并能够验证自己的猜想。

2. 能发现常见动物的体形结构与功能之间的关系。

3. 能察觉到动物的外形特征、习性与生存环境的适应关系。

4. 能通过观察、比较与分析，感知不同动物的生命周期以及同种动物的生命周期差异。

---

① 陈至立．辞海（第七版）缩印本［M］．上海：上海辞书出版社，2022：1868.

5. 发现在饲养劳动中很多问题都可以用数学的方法来解决。

6. 通过用种植的菜叶喂食动物、用动物粪便做种植基肥的尝试，加深对生态关系的理解。

第三章

饲养劳动课程资源

课程资源是课程建构的源泉与支撑。虞永平教授说过："幼儿园里面应该有资源，课程建设就希望你们（教师）去寻找课程资源。"课程资源无处不在，无时不有，关键在于教师要拥有一双善于发现的眼睛，并能根据幼儿园的课程需要加以取舍和整合，从而形成丰富多样的课程样态。

第一节
饲养劳动课程资源观

我园地处农村，坐落田园，拥有丰富的饲养劳动课程资源。从饲养对象看，有各种飞禽、牲畜以及鱼类动物；从饲养工具及原料看，每个家庭应有尽有，方便获取；从饲养经验看，很多家庭常年饲养着多种动物，具有丰富的饲养经验……这些都是取之不尽、用之不竭的宝贵资源。如何在丰富的资源中选择适合我园饲养劳动课程实践的资源？有几个资源观需要牢牢把握。

一、扬长和补短同样重要

优势资源充分挖掘与利用是第一步。农村幼儿园有丰富的自然资源以及课程实践场地，我们长期固定饲养的动物有近十种，饲养园、饲养角、饲养池、试验田等各种实践场地齐全。根据统计，近年来我园课程实践案例有 70% 都是聚焦于这类自然资源的运用，这是"扬长"。《幼儿园工作规程》指出：要"丰富和拓展幼儿园的教育资源"以促进儿童德、智、体、美等全面发展，因此"补短"就显得非常重要。审视农村园的现状，人力资源以及现代化设施设备的欠缺就是短板，这类短板可以通过课程资源包及网络资源的运用来弥补。

二、关注当下和着眼未来同样重要

《纲要》中指明，活动内容的选择要“既符合幼儿的现实需求，又有利于其长远发展”①，自然资源的充分利用固然能够满足孩子当下的兴趣与发展需求，但生态、科技等聚焦未来发展的资源也是孩子所需要的。在我们的饲养环境中，堆肥池、净化池、接水系统、温度湿度计等都是为了让幼儿关注环境、关注生态关系所做的资源设置，是我们关注孩子的可持续发展、为他们的未来蓄力所作的尝试与努力。

三、直接资源与间接资源同样重要

3—6岁幼儿以具体形象思维为主的思维方式，决定了直观、直接的资源可以更有效地“支持幼儿的主动探索、操作实践”，使幼儿获得相关的经验，且直接资源能够更加有效地激起幼儿的探索兴趣，因此直接资源投入是一种常态。但这不能否定或者弱化间接资源在促进幼儿的深度学习与探索过程中所起到的作用：当直接资源欠缺时，间接资源就是很好的补充，如农村幼儿园科技资源不足，我们的课程资源包就可以起作用，通过对视频、图片的感知来获得相关经验。当探索过程出现瓶颈时，间接资源就是很好的助推剂，如幼儿发现班级饲养的兔妈妈生了宝宝后，无论怎么细心照顾，兔宝宝都没能存活，大家困惑不已，最后通过咨询长辈和专家才知道，兔子最好是在自己打洞的窝里养育宝宝，在笼子里出生的兔宝宝没有专业的设备是很难成活的。

四、多样资源和同类资源同样重要

资源的多样带来经验的多元，但在经验的深度上只有多样还不够，同类资源的特殊作用不可忽视。如《指南》“科学探究目标2”中对4—5岁孩子提出“能对事物或现象进行观察比较、发现其相同与不同”的要求，这就需要有同类的资源投放到活动中才可能实现。我们的饲养园中饲养着一些禽类：公鸡、母鸡、乌骨鸡、珍珠鸡、锦鸡等，通过饲养劳动中的互动、比较、观察，幼儿就能够很直观地感知到它们在外观、生活习性等方面的相同与不同。因此在资源收集时除了关注丰富多样的资源之外，同类资源也需要关注。

---

① 教育部基础教育司.《〈幼儿园教育指导纲要（试行）〉解读》[M].南京：江苏教育出版社，2002：43.

第二节
饲养劳动课程资源建设原则

一、丰富性原则

《纲要》中指出："幼儿园应为幼儿提供健康、丰富的生活和活动环境。"资源是课程的前提，匮乏的资源不可能带来丰富的活动，丰富的活动才有带来丰富经验的可能性。

二、层次性原则

课程建设过程中幼儿年龄适宜性与个体适应性的要求，落实到资源上就是要具有层次性。层次分两个视角——整体视角和个体视角：从整体视角上来说要能够照顾到小中大不同年龄段孩子的年龄特点，从个体视角上来说，对同一年龄段的孩子也要考虑到个体差异在资源运用上的体现。有了层次上的保证，才可以根据实际需要进行有针对性的选择。

三、生长性原则

资源的选择与运用最终要落实到幼儿的发展上，我们提供的丰富的资源要能够"满足他们多方面发展的需求，使他们在快乐的童年生活中获得有益于身心发展的经验"，可能促进幼儿发展的丰富资源是我们所需要的。

四、操作性原则

儿童直接感知、实际操作、亲身体验的学习方式决定了资源必须是可以操作的，而不是束之高阁、瞻仰欣赏的。只有在观察、比较、操作、实践中，幼儿才能够发现问题、分析问题、解决问题。

第三节
饲养劳动课程资源

在以上课程资源观以及资源建设原则的指导下，教师与幼儿在调查梳理的基础上，依托关系思维的引导，从饲养对象、饲养工具、饲养环节、饲养食物以及其他辅助资源这几个方面整理了相关的课程资源。

一、饲养对象资源

饲养对象资源包括农村常见的各种动物资源，以及饲养过程中需要掌握的各种动物饲养的信息资源。我们从幼儿的生活认知经验和兴趣出发，整理并统计了适合幼儿园饲养的动物资源（见表1）。在整合直接经验与间接经验的基础上，依据幼儿年龄特点，同时根据不同饲养对象、饲养季节、饲养方式、居住环境、饲养工具、饲养饲料等方面的情况整理了相关的参考资源表（见表2），以供教师、家长、幼儿共同建构课程内容，在开展饲养劳动活动时有所依据。

表1　适合幼儿园饲养的动物资源统计表

种　类	资　源		饲养场地
	常用资源	备用资源	
家　禽	鸡（家鸡、贵妃鸡、乌骨鸡、珍珠鸡）、鸭、鹅	鹌鹑	饲养园
飞　禽	虎皮鹦鹉、鸽子、野鸡	八哥、鸳鸯	饲养园
家　畜	兔子、羊、猪	猫、狗	饲养园
鱼　类	金鱼、锦鲤、泥鳅、黄鳝	鲇鱼、黑鱼、昂刺鱼	班级饲养区、小池塘
甲壳类	石蟹、龙虾	大闸蟹	班级饲养区、小池塘
昆虫类	蚕、螳螂、蚂蚁、蚱蜢	蜜蜂、蜻蜓	园内场地、班级饲养区

续表

种类	资源		饲养场地
	常用资源	备用资源	
爬行类	乌龟	甲鱼	班级饲养区、小池塘
两栖类	青蛙（蝌蚪）	牛蛙	班级饲养区、小池塘
软体类	蜗牛、蛏蚌、螺蛳	珍珠蚌	班级饲养区、小池塘
其他	球潮虫、蚯蚓	豚鼠、仓鼠	园内场地、班级饲养区

表 2　动物饲养参考资源表

年龄段	饲养对象	饲养季节	饲养方式	居住环境	饲养工具	饲料
小班（3—4岁）	鸡、鸭、鹅	小：春季 大：四季	小：班级饲养 大：公共饲养	笼子、围栏、有水的池子（鸭、鹅游水时需要）	盆、菜篮、纸盒、沙、手电筒、暗箱、孵化器	菜叶、虫子、谷物、水
	兔子	小：春季 大：四季	小：班级饲养 大：公共饲养	笼子、围栏	盆、菜篮、纸盒、沙、手电筒、窝	胡萝卜、菜叶、萝卜、苹果、山芋、稻谷、青草、水
	金鱼、锦鲤、螺蛳、蛏蚌、乌龟	四季	班级饲养 公共饲养	鱼缸、各种箱体、塑料桶	网兜	鱼食、蚯蚓、青草
中班（4—5岁）	贵妃鸡、乌骨鸡、珍珠鸡、野鸡	四季	公共饲养	笼子、围栏	盆、纸盒、暗箱、孵化器	菜叶、虫子、谷物、水
	虎皮鹦鹉	四季	班级饲养	鸟笼	玩具	鸟食、虫子、水
	龙虾、石蟹、螺蛳	四季	班级饲养 公共饲养	鱼缸、各种箱体、塑料桶	夹子、网兜	虫子、水
	豚鼠、仓鼠	四季	班级饲养 公共饲养	笼子、围栏	饲料机	菜叶、青草、水
	羊	四季	公共饲养	围栏	饲料槽、饲料机	菜叶、青草、水
	蜗牛、蚯蚓	春夏秋季	班级饲养	有孔带盖器皿、生物养育箱	镊子	菜籽饼、青草、绿叶、水

续表

年龄段	饲养对象	饲养时间	饲养形式	居住材料	饲养工具	饲　料
大班（5—6岁）	鸽子	四季	公共饲养	笼子、架子	吃食器皿、孵化器	玉米粒、谷物
	泥鳅、黄鳝	四季	班级饲养 公共饲养	鱼缸、各种箱体、塑料桶	夹子、网兜	蚯蚓、玉米、大米、米饭
	蚕	春季	班级饲养	纸箱、竹筛、草结	镊子	桑叶
大班（5—6岁）	毛毛虫	春季	班级饲养	纸箱、竹筛、草结	镊子、夹子	菜叶
	蝌蚪	春季	班级饲养 公共饲养	鱼缸、各种箱体	网兜	菜籽饼
	蚱蜢、球潮虫	秋季	班级饲养	生物养育箱	手套、镊子、软毛刷	绿叶

二、饲养工具资源

子曰：“工欲善其事，必先利其器。”①可见工具在活动中的重要性，劳动教育中尤其少不了工具的存在，正如陶行知先生所说：“只有发明工具、制造工具、使用工具才是真教育，才是真生活。”②在饲养劳动中认识并会正确熟练地使用各类相关工具是“劳动技能”目标之一，我们将饲养劳动中涉及的工具分为棚舍类、喂养类、卫生防疫类、探究类四大类别，涉及饲养劳动过程中十大项活动环节（见表3）。

表3　饲养劳动工具资源表

类型	活动环节	具体工具
棚舍类	制作屋舍	木头、锤子、钉子、安全帽、手套、锯子、尺子、刨子、绳子、梯子、护目镜、口罩、稻草、木板、竹竿、竹棍、木桩、木块等
喂养类	喂水	水管、勺子、舀子、盆、喂水器、针筒、滴管、奶瓶、量杯、瓢等
	喂食	喂食器、勺子、量杯、电子秤、盆、桶、食槽、铲子等
	换水	水桶、水管、井、吸管、盆、舀子、增氧泵、水壶等
	制作饲料	刀、砧板、剪刀、搅拌器、铲子、研磨器、舂臼、饲料机等

① 孔子．论语全书［M］．思履，译注．北京：中国华侨出版社，2013:227.

② 江苏省陶行知研究会，南京晓庄学院．陶行知文集（上）［M］，南京：江苏凤凰教育出版社，2008:265.

续表

类型	活动环节	具体工具
卫生防疫类	打扫	簸箕、扫帚、拖把、铁锹、刷子、抹布、手套、喷壶、水桶等
	消毒	防护衣、护目镜、口罩、酒精、水桶、手套、消毒液、喷壶等
探究类	观察	放大镜、标本盒、尺子、绳子、显微镜等
	记录	录音笔、纸、笔、手机、相机等
	捡蛋	手套、篮子、盒子等

三、饲养环节资源

饲养劳动环节资源指向幼儿饲养劳动核心经验的获得，旨在引导幼儿在饲养动物过程中进行力所能及的劳动活动。为此，我们对饲养劳动活动环节要素进行了梳理、分类和概述，共分为制作屋舍、喂水、喂食、换水、制作饲料、打扫、消毒、观察、记录、捡蛋十大劳动环节，并针对不同场域的每一项具体劳动内容，进行了空间、时间、工具、打扫步骤及要求等方面的规划（抽样见表4）。

表4　饲养劳动“打扫”环节要素整理

<table>
<tr><th rowspan="2">空间</th><th rowspan="2">频次</th><th colspan="2">工具</th><th rowspan="2" colspan="3">打扫步骤</th><th rowspan="2">打扫要求</th></tr>
<tr><th>防护</th><th>使用</th></tr>
<tr><td rowspan="2">园级饲养园（窝棚、地面）</td><td rowspan="2">干扫：一周三次
湿扫：一周一次</td><td rowspan="2">口罩、棉纱手套、胶皮手套、橡胶手套、护目镜、防护服、连体雨衣、胶鞋等</td><td rowspan="2">手套、扫帚、簸箕、抹布、舀子、水桶、水管、喷壶、铲子、刷子、拖把、铁锹等</td><td colspan="3">1. 穿好防护服，戴好口罩、手套。
2. 清洗喂食喂水盒、清扫地面、清扫窝棚（具体步骤附后）。
3. 整理好打扫环境，把动物粪便归拢送种植园堆肥处。
4. 喷洒消毒液。
5. 把工具清洁干净，放回原位。
6. 相互清洁防护服、胶靴。
7. 脱下防护服进行晾晒。
8. 把一次性口罩、手套扔进专属垃圾桶。</td><td rowspan="2">1. 分组、明确打扫任务。
2. 打扫时不过分干扰、不粗暴对待小动物，不影响特殊动物的活动，如：生蛋鸡、孵蛋鸡。
3. 打扫干净。
4. 打扫时随手关门，防止飞禽飞走。
5. 所有工具清洁后归类摆放。</td></tr>
<tr><td>清洗喂食喂水盒：1. 取出喂食、喂水盒。
2. 用刷子、抹布、清洁球洗刷喂食喂水盒。
3. 晾干水渍。
4. 装上新鲜食物。
5. 放进喂食区。</td><td>清扫地面：
干扫：1. 用铲子铲去二楼及楼梯上的动物粪便。
2. 用小扫帚清扫二楼及楼梯铲下的动物粪便。
3. 用硬质竹扫帚清扫水泥地面和人造草坪地面。
湿扫：1. 干扫后，连接长水管。
2. 一人滋水，一人用长柄刷来回洗刷。</td><td>清扫窝棚（一周一次）：
1. 捡鸡蛋。
2. 晴天：晾晒生蛋窝、稻草、木屑、草屑。
3. 日常：用铁钳夹走脏草。
4. 用扫帚清扫碎屑。
5. 铺上新草。</td></tr>
</table>

续表

<table>
<tr><th rowspan="2">空间</th><th rowspan="2">频次</th><th colspan="2">工具</th><th rowspan="2" colspan="4">打扫步骤</th><th rowspan="2">打扫要求</th></tr>
<tr><th>防护</th><th>使用</th></tr>
<tr><td rowspan="3">班级饲养区</td><td rowspan="3">每天打扫</td><td rowspan="3">口罩、胶皮手套、橡胶手套等</td><td rowspan="3">拖把、镊子、刷子、抹布、水桶、吸管、水管、盆、针管、剪刀等</td><td colspan="4">1. 戴好口罩、一次性手套。
2. 清扫笼舍、水箱、养育箱。
3. 整理好打扫环境，把动物粪便归拢送种植园堆肥处。
4. 喷洒消毒液。
5. 把工具清洁干净，放回原位。
6. 把一次性口罩、手套扔进专属垃圾桶。</td><td rowspan="3">1. 分组、明确打扫任务。
2. 打扫时不过分干扰、不粗暴对待小动物，不影响特殊动物的活动，如：蜕壳动物、抱卵动物。
3. 打扫干净。
4. 所有工具清洁后归类摆放。</td></tr>
<tr><td rowspan="2">笼舍：
1. 转移小动物（鸟类无此项）。
2. 用掸帚掸扫网格。
3. 清洗喂食喂水器。
4. 抽出托盘，掸出粪便、食物残渣，并用清水清洗。
5. 擦干托盘，放回原位。</td><td rowspan="2">水箱：
1. 提前一天囤好自来水（散氯气）。
2. 用捞网捞出小动物和卵石、水草增氧泵等辅助饲养材料。
3. 把水箱里的浊水倒净。
4. 用抹布洗净水箱。
5. 加入处理过的自来水（或直接用小池塘的水）。
6. 放入卵石、水草增氧泵等辅助材料。
7. 放入饲养的水养动物。</td><td colspan="2">生物养育箱：</td></tr>
<tr><td>飞虫类：
1. 掀开蒙着的纱网一角。
2. 捉出昆虫放进透气封闭盒子。
3. 取出箱中植物小景等。
4. 用清水、抹布清扫干净。
5. 用消毒液清扫五分钟后，再次用清水清扫。
6. 植物小景归放原位。
7. 放入昆虫。</td><td>土养类：
1. 用镊子取出食物残渣。
2. 用塑料小铲轻轻松土。
3. 用喷壶喷洒适量的水。</td></tr>
<tr><td>户外水产养殖场</td><td>视情况而定</td><td>口罩、胶皮手套、橡胶手套、防护服、胶鞋等</td><td>水管、抽水泵、刷子、渔网、盆、桶等</td><td colspan="4">1. 用出水口放水或抽水泵抽水，取一些水放入盆、桶（成人）。
2. 用捞网捞出小动物放入盆、桶中。
3. 捞出水生植物。
3. 洗刷卵石、水缸等。
4. 洗刷水池。
5. 消毒。
6. 放干净水，并放置一夜去氯气。
7. 放入水生动物、植物、卵石等。
8. 整理好打扫环境。
9. 工具分类归放原位。
10. 防护用品清洗干净、归放原位。</td><td>1. 分组、明确打扫任务。
2. 打扫时不过分干扰、不粗暴对待小动物，不影响特殊动物的活动，如：蜕壳动物、抱卵动物。
3. 打扫干净。
4. 所有工具清洁后归类摆放。</td></tr>
</table>

四、饲养食物资源

饲养动物离不开食物，食物的种类、来源、制作方法等相关信息不但是饲养劳动中不可缺少的基本信息，而且也隐含着人与动物、动物与植物、植物与气候、气候与人的生活等方面关系的课程信息。食物资源的建设让我们更好地从关系思维的角度来看待课程实施，从更加全面的角度去推动幼儿发展的无限可能（见表5）。

表5　饲养食物资源表

类型	品种	来源	制作方法（工具）	饲养动物
肉类	虫子	园内资源（草丛）	昆虫盒、昆虫观察盒、透明塑料盒等	龙虾、螃蟹、鱼类
	昆虫			
	鱼肉	家长资源	手套、口罩、小型工具（剪刀、幼儿工具刀）等	
	小虾米			
	虾肉			
	蚯蚓	园内资源（地底下）	蚯蚓收集器	
	腐肉	周边资源	食堂收集	
谷物类	大米	园内资源（种植园）	手套、镰刀、麻袋、筛子等	鸟类
	荞麦			
	玉米			
	小麦			
	稻谷			
	黄豆			
	花生米			
	油菜籽			
	米饭	园内资源	食堂收集	
	小米	家长资源	手套、包装袋等	
	黑米			
草类	各类蔬菜叶	园内资源（种植园及园内树叶）	剪刀、手套、篮子等	兔子、禽类、蚱蜢
	树叶			
	杂草			
	桑叶	周边资源		蚕
其他类	胡萝卜、萝卜	园内资源（种植园）	幼儿工具刀、砧板等	兔子
	饲料	家长资源、园内资源	购买、自制	禽类、鸟类、豚鼠
	剩菜剩饭		手套、食堂盒、勺子等	
	麸糠		稻谷脱壳机、手套、麻袋等	

五、其他辅助资源

其他辅助资源主要是指饲养劳动实践过程中所涉及的一些其他类型的资源，用以辅助活动的深入开展。如书籍资源（面向幼儿和指导教师）、网络信息资源、专家资源（课程指导与技术咨询）以及其他表格的资源（指导家庭饲养记录表、教师观察记录表、幼儿学习记录表等）。这类资源也是饲养劳动课程建构不可缺少的资源（见表6）。

表6 其他辅助资源统计表

序号	资源名称	使用对象	备注
1	书籍资料资源（一）	教师	
2	书籍资料资源（二）	幼儿	
3	网络信息资源	教师、幼儿	
4	专家资源	教师	
5	表格资源	教师、幼儿、家长	各种记录、评析表

第四章

饲养劳动活动内容

《纲要》中指出教育活动内容要“既贴近幼儿的生活来选择幼儿感兴趣的事物和问题，又有助于拓展幼儿的经验和视野”①。我们都知道幼儿活动内容的选择要基于他们的兴趣与需求，作为教师如何把握两者之间的平衡来确定饲养劳动活动内容？我们主要从三个角度出发来确定活动内容。

第一节
从空间角度确定活动内容

这个空间主要涉及两个层面：一个层面是园内空间的饲养劳动。为促进幼儿与动物的友好情感，增进他们对相关动物的认知，开展力所能及的饲养劳动活动，我园充分利用园所空间环境和资源，构建了三类饲养劳动课程载体，使饲养劳动有了基本的场域保障，即班级饲养区、园级饲养园以及户外水产养殖场。

“班级饲养区”的饲养劳动主要是从幼儿的兴趣出发，通过饲养技能的习得（如给小动物换水，制作棚舍等），使幼儿逐渐养成良好的劳动习惯。“园级饲养园”中的饲养劳动活动，其出发点更多地在于培养幼儿热爱劳动、坚持劳动、有责任心等优良品质，是基于幼儿全面发展、长远发展视角出发而作出的选择。“户外水产养殖场”的资源是开放式的，它能满足幼儿随时产生的饲养兴趣。

班级饲养区的饲养劳动，与幼儿每一天的活动融合在一起，在确定饲养主题时需要参考幼儿园饲养对象资源表，使得饲养对象能够更契合本年龄段幼儿的探索特点。园级饲养园的饲养劳动活动原则上是以一个星期为一个劳动周期，各班级循环饲养，每周五相关班级做好饲养交接。

---

① 教育部基础教育司.《〈幼儿园教育指导纲要（试行）〉解读》[M].南京：江苏教育出版社，2002:43.

除此之外，幼儿园开放的户外环境中也有很多的动物资源可以作为饲养劳动的对象，如场地上的各种昆虫、天上飞来飞去的鸟儿。要想让这些生长在自然环境中的动物能够为幼儿停留，还需要我们作一些努力，如制作喂食器悬挂在树枝上、户外音箱播放一些自然的鸟鸣虫叫的音乐、投放鸟巢、保护绿地。只要坚持为它们的生长创设良好的生态环境，时间长了物种自然就会丰富起来。

另一个层面是园外家庭饲养空间的饲养劳动。我们鼓励家长在家庭创设饲养角，支持和帮助幼儿利用双休日和寒暑假开展饲养劳动实践体验活动，同时也鼓励幼儿在假期认养幼儿园、班级里的动物，由此做到家园共育，共同培养幼儿的劳动情怀和提升幼儿的劳动素养。

第二节
从时间角度确定活动内容

从时间角度确定饲养内容，主要是从饲养对象的角度来考虑的，具体可以分为三种情况：第一种情况是对于大部分适应于四季生活的动物，如家禽、飞禽、鱼类等，不需要考虑到季节因素，任何时候都可以开展饲养活动，主要考虑的是选择契机的问题。第二种情况是饲养对象对环境有一些要求，主要是避开特殊的季节——冬季，如甲壳、软体、两栖类动物要避开冬天，昆虫类的动物也是如此。第三种情况是饲养对象生长极具时令性，只有在特殊季节才能看到，且时间不长，如小蝌蚪只有在春天才能看到，蚕的饲养也只适合在春夏之交，这种季节性特别强的动物，到了它们的饲养季，教师可以有意识地引导幼儿对这部分动物的关注，进而开展班级饲养劳动活动。

从时间角度确定活动内容要求教师具有一定的生物学知识，对于幼儿园饲养对象资源中所涉及的动物生活习性有一定的了解，这样才能做到心中有数，基于幼儿发展需要的角度，在特定时节适时地引导幼儿关注相关内容。

第三节
从活动发起角度确定活动内容

一、由幼儿发起

幼儿发起的饲养劳动活动是班级饲养主题比较常见的确定方式。幼儿发起可能来自幼儿间的一次谈话。

比如，一次户外游戏时，妞妞和萌萌坐在休息厅里聊天，她们分享着各自周末的生活趣闻。萌萌说她到姑姑家和小表弟一起玩，玩的时候隔壁的小哥哥带着一个小竹笼来了，笼子里有一个很小的“小可爱”，像小老鼠一样，它一直在圈圈里面跑步，一直跑一直跑。两个好朋友就开始讨论，那个“小可爱”到底是什么？它为什么一直跑，它不会累吗？他们的谈话吸引了很多幼儿参与。看到这样的情景，教师对于近期班级饲养内容的选择就有了方向。

幼儿发起可能来自当下正在研究的主题。

比如，中二班的幼儿最近聊的话题都是关于小鸟的，因为他们正在开展“小鸟，你好”这个主题活动。认识各种小鸟，了解一些小鸟的生活习性，关注它们的生活环境，是他们最近感兴趣的话题。通过了解，有幼儿说他知道两种小鸟会说话——鹦鹉和八哥。大家一致同意鹦鹉会说话，对于八哥会不会说话存有疑问，于是又去寻找相关材料，在看到视频里八哥惟妙惟肖地模仿人说话后都惊叹不已，对黑乎乎的八哥顿生喜爱之情，主动跑来向教师提出要饲养八哥，并打算教八哥学说话，于是“八哥饲养记”就诞生了。

幼儿发起也可能来自一次幼儿的争执。

比如，自主游戏时间，大一班的五个幼儿在表演区里进行故事表演，主题是“小蝌蚪找妈妈”，每个人的角色都商讨好了，最后留下一名幼儿当观众，“小观众”很不情愿地坐在观看席，故事表演结束之后，“小观众”对“小蝌蚪”说：“你表演的不科学，你还是小蝌蚪的时候不能上岸，只能待在池塘里，否则你会没命的。”“小蝌蚪”被说得面红耳赤，争辩说：“小蝌蚪长大了就是青蛙，青蛙明明可以上岸跳来跳去，所以小蝌蚪跑到岸上一小会儿应该也不要紧。”很快他们的争论吸引了更多幼儿，形成两方观点，双方各执一词。当时正值春夏之交，田野间有很多小蝌蚪，教师就建议大家在教室里饲养一段时间，亲身感知一下小蝌蚪的生活习性。大家一致表示同意，没几天班级饲养区的饲养箱里就多了一群黑黑的“小不点”。

幼儿发起还可能来自幼儿的一次分享。

比如，“记录、分享心情日记”这一环节是大二班放学前的常规动作，这一天乐乐分享的是他昨天在电视上看到的水族馆的一个场景。他详细地向大家介绍了他看到的水族馆里的各种鱼类以及各种水生植物，同伴们惊叹不已，纷纷表示想运用身边的各种资源自己制作一个水族馆。说干就干，在教师的协助下，他们从了解信息、查找资料入手，然后是设计、讨论、完善方案，分组寻找材料，接下来是组装饲养箱，在饲养水生物的过程中又想办法解决换水、增氧、喂食、美化等问题。整个饲养过程就是幼儿探索不断深入、经验不断积累的过程。

二、由成人发起

成人（教师、家长）发起的饲养劳动活动，主要是聚焦于幼儿的发展需求。如，在班级刚刚接手园级饲养园的饲养任务时，幼儿的兴致很高，都争抢着要进入园区去照顾小动物，为了顾及大家的情绪，一开始教师就让幼儿进行自主喂养，一番操作后，很多问题就暴露出来：有些工作大家抢着做，有些工作无人问津；有些幼儿认真地投入工作，有些幼儿一脸嫌弃地旁观；饲养完成后，物品收纳没有到位……这些暴露出来的问题，都需要我们通过饲养劳动教育来解决，意识到这些问题后，教师通过图文匹配找问题启发幼儿，由此生发了一个关于劳动分工以及《饲养公约》的“小小饲养员”课程。

在家庭饲养中还需要家长来起主要的引导作用，包括根据家庭的具体情况和孩子一起商量饲养内容，提供物质上的支持并积极引导幼儿参与到动物饲养的管理中来。

三、由特殊事件发起

新冠疫情对人们的生活方式影响很大，对教育也产生了诸多影响。有些人对动物产生了惧怕，很多人开始质疑在幼儿园饲养动物的安全性以及必要性，建议禁止动物进入幼儿园。这虽是一种极端的想法，但也为我们敲响警钟，对于动物饲养的安全性考量需要再提升一个等级。于是我们在和幼儿一起喂养、管理饲养园的动物时对于工具的要求更加专业了（如需穿戴好防护装备方可进入饲养园），对于卫生消毒的要求也更高了（每周三次大扫除，其中要有消毒的过程）。当所有措施到位后，幼儿发现我们原先的工具柜已经不能满足当下的需要，于是他们重新制作出设计图，通过测量对比后在幼儿园资源库寻找适合的材料与工具。在建构过程中幼儿遇到了一些困难，有一些他们自己想办法克服了，还有一些有技术难度的就去请教“万能的保安爷爷”。在大家的共同努力下，一个功能多样、区分更合理的工具柜诞生了。然而还没有从兴奋中回过神来，一场大雨又给大家泼了一盆冷水，于是第二阶段关于防水材料的探索与工具柜的修复又开始了……

生活中总会有意想不到的事情发生，这些特殊时期发生的特殊事件会给幼儿带来怎样的影响，充满了未知的可能。但是我们相信，特殊事件所引发的活动有时对幼儿更具吸引力，在这样的活动中，他们的积极性与专注度是显而易见的，收获的经验也必将是深刻而丰富的。

第五章

饲养劳动实践策略

第一节
饲养劳动环境创设

一、空间上的安排

不论是在班级饲养区、园级饲养园还是户外水产养殖场，饲养场地都要有基本的保障，可以无需全光照，但要尽量选择通风、有阳光的地段，避免造成动物抑郁，同时在一定程度上降低动物生病的可能性。不管是哪一类场地我们都尽量给动物创造一个更加接近于它自然生存的生态环境，以更利于动物的生长。

班级饲养区。利用阳台、走廊、窗台等边缘空间，收集瓶、罐、盆、桶、箱、缸、笼等器物，饲养鱼、虾、蝌蚪、乌龟、甲鱼、小鸟等小型动物，幼儿利用固定和不固定的时间观察、喂养、照料它们，这种陪伴式的饲养增进了他们与小动物的情感，也能让他们体会到饲养劳动带来的乐趣。

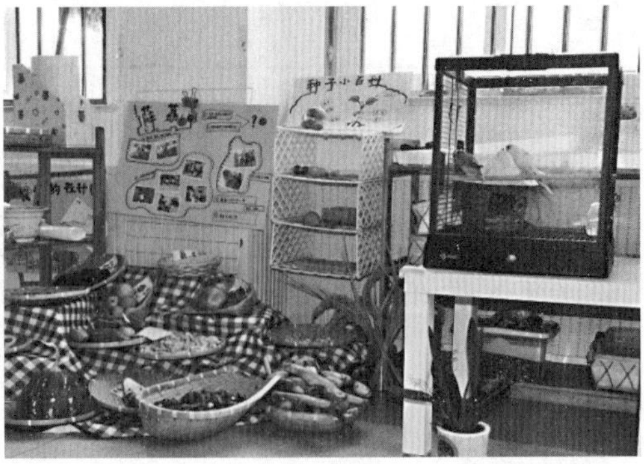

园级饲养园。选择通风性好、有光照、能部分遮阴、有水源的场地，既可以用笼、柜、架、栏等分开饲养，也可以用大型封闭的笼子混合饲养，笼的网格密度要小，质量要好，要能有效抵御野外动物天敌的侵害。如果有可能把饲养园与种植园规划在一个区域，将种植与饲养串联起来，让种植的蔬菜成为动物的食物来源之一，而打扫出来的动物粪便也方便被用作种植的肥料。我们想要创设一个适合动物生存的环境，必须要了解动物的生存习性。例如，兔子饲养区内除了通风、光照、遮阳等硬件之外，还必须保留场地中有一定区域的泥地来给它们打洞，以提高新生的兔宝宝生存下来的概率。场地旁边要有存放工具的工具房、工具柜。定期安排班级幼儿参加饲养、照料及管理，能让幼儿在饲养劳动过程中不仅见证了动物的生长过程、了解了各种动物的生活习性、掌握了饲养的知识和技能、养成质朴的生态观，而且更体验到了劳动能创造幸福生活。

户外水产养殖场。利用园所的池塘，放养各种鱼类、虾类以及螃蟹、螺蛳、蚌等水生动物，池塘内栽种适量的水生植物，投入一些大小石块与泥沙，形成一个动植物生态系统。池塘的大小要适宜，我们认为小于20平方米的水池无法满足动植物生长的需要，池中水以“活水”最佳，如果不是“活水”可以增设可视化池水净化系统，实现养殖场里的生态平衡、水资源循环利用。这些安排既丰富了幼儿的认知和经验，也拓展了他们饲养劳动课程探索的广度与深度。

家庭饲养角。根据每个家庭的具体情况而定，农村家庭中本就饲养家禽的可以直接利用资源，让幼儿参与到家禽的饲养管理中来。没有现成资源的，可以参考班级饲养角的环境创设，选择适合的区域，添置小型宠物类的动物或者领养幼儿园、班级饲养的动物，让幼儿参与饲养管理。

二、时间上的规划

饲养劳动时间规划有两个层面。一是从劳动环节层面来看，如卫生打扫，幼儿主动制订《饲养公约》并通过图文的形式展示在饲养区，全体参与饲养的幼儿共同遵守。我园《饲养公约》内容有：饲养园一周至少打扫三次，班级饲养交接前必须完成一次彻底的清扫，饲养角每天打扫一次，户外水产养殖场视具体情况而定。二是从参与饲养劳动的频率及时间层面来看，饲养园中的动物喂养一天三次，建议在早上户外活动、中午散步和下午户外游戏这三个时间段进行；班级饲养角的饲养活动与幼儿的生活活动结合在一起，可由幼儿自主商讨喂养管理的时间；家庭饲养劳动的时间保障由孩子和家长共同约定。

三、材料上的准备

饲养劳动活动所涉及的材料有两类：饲养对象和饲养工具。

（一）饲养对象选择的原则

1. 安全性原则

饲养对象的安全性是我们考虑的首要原则。首先选择的动物本身应是安全的，不能有攻击性，性情相对来说比较温顺，叫声小且悦耳，适合幼儿亲近甚至可以触摸，总之前提就是不能对幼儿的健康造成损伤。鉴于此，家禽类的就比较合适。再者从环境卫生的角度考虑，那些体味很重的动物也不太适合在幼儿园饲养。最后从防疫的角度出发，进入幼儿园的动物均需从正规渠道购买，确保接种过疫苗，凶猛动物是绝对禁止在幼儿园饲养的。

2. 生活性原则

饲养劳动是园本课程的重要内容之一，我们是要给幼儿提供一个适宜的劳动实践基地，并不是要建一个动物园供幼儿观赏。因此，选择饲养的动物不需标新立异，也并不是多多益善，选择的动物最好是幼儿熟悉的、常见的，这一方面更加能够激发他们的饲养兴趣，也便于他们调动已有经验去建构新经验。

3. 生命至上原则

每一个生命都值得被尊重，每一个生命都应该被善待，动物的生命也是如此。如果在我们已有的经验里知道哪些动物不适合饲养，或者饲养难度比较大、稍有不慎就会死去，那我们就不要轻易去饲养这类动物，不能以生命为代价来做试验。如一些生活在溪水里的小鱼离开原来的生活环境后很快就会死去，是不适合饲养的，而泥鳅、黄鳝、螺蛳等水生动物生命力强，就可以作为饲养对象。再如蚯蚓、蚂蚱、蜗牛等来自户外场地的小生命，在幼儿完成了一个周期的饲养任务后就需把它们再送回大自然中去。此外即使是在室内饲养期间，我们也应尽可能为动物创设接近自然的小生态环境，这是对动物生命的基本尊重。

（二）饲养工具的准备

饲养工具分为棚舍、打扫、喂养、探究四大类别（具体详见饲养劳动工具资源表之表 3）。需要提醒的是，幼儿进入饲养区域一定要做好防护，除了防护衣之外，口罩、眼罩、手套、雨靴都是必要装备。工具存放的柜子要根据工具的尺寸做好设计（见图），柜子要是封闭的，有一定的隔层，便于分类摆放工具，还要有一定高度的隔间，便于悬挂防护衣和存放大尺寸的打扫工具。食物和其他工具要能够分开存放，避免交叉感染，另外还要考虑到户外工具柜的防水性能。

结合公共卫生的管理要求，对于饲养劳动我们有如下的友情提醒：

① 通过正规渠道购买动物，确保饲养的动物都接种过疫苗。

② 除常规清扫卫生之外，增加定期的消毒工作。

③ 增加防护工具：一次性手套、口罩、防护衣、胶靴等。

④ 除幼儿管理之外，成人要定期巡视饲养场地。

⑤ 根据动物的习性，了解和制订饲养制度，包括环境、吃食准备、喂养的次数和数量、打扫以及需要的工具。

⑥ 灵活变换饲养方式：班级饲养的动物长大了可以投放到饲养园去，饲养园中孵化的动物宝宝可以有选择地放在班级喂养。

第二节
饲养劳动实施要点

一、实施原则

在实施饲养劳动教育过程中，我们坚持四个原则。

（一）坚持本体目标与其他目标兼顾的原则

儿童的发展是一个整体，应统筹兼顾，不可顾此失彼。在课程实施中，我们首先要求教师注重劳动素养发展目标的达成，同时又不能忽略其树德、增智、健体、育美等内隐的育人功能。教师要充分挖掘其多元价值，努力彰显其综合育人的凝聚效应。

（二）坚持幼儿体验与教师引导相统一的原则

劳动教育的性质与特点，决定了幼儿必须以主体体验的方式参与。教师要尊重幼儿的主体地位，支持并放手让幼儿通过直接感知、实际操作和亲身体验获取经验，满足幼儿自主探究、动手尝试的欲望与需求，但同时幼儿又是尚在成长中的个体，他们的心智尚未成熟，离不开教师的正确引领。因而在饲养劳动过程中，教师要科学观察、正确解读、有效支持，以保障幼儿获得健康的成长。

（三）坚持全园统筹与班级自主相结合的原则

园级饲养主要是立足于饲养园的饲养，更多的是从责任、使命、任务的角度出发，采取班级轮流负责制，一周由一个班主要承担饲养任务，周五时两个班级进行饲养交接，交接内容包括安全卫生、饲养认知、饲养公约等方面。班级自主饲养是综合幼儿的饲养兴趣与需求开展的自主饲养劳动，更关注于通过饲养劳动来促进幼儿整体性的发展。园级饲养和班级饲养两者之间可以融合，当班级饲养的动物长大了，可以送到饲养园饲养，而饲养园内的动物宝宝也可以让班级认养。两种饲养方式兼有，可以更好地保障饲养劳动的持续性。

（四）坚持园内教育与家庭教育相结合的原则

家庭是幼儿的第一所学校，家长是幼儿的第一任教师。饲养劳动教育只有得到家长认可与重视，赢得家庭的配合，才能形成合力，事半功倍。因此需要密切与家长沟通，明确饲养劳动教育的意义，取得家长的认同和主动配合，将幼儿园饲养劳动教育拓展延伸到家庭，使家园形成合力以达成目标。

二、实施要点

在研究饲养劳动教育的过程中，我们提出“四个重视”的实施要点：

（一）重视儿童的主体参与性

杜威的儿童中心论提到：“儿童是中心，教育的各种措施便围绕着他们而组织起来”①，主张“从儿童生活和发展水平出发，以儿童已有的经验为基础，将学科知识心理化，让儿童从生活中、从亲子体验和亲手‘做’中，逐步实现经验的深化和扩展。”②在饲养劳动中以幼儿为中心，保障幼儿的主体参与性主要体现在给幼儿赋权，即尊重幼儿的选择权、行动权、发言权。

一是尊重幼儿的选择权。教师要把选择饲养什么动物、使用什么工具的权利还给幼儿。那些来自幼儿共同兴趣需求的饲养对象能够引起他们的共鸣，产生积极饲养的内驱力，进而在劳动过程中表现出主动性、持久性。幼儿有自主选择工具的权利就有更多深入探究、学习的机会，也才有更多发展的可能。在自主选择的劳动中，幼儿的潜能可以得到更大发挥，劳动技能得到更大提升，爱劳动的品质也在不知不觉中养成。

二是尊重幼儿的行动权。幼儿在饲养劳动过程中不可避免地会遇到很多问题，教师要学会放手，把这些问题留给幼儿，让他们自己去发现、探究、解决。如在制作防疫工具柜的时候，幼儿做了自认为比较完美的设计图，却没有意识到户外材料柜防水的重要性。教师没有主动提醒，而是让幼儿在实践中发现了漏雨这个问题，为了解决这个硬伤，他们做了几套改造方案进行讨论、对比，最终决定利用幼儿园资源室里废旧的防水雨布来进行外部包裹处理。因为教师把发现问题、解决问题的

---

① 杜威 . 学校与社会·明日之学校［M］. 赵祥麟，任钟印，吴志宏，译 . 北京：人民教育出版社，1994:44.

② 蒋雅俊 . 杜威《儿童与课程》研究 . 福州：福建人民出版社，2017:48.

权利还给了幼儿，所以他们在这个过程中还收获了计划、预设、评估等能力的锻炼机会，同时劳动技能得到很大的提升。

三是尊重幼儿的发言权。每个幼儿都有发言、展示的机会与权利，这既是幼儿展现劳动成果、激发劳动积极性的机会，同时也是多方面技能得到进一步提升锻炼的机会。当幼儿用动作、语言、绘画、手工等方式表征自己的认知时，教师要尊重他们的这种权利，给每个幼儿创设展示的机会。

（二）重视劳动品质与劳动能力的养成

饲养劳动归根到底是要借助饲养活动这一抓手对幼儿实施劳动教育，因而劳动品质和劳动能力的养成是重要的培养目标。在饲养过程中，不能仅仅关注对动物的观察、探究，更要让幼儿通过照料动物的整个生命过程养成爱劳动的品质以及会劳动的能力，当然这种能力与品质并不是在幼儿实践过程中靠教师教授出来的，而是在悉心喂养、照料动物的劳动过程中，自然而然萌发和养成的。因此不论在什么空间饲养何种动物，都要让幼儿主动关注和照顾动物的生活，在做窝、打扫、喂养、观察的过程中潜移默化地实现培养目标。例如为了饲养好豚鼠，大二班的幼儿对它的食物作了一段时间的研究，发现豚鼠会吃很多绿色的叶片，而搜索的资料中显示的香蕉和番茄这两种食物它并不喜欢，当食物不足时饲料就是最佳的备选，因此需要常备着。于是他们以小组为单位，分配食物采集任务，同时搜集饲料的制作方法，利用小型饲料机尝试自己制作饲料，在尝试多种材料以及各种配比之后，他们终于完成了自制饲料的任务。在这个过程中，幼儿从饲养豚鼠出发，为了养好它而完成一些劳动任务，掌握一定劳动技能，这些要求都不是教师提出来的，是幼儿自己规划出来的，各种劳动技能也由他们自己摸索习得，在这个过程中，他们收获的远远大于劳动本身。

（三）重视劳动安全意识与安全防护能力的形成

安全意识和安全防护能力对于饲养劳动来说非常重要。幼儿在饲养过程中会面临来自多方面的安全隐患：有来自饲养对象的安全隐患；有来自使用工具的安全隐患；有来自饲养过程的安全隐患。面对这些现实问题，我们做到防范在先，最大限度地在源头上避免隐患。

首先，所有幼儿能接触到的动物都是不具有攻击性且接种过疫苗的；其次，在饲养动物的过程中，教师要有意识地引导幼儿研究动物的习性，引导幼儿不过多接触动物、不打扰动物的生活，避免出现一些突发状况，发现问题要学会警示，要具备“兔子急了也咬人”的生活常识。如在我们的混合饲养园有一只特别霸气的大公鸡，羽毛油光锃亮，身姿挺拔，啼鸣声特别响亮且具有鼓动性，大家都非常喜欢这只气宇轩昂的“大个子”，喂食的时候会有意识地向它多投放食物。有一次教师进入饲养园进行常规巡查时，这只大公鸡突然用嘴巴去啄教师的腿，发现这个问题之后教师立刻告诉了班上的幼儿，他们很快制作了安全标识并悬挂了起来，但是他们很奇怪大公鸡的异常反应，于是进行长时间观察，发现大公鸡的脚受伤了，对于任何想要靠近它的人或者动物它本能地就开始防御。随后幼儿展开一系列救治行动，同时在交接给其他班级的时候叮嘱了注意事项：不要太过接近小动物，打扫、喂食时一定要做好全套防护。

为了避免幼儿在使用工具时受伤，我们的做法不是让幼儿不使用工具，而是教会他们熟练地使用工具，提高他们使用工具的能力和水平。如为了解决一窝小兔子的吃食问题，常常看到几个幼儿拿着剪刀、小锄头收割野草。看着他们戴着防护手套、熟练地使用工具，旁边的教师是放心的，因为他们在第一次选择、使用工具时就作好了安全约定，而且在使用过程中大家也遵守着约定，没有出现过一次因工具使用不当而产生小事故。

幼儿的安全意识和安全防护能力不是靠教师苦口婆心的说教而习得的，而是幼儿在实践中逐步建构与形成起来的，对于幼儿来说，只有在实践中获得的经验才是真实的、深刻的。一次又一次地践行所有人都认可的《饲养公约》是最好的安全保障，在这个过程中，成人的导向作用非常重要。正如本杰明．富兰克林所说："告诉我，我会忘记；教授我，我可能会记得；让我参与，我就真正学会了。"[①] 在每个班开展饲养劳动之初，老师们都会组织开展"我是饲养安全小卫士"的活动，让幼儿自己去预判饲养劳动过程中可能会出现的一些安全问题，老师将孩子们搜集的问题进行分类汇总，发现孩子们的预判还是很全面的：有来自动物本身的安全问题，有来自一些工具使用的安全问题，甚至孩子们还预测到在饲养劳动过程中可能会因为分工不合理而带来的安全隐患。老师把这些分类的问题让孩子们以小组的形式去探索解决办法，最后大家再把解决问题的策略在班级内推广，于是安全标识、饲养小知识、《饲养公约》等应运而生，当然孩子也不可能把所有的问题都预判到，因此饲养劳动过程中的随机安全教育也非常重要。

（四）重视劳动教育的可视化

饲养劳动过程是幼儿直接感知、实践操作、亲身体验的过程，让这个过程可视化，其实就是将幼儿思维、学习的过程可视化。幼儿记录、表征的过程，是经验再次提升的过程，同时观察与倾听这个过程，能更有利于我们了解幼儿发展情况，采取积极的应对措施，进而促进幼儿的发展。

我们选择"课程海报"的形式，来展现幼儿发展的劳动过程，通过"我的经

---

① 迪纳斯坦．选择时间：通过探究和玩耍深化儿童的学习［M］．杜丽娟，译．北京：北京师范大学出版社，2019:1.

验、我的问题、我的做法、我的收获”四个板块，呈现幼儿在饲养劳动过程中的所知、所想、所做、所得。在“我的经验”板块，通过调查表、绘画作品、记录幼儿语言等方式呈现当下幼儿的有关经验，包括饲养方面的经验和劳动技能的已有经验。在“我的问题”板块，以问题墙的形式呈现，既有个别幼儿提出的问题，也有多数幼儿都提到的具有普遍性的问题；既有知识性问题，也有幼儿在饲养劳动过程中发现的问题。问题呈现的形式可以是幼儿绘画，也可以是幼儿口述后教师文字记录，或者绘画与文字记录相结合。“我的做法”板块呈现幼儿的探索过程，可以是全班范围的行动，也可以是分小组领任务，还可以是个别化的探索学习。“我的收获”板块呈现幼儿在饲养劳动过程中的经验与收获。如在饲养孔雀的行动中，幼儿观察孔雀美丽的仪态后赞叹不已，教师把这些赞美之词收集起来，串联成了一首质朴的小诗。此外，有的幼儿用连环画的形式表征班级饲养兔子的过程，有的幼儿把制作昆虫之家的经验记录下来，有的幼儿表达了学会给动物搭建屋舍、制作投食器的兴奋、激动之情……

当饲养劳动过程可视化后，课程展示就应运而生了，这是展示的过程，也是经验交流、共享的过程。不同规模、不同时间、不同地点、不同载体的展示体现了展示方式的多样化。

第六章

饲养劳动课程评价

“幼儿园课程评价是一种特殊的认知活动，是针对幼儿教育的特点和组成要素，通过收集、比较和分析系统全面的有关资料，科学地研判幼儿教育的价值和效益的过程。”① 这是一个促进幼儿、教师以及幼儿园课程全面优化的过程。从整体上来说，饲养劳动课程评价主要涉及三个方面的内容：一是对幼儿发展的评价以检测课程的效果；二是对教师课程实施的评价以确保课程实施质量；三是对课程方案本身的评价以优化课程方案。这里具体阐述的内容主要聚焦于第一点——对幼儿发展的评价。

第一节
评价原则

一、情境性原则

《纲要》指出“评价应自然地伴随着整个教育过程进行”②，因此我们要关注评价时间的过程性以及评价方法的情境性等特点。我们强调在真实的生活情境中，在自然的劳动状态下，对幼儿在饲养劳动过程中的言行进行记录与分析，这样收集的资料才是真实的、客观的。同时强调情境中的评价与改进教育措施相结合，实现课程质量效益提升最大化。如在为仓鼠建构笼舍时，通过观察幼儿搭建的速度与动作，能够非常明显地掌握幼儿手部精细动作的发展水平。对于个别动手能力弱的幼儿，教师会有意识地多提供练习的机会，并在其他材料游戏中提供不同的材料让幼

① 虞永平，张辉娟，钱雨等 . 幼儿园课程评价［M］. 南京：江苏凤凰教育出版社 ,2009:24.

② 虞永平，原晋霞 . 幼儿园课程［M］. 北京：高等教育出版社 ,2014:97.

儿有针对性地锻炼手部精细动作。

二、发展性原则

幼儿园课程评价的目的不是为了鉴定课程优劣，而是通过应用课程评价去改进课程，最终促进幼儿的发展。因而我们也不能从定性的角度去评价幼儿的能力水平，要懂得尊重幼儿个体发展的差异性，慎用横向比较，要更多地看见幼儿的发展过程。因而对于幼儿的发展要长期跟踪，从持续的观察分析中看到个体的发展，同时对于幼儿发展的期许不能仅仅关注当下，还要立足于他们长远发展的需求。正如《纲要》中说到的“以发展的眼光看到幼儿，既要了解现有水平，更要关注其发展的速度、特点和倾向等”①。

三、全面性原则

全面性是针对片面性而言。首先幼儿的学习与发展就是整体性的，我们追求的培养目标也是指向全面性的，因而在评价幼儿时也要立足于全面发展的角度。落脚在饲养劳动中的全面性发展，就是既要引导幼儿发展饲养认知的经验，又要培养幼儿会劳动的技能，还要培养幼儿爱劳动的品质，三者缺一不可。所以无论是幼儿观察记录的分析还是幼儿作品的分析，我们不能仅仅关注幼儿技能与能力方面的发展状况，还要关注他们的劳动品质养成情况，即关注到幼儿劳动素养的综合性、全面性发展。

① 虞永平．原晋霞．幼儿园课程［M］．北京：高等教育出版社，2014:92.

第二节
评价要点

杜威曾说过:“一切真正的教育来自幼儿的经验，教育是在经验中、由于经验和为着经验的一种发展过程。”① 我们对于饲养劳动活动中幼儿发展的评价主要融入在幼儿饲养劳动过程之中，评价的主旨是为了了解幼儿在饲养劳动过程中经验的建构情况，因此评价一定是基于观察、关注过程、重视发展的，其采集的信息包括孩子的语言、图画、照片、视频以及相关的表格资料。对幼儿的评价应充分考虑到个体差异性，不用一把尺子去衡量所有幼儿的水平，而是基于个人的发展过程，通过追踪个案、积累素材、完善劳动成长记录册来对幼儿的发展进行过程评价。在完善评价过程中我们突出以下三个要点:

一、评价主体多元参与

对于个体幼儿的评价，评价主体包括：幼儿、同伴、教师、家长。不同评价主体，评价的方式、目的与作用是各有侧重的。幼儿在教师的帮助下通过完成检核表来进行自评，了解自身当下的发展水平，同时通过阶段性的检核对比，可以看到自身的发展过程以及自己需要努力的方向（见表1）。同伴评价更多地采用过程性的语言、绘画等表征方式评价，教师有意识地收集相关方面的评价信息，作为对于幼儿发展水平评价的材料之一。教师的评价主要是综合运用观察、谈话、作品分析等方法，通过记录幼儿的语言、行为等相关信息，了解他们已经知道的、掌握的，分析判断他们还需要知道什么，以此作为有针对性开展饲养劳动教育活动的依据（见表2）；对于饲养劳动过程中幼儿的作品分析也是识别和判断当下发展水平的一个

① 杜威.我们怎样思维·经验与教育[M].姜文闵,译.北京:人民教育出版社,2004:250.

非常有力的依据（见表3）。家长通过参与家庭观察的方式把幼儿的发展状况客观地记录、反馈给教师，以便于教师全面地收集幼儿发展水平资料（见表4）。

表1　打扫环节劳动能力检核表

检核人			辅助教师		
内容	检核日期				
	月　日	月　日	月　日	月　日	月　日
能主动参与打扫 					
知道打扫的各项规则 					
能够主动承担打扫过程中的任务 					
会正确使用相关工具 					
能够自己穿脱防护用具 					
工具使用完后会主动收纳整齐 					
打扫完主动洗手 					
主动制订打扫计划并执行 					

表 2　饲养劳动活动教师观察评析表

<table>
<tr><td>日期</td><td>×月×日</td><td>对象</td><td>萌萌、洋洋</td><td>班级</td><td>中二班</td><td>观察者</td><td>夏老师</td></tr>
<tr><td>时间</td><td>7:50—8:00</td><td>地点</td><td>班级饲养区</td><td colspan="2">观察内容</td><td colspan="2">给乌龟换水</td></tr>
<tr><td>观察背景</td><td colspan="7">根据班级《饲养公约》约定，饲养区内的喂养主要由当日的值日生来负责，并且在来园后就要开始第一次的管理。今天轮到萌萌和洋洋做饲养区的值日生，他们早上先后来到幼儿园，完成个人物品整理、签到后，一起结伴来到饲养区。</td></tr>
<tr><td>观察记录</td><td colspan="7">两个人到饲养区抬着饲养盒走进盥洗室。洋洋将小乌龟从盒子里边拿出来边跟它说话：“小乌龟，我们来帮你换水啦！”萌萌拿起挂在墙上的刷子，把盒子放在水龙头下一边冲洗一边刷，嘴里还说着：“小乌龟的家好脏啊，要不我们给它洗个澡吧！”洋洋说：“好啊，你看它背上也很脏，赶紧洗洗。”
饲养盒洗干净后，洋洋接过萌萌手里的刷子，左手轻轻按住乌龟的壳，右手拿刷子轻轻地刷乌龟背，萌萌说：“你要小心它的壳划着你。”然后又说：“我也想帮它清洗。”洋洋说：“等我刷好壳，你来用抹布帮它把肚子擦一擦。”随后把乌龟翻身让给了萌萌。萌萌开始轻轻地擦，其间乌龟把头伸出来了一下，洋洋说：“小心点呀，别让它咬着你。”萌萌一边点头一边继续擦拭。萌萌给小乌龟洗澡的时候，洋洋把刷好的盒子装上了清水，然后递给萌萌，萌萌将乌龟放进了盒子，和洋洋一起抬着盒子放回了饲养区，洋洋在饲养盒里投放了一点食物，萌萌则去做了记录。</td></tr>
<tr><td>分析与评价</td><td colspan="7">1. 幼儿萌发尊重生命的意识
从幼儿一开始的换水，到观察乌龟的家有些脏从而萌生了给乌龟洗澡的想法，在整个过程中，孩子们逐步开始主动观察身边的动植物，理解动植物的需要，主动爱护和照顾动物。从更高层次来说，孩子们开始学会关注生命、尊重生命、爱护生命。
2. 幼儿劳动技能的体现
劳动技能的发展是幼儿园教育活动目标之一，它能促进幼儿的全面发展。在整个换水过程中，洋洋和萌萌能根据不同的劳动内容使用适宜的劳动工具。例如：在清洗乌龟的“家”时运用的是刷子，而在为乌龟洗肚子时则使用的是抹布，这体现了幼儿劳动技能运用过程中对工具的选择。
3. 幼儿劳动品质的体现
《指南》社会领域指出，4—5 岁幼儿“活动时能与同伴分工合作”。从给乌龟换水这件事可以看出，萌萌和洋洋做事很有条理，分工明确，一人负责给乌龟洗澡，一人则负责给乌龟的“家”换上干净的水。他们能认真做好值日生工作，主动承担值日生职责。看到乌龟身上脏也能主动为它“洗澡”，从中可以看出他们已经具有初步的责任感，主动承担劳动任务。
4. 幼儿表征能力的体现
幼儿记录自己的饲养活动，有利于幼儿整合自己的经验，表达自己的感受。萌萌在整个饲养活动最后记录下和同伴一起照顾乌龟的内容：换水、清洗乌龟的“家”、为乌龟洗澡。这些记录是幼儿经验提升的素材，是幼儿之间沟通的中介，也是幼儿表征能力不断提高的途径。
5. 幼儿爱心的体现
从萌萌和洋洋为小乌龟换水并“洗澡”这件事情上可以看出，他们喜欢小动物，对小动物充满爱心，有主动照顾小动物的意愿。同伴间也互相关心，洋洋在给小乌龟刷壳的时候萌萌对他说：“你要小心它的壳划着你。”同样，萌萌在给小乌龟洗澡的时候洋洋说：“小心点呀，别让它咬着你。”这体现了孩子相互之间满满的关心。</td></tr>
</table>

表 3　饲养劳动活动作品分析表

<table>
<tr><td>日期</td><td>×月×日</td><td>班级</td><td>中一班</td><td>幼儿姓名</td><td>菡菡</td></tr>
<tr><td>内容</td><td colspan="3">喝水的“小糖果”</td><td>分析人</td><td>张老师</td></tr>
<tr><td>活动背景</td><td colspan="5">“小糖果”深受小朋友们的喜爱，他们每天都聚在它的旁边观察。菡菡在观察了一次“小糖果”喝水后兴奋地说：“‘小糖果’舌头一舔一舔的，太好玩了，我要把它这个样子画出来。”随后就到美工区选择了工具开始作画。</td></tr>
<tr><td>幼儿作品</td><td colspan="5">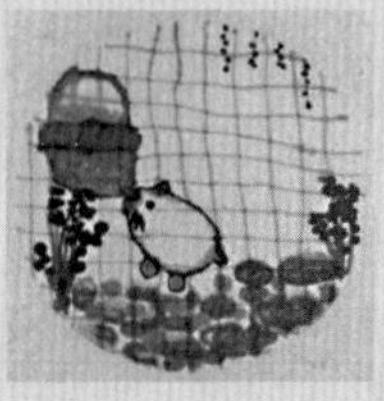</td></tr>
<tr><td>分析与评价</td><td colspan="5">本幅绘画作品使用了生宣卡纸和水彩笔，运用了水彩渲染的绘画方式，描绘了仓鼠“小糖果”在笼子中正在喝水的场景。
一、从劳动教育上看
1. 绘画过程中，菡菡通过对“小糖果”喝水动作的仔细观察、细致描绘，表明了她对仓鼠喝水环节的了解，知道喂水器的外形、颜色、组成以及作用，了解仓鼠喝水时的形态，展现了菡菡的饲养认知经验。
2. 喂水器和垫料需要经常打扫，画面中干净的喂水器和色彩明丽的垫料是孩子们经常打扫的成果，“小糖果”干净整洁的家进一步促使幼儿产生按时为“小糖果”打扫笼子、更换垫料、更换喂水器中的水的动力，可见幼儿打扫技能已经掌握得很好，他们的动手能力也越来越强了。
3. 在描绘“小糖果”喝水的场景时，菡菡表现出“小糖果”的可爱、憨态可掬，体现了她对“小糖果”的喜爱之情。在日复一日的喂养与陪伴之下，菡菡与“小糖果”的感情越来越深，也因此提高了幼儿对“小糖果”主动观察的频率。
4. 从幼儿自发地想要记录表征“小糖果”喝水这一行为可以看出，幼儿除了对“小糖果”非常喜爱外，还将自己放在“小糖果”的照顾者、陪伴者的位置，这体现了幼儿在饲养小动物时责任意识的增强。
二、从艺术水平上看
菡菡先画了仓鼠、喂水器、垫料，接着画出笼子的网格，最后添上绿植装饰并对小仓鼠、喂水器进行勾线。菡菡绘画的先后顺序表明她已经开始关注画面中图像之间的关系，创作具有目的性。
1. 从构图上看，画中的小仓鼠和喂水器的大小与现实大小接近，能表现出明显的喂水器在上、小仓鼠在下的位置关系，并且画出了细节特征：喂水器的卡扣、喂水器中水的位置、小仓鼠的粉色小舌头、短短的尾巴、笼子的网格线等。可以看出菡菡已经进入图式期，能够细致观察，结合自己的生活经验有意识地进行绘画。
2. 从线条上看，菡菡有意识地对小仓鼠、喂水器、笼子网格线条进行勾线，但可以很明显地看出，线条断断续续、深浅不一；在渲染的状态下，线条的不连贯就更为明显了。中班幼儿手的精细动作发展不完全，不能很好地控笔，因此菡菡虽然有意识地控制线条的走向，但在控制力度上还有一定困难，所以出现线条粗细不均、颜色不一的情况。
3. 从色彩上看，整幅作品色彩明丽，但不杂乱。在画垫料时，用了四种深浅不同的黄色进行叠加，画绿植也用了深浅不同的绿色，表明菡菡对颜色的认识已经日趋精细和完善，能结合生活经验用相类似的颜色来进行着色，能有意识地关注颜色之间的配合，使自己的作品色彩丰富。</td></tr>
</table>

续表

日期	×月×日	班级	中一班	幼儿姓名	菡菡
内容	喝水的“小糖果”			分析人	张老师
分析与评价	4. 从创造性上看，菡菡对仓鼠喝水这一场景进行了自己的艺术创造：对仓鼠喝水这一场景进行装饰，画上深浅不同的绿色植物，并在右上角空白的地方画出垂下的绿植枝条。该场景的创作，正是她对作品有自己的想法的体现，也体现出她想为小仓鼠营造一个美丽温馨的家，可见在饲养小仓鼠的过程中，菡菡由衷地产生了对它的喜爱之情。 总体来说，这幅作品非常完整地呈现了小仓鼠正在喝水的场景，画面干净整洁、布局合理，色彩搭配清爽。通过作品呈现可以看出菡菡小朋友的表征能力较强，也可以看出她在饲养“小糖果”的过程中对“小糖果”的喜爱之情，更可以侧面感受到幼儿在照料“小糖果”的过程中所付出的劳动，劳动中的情绪是积极的，过程是有效的，劳动的能力是值得称赞的。控笔方面的不足是由于小肌肉发育尚未完善，不需要急于求成，在长期坚持照顾饲养动物的过程中，这一能力会得到有效的提升。我们只要继续提供给她饲养劳动的机会，然后顺应她的自身发展规律即可。同时，教师可以引导幼儿关注“小糖果”的一日生活，记录表征它的其他各种行为，不断拓展自己的饲养认知，不断加深自己与“小糖果”之间的美好感情。				

表 4　饲养劳动活动家长观察记录表

日期	×月×日	时间	8:00—8:30	幼儿姓名	辰辰	记录人	辰辰妈
观察背景	“小可爱”是辰辰给领回家饲养的豚鼠起的名字，它到家已经一个星期，一直是由我打扫，而辰辰好像忘了当时“自己打扫”的承诺，于是今天我决定让他尝试打扫，并看看他会不会打扫。						
轶事记录	这天，我对辰辰说：“你不是说自己打扫的吗？”他笑着说：“我不会，‘小可爱’太能拉了，脏死了。”我说：“我也觉得，太脏了，干脆我们送还给幼儿园吧。”他立刻反对：“不行，暑假归我养。”我说：“那以后你来打扫。”他说：“好吧，那我也要戴手套。”家里没有小手套，我便拿了洗衣用的手套给他戴上。于是在我的指示下，辰辰开始了打扫工作，在纸盒里放些食物，把笼门打开，引“小可爱”进去并盖好纸盒。拿出喂食盒和鹿角形树枝，抽出隔尿板，用毛巾把隔尿板上的垃圾掸进垃圾桶，把隔尿板放入水桶中。随后，他蹲下身体，左手扶住笼门，右手伸进笼子抓垫料放进身边的垃圾桶。由于这是大人的手套，每次只能抓一点，后来他两只手同时去抓，垫料从笼子到垃圾桶的地上撒的都是。一会儿他说：“妈妈里面我够不着。”我示意他自己想办法。他左手扶着笼门，右手拿上抹布，右身侧向笼子，右手伸长去够。等垫料清理得差不多了，他把隔尿板和笼子一起拎进卫生间，左手抓住淋浴花洒，右手扶住笼子进行冲洗，洗干净后，关上开关，左手拎住把手，右手抓住笼子镂空处，把笼门朝向地面控水。冲洗隔尿板时，他左手拿着花洒，对着隔尿板冲，右手拿抹布抹洗，最后让我帮忙拧干抹布，自己又全部擦拭了一遍。我欣喜地对他说：“辰辰，你真厉害呀，做事还挺讲究的嘛，不错不错，要给你大大的赞！”						
幼儿行为评析	辰辰怕脏，所以他一直忽略当初的承诺，但当我佯装要把“小可爱”送走，他立马反对，表示愿意兑现承诺参加劳动，说明他确实喜欢“小可爱”，愿意承担责任，对“小可爱”的喜欢战胜了自己嫌脏怕累的心态。虽然没有参与之前的打扫活动，但他有意识地观察、记住了我的打扫过程并运用到自己的实践中。打扫时，虽然工具、手套不配套，但事情做得有模有样，手的动作灵活协调，拿、抽、掸、冲、拎、抹等动作熟练，会使用抹布、扫帚等简单的劳动工具，掌握了扫地、掸抹、冲洗等劳动技能，他已经能通过观察成人打扫情景和采纳成人语言提示，进行独立打扫活动。他把自己的生活经验迁移到劳动中，知道洗完隔尿板后会有水滴下，于是用布擦干后才放入笼子。我立刻表扬了他，增加他的成就感，让他保持为豚鼠继续打扫的兴趣。						

二、评价内容动态可视

我们的评价绝不是对幼儿的定性评价，不是为幼儿的发展打上优或劣的标签，而是为了了解幼儿当下的发展水平，为进一步提升幼儿发展水平采取教育策略提供参考依据，同时对于不同阶段典型行为的记录可以清晰地看到幼儿发展的轨迹，了解个体幼儿的发展速度、特点等信息。因此评价的内容一定是一个客观的、动态的过程，而不是一个单一的画面，呈现的是幼儿在一个阶段内的发展轨迹，而不仅仅是一次活动中体现的能力与水平。因此，有必要将多方主体的评价信息进行有机整合，形成幼儿饲养劳动成长记录册，从而动态展现出幼儿的发展过程。为了让评价与个体差异以及动态发展更紧密结合，成长记录册的内容除了一些预设的个人基本信息、阶段性能力检核等板块之外，更多的是生成性的内容，用于幼儿、同伴、教师、家长对评价对象在饲养劳动活动中发生的精彩时刻进行记录，教师通过对这些记录的信息进行综合分析后作出幼儿的发展状况评价。

三、兼顾整体与个体和谐发展

我们实施课程的目标是促进幼儿和谐发展。这个和谐既表示个体幼儿的和谐发展，也包含幼儿整体的和谐发展。因此不仅仅是要对个体发展状况进行评价，还要对幼儿整体的发展水平进行评析。幼儿整体发展检核表（见表5）可以反映出一组幼儿在该领域内的发展水平，通过阶段性的比对运用检核表就能够清晰地看到这组幼儿在某一领域内的整体发展状况，以检测课程实施的质量。这个整体可以是全班的幼儿，也可以是按照某一兴趣自己组队的一部分幼儿。

饲养劳动的培养目标是要求幼儿能够会劳动、爱劳动。因此在劳动过程中的积极主动性就非常重要，阶段性地运用幼儿参与活动记录表能够清晰地看出幼儿对于劳动活动的兴趣与内化程度（见表6）。

表5　幼儿整体发展检核表（打扫环节劳动能力）

检核日期	×月×日			检核人			
内容	幼儿姓名						
	小A	小B	小C	小D	小E	小F	小G
能主动参与打扫							
知道打扫的各项规则							
能够主动承担打扫过程中的任务							
会正确使用相关工具							
能够自己穿脱防护用具							
工具使用完后会主动收纳整齐							

续表

检核日期	×月×日			检核人		
内容	幼儿姓名						
	小 A	小 B	小 C	小 D	小 E	小 F	小 G
打扫完主动洗手							
主动制订打扫计划并执行							
合计							
百分比							
情况分析							

表 6　幼儿参与活动情况记录表

活动内容		记录人			
姓名	日期				合计
	月　日	月　日	月　日	月　日	
小 A					
小 B					
小 C					
小 D					
小 E					
小 F					
情况分析					

总之，我们的评价是基于人的发展的评价，因此不管是整体层面还是个体层面，其评价的理念都是为了发展、看到发展、促进发展。同时，要能认识并接受幼儿个体发展的差异性，坚持持续性地观察，在过程中发现、在过程中改进、在过程中成长。

第七章

班级饲养劳动

第一节
班级饲养劳动如何促进幼儿的发展

子恒 男 5岁2个月

我和我的小伙伴一起饲养了小鹦鹉，每天都会给它们喂食、喂水，看着它们蹦蹦跳跳、叽叽喳喳，特别开心！

一、班级饲养劳动的价值分析

班级饲养劳动是幼儿在自己班级所属的空间范围内，如班级活动室、走廊等区域开展的饲养劳动。班级饲养的多是体型较小、气味不大，幼儿能亲密接触、随时观察、参与照顾的动物。

班级饲养劳动有以下特点：

（一）班级饲养劳动具有任务性

动物来到班级，首先就要解决它们的吃、住问题，因此班级中的饲养劳动首先要关注动物的日常生活，保证它们“吃住行”。班级空间小，幼儿与饲养的动物一起生活在其中，安全、卫生是第一位的。所以，动物来到班级前幼儿的劳动就已经开始，包括为动物的吃、住开始作准备；来到班级后，更是要关注动物的吃喝拉撒睡，也要关注动物的日常生活对自己和班级同伴的影响，为动物和班级伙伴寻找最合适的相处环境和相处方式。所有的照顾、打扫都是必要的，所有的劳动都是必需的。

（二）班级饲养劳动具有约定性

班级的动物朋友是幼儿自行选择邀请回来的，当动物成为班级的一员，每个幼儿都有机会参与观察、照顾，他们亲密接触，彼此成为相互陪伴的朋友。为朋友服务，幼儿是自觉自愿的，于是会发生这样的现象：给小鱼重复投喂、为小鸡加过量的饮水、为仓鼠铺满垫料……鉴于此，我们需要和幼儿在观察了解动物的习性、生活习惯的基础上，结合幼儿的生活经验和年龄特点，约定幼儿的劳动内容和劳动频率，鼓励幼儿根据自己的兴趣和能力轮流参与、共同照顾。

（三）班级饲养劳动具有渐进性

动物的习性需要幼儿观察了解，动物也在幼儿的观察中不断成长，成长过程中也可能有不同的需求，季节的更替也会给动物的成长带来一定的影响。如蚁蚕打扫时可以用羽毛，长大的蚕结茧需要做蚕茧架。仓鼠夏天需要的垫料少，冬天需要厚厚的垫料。伴随着反复的观察、了解、操作，幼儿的生活经验积累也会越来越丰富，他们会在陪伴动物的过程中，不断地发现问题、解决问题，与同伴分享自己的经验，在互学互鉴中不断地丰富自己的劳动内容，提升自己的劳动技能。

（四）班级饲养劳动具有陪伴性

班级饲养的动物是每天陪伴幼儿的，幼儿每天与动物玩耍嬉戏，能很好地缓解幼儿焦虑、难过等情绪，有些幼儿遇到情绪需要调控时，不是去私密空间，而是选择与动物诉说。饲养劳动伴随着幼儿与动物相处的整个过程，为动物进行力所能及的劳动，也成了幼儿陪伴动物的方式之一。

在班级饲养劳动中，每个幼儿都有机会、有时间与动物相处，观察动物生长的过程，积极参与喂食、打扫等照顾喂养活动，他们在饲养劳动过程中各领域的能力都得到了提升。

1. 健康

对于幼儿来说，情绪安定和愉快是维护身心健康、促进其产生社会适应行为并逐渐形成良好个性的重要条件。幼儿与动物有一种天然的联系，与动物在一起时能得到一种幸福和快乐，动物就是他们最好的、最忠诚的伙伴。班级饲养劳动中，幼儿与动物朝夕相处，动物的温顺、依赖，能让他们获得情绪上的安定与愉快。幼儿给动物喂食、换水、打扫、制作食物时，精细动作及大肌肉动作也得到发展。动物什么时候吃饭、什么时候喂水，动物的家什么时候要打扫，怎样安全与动物接触……在这些问题的驱使下，在幼儿同理心的作用下，孩子的生活与卫生习惯都会慢慢养成。

2. 语言

班级饲养劳动中，幼儿有许多机会锻炼听说能力，包括围绕怎么打扫进行谈话，针对哪种工具好用进行辩论，讲述喂食时发生的趣事，说明自己调查发现的结果……幼儿在听与说中口头语言得到不断发展。他们查阅资料、阅读图书，用自己的方式记录动物的生长以及饲养劳动中发生的故事……在交流和操作的过程中，书面语言、文学语言逐渐学习发展起来。幼儿学习倾听与理解交流对象的语言，在不同情境下通过语言来表达自己的想法。

3. 社会

班级饲养的动物都是幼儿自己选择的，他们喜欢和同伴一起照顾动物，乐于把劳动工具放到指定的位置分类摆放，在这个过程中幼儿逐渐有了初步的责任意识。动物的生长变化影响着幼儿的情绪，他们或惊喜、或开心、或疑惑、或难过、或悲伤，在与动物、同伴交往中学会聆听、正确对待生活中的得失，这不但有利于幼儿的身心健康发展，还有助于提高人际交往能力和解决问题的能力，形成良好的心理品质。动物是幼儿的好伙伴，为动物服务是他们心甘情愿的，这也便于他们形成积极主动、认真专注、不怕困难、坚持有耐心、敢于探索尝试的学习品质。

4. 科学

幼儿每天都能亲密接触班级中的动物，有更多的时间去关注身边的动物：动物伙伴喜欢吃什么？用什么工具打扫仓鼠跑轮最合适？……幼儿不断发问、大胆猜想、主动验证，通过观察、探究，运用工具收集信息，根据预先获得的资料进行推断，得出结论，与同伴分享自己的科学发现和探究成果。观察动物的生长变化更是幼儿了解生命科学的有效途径，辨别动物特征、理解生物结构与功能的关系、知道动物的简单行为和需求……在班级饲养中幼儿通过日常观察就可以了解这些基本的科学知识。用数学可以解决生活中遇到的问题，同样，饲养劳动过程中也无处不“数学”：安装仓鼠跑轮是“ABAB”模式，观察小鹦鹉饮食要称重、记录，给蚕分类需要按群计数、统计，哪种工具好用要比较、计时，打扫需要了解空间方位……这些都能发展幼儿的数学经验。

5. 艺术

大自然充满魅力，动物的特有外形、百般样貌、不同发声都吸引着幼儿发现、表达。班级饲养劳动中，幼儿能够更自由、更丰富地表征动物样貌、模仿动物鸣叫、记录劳动情景……感知真实事物，积累感知经验，有助于幼儿进行行为表现，从而提高表现和创作能力。

二、班级饲养劳动与《指南》、幼儿生活经验及资源联结

《指南》为我们了解各年龄段幼儿的典型行为表现提供了参照，能够帮我们辨识幼儿在班级饲养活动中学到了什么。下面的图表中，我们提供了一些幼儿可能做或者说的例子，从中可以看出他们在特定发展目标上的进步情形。

表 1　班级饲养劳动与《指南》、幼儿生活经验及资源联结表（3—4 岁）

领域	《指南》主要经验对照		幼儿可能做的事
健康	1	情绪比较稳定，很少因一点小事哭闹不止。	喜欢班级的小兔，愿意照顾它、抚摸它，和它说话。
	2	有比较强烈的情绪反应时，能在成人的安抚下逐渐平静下来。	遇到情绪不好的时候会通过抚摸兔子毛茸茸的身体来缓解。
语言	1	别人对自己说话时能注意听并作出回应。	当鸡蛋孵化到第 7 天时，进行照蛋：“你能看到蛋里有个黑点点吗？”“看见了，真的有个黑点点。”
	2	能听懂日常会话。	门卫爷爷说：“小鸡需要温水……”立刻有孩子提出疑问：“什么是温水呢？”最后，孩子们根据自己洗澡时测量水温的经验，认为水温在水温表的蓝色区域最合适（37.3℃ -37.9℃）。
	3	愿意在熟悉的人面前说话，能大方地与人打招呼。	将班级饲养的小动物作为班级一员，每天与它们打招呼。
	4	愿意表达自己的需要和想法，必要时能配以手势动作。	看到小鸡孵化出壳时，孩子们的表情比小鸡还夸张用力，眼睛瞪得大大的，手握成拳头，小嘴巴不停地说着：“看，看，它要出来了。”
	5	能口齿清楚地说儿歌、童谣或复述简短的故事。	能唱有关小动物的歌。如：《小鱼游》《数鸭子》。
	6	说话自然，声音大小适中。	鸡蛋孵化到第 20 天，翔翔轻轻地说：“嘘，轻一点，小鸡马上要出壳了。”
	7	主动要求成人讲故事、读图书。	班级饲养小兔后，能主动要求老师讲关于小兔的故事、图书。
	8	喜欢跟读韵律感强的儿歌、童谣。	和老师一起念儿歌：“一条小鱼水里游，孤孤单单在发愁。两条小鱼水里游，摇摇尾巴点点头。三条小鱼水里游，快快乐乐做朋友。”

续表

领域	《指南》主要经验对照		幼儿可能做的事
语言	9	喜欢用涂涂画画表达一定的意思。	会拿笔画出小鸡小鸭的大概轮廓，并注意到小鸡和小鸭的不同。
社会	1	愿意和小朋友一起游戏。	和小伙伴一起带着小鸡去散步。
	2	有高兴的或有趣的事愿意与大家分享。	会和大家分享："天冷了，小金鱼都躲在了石头堆里不肯出来。"
	3	想加入同伴的游戏时，能友好地提出请求。	"我能跟你一起带小鸡出去散步吗？"
	4	与同伴发生冲突时，能听从成人的劝解。	在给小金鱼喂食时，能够听从老师的建议，轮流喂食。
	5	能根据自己的兴趣选择游戏或其他活动。	选择给小鸡喂食或者带小鸡出去散步。
	6	为自己的好行为或活动成果感到高兴。	看到鱼缸被自己打扫干净，感到非常开心。
	7	自己能做的事情愿意自己做。	喂小鸡时饲料撒了出来，主动拿扫帚来清扫。
	8	喜欢承担一些小任务。	会说："今天我想喂小鸡。"
	9	长辈讲话时能认真听，并能听从长辈的要求。	阿姨告诉大家："小鸡宝宝刚出生，只能吃专门的饲料。"幼儿急忙去寻找。
	10	对群体活动有兴趣。	参与班级中的乌龟赛跑活动。
科学	1	经常问各种问题，或好奇地摆弄物品。	当鸡蛋孵化到第7天时，幼儿提出了疑问：鸡蛋壳里到底有没有小鸡呢？
	2	对感兴趣的事物能仔细观察，发现其明显特征。	孩子们对小鸡和小鸭进行了观察对比："你们看，小鸡的脚没有皮！小鸭的脚有皮（脚蹼）。"
	3	认识常见的动植物，能注意并发现周围的动植物是多种多样的。	"鸭子会在水里游泳，小鸡不会。"
	4	能感知和发现物体和材料的软硬、光滑和粗糙等特性。	"小鱼摸起来滑滑的。" "乌龟壳摸起来硬硬的。"
	5	体验和发现生活中很多地方都用到数。	会数鱼缸里有几条鱼，喂几勺饲料……
	6	能感知和区分物体的大小、多少、高矮、长短等量方面的特点，并能用相应的词表示。	"我们班有两只乌龟，一只大乌龟，一只小乌龟。" "这个乌龟的脖子好长。"
	7	能通过一一对应的方法比较两组物体的多少。	"鱼缸里有三条鱼，所以要喂三颗鱼食，一条一颗。"
	8	能手口一致地点数5以内的物体，并能说出总数。能按数取物。	能手口一致地点数5以内的食物和小动物，并能说出总数，能按数取食物喂养小动物。
	9	能用数词描述事物或动作。	"我今天喂了三颗鱼食。"

续表

领域	《指南》主要经验对照		幼儿可能做的事
科学	10	能注意物体较明显的形状特征，并能用自己的语言描述。	“我们班的鱼缸是圆形的，我家的鱼缸是方形的。”
	11	能感知物体基本的空间位置与方位，理解上下、前后、里外等方位词。	会说：“金鱼在鱼缸里，打扫工具在笼子外面。”
艺术	1	经常自哼自唱或模仿有趣的动作、表情和声调。	他们每每给小金鱼换水时，一边用金鱼网兜捞小金鱼，一边会情不自禁地唱起《网小鱼》的歌曲。
	2	经常涂涂画画、粘粘贴贴并乐在其中。	有的孩子用黏土塑造了乌龟，还有的孩子用画笔画了乌龟。
	3	能用简单的线条和色彩大体画出自己想画的人或事物。	能用笔、纸大体画出小金鱼的形态、动作等。

表 2　班级饲养劳动与《指南》、幼儿生活经验及资源联结表（4—5 岁）

领域	《指南》主要经验对照		幼儿可能做的事
健康		知道简单的求助方式。	“老师你能帮我找一个大一点的盒子吗？”
语言	1	在群体中能有意识地听与自己有关的信息。	在自己最喜欢的仓鼠图片下盖章，投票选出自己想饲养的仓鼠品种。
	2	愿意与他人交谈，喜欢谈论自己感兴趣的话题。	和大家交流新发现：“仓鼠玩跑轮啦……”
	3	能基本完整地讲述自己的所见所闻和经历的事情。	“我刚刚看到小仓鼠爬到了笼子的顶上，然后它的小爪子抓住了笼子的铁丝，转了两个圈，就掉到垫料上了。”
	4	讲述比较连贯。	“你们看，豚鼠喜欢吃黄瓜，不喜欢吃香蕉。”
	5	别人对自己讲话时能回应。	“朵朵，可以请你来帮我一起拎这个笼子吗？”“好的，我来了。”
	6	能根据场合调节自己说话声音的大小。	“嘘，小仓鼠睡觉了，我们不能吵它。”
	7	反复看自己喜欢的图书。	反复翻看图画书《蜗牛的日记》。
	8	喜欢把听过的故事或看过的图书讲给别人听。	愿意把自己看过的有关小蜗牛的儿歌、故事讲给其他小朋友听。
	9	对生活中常见的标识、符号感兴趣，知道它们表示一定的意义。	会根据大家商讨的饲养规则，制作海报，并执行约定。
	10	愿意用图画和符号表达自己的愿望和想法。	在饲养笔记上用图画和符号记录自己如何防止蚱蜢逃脱，在生物养育箱上蒙上一层透明的纱。
社会	1	喜欢和小朋友一起游戏，有经常一起玩的小伙伴。	和饲养蜗牛的小伙伴一起说说饲养经验，约定来一场蜗牛爬行比赛。

续表

领域	《指南》主要经验对照		幼儿可能做的事
社会	2	喜欢和长辈交谈，有事愿意告诉长辈。	看到园长妈妈来班级，告诉她："园长妈妈，快来看我们班的小仓鼠在吃面包虫。"
	3	与同伴发生冲突时，能在他人帮助下和平解决。	照顾龙虾时，浩宇和康康为谁给龙虾换水争辩了起来，在大家的劝解下，他们同意合作劳动。
	4	活动时愿意接受同伴的意见和建议。	瑶瑶："这个扫把是大人用的，我们小朋友应该用小扫把。"涵涵听后到娃娃家找来小扫把清扫被小仓鼠刨出来的垫料。
	5	自己的事情尽量自己做，不愿意依赖别人。	在生活馆为小仓鼠制作磨牙饼干。
	6	敢于尝试有一定难度的活动和任务。	清洗仓鼠的跑轮时，他们发现鞋刷子太大了不能伸进去，钢丝球虽然可以伸进去，但是边上非常磨手、非常难洗。最后找到一个长柄刷子，把跑轮清洗干净了。
	7	会用礼貌的方式向长辈表达自己的要求和想法。	梦悦："老师，我妈妈在家打扫卫生都是戴手套的，你也为我们准备紧紧的手套吧，小仓鼠的垫料有点脏。"
	8	愿意并主动参加群体活动。	幼儿每天来园先到种植园、花圃、草地去寻找蜗牛。
	9	感受规则的意义，并能基本遵守规则。	大家商讨好照顾龙虾的值日任务，并执行。
	10	在提醒下，能节约粮食、水电等。	在提醒下，清洗饲养龙虾器皿时，能把水龙头开小，既不会把水溅得到处都是，又能节约用水。
科学	1	喜欢接触新事物，经常问一些与新事物有关的问题。	会问："蜗牛需要喝水吗？""蜗牛有牙齿吗？"
	2	常常动手动脑探索物体和材料，并乐在其中。	探索蜗牛吃的食物的颜色与它便便颜色之间的关系。
	3	能对事物或现象进行观察比较，发现其相同与不同。	观察比较蜗牛和螺蛳，发现它们的相同和不同。
	4	能根据观察结果提出问题，并大胆猜测答案。	"我看仓鼠在垫料里一动不动，是不是天气太冷了，它不想出来？"
	5	能通过简单的调查收集信息。	调查了解"龙虾喜欢吃什么""龙虾喜欢什么样的水"。
	6	能用图画或其他符号进行记录。	用画线的方式记录小仓鼠的身长。
	7	能感知和发现动植物的生长变化及其生长条件。	观察记录小鹌鹑孵化、长大的过程。
	8	能感知和发现不同季节的特点，体验季节对动植物和人的影响。	发现夏天到了，小仓鼠热得一直躺在那里，不玩跑轮、也不吃饭和喝水，赶紧为它换上夏天的木屑垫料。
	9	在指导下，感知和体会有些事物可以用形状来描述。	在选择劳动工具时说一说劳动工具的形状。例如：圆形的刷子、胡萝卜形状的小碗……

续表

领域	《指南》主要经验对照		幼儿可能做的事
科学	10	在指导下，感知和体会有些事物可以用数来描述，对环境中各种数字的含义有进一步探究的兴趣。	经过观察实验，他们决定给小仓鼠每天挖两勺粮食放在食盆里，每三天帮它换上新的水。
	11	能感知和区分物体的粗细、厚薄、轻重等量方面的特点，并能用相应的词语描述。	在操作中感知区分垫料和餐巾纸、棉花之间的区别。
	12	能感知物体的形体结构特征，画出或拼搭出该物体的造型。	能观察小动物的形体结构特征，画出或拼搭出小动物的造型。
	13	能使用上下、前后、里外、中间、旁边等方位词描述物体的位置和运动方向。	知道仓鼠在跑轮里，蝌蚪在石头下，蚯蚓在泥土里……
艺术	1	喜欢倾听各种好听的声音，感知声音的高低、长短、强弱等变化。	饲养鹌鹑时，喜爱倾听它的叫声，并模仿。
	2	经常用绘画、捏泥、手工制作等多种方式表现自己的所见所想。	能用彩泥、绘画、折纸等形式呈现蜗牛的各种形态。
	3	能通过即兴哼唱、即兴表演或给熟悉的歌曲编词来表达自己的心情。	在蜗牛爬行比赛的时候，不自觉地哼唱《蜗牛与黄鹂鸟》。
	4	能运用绘画、手工制作等表现自己观察到或想象的事物。	能用绘画、手工等形式表现六角恐龙的样子和与仓鼠在一起的趣事。

表 3　班级饲养劳动与《指南》、幼儿生活经验及资源联结表（5—6 岁）

领域	《指南》主要经验对照		幼儿可能做的事
健康	1	能熟练使用筷子。	用筷子夹桑叶喂蚕。
	2	能沿轮廓线剪出由曲线构成的简单图形，边线吻合且平滑。	用剪刀剪桑叶喂蚁蚕。
	3	能使用简单的劳动工具或用具。	用镊子、刷子等工具清理打扫蚕房。
语言	1	在集体中能注意听老师或其他人讲话。	在集体分享时听同伴介绍饲养小动物的食物。
	2	听不懂或有疑问时能主动提问。	“蚱蜢吃什么呢？”
	3	能结合情境理解一些表示因果、假设等相对复杂的句子。	孩子闻到一股难闻的味道，就知道小鱼要换水了。

续表

领域	《指南》主要经验对照		幼儿可能做的事
语言	4	愿意与他人讨论问题，敢在众人面前说话。	讨论为鹦鹉建造的“城堡”的位置、用什么材料、搭建成什么样子。
	5	能有序、连贯、清楚地讲述一件事情。	看到蚕的便便会说：“哇，蚕居然拉出了彩色的粑粑，可能是因为吃了彩色的饲料。”
	6	能根据谈话对象和需要，调整说话的语气。	“快来看呀，蚕宝宝休眠了，嘘，小声一点，不要吓着蚕宝宝了。”
	7	懂得按次序轮流讲话，不随意打断别人。	分享讲述打扫经验时，轮流讲述。
	8	能依据所处情境使用恰当的语言。如在别人难过时会用恰当的语言表示安慰。	“蚱蜢的腿怎么断了？是老蚱蜢咬你的吗？好可怜呀，不行，不能让老蚱蜢欺负你了，我来给你重新造个家吧！”
	9	专注地阅读图书。	专注阅读《蚕的日记》。
	10	喜欢与他人一起谈论图书和故事的有关内容。	谈论《法布尔昆虫记——蚱蜢》绘本，讨论给蚱蜢造家的故事。
	11	能初步感受文学语言的美。	阅读讲述《飞啊！蚂蚱》。
	12	愿意用图画和符号表现事物或故事。	记录蚕宝宝的生长变化。
	13	会正确书写自己的名字。	在记录表中书写自己的姓名。
	14	写、画时姿势正确。	用正确的姿势记录、绘画。
社会	1	有问题愿意向别人请教。	能有问题问有养蚕经验的人，如：“蚕喜欢吃什么？”
	2	有高兴的或有趣的事愿意与大家分享。	与大家分享“蚕吃什么颜色的食物就会变成什么颜色”等现象。
	3	活动时能与同伴分工合作，遇到困难能一起克服。	幼儿共同给水产类动物换水，其间遇到问题能共同克服。
	4	知道别人的想法有时和自己不一样，能倾听和接受别人的意见，不能接受时会说明理由。	幼儿在讨论蚱蜢、蚕吃什么时能互相发表自己的意见。
	5	能主动发起活动或在活动中出主意、想办法。	能够主动发起给蚕换“家”的活动，并在活动中提出为蚕的“家”做装饰。
	6	做了好事或取得了成功后还想做得更好。	在班级饲养有了成功感后便会想将蚕带回家饲养。
	7	自己的事情自己做，不会的愿意学。	制作动物食物时，幼儿主动向有经验者学习。
	8	主动承担任务，遇到困难能够坚持而不轻易求助。	“给蚕清扫嗯嗯好难啊！有什么办法能清理干净？”“我愿意试试看。”
	9	能关注别人的情绪和需要，并能给予力所能及的帮助。	在给蚱蜢搬新家时，能主动询问：“我能帮你什么？”
	10	理解规则的意义，能与同伴协商制定游戏和活动规则。	商定班级饲养蚕的值日生工作。

续表

领域	《指南》主要经验对照		幼儿可能做的事
社会	11	爱护身边的环境，注意节约资源。	在给小动物换水时懂得不浪费水。
科学	1	对自己感兴趣的问题总是刨根问底。	“蚱蜢为什么有好几种颜色？”
	2	能经常动手动脑寻找问题的答案。	在草地上寻找不同颜色的蚱蜢。
	3	探索中有所发现时感到兴奋和满足。	探索制作蚕的饲料方法并从中获得喜悦。
	4	能通过观察、比较与分析，发现并描述不同种类物体的特征或某个事物前后的变化。	在打扫蚱蜢和球潮虫的家时，发现软毛刷比硬毛刷更好用一点。
	5	能用一定的方法验证自己的猜测。	在制作食物时发现固定的食材中，还可以添加新鲜的食物。
	6	在成人的帮助下能制订简单的调查计划并执行。	调查班级打扫工具的用法。
	7	能用数字、图画、图表或其他符号记录。	能够及时地记录下打扫、喂养的过程。
	8	探究中能与他人合作与交流。	合作打扫动物的家，并交流如何打扫更方便。
	9	能察觉到动植物的外形特征、习性与生存环境的适应关系。	在饲养蚱蜢的过程中发现不同地方的蚱蜢身体颜色不同。
	10	能用简单的记录表、统计图等表示简单的数量关系。	用记录表去记录小鹦鹉每天的用食量。
	11	能用常见的几何形体有创意地拼搭和画出物体的造型。	在给小鹦鹉造家时，能用几何图形初步设计它的家。
	12	能按语言指示或根据简单示意图正确取放物品。	给小动物制作完饲料后，能将工具按图示摆放整齐。
艺术	1	乐于收集美的物品或向别人介绍所发现的美的事物。	在饲养蚕的过程中，能搜集蚕茧并向他人介绍。
	2	乐于模仿自然界和生活环境中有特点的声音，并产生相应的联想。	在饲养蚱蜢过程中，能学蚱蜢的叫声。
	3	愿意和别人分享、交流自己喜爱的艺术作品和美感体验。	欣赏制作“房屋”时的设计。
	4	能用多种工具、材料或不同的表现手法表达自己的感受和想象。	能将自己打扫的过程用心情日记进行记录。
	5	能用自己制作的美术作品布置环境、美化生活。	用自己的作品装饰小鹦鹉的家。

第二节
班级饲养劳动环境创设

一、空间

在活动室或走廊里，选择空气较流通、采光好的区域进行班级饲养。资源表内的水生类、昆虫类、爬行类、软体类、其他类的大多数动物都可以放在班级饲养，部分动物饲养过程中可能会产生轻微气味，因此放在通风良好的走廊较合适。水养类、昆虫类动物饲养还可以作为环境装饰布置在美术区、幼儿生活区、午睡室等地方，不仅便于幼儿随时观察、照顾，也能增添灵动的趣味及审美的愉悦。

二、时间

班级的饲养劳动什么时间开展，建议与幼儿的活动结合在一起，有固定与不固定两种相结合的方式，固定时间由幼儿自主商讨决定安排观察、喂养时间，不固定是指允许幼儿在固定饲养时间之外去观察、喂养，但是要掌握一个度，不能过度喂养，不能因为饲养劳动而影响其他活动的深入推进。

三、材料

（一）饲养对象的选择

饲养对象的选择以安全为首位，既给幼儿自主选择的机会，又要符合安全的原则。教师根据幼儿的选择兴趣和发展需要，遵循便捷性、安全性以及生命至上的原则确定饲养对象。目前，我们和孩子一起尝试在班级饲养了以下动物：

班级饲养动物常用资源表

班级	常用资源
小班	小鸡、小鸭、鹌鹑、金鱼、锦鲤、乌龟、小兔、仓鼠
中班	蜗牛、天牛、六角恐龙、龙虾、豚鼠、孔雀鱼、斗鱼、鳑鲏
大班	鹦鹉、壁虎、蚂蚁、球潮虫、蚱蜢、毛毛虫、蝴蝶、蚕、蝉、螳螂、蟋蟀、螺蛳、蝌蚪、螃蟹、河蚌、泥鳅、黄鳝

（二）饲养工具的准备

班级饲养的劳动工具准备建议如下：

1. 笼舍类材料

班级饲养的动物体积较小，一般现成的笼舍、器皿就可以成为它们的家。

根据饲养动物的需求不同，选择不同的笼舍或器皿，如：仓鼠的笼舍需要跑轮，豚鼠的笼舍最好是“复式小楼”，把“卧室”和“卫生间”分开，便于它“上蹿下跳”。

根据动物居住需求和幼儿的建议，利用半成品（纸箱、盆、桶等）或其他低结构材料给动物制作笼舍，如：幼儿觉得小兔的笼子太小了，建议给兔子建一个大笼子，经过寻找、商讨，最终决定选用资源室里的木条来制作兔子的新家。

水养动物的器皿要根据动物的习性去选择，如：鱼类对水有一定的溶氧量要求，就需要较深的器皿，还可以用水养植物、石块等搭建一个躲避屋；乌龟需要水陆两栖，可以选择较浅的器皿，但它有时会“越狱”，因此也可考虑在深一点器皿中放少量的水或带防护罩的器皿，再用石块等给它建造一个晒台。

昆虫饲养一般使用饲养箱，需要在饲养箱中放上植物、躲避石、石子、沙子、产卵箱等，模拟自然的生态环境。

2. 喂养类工具

（1）喂水工具

笼养动物一般都有专门的喂水工具，幼儿通过拧、舀等动作参与到喂水活动中，简单易操作。

动物幼崽可能会用到针筒、滴管、奶瓶等。

昆虫一般不需要喂水工具，可以用喷壶喷洒少量水在饲养箱内保持一定的湿度。

（2）喂食工具

笼养动物也有专门的喂食工具，为了给动物养成定时定量的就餐习惯，还会用到量杯、小勺、电子秤，一些浅口的盘、杯也可以替代专业的喂食工具。

（3）换水工具

水养动物换水需要临时器皿、水桶、捕捞网、量杯、吸管、增氧泵等。

（4）制作饲料

班级饲养的动物除了吃饲料外，为了探究动物的饮食习惯或帮它们均衡营养，有时会制作一些食物，可能会用到刀、砧板、剪刀、搅拌器、铲子、研磨器、舂臼、颗粒机等。

3. 卫生防疫类工具

（1）日常照顾

日常照料中，若需要直接接触动物，建议戴上手套，若是有毛的动物，要戴上口罩，照料完尽快用洗手液或肥皂洗手。

（2）打扫

打扫一般需要簸箕、扫帚、拖把、刷子、抹布、钢丝球、海绵刷、毛刷、喷壶、水桶等工具，但班级饲养的大多是小型动物，幼儿年龄小，这些工具就要选择小型、适合幼儿使用的，也可以动员幼儿自制。

在打扫时不建议幼儿直接接触动物，建议戴上口罩和幼儿一次性丁腈防护手套或儿童安全防护手套。

（3）消毒

动物消毒工作也不容忽视，给动物的住所进行消毒，一般采用“84”稀释溶液或酒精。

消毒工作若让幼儿来做，务必戴上口罩、面屏，穿上防护衣服（雨衣、罩衣均可），使用喷壶远距离操作。

4. 探究类工具

我们需要一些桌子，用于摆放观察动物、记录表、工具、相关的图书。这些物品的摆放要便于幼儿观察、照料动物，也要方便幼儿讨论、记录。除此之外，我们还需要以下这些工具和资料。

① 用于观察的工具：放大镜、标本盒、各种测量工具、称重工具、显微镜、一次性筷子、压舌板、盘子等。

② 用于记录的工具：记录表、纸、笔、录音笔、手机、相机。

③ 用于查阅的资料：相关图书、电子设备。

第三节
班级饲养劳动活动推进策略

一、尊重幼儿的主体性

动物是幼儿的朋友，在班级饲养劳动中，邀请哪种动物做伴，它的家安在哪里，今天谁照料，周末谁带回去……这些问题都要充分尊重幼儿的意见，让他们来选择，和他们商量怎么操作。只有将选择权交给幼儿，他们才能认真对待、精心呵护，从而乐意动手实践、发现规律。不论是饲养认知还是劳动体验，都是幼儿在兴趣驱动下积极参与的结果。班级饲养中，教师是专业的“领路人”，要能关注幼儿，善于捕捉他们的兴趣，根据他们的需求创设适宜的环境，引导幼儿承担管理任务，放手让幼儿自主探索，并支持他们持续不断地探索下去。

二、幼儿的生活经验是饲养劳动开展的基础

动物进入班级后，就成为班级的一员，是幼儿生活中自然存在的一部分。来园和它打招呼、为它准备吃的、换水、打扫……幼儿会自然而然地借鉴自己的生活经验来照顾它们：小鸭绒毛湿了，赶紧用纸巾擦拭；鱼缸内壁脏了，用软布清洗；鹦鹉啄食时谷壳撒得到处都是，他们拿来抹布、扫帚、簸箕进行打扫……教师要关注幼儿的生活，帮幼儿积累生活经验、掌握基本的劳动技能，激发幼儿的劳动兴趣。

劳动的过程也是探索发现的过程，每一项劳动都需要有对应的劳动工具、一定的劳动技能、适宜的劳动防护……这些都可让幼儿结合自身的生活经验进行探索尝试。可以围绕即将开展的饲养劳动进行谈话，如：给小鱼换水，需要哪些工具？做哪些准备？清洗哪些物品？其中可能涉及捞、端、倒、抹、捡、刷等动作。围绕具

体动作，在安全的前提下，根据幼儿发展水平，开展捞玩具小鱼、搬积木、抹洗点心盘、刷小石头、淘洗石子等活动，在生活中锻炼幼儿相应的劳动技能，提升他们的劳动能力，使劳动活动持续开展。

三、幼儿间接经验的获得同样重要

虽然说班级饲养什么动物、怎么照顾动物，由幼儿来决定，但饲养的动物是一个个小生命，不能单凭教师或幼儿的主观经验去饲养、照顾，所以在饲养前或饲养时，教师和幼儿需要从图书、网络等途径间接学习相关饲养经验。无目的、无方法的尝试，有时会威胁到动物的生命。如在幼儿决定饲养蚱蜢、球潮虫时，老师阅读了《与幼儿一起探索自然（动物篇）》，领悟到尊重动物生命的重要性及方法和措施。幼儿阅读了相关图书、资料，了解昆虫的生活习性后，一起为昆虫的到来进行经验和环境的准备——由泥土、盆栽、枯树段等组成的生态动物饲养箱，为昆虫的饲养提供了生命的保证。幼儿通过间接经验可以知道动物喜欢吃什么，从而有目的地准备，避免了浪费。

四、教师的观察与回应不可或缺

班级饲养的动物是多样的，幼儿与动物的互动方式也是多样的，他们会根据生活经验以及自己的能力、兴趣选择对象开展饲养劳动，教师要做的是观察幼儿的行为，分析行为背后的信息，抓住活动的契机，及时给予环境、材料等方面的支持，帮助他们深入探索。早上入园，小班幼儿每天趴在大厅的鱼池边，久久不肯进班，于是老师和幼儿一起把小鱼请回班级，并在家长群中说明原因，取得家长支持，让幼儿陆续带上不同品种的小鱼到班级，大家一起观察、喂养。中二班的孩子看着因为被鹦鹉啄而撒下的谷粒皮和打翻的水盆，皱起了眉头，于是老师准备了毛刷、小号扫帚、簸箕、儿童丁腈手套等，幼儿开心地做起了打扫工作……

五、饲养海报让劳动过程可视化

饲养劳动过程也是幼儿直接感知、实践操作、亲身体验的过程，是劳力与劳心相结合的过程，饲养海报可以让整个行动与思维的过程可视化。这样不仅让幼儿的劳动过程可溯源，还让劳动过程中展现的认知、技能、品质得以总结升华。大一班通过一组“养·乐·多”饲养海报，向大家展示了他们饲养起初的一些问题与困惑，以及如何通过小组分工合作解决了布置饲养环境、用不同方式换水等问题，除此之外，通过海报中的饲养日记还能了解很多饲养趣事。

第四节
班级饲养常见问题及解决建议

一、班级饲养中如何处理幼儿兴趣的差异性

班级受空间及安全、卫生等条件的限制，所饲养的多是体型较小、气味不大的动物。班级动物哪里来？我们可以征集幼儿的意见，问问他们喜欢什么动物，想请哪些动物来做客。幼儿的回答五花八门，我们再和他们逐一商讨合不合适。如果选出的动物还是很多，我们也可以采取投票的方式，根据班级空间选出他们最想陪伴的几种动物来班级做客。有时幼儿在户外遇到感兴趣的昆虫，我们也会带到班级，为它们建造接近自然的生态养育箱，饲养观察一段时间后再放回大自然。幼儿在家中饲养的动物有时也会带来分享，这种情况，可以视班级饲养条件和幼儿兴趣，再决定放班级短期观察还是长期饲养。当然，不管选择哪种动物，除了幼儿感兴趣外，还要思考是否安全和班级是否具有饲养条件，以及教师或家长等是否具有一定的饲养经验。

班级饲养的动物是多样的，不同的动物有着不一样的生活习性，幼儿陪伴它们、照顾它们的方式也是多样的。幼儿带着自己的兴趣和生活经验，可以参与不同的活动，他们有的喜欢喂养、有的擅长打扫、有的乐意洗涤、有的乐于观察、有的精于记录……教师要做的就是和孩子们共同梳理出班级饲养劳动的小任务，观察幼儿，了解他们的兴趣和经验，帮他们找到喜欢的活动，让他们感觉到照顾动物是一件轻松愉快、自己能很好完成的活动。

二、幼儿园能饲养猫和狗吗

猫和狗主要是家庭饲养的宠物，也是农村家庭常见的动物，它们有的温顺听话，有的撒娇卖萌，有的聪明活泼，是幼儿的好伙伴，但幼儿园不建议饲养猫和狗。首先是卫生问题。猫狗皮毛较厚，容易滋生细菌、寄生虫，有的幼儿还会对猫狗的毛发、唾液、尿液等过敏，有的猫狗体内会有寄生虫。幼儿年龄小，与猫狗玩耍、喂食后，不注意卫生，没及时洗手，就很容易被细菌污染。其次是安全问题。都说“狗脸上长毛——翻脸不认人”，说的就是猫狗易怒，说不定什么时候就会咬伤人，甚至传染狂犬病毒。在我们的饲养劳动开展过程中，也有幼儿在公共区域饲养展示的时候，表示要带来自己家的“乖狗狗”。作为该幼儿的“亲密伙伴”，我们没有拒绝它入园，但和幼儿商量让狗狗必须待在笼子里，其他幼儿远观。该幼儿舍不得“好朋友”一整天都待在笼子里，于是他改为用拍摄视频的方式，为班级幼儿介绍自己的“好伙伴”。

三、班级水养动物如何照顾到不同年龄段的幼儿？如何延续幼儿的饲养兴趣

结合幼儿年龄特点与饲养对象之间的关系，我们制订了饲养资源表，建议不同年龄阶段饲养不同的水养动物，如小班饲养金鱼、乌龟；中班饲养常见水产：鲫鱼、鲤鱼、长鱼、泥鳅、鳑鲏、虎头鱼、螺蛳、六角恐龙等；大班饲养龙虾、螃蟹、河蚌、蝌蚪、水蛋等，这样在选择对象上可以避免“撞车”。

我们遵循生命至上的原则，在饲养劳动开展前，就要求教师必须首先了解动物的生活习性和饲养须知，为动物营造接近它原来生活的环境。对水养动物，我们利用扩大饲养器皿、科学混养、制作生态水循环系统等方式，为它们改善饲养环境，减少死亡的可能。在我园的大厅里有自己设计并制作的生态鱼池，户外也有三个生态水池，班级的水养动物有需要的时候可以寄养在里面。当然，寄养时幼儿的海报宣传也会吸引不同班级的幼儿，丰富他们的饲养经验。

对于成长变化较慢的水养动物，幼儿观察照顾一段时间后，可能会失去兴趣，我们可以通过班级互换饲养、大厅集中展示饲养、儿童海报宣传、另寻饲养任务等方式帮助幼儿分享饲养经验、延续饲养兴趣。

四、在饲养劳动中，不免会有动物死亡，关于死亡的话题如何提及

本着生命至上的原则，我们和幼儿一直努力避免饲养动物的死亡，但由于寿命期限、环境、疾病、食物链等原因不免会有动物死亡的现象。这时候我们不隐瞒动

物死亡的事实，我们会根据幼儿的理解能力，来解释死亡的概念，让他们知道动物已经死了，不会再回来了。接着给幼儿提供一个能让他们抒发感情的氛围：通过给动物举办葬礼的形式来纪念它，并作正式的告别；可以鼓励幼儿通过绘画、写诗或其他表征形式，回忆与该动物一起度过的快乐时光，以此来表达他们的思念之情。我们还会寻找引起动物死亡的原因，懂得生命因出生而欣喜，因消亡而悲伤，重要的是在活着时能快乐，获得了存在的意义和价值。此外，引导幼儿总结梳理经验，进行记录宣传，减少同样事情的发生。

五、班级饲养的动物，最后该何去何从

动物是幼儿的伙伴，由于种种原因，只能陪伴幼儿一段时间。我们和幼儿约定：用生物养育箱请来做客的动物，经过短期饲养、探索完后将送归大自然，如：虫虫类（昆虫、蜗牛、球潮虫等）、意外遇到的小型野生动物（壁虎、刺猬、蝌蚪等）。长期饲养的动物，我们根据情况来决定：水养动物可以放幼儿园门厅展示饲养、交换饲养、认领饲养，也可以放归幼儿园生态小池塘。饲养的小鸡、小鸭、小兔等，长大后占用的空间变大，气味也浓，便不再适合班级饲养，这时可以让幼儿领养回家、与周边姐妹园开展领养活动，还可以送到幼儿园的饲养园，这样可以让更多的幼儿进行关注、照顾和观察。

第五节
班级饲养劳动活动案例

悠然　女　4岁3个月
鸡蛋里面孵出小鸡，小鸡越长越大！叽叽叽，叽叽叽地叫着，我最喜欢小鸡！

一、萌萌小鸡

持续时间：2022年2月—2022年7月
年龄段：小班

（一）活动源起

二圣集镇迎来了一年一度热闹的庙会，孩子们在庙会上看到了卖小鸡的摊位，被毛茸茸的小鸡绊住了脚步，他们蹲下身，用小手抚摸着小鸡的绒毛，舍不得起身离开。恰逢本学期我们班饲养主题正在待定中。于是，我和孩子们商量后一致决定养小鸡。就这样，我们的饲养劳动之旅开始啦！

（二）活动脉络图

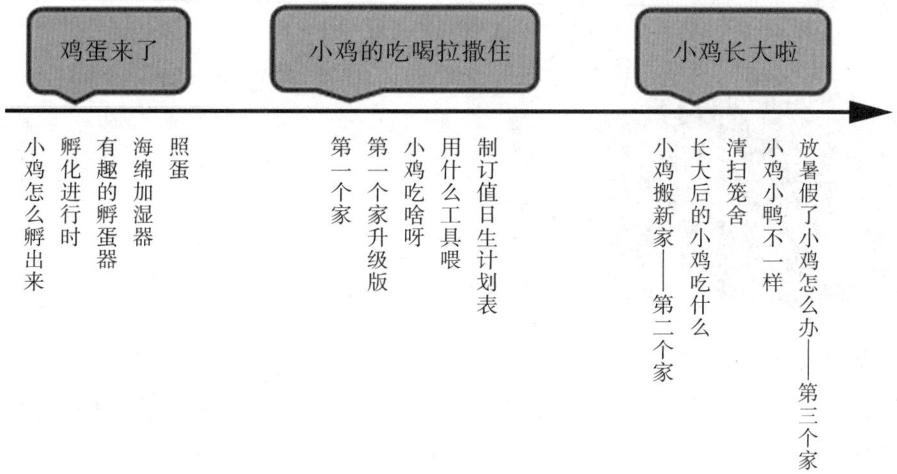

（三）活动网络图

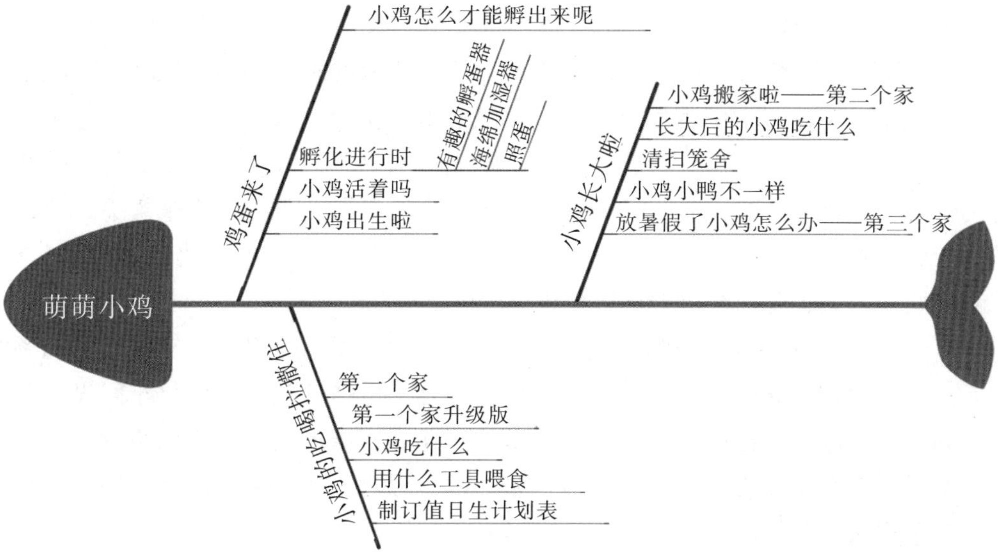

（四）活动过程

1. 鸡蛋来了

既然决定饲养小鸡了，那小鸡从哪儿来呢？有的孩子说："买来刚生出来的小鸡宝宝直接饲养。"正当大家要同意时，宸宸的话转移了大家的注意力，只听他说："我家里经常有老母鸡孵小鸡。"有部分孩子站到了宸宸的阵营，表示要请鸡妈妈孵小鸡，于是，我们商量后决定尝试用鸡蛋孵出鸡宝宝。

温馨提示：

青色蛋壳的乌鸡蛋是乌鸡产的蛋；普通粉色鸡蛋则是白羽鸡产的蛋。

宸宸回家后向妈妈寻求帮助，请她帮我们带来鸡蛋。宸宸妈妈第二天便带来四只粉色壳的鸡蛋，还有家长听说了孩子们要孵小鸡，提供了两只青壳的鸡蛋。小朋友看到鸡蛋的颜色不一样，都好奇地围着蛋宝宝：这个蛋和我们平时吃的蛋也没什么不一样呀！是不是我们家的蛋也能孵出小鸡？为什么鸡蛋的颜色会不一样呢？老师并没有直接告诉孩子们答案，而是让孩子们仔细观察对比两种鸡蛋的不同之处，就这样，孩子们带着疑问和猜测，开始了鸡蛋宝宝的孵化之旅。

（1）小鸡怎么才能孵出来呢

蛋来了，孩子们最先想让鸡妈妈孵蛋，但幼儿园的鸡妈妈还在笼舍里，笼舍里还有好多小动物，孩子们生怕蛋宝宝进了笼舍里被吃掉。孩子们提议宸宸赶紧请家里的鸡妈妈来孵蛋，宸宸一口答应，表示晚上会和奶奶说。可是第二天他却带来不好的消息：奶奶说“鸡妈妈天天蹲在窝里想孵蛋的时候才可以请它来孵呢，现在鸡妈妈天天乱跑没有想孵蛋的意思”。正当大家失落时，芊芊告诉大家，她奶奶以前让她妈妈在网上买了一个机器可以孵出小鸡的。

由于大家都没有孵化小鸡的经验，于是，我们查阅了资料，决定观看养鸡场的视频。通过观看视频，大家对蛋变成鸡的过程有了懵懂的认识：孵化车间里，孩子们看到了一箱箱正待出壳的鸡蛋在微微颤动，还听到脆弱的啄蛋壳的声音，他们既好奇又激动，个个瞪大了眼睛，慢慢地蛋壳被小鸡啄开了，一只湿漉漉的小鸡从蛋壳里钻了出来，孩子们七嘴八舌地议论起来。

（2）孵化进行时

观看完养鸡场的视频后，孩子们也想要一起来试一试如何孵小鸡，大家立刻和老师一起在网上买了孵化器，孩子们即将开始一次神秘的孵化行动……

1）有趣的孵化器

孵化器来了，这么多鸡蛋怎么区分呢？孩子们用做标记的方法给鸡蛋做好各种记号，有图形的，还有表情的……第二天看到鸡蛋一点动静都没有，他们迫不及待地问：“小鸡什么时候才能出生啊？”“我好想见到鸡宝宝呀！”为了让孩子们能更加直观地了解到孵小鸡需要多少天，孩子们制作了蛋宝宝孵化日程表。我们一起阅读了孵化器的使用方法，大家发现：孵蛋时温度和湿度都有一定的要求。“哔、哔、哔……”“快，快，机器报警了，机器缺水了！”听到机器的报警声，孩子们都吓了一跳，我们赶紧询问了卖家，原来机器会自动识别湿度和温度呀！我们刚把孵化器盖子打开，孵化器便发出“滴滴滴……”的警报声，“机器在提醒我们盖子没盖好！就像我妈妈在车上没有系安全带会有声音一样！”大家争先恐后地跑过去盖盖子，可是孵化器还在发出“嘀嘀嘀……”的警报声。这又是怎么回事呢？孩子们找不到答案开始求助我，我也和孩子们一起思考，到底是为什么呢？我们询问了商家，商家告诉我们原来机器里面的湿度不够也会报警！大家赶紧争着给机器加水。

温馨提示：

通过真实的体验，大家对孵化小鸡的漫长过程又多了一份耐心、细心，也对小鸡孵化的过程有了全新的认识。

温馨提示：

孵蛋时温度需要在36℃—38℃之间，温度计指针在红色炎热区域，湿度需要在60%—80%之间，湿度计上指针在蓝色潮湿区域。

2）海绵加湿器

我们第一次选择的加水工具是喷壶，首先要将喷壶里的水喷在孵化器四周盒子上，其次还要保证鸡蛋上面没有水，因为孩子们的手部肌肉发展较弱，还按不动喷壶，所以场面一片混乱。慧慧：“我们不能都抢着去给孵化器加水，这样会很乱的。”当孵化器的警报声第十次在教室里响起时，孩子们终于不耐烦了：“我们不能一直给它加水呀！”“对啊，对啊，我们出去玩的时候，机器没有水的话小鸡会干死的！”我们又询问了孵化器的商家，商家告诉我们需要利用一种工具让机器里保持一定的湿度，到底什么工具可以保持湿度、长时间不用加水呢？孩子们在科学区进行实验，尝试探索一些常见物体的吸水性，他们寻找到许多可以加水的工具：有海绵、小碗，还有毛巾……可是孵化器这么小，哪里放得下小碗和毛巾呢？我们通过尝试发现只有海绵体积小能放在孵化器旁边，而且海绵能吸满水分，可以保证孵化器一定的湿度，这个方法得到大家一致的肯定！现在，孩子们只需要把蒸发完水分的干海绵拿出来再次吸满水，一个星期操作一次就行啦！

老师的话：

幼儿有在美工区使用海绵进行颜料绘画的经验，所以他们知道海绵可以吸水。

3）照蛋

当鸡蛋孵化到第 7 天时，孩子们面对没有动静的鸡蛋提出了疑问："鸡蛋壳里到底有没有小鸡呢？"于是，我们进行了第一次照蛋活动：孩子们在老师的引导下进行第一次照蛋、观察。我们直接把手电筒打开，进行了照蛋，可是，什么也看不见！有孩子提议："白天太亮了，看不清，要关上灯！"于是，我们又进行了第二次照蛋，关上灯，还是什么都看不见！孩子们急得像热锅上的蚂蚁："这可怎么办？小鸡到底死没死呢？怎么知道啊？老师，就没有其他办法吗？"又有孩子提出疑问："窗帘没拉，太亮了，所以什么都看不见！乌黑的才能看见！"于是，我们又拉起了窗帘，进行了第三次照蛋——"嘘！小声一点儿，我在照蛋呢！别吵到蛋宝宝。""老师，我看见一丝一丝红红的东西了。""老师，我看到蛋宝宝里面有红血丝了，小鸡是不是活着呢？好神奇呀！""我还看到了鸡蛋里边有个黑黑的小点点。""我发现蛋里边的颜色变深了。"第一次照蛋后，我们将有红血丝的蛋宝宝做好标记，继续放回孵化箱进行孵化。

孩子们在观察了光影里鸡蛋内部的奥秘，感觉很神奇，部分孩子提议要经常照蛋，我询问孩子们可不可以经常照蛋，孩子们讨论后认为照蛋的光太强，会伤害小鸡的眼睛的。于是我们的第二次照蛋行动安排在了孵化的第 16 天。这次通过照蛋孩子们发现：有的蛋壳里已经出现小鸡的样子，而有的蛋壳里黑乎乎的什么也看不见。之后，孩子们都会时不时地趴到孵化器边静静观察鸡蛋的变化。

（3）小鸡活着吗

通过第二次的照蛋观察，孩子们急切地想知道哪只鸡蛋里有鸡宝宝，所以我又提出问题：怎样才能知道小鸡是否活着呢？带着这个问题，孩子们回家问了爷爷奶奶，有孵化过小鸡的家长说不用太担忧，耐心等待破壳；有的孩子问了幼儿园有饲养经验的老师，老师说："把鸡蛋放在水里试试看会不会动，会动的就说明里面有活的小鸡啦！"得到方法的我们立刻开展讨论，可是新的难题又来了，放在冷水里还是热水里呢？孩子们通过对比发现，孵化器的温度很温暖，外面的天气很冷，那把小鸡放水里是不是也需要同样温暖的水呢？我们又请教了门卫爷爷，爷爷说："小鸡当然需要温暖的水啦，不然会冻坏的！而且放在水里的时间不能过长噢！不然小鸡会没有空气呼吸的！"立刻有孩子提出疑问："什么是温水呢？"孩子们立刻七嘴八舌讨论起来。最后，孩子们根据自己洗澡时测量水温的经验，一致认为：水温在水温表的蓝色区域最合适（37.3℃－37.9℃）。我们把鸡蛋放进了温水里。仔细观察，发现真的有鸡蛋在动呢！鸡蛋左右来回摆动的样子仿佛在跳舞一样！孩子们感叹着：我感觉小鸡是高兴地在跳舞，就像妈妈说我小时候高兴时会在妈妈的肚子里踢她一样。孩子们随时关注着蛋壳的状态，焦急地等待着。

温馨提示：

鸡蛋外部的环境变化也会影响小鸡的状态，这才给我们展现了鸡蛋自由摆动的状态。（但把鸡蛋放在水里这个行为不能经常做，不然小鸡会因为在水里缺氧而死掉。）

（4）小鸡出生啦

终于，第20天下午午睡起床，孩子们正在穿衣穿鞋，翔翔轻轻地说："嘘，轻一点，小鸡马上要出壳了。"孩子们立刻穿好衣裤、鞋子，围拢到孵化器周围，当看到小鸡一点一点用力啄破蛋壳，慢慢地露出身体，孩子们的表情比小鸡还要夸张用力，眼睛瞪得大大的，小嘴巴张着，小手握成拳头。有的孩子紧紧拉着小伙伴的手，有的孩子用手捂着嘴巴，有的孩子嘴巴不停地为小鸡加油，有的孩子为鸡宝宝出生时湿漉漉的羽毛而感到可怜，有的孩子为鸡宝宝缩在壳里还没有伸出头而着急，有的孩子甚至想要伸手去帮助小鸡褪去蛋壳……渐渐地，小鸡从出生时的无力到蹒跚走路，孩子们的心情也从担心转变为欣喜。过了一天，六只蛋里一共有三只蛋宝宝出生了，青壳的鸡蛋有两只小乌鸡，两个粉色壳的鸡蛋有一只小黄鸡，剩下的三只蛋一点动静也没有。

最终，新生命到来的欣喜取代没有全部孵化成功的遗憾。随着小鸡宝宝们的破壳而出，孩子们在幼儿园里见证了蛋宝宝的全部孵化过程，惊奇的目光，可爱的表情，真正体现了生命与生命的对接，生命与爱相连的顽强奇迹，孩子们为小鸡的顽强出壳而欢呼。可爱的小鸡来到了我们的身边！

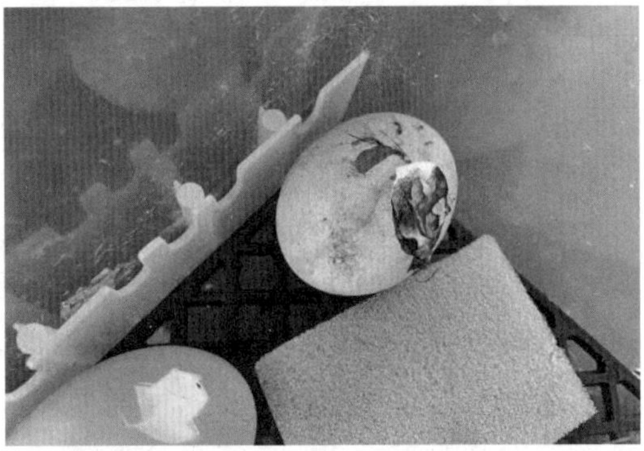

孩子们对新朋友的到来很感兴趣，纷纷讨论着鸡宝宝："小鸡小小的好可爱呀！""让我来摸摸它！""它的毛软软的，摸上去滑滑的。""它们没有鸡冠哎。""它们的叫声 yueyueyue"。孩子们边说边模仿着：鸡宝宝的嘴巴、鸡宝宝的脚、鸡宝宝蹒跚走路或害怕的样子……孩子们还分别给这三只小鸡取了名字，分别叫：花花、黄黄、萌萌。

幼儿的收获：

孵鸡蛋这件事，对于小班的小朋友来说是好奇的、有趣的，在孵蛋的过程中小朋友们体验到了生命来到世界的不易。在探索孵化器的秘密时孩子们了解到蛋孵化的必要条件：时间、温度、湿度。同样，孵化也需要一定的耐心，在给孵化器加湿的探索中，孩子们大胆思考，勇于实践，通过对比找到了最适合孵化器的保湿工具——海绵，在活动中他们也经历了失败，但他们通过探索增强了责任心。

在小鸡孵化时，孩子们通过观察对比发现：在不同时间段里，鸡蛋里的状态是不一样的。对于鸡蛋是否活着，孩子们提出了困惑和思考。在发现探索的过程中，他们通过了解方法、准备操作、操作后发现结果、最后总结原因，积累了丰富的经验，见证了生命的神奇！小鸡的诞生，让我们的班级又添加了新成员，孩子们也因此产生了一定的责任意识，知道了要好好爱护小动物，在与小鸡相亲相爱中，幼儿变得更有爱心、更团结了。

教师的感悟：

一个生命孕育过程是非常艰辛的，会面临许多的困难和挑战，所以一个生命来之不易，需要我们去尊重和爱护。幼儿对鸡蛋的孵化提出问题，进行思考，最后在教师的帮助下解决问题，真正做到了喜欢探究。幼儿从被动吸引到主动关注，再到产生的求知欲、兴趣等情感逐渐加深，最后到探究态度从询问答案到自己动手动脑寻找答案。

生命教育不是简单的说教，而是引导幼儿在活动和体验中不断地探索、积累，以获得丰富的经验。有了鸡宝宝的加入，孩子们有了一定的归属感、责任感和爱心，通过与小鸡的直接接触：画小鸡，仿小鸡，帮小鸡取名字等，幼儿饲养小鸡的兴趣愈加浓厚。相信在之后的饲养中我们还会发现一些不一样的趣事，孩子们与老师也会有不一样的成长。

2. 小鸡的吃喝拉撒住

（1）第一个家

刚出生的小鸡会走后，我找来一个鞋盒把小鸡放了进去，随着小鸡陆续孵化出壳，鞋盒嫌小了，孩子们很是同情小鸡宝宝住小盒子里，提议要换大一点的盒子，并铺上稻草。那稻草和盒子哪儿来呢？这可难不倒他们。有的孩子想到了保健老师那儿有很多纸箱，于是一部分孩子去保健老师那儿寻找闲置的纸箱，女孩们挑选纸箱的款式，男孩们负责搬运；另一部分孩子去资源室取来了稻草，可是稻草这么长，纸箱这么短，根本放不下啊！孩子们又开始解决稻草的难题：用剪刀剪断！

老师的话：

孩子们在家里也养过小鸡，通过经验分享它们了解到小鸡适合住在稻草和纸箱里。

这下小鸡生活的地方也不愁啦！纸盒有点矮，孩子们把纸盒边缘竖起来，请老师帮助他们用胶带固定住纸盒，大家齐心协力不一会儿小鸡的家就做好啦。孩子们高兴地欢呼起来！细心的芹芹和馨馨轻轻托起小鸡，将小鸡小心翼翼地放进“新家里”，“小鸡没有被子会不会感觉冷呢！”孩子们又在班级的娃娃家找到一件外套盖在盒子上，为小鸡保暖。

老师的话：

孩子们没有运用剪刀的经验，但他们看过老师用剪刀剪纸，于是想到了剪刀剪碎稻草的好方法，稻草和纸箱的长短不同引发着孩子们不断思考问题、解决问题。（用剪刀时需提醒孩子注意安全！）

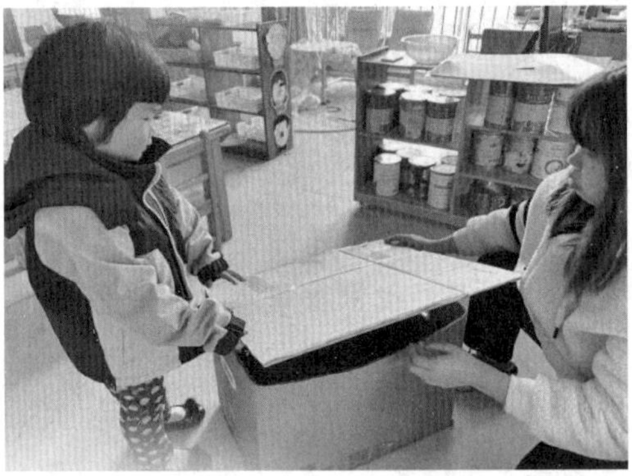

（2）第一个家升级版

入住“新家”之后，小鸡宝宝们的空间明显比之前大多了，孩子们很满意小鸡的这个新家。但是，当我们都以为这次搬家非常成功时，又出现了新的问题：这天早晨，孩子们入园后将纸箱抬起来准备带小鸡晒太阳，只听轩轩“啊”的叫了一声，循声望去，只见纸箱底部破掉了，稻草和鸡粑粑漏得到处都是，小鸡也掉落在地上，发出急促的“叽叽叽叽”声。孩子们急忙拥过去把小鸡捉住，护在手里。“纸箱底部为什么会漏呢？”在我的招呼下，孩子们围着纸箱研究了起来，原来纸箱是纸做的，有尿尿在上面就会湿，时间一长就会腐烂。那有什么方法解决呢？

孩子们七嘴八舌："换纸箱吧！""难道我们要天天换吗？那也太浪费了吧！""天天换，潘老师那儿没那么多纸箱！"婷婷站了出来："我奶奶都是用蛇皮袋子和稻草垫在箱子下面，蛇皮袋子防水，拿下来清洗一下就行了，不用天天换纸箱。""这个办法好！"大家齐声道。于是孩子们去资源室找来蛇皮袋子，又拿起稻草准备放进去。这一次，他们没有直接剪碎所有的稻草，而是在比较好稻草和纸箱的长短后，将合适尺寸的稻草放入纸箱中，将剩余的碎稻草塞在了夹缝里。

老师的话：

事实证明，幼儿通过自己观察和探究，得出纸箱易被打湿破烂的结论远比老师或家长直接告诉他们更有说服力，也更能激发他们的探究欲望，找到不容易破的材料给小鸡做家。

（3）小鸡吃什么

"那小鸡最喜欢吃什么呢？"我问题一提出，孩子们异口同声地说吃虫子。宸宸说："试试不就知道了！"孩子们兴奋地准备立即实验！"可是，小鸡吃错了食物会怎么样呢？"我又抛出问题。"会死掉！""吃多了会不消化的！"孩子们又开始担忧小鸡的安全，综合考虑后，我们请教饲养过小鸡的食堂阿姨，阿姨告诉我们："小鸡宝宝刚出生，胃和消化系统还没有发育完全，只能吃专门的饲料，等它长大一点才能吃虫子和菜叶子。"这次的探究过程中，小朋友们谨慎又小心，生怕小鸡因为吃错东西而生病或消化不良。有的孩子用自己的经验告诉大家："就像宝宝刚出生只能喝奶一样！不能随便喂他吃点心！"他们联想到自己和小宝宝进餐食物的不同，似乎和小鸡大鸡的食物不同有相似之处。

老师的话：

幼儿有关小鸡吃虫子的经验来自幼儿在益智区玩的一一对应的匹配游戏。

知道了小鸡吃什么，小朋友们便迫不及待地想给鸡宝宝喂食。他们找来娃娃家的勺子，用勺子挖饲料，那喂多少合适呢？我们进行了观察对比：孩子们决定每次挖三勺饲料，第一天孩子们喂了一次，小鸡宝宝一会儿就吃完了；第二天孩子们早晚各喂了一次小鸡，没过一会儿又吃完了；第三天，孩子们分早中晚分别喂了三次，发现小鸡刚刚好够吃，还不浪费。通过这次喂食活动，我们了解到刚孵出来的小鸡是不能随便吃东西的，一定需要专门的饲料，每天要喂三次。

（4）用什么工具喂食、喂水

> **老师的话：**
> 饲养过程中我们也要保证动物的生命安全，不能随意进行喂食实验，要引导幼儿科学饲养动物。

小鸡刚开始孵化出来时，喂养时孩子们把饲料投放在盒子里，随着成员的增加，盒子里的排泄物也多了起来，饲料和排泄物混合在一起，孩子们都纷纷捏住鼻子露出嫌弃的神情。我提议大家想办法解决这个问题，大家立刻行动起来。他们用了一个纸杯盛放了饲料，但很快他们发现：纸杯太深了小鸡吃不到。于是又把纸杯换成一个浅口的透明塑料盒，小鸡跳进盒子里吃到了饲料，洋洋叫道："啊，小鸡跳到碗里了！"轩轩说："好脏啊，这样多不卫生呀！"话音刚落，鸡宝宝将饲料不小心踢翻，饲料全撒在便便上，在孩子们的惊呼声中，小鸡踩来踩去把饲料弄得到处都是，这些被打翻的饲料也就都浪费了。这下糟糕了，孩子们着急地叫着："老师，怎么办？才放的饲料全部浪费了！小鸡可真调皮！"我又提出问题："这个盒子既不卫生，还容易被打翻。那该用什么材料给小鸡做喂食器呢？"

孩子们开始你一言我一语地讨论着。第二天，保育老师拿来了专门的喂食器，孩子们恍然大悟，表示在家里看见过，当时没想起来。他们立刻将饲料放入了喂食器里，小鸡迫不及待地跑过来吃食，只见喂食器四周的圆被平均分成一格一格的，饲料平均分布在格子里，小鸡低下头不断地啄着饲料。这下，小鸡再也不会站在食物上了，饲料也不会被打翻了。

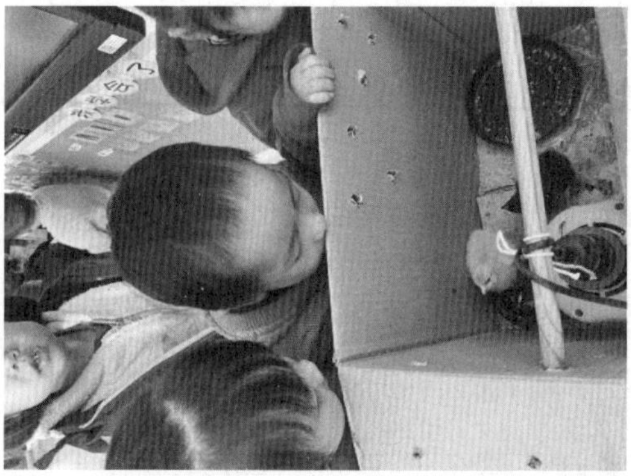

除了吃饲料，小鸡还要喝水呢！它是怎么喝水的呢？于是孩子们找来一个浅口的小盘子，放上一点水，果然不一会儿小鸡来喝水了，只见它把水吞到嘴里后嘴巴会往上扬起。有的幼儿猜测：因为它的嘴是尖尖的，不抬头喝不进去。我拿出手机在网上搜索，了解到鸡的嘴里肌肉是不发达的，如果不抬头，水就会漏出来。大部分孩子因为猜测正确脸上露出得意的笑容。但很快他们就发现，小鸡喝水时盆总是被打翻，翻到小鸡身上，小鸡非常害怕，还容易着凉。于是孩子们建议再买一个喂食器给小鸡喝水。

温馨提示：

喂食器采用聚丙烯原料制成，环保无毒无味，方便清洗。喂食器采用分栏喂食的方法，鸡在吃饲料时饲料从中间慢慢往下渗，防止饲料太多翻洒造成浪费，喂食栏较小为圆形，不易被鸡弄脏，多个采食栏可供多只鸡同时采食，不会造成拥挤。

（5）制订值日生计划表

孩子们通过观察发现：一旦听到孵化器发出“嘀嘀，嘀嘀”的声响，就说明孵化器需要加湿了。三只新成员的加入，让孩子们倍感欣喜，一有时间就拥在一起去看它们，有些孩子去一次放一次食物，但没有人记得喂水，更别说打扫了，于是大家开始商议起该如何轮流照顾小鸡，我提出制作值日生计划表，值日生们可以喂食、喂水，带小鸡晒太阳、散步，帮老师剪草换垫料。值日生该怎样分工呢？浩宇提议："那要不我们每个小组照顾一周。"浩宇的提议立刻得到了其他幼儿的同意，我们一起制订了"照顾小鸡分工表"。孩子们通过绘制表格，第一排数字代表值日生的顺序，第二排表格代表小朋友，之后又在表格中画上自己的头像，轮到自己值日时就在头像下盖上印章作为标记。

大家还明确了不同工具的使用方法，在往后的每一次活动中，孩子们都能遵守值日生的职责，积极主动地完成值日生分内的事情。在饲养小鸡的同时，他们还用自己的方式记录小鸡的成长过程以及饲养过程中遇到的问题。

幼儿的收获：

通过给小鸡做"家"，孩子们认识到天冷要穿外套，小鸡也需要温暖的盖被，需要一个暖和的环境来取暖。正是饲养小鸡的经验以及对小鸡的同理心，促进了幼儿饲养劳动能力的发展。孩子们在操作过后不断思考，产生了一个又一个好办法。孩子们发现了纸箱容易被水浸湿破烂的特点，于是运用已有经验用蛇皮袋子做小鸡的隔尿垫。别看我们的孩子小，他们在第二次制作小鸡的家时不仅能比较稻草与纸箱的长短，还能熟练地运用剪刀剪稻草，他们模仿着老师的样子用宽胶带封住纸箱，孩子们的动手能力在活动中得到了很大提高。

在挖饲料的时候有的小朋友手抖，将饲料撒在了地上，小班孩子手部动作发展水平较弱，于是在区域游戏时我们投放了一些手部精细动作的游戏供幼儿操作。在午饭时孩子们也开始认真进餐，为了给小鸡喂食的时候更稳一点，他们每次都小心翼翼地将饭菜送进自己的嘴里，尽量不落饭菜在桌子上。可以看出孩子们对于喂养小鸡有了一定的劳动责任感，能从自身做起，爱惜粮食。给小鸡喂食的活动更加加深了幼儿饲养小鸡的兴趣。

教师的感悟：

孩子们在选用喂食工具时经过第一次实践失败后，进而猜测、讨论，再次实践，最后发现了专业喂食器的方便和不可替代性。在给小鸡喂食时我们给幼儿提供自由探索的空间，鼓励幼儿大胆尝试。在制作值日生计划表的过程中，孩子们初步体会到了照顾小鸡的责任心。在一次次与小鸡相处的过程中，孩子们对小鸡的成长有了新的认识，周末请门卫爷爷帮忙照顾小鸡，这是所有师幼信任门卫爷爷的表现。虽然中间出现了小插曲，但幼儿的生活教育，也是培养他们养成良好生活习惯的有效途径。

3. 小鸡长大啦！

（1）小鸡搬家啦——第二个家

就这样，经过我们的细心照料，小鸡渐渐地长大了。从2月下旬到6月上旬，小鸡的羽毛、体重、体形等都有了不一样的变化。随着小鸡的长大，纸箱这个“温暖的家”已经显得狭小，在给小鸡打扫的过程中也发现小鸡越长越大，拉的粑粑也越来越多、越来越臭，放在班级已经不适合了。为了让小鸡茁壮成长，我们决定将小鸡和小二班的小鸭子放在一起送到种植园旁边的圈舍里。这一天，孩子们将小鸡带到了“新家”，“新家”里什么也没有，孩子们将我们原有的喂食器带了过去，用食槽为小鸡盛上饲料，放上干净的水，让它们与小鸭为伴。但他们发现小鸡们一群，小鸭们一群，不会玩在一起，于是他们分站在圈舍的两端，分别赶小鸡和小鸭，让它们到一起玩，嘴里还说着：“认识你的新朋友去吧。”我阻止了他们，并请他们耐心等待，让它们自己去交朋友。

小鸡搬家后，孩子们都比较担心它们会不习惯这个家，我建议：“不如我们来给小鸡找一些它能玩的吧。”小朋友听了很感兴趣，纷纷商量提供什么玩具给小鸡，孩子们有的收集石头让小鸡去啄，有的收集木头让小鸡锻炼身体……看到小鸡玩得很开心，孩子们的脸上也露出了笑容。

（2）长大后的小鸡吃什么

小鸡刚出生时吃饲料，长大了该吃些什么呢？有饲养经验的婷婷说：“小鸡长大了可以吃很多东西，就跟小宝宝长大了可以吃饭一样。”孩子们的想法都不一样，于是我提议他们自由分成五组，分别去尝试。只见有的从菜园里拔了几棵菜并用剪刀剪碎；有的从潘老师那儿找来了面包掰碎；有的在资源室找来了玉米粒；有的问厨房阿姨要来了大米；还有的小朋友拿起锄头去找蚯蚓。不一会儿他们拿着找到的食物端到“新家”里，小朋友们静静地看着。“你看你看，小鸭子来吃了，我就知道鸭子会抢小鸡的食物吧！”婷婷说。过了一会儿，小鸡走过来，看着盒子里的食物，慢慢地啄了起来，孩子们发现给小鸡的这些食物它全部都吃，翔翔对小宇说：“小鸡什么都爱吃，所以放心吧，小鸡不会饿着的！”为了避免小鸡和小鸭的食物不够吃，两个班的小朋友们进行商量，决定轮流去喂食小鸡和小鸭。

（3）清扫笼舍

小鸡搬家后，孩子们每天都会去看望它们。孩子们面对笼舍里满地的排泄物，一个个脸上露出了嫌弃的表情。有孩子提议：“我们帮小鸡把家里打扫干净吧！这么臭它肯定不开心！”我提出问题：“这么脏的家，用什么工具去打扫呢？”以往小鸡在纸箱的家中只需要替换蛇皮袋和稻草，定时消毒、晒太阳即可，但是到了笼舍中，该用什么方法进行卫生打扫呢？经过讨论，孩子们给的建议各不相同，最后我们决定分两组操作：扫地组、擦洗组。说干就干，孩子们根据自己的需要去寻找打扫工具，扫地组的洋洋说：“饲养园那里有打扫的工具，应该拿个扫帚就可以了吧！”“还有簸箕呢！”萌萌说道。我知道光有这些工具并不能完全把小鸡的家清扫干净，但我还是决定让孩子们自己去试一试！

在打扫中，他们发现：扫帚是软的，小动物吃剩下的食物粘在地上，根本扫不起来。萌萌便又去寻来了铁锹。可是铁锹太沉了，一个小朋友根本搬不动，孩子们最后找老师帮忙；在老师的帮助下终于把小鸡的家清扫干净了。“哇，打扫之后好干净啊！”宏宏说。回到班级，我和孩子们一起回顾今天的打扫过程，说一说在打扫时遇到了哪些问题。洋洋说：“扫菜叶子的时候要用硬的扫帚，扫灰尘要用软的扫帚。”宏宏说：“换水时要将水壶盖子拧开还要洗干净，水放得太满盖子一盖就会溢出来。”萌萌说：“保健老师提醒我，每次也要对笼舍进行消毒，消毒水有毒一定要戴好口罩和手套，最后才能使用。”孩子们七嘴八舌地说着今天发生的事情，看来他们对于打扫这件事非常上心。通过今天的实践我们一起罗列出打扫时需要的工具：手套、扫帚、簸箕、铁锹、喷壶等。孩子们不禁感叹道：“原来打扫工具不数不知道，一数吓一跳！这么多工具，每个工具都有不同的用处！”

（4）小鸡小鸭不一样

在喂养小鸡的过程中，孩子们对小鸡和小鸭不经意间进行了观察对比：“你们看，小鸡的脚没有皮！小鸭的脚有皮哎。”“是的，它们的嘴巴也不一样。”“毛的颜色也不一样。”“鸭子会在水里游泳，小鸡不会。”于是，借着这个机会，我们探究了小鸭子和小鸡的不同之处。

小鸡小鸭比较表

相同之处	不同之处
 都有羽毛	 羽毛的颜色不一样
 身体都是软软的	 小鸡嘴巴尖尖的，小鸭子嘴巴扁扁的
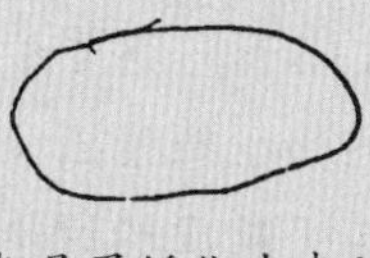 都是蛋孵化出来的	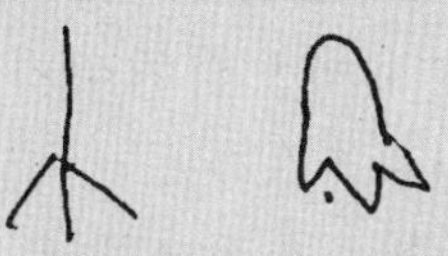 小鸡脚是分开的不可以游泳，鸭子有蹼可以游泳
	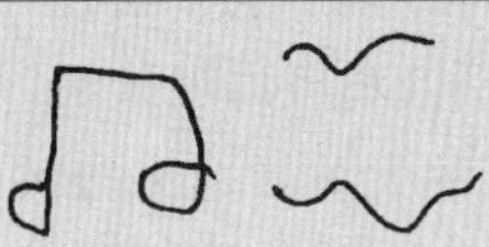 叫声不一样

续表

相同之处	不同之处
	 走路的样子不一样（小鸡轻轻巧巧，小鸭摇摇摆摆）
	 小鸡会在沙子里洗澡，小鸭子会在水里洗澡

在观察中，孩子们发现小鸭在水里洗澡，于是纷纷要给小鸡洗澡，可是怎么洗呢？大家陷入了沉思中，洋洋提议："老师，拿你手机搜搜看呢！"于是，我拿出手机和孩子们一起上网寻找答案，我们了解到了小鸡与沙子的故事——原来小鸡是在沙子里洗澡的！孩子们立刻激动起来，要去找沙子帮小鸡洗澡。于是，孩子们找来盆挖来沙放在笼舍里，笼舍里的鸡立刻冲到了沙子里，小鸡一会儿用嘴巴吃，一会儿斜卧在沙里，在沙里扑腾来扑腾去，一会儿把翅膀在沙里蹭来蹭去。"你们看你们看！小鸡在洗澡！"这一幕让所有的孩子感到无比新奇。

（5）放暑假了小鸡怎么办？——第三个家

就这样，小鸡在小朋友们的照料下一天比一天健壮，眼看孩子们就要放暑假了，那放假了小鸡们该怎么办呢？我们又一次进行了讨论。有的孩子想带回家，有的说就放这里，有的担心小鸡会掉进小鸭新建的大澡盆里淹死……这次的讨论并没有结果。中午散步时，孩子们去给饲养园的小动物们喂食。大家突然想到，就放饲养笼里，这里还有别的鸡可以做伴呢，暑期可以请门卫爷爷一起帮忙照料。但是洋洋提出异议："这里的大鸡看起来很凶，小鸡会不会被欺负呢？"就在大家为小鸡担忧不已时，我提出意见："要不我们先放一天观察观察试试？"孩子们都同意了我的想法，于是他们小心翼翼地将小鸡挪到饲养园里。经过一天的观察，孩子们发现小鸡们并没有受到欺负。含含说："在这里有更多的新朋友它应该很开心！"就这样，孩子们放心地将小鸡放在了饲养园中。门卫爷爷告诉我们，他每天都会帮我们喂养小鸡。孩子们听后更放心了！

幼儿的收获：

对于小鸡长大后吃什么这个问题，幼儿早在小鸡刚来时就已经有了基本经验，但在小鸡长大了可以吃什么的问题上，他们有浓厚的探究兴趣。在饲养小鸡与小鸭的过程中，孩子们通过对比鸭子的洗澡方式提出了"小鸡怎么洗澡"的问题，我们通过查阅资料、聆听故事、唱歌，最后观察得出结论：小鸡是用沙子洗澡的。从清扫笼舍中可以看出孩子们对各种劳动工具的了解较少，但在回顾整个活动过程后，孩子们对于饲养劳动有了新的认识和理解，知道了不同工具的用法和作用，也逐渐产生了小主人翁意识，知道作为饲养者需要耐心细致地照顾小动物，为小动物的家打扫卫生。

三次"搬家"的历程，虽艰难却是快乐的，幼儿不再只是活动的看客，而是亲身去经历了整个饲养过程，并参与到发现问题、解决问题的过程中去。从一开始的纸箱到后来的笼舍再到现在的饲养园，孩子们也经历了让小鸡与不同对象共处的过程，从侧面展现了孩子们珍惜小鸡、舍不得小鸡，但还是决定让小鸡回归群体生活的心路历程。回想我们班级的孩子，他们也是一个群体，他们也是从一个个独立的家庭走到一起变成一个大集体的，从活动中他们更加明白了集体的重要性，也明白了在集体中个体的独特性。

教师的感悟：

在活动过程中，我支持他们主动寻找食物，鼓励他们有不同的想法，再到最后和他们一起观察总结经验。看似简单的生活常识我没有一次性告诉孩子，而是保留着和孩子一样的好奇心与求知欲，在猜测和探索中与他们一起得出结论，孩子们在本次洗澡的探索活动中探究兴趣得到大大满足，也充分展示了他们的探究能力。

（五）活动反思

在整个饲养过程中，小鸡成为孩子关心的主体，通过对小鸡近距离的观察、喂养，丰富了幼儿关爱小动物的情感，提高了幼儿热爱生命的意识。劳动教育是幼儿饲养活动中不可缺失的，培养幼儿的劳动品质对孩子的全面发展具有极其重要的意义。科学有效地开展饲养劳动活动，还需要注意以下几点。

1. 开展饲养活动前的准备

瑞吉欧教育理论指出，环境是幼儿的第三位老师，环境也是支持幼儿进一步探索和学习的空间。在创设教育环境的过程中，教师需要让幼儿发挥主体性。因此，细致、合理、周到的准备是非常有必要的。

（1）教师的准备

教师是整个饲养劳动活动的组织者、引导者。首先，在开展活动前，教师要事先将整个活动进行规划，梳理出活动相关的脉络图，并对孩子的劳动意识进行评估，对孩子的劳动技能进行观察和了解，如：在饲养小鸡的过程中，在教师的提醒下，幼儿能利用简单的工具喂水、换水；在教师的帮助下幼儿能利用半成品材料给小鸡做窝等。其次，教师应当事先对即将开展的饲养小鸡活动有所了解，丰富饲养小鸡的理论知识，以便在进行活动时自如地应对孩子们的提问，有的放矢地为孩子们答疑解惑、介绍相关知识，引导幼儿积极思考建构经验。最后，教师应做好全面的考虑，制订相应的活动方案，做好孩子们在此次课程中生发出来的生成活动预案。

（2）幼儿的准备

孩子是饲养劳动的参与者，在活动开展的过程中孩子会发展一定的劳动技能，通过饲养劳动活动他们可以得到更多的收获。比如：在帮助小鸡制作“家”时，他们利用剪刀把稻草剪碎；在喂养小鸡时他们用勺子挖饲料，这些都是他们劳动技能的体现。正是因为有劳动技能的前期准备，在之后的饲养过程中，孩子们才能对饲养劳动更加得心应手。

（3）资源的准备

1）环境准备

在饲养小鸡的过程中，我们在班级里专门给小鸡空出地方，让孵化器在班级里插电，便于孩子们观察。在小鸡长大之后我们为小鸡准备了“家”，在幼儿园里我们还提前创设了小鸭的家和饲养园，最后让小鸡回归到集体生活中。正是因为有了这些饲养环境的准备，孩子们才能在本次活动中生成一些有趣的想法，不断产生新的问题推动饲养劳动活动的深入开展。

2）工具准备

在饲养劳动活动中，工具的准备也十分重要。在建构小鸡的家时，幼儿用纸箱、稻草、剪刀等材料为小鸡做家；在清扫小鸡的家时他们使用专门清扫工具——铁锹、扫把、簸箕等；在消毒笼舍时他们利用手套、口罩、消毒液、喷壶等工具，这些工具既适合小班幼儿年龄特点，也具有一定的安全性。孩子们在饲养劳动活动中渐渐地有了一定的防护意识，通过使用不同的打扫工具清扫笼舍，既保证小鸡笼舍的干净卫生，也让幼儿也产生了一定的责任意识。正是因为幼儿园有足够多的打扫工具等资源、幼儿有使用不同工具进行劳动的经验，所以才能让本次饲养劳动活动顺利地开展。

3）经验准备

在饲养小鸡的过程中，孩子们通过各种活动（如：从阅读绘本、观看养殖场的小鸡视频、询问有经验的家长和幼儿等）获得了不少关于小鸡的间接经验。在活动过程中从小鸡怎么孵出来，到小鸡吃什么，再到小鸡怎么洗澡……一次次的探究活动让孩子们有了关于小鸡的直接经验。可见，幼儿的经验在饲养劳动过程中得到了显著提升。

4）家长准备

饲养劳动活动的顺利开展离不开家长的参与和支持，活动中家长的准备尤为重要。我们利用 QQ、家长园地向家长宣传开展饲养劳动活动的意义，以此获得家长的理解和支持。有家长听说孩子们饲养过程中出现问题，立刻跟孩子们分析原因，与孩子一起商讨如何解决，如：在“小鸡活着吗？”的探究活动中，有的家长为我们提供了经验支持，孩子们才得以解开心中的疑惑。在得知小鸡长大后没食物时，有的家长将家里小鸡吃剩的饲料和菜地里的菜带来喂小鸡，物质准备得到了有力保证。正是因为家长的大力支持，才能让饲养劳动活动更加顺利地开展。

2. 关注孩子过程中的体验

为了培养孩子们的责任心，我将照顾小鸡的活动添加到一日活动中，例如：每天的入园签到活动、心情日记本记录、孵蛋日历表记录、餐后的打扫喂食、放学后的换稻草等。在饲养的过程中，孩子们渐渐发现照顾小动物其实并不是一件简单的事情，《指南》科学领域指引：幼儿科学学习的核心是激发研究兴趣，体验探究过程，发展初步的探究能力。很多时候，孩子们对饲养的动物可能会停留在“养”和进行一般性观察上，缺少对饲养工具的探究和发现。因此，在饲养过程中，要善于发现幼儿的问题，注意鼓励幼儿多提问、多讨论，让幼儿带着问题去观察、思考、验证。教师不必担心幼儿没有问题，而是要注意倾听、整理幼儿的提问；不要根据经验或资料急于给出问题的答案，而应给幼儿提供充分的探究时间，把得出答案、揭示奥秘的机会留给幼儿。本次活动中给幼儿提供参与饲养劳动的机会，不仅能使他们获得劳动的快乐，还能促使他们养成主动劳动、爱劳动的好习惯。

在提高幼儿动手实践能力中，不仅让他们体验到照顾小动物的责任感，还可以让他们产生一定的同理心，培养共情能力：幼儿知道陪伴对于小鸡的重要性，会更加懂得如何关心父母、关心他人。而在饲养过程中有时候是需要同伴之间的相互配合才能完成，这还能促进幼儿与幼儿、幼儿与动物之间的情感。但是在这个过程中教师应该注意：多鼓励、多思考、多讨论；利用幼儿的好奇心加以引导；对待他们的问题要进行耐心、具体的指导。要在饲养劳动中培养孩子热爱劳动的优秀品质，帮助孩子掌握最基本的劳动技能。

3. 教师在活动中的角色定位

（1）幼儿活动的支持者

教师是幼儿活动的支持者，当幼儿在活动中出现困难时，教师应该支持幼儿的想法，比如：在幼儿决定孵化小鸡时，教师支持幼儿的想法，和幼儿一起探寻孵化小鸡的过程。在活动中，正因为有教师的支持，幼儿的活动才能继续深入下去。

（2）幼儿活动的陪伴者

饲养劳动关注儿童学习历程的体验，在饲养劳动活动中，教师的陪伴是不可或缺的一部分。饲养劳动不仅是教育，还是回归生命本源、回归教育本质。基于让每一个生命都快乐而有意义地生长，教师在活动中的陪伴包括：饲养前准备陪伴、饲养中的观察陪伴、饲养后的反思陪伴等。是否有责任心，是衡量饲养劳动教育最重要的标准。陪伴幼儿整个饲养劳动活动，可以让儿童拥有感受当下幸福和创造未来幸福的能力，对幼儿各方面的发展具有重要的作用。

（3）幼儿活动的引导者

幼儿的饲养劳动立足于幼儿的生活。幼儿饲养劳动的最终目的是培养幼儿的劳动认知、劳动素养、劳动品质、劳动情感。我们在饲养劳动教育实践的过程中，放大幼儿的兴趣点。通过饲养劳动活动，幼儿在知识与技能方面，对小鸡从粗浅的认识到了解小鸡的生活习惯，从我不会做到我会主动去打扫、去喂食等；在情感态度方面，幼儿从喜欢到轮流照顾它的一日生活。因此，教师是幼儿活动的引导者，从教师有目的的架构经验，到确定幼儿的最近发展区，再到最后建立幼儿的核心经验，教师在幼儿饲养环节中引导孩子自己动手、实践操作，使幼儿的劳动意识、劳动习惯、劳动技能、劳动态度等多方面得到发展。

（孟珊珊）

七月　男　4岁5个月
我们一起来学小鱼游吧！

二、“鱼”你一起

持续时间：2021年9月—2022年1月
年龄段：小班

（一）活动缘起

幼儿园的饲养园里饲养着许多小动物，小一班的宝宝们每次走到这儿，就迈不动脚步了，从孩子们的表现可以看出：他们是发自肺腑地喜欢小动物。由于班级没有饲养小动物，孩子们纷纷表示想在班级饲养小动物，正好自然角有空闲的地方，于是我们讨论起来：班级里可以养什么呢？孩子们提出了各种方案，通过讨论，考虑到疫情、小班孩子的年龄、有毛的动物跟孩子亲密接触容易引发孩子过敏等原因，我提议饲养小金鱼，并得到了大家的一致赞同。

（二）活动脉络图

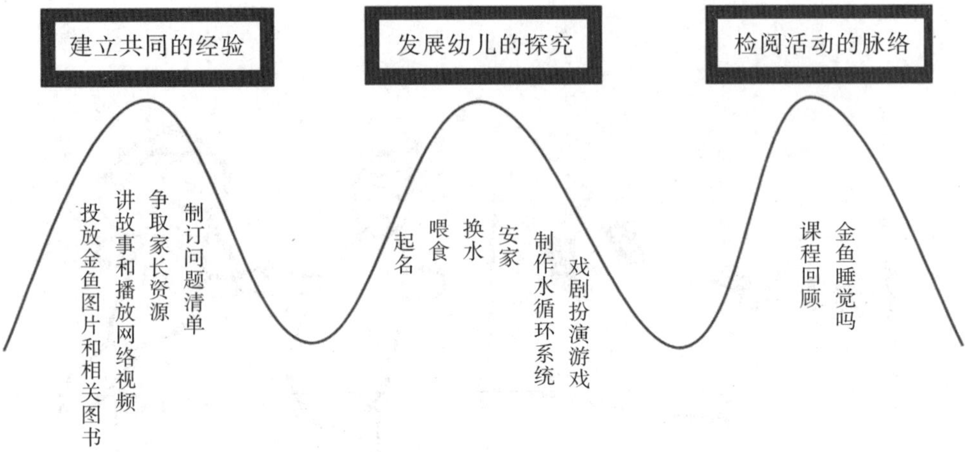

（三）活动网络图

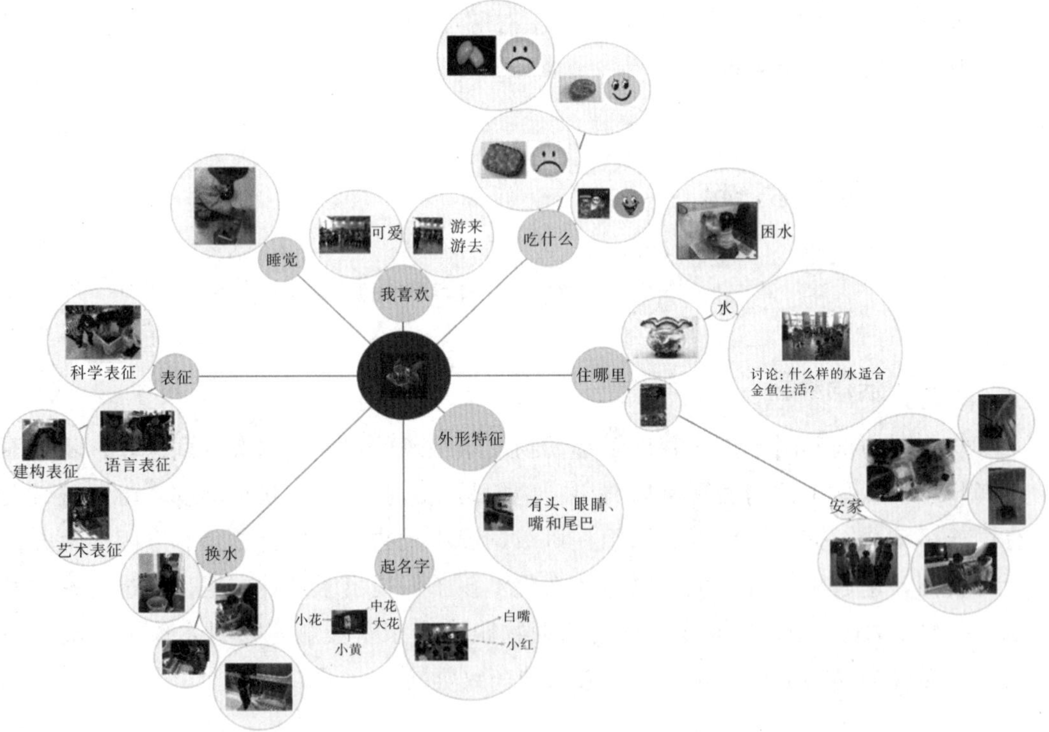

（四）活动过程

1. 建立共同的经验

因为饲养小鱼是由老师提出的，所以我在开始探索前就利用各种方法与孩子一起获得相关经验，借此丰富他们的讨论与互动过程。

（1）投放金鱼图片和相关图书

我在图书角投放了一些金鱼的图片和相关书籍，孩子们总是三五成群地围坐在一起翻看，谈论着自己关于金鱼的发现。

（2）讲故事和播放网络视频

我还通过和孩子们一起阅读绘本或观看网络视频的方法，激发孩子们的好奇心，并引导他们就小金鱼开展深入讨论。

（3）争取家长资源

为了能顺利开展这一饲养劳动课程，我还第一时间在班级 QQ 群里与家长进行沟通，并作了相关调查。家长们非常支持孩子们的劳动研究，消息发出去没几天，有的孩子就带来了小金鱼和鱼食，有的孩子带来了关于金鱼的绘本，有的孩子还到金鱼市场去观察金鱼并向老板请教养金鱼的经验。

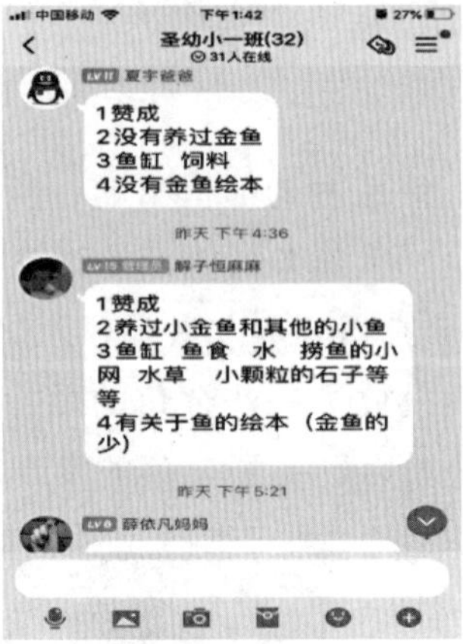

（4）制订问题清单

连续两周的时间孩子们都一直围绕着“小金鱼”的话题谈论着，我觉得这个饲养劳动课程可以深入开展下去。于是，我和孩子们坐下来罗列本次课程的脉络图：关于金鱼我们已经知道的、还想知道的（问题框）……

老师的话：

此时孩子们更多关注的问题是金鱼吃什么、是否睡觉和它的外形特征，这些问题都是从他们的自身经验出发，比较表象。

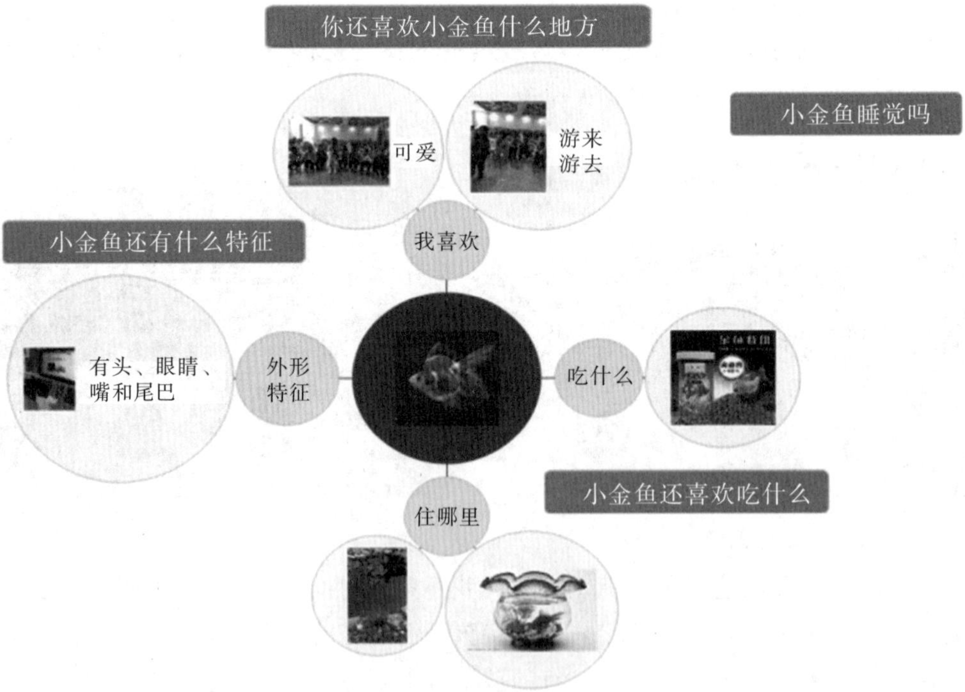

即使经验丰富的教师有时也无法预料孩子的探究方向，或许刚开始时，幼儿会兴趣高涨，但随着时间流逝，幼儿的兴趣会发生变化。为了能让饲养劳动活动顺利

开展下去，在孩子探究前我投放了相关图书、播放了相关视频，并每天抽出一些时间与大家分享相关话题，同时还发动孩子与家长、与养鱼商家探讨。随着幼儿分享的内容越来越丰富，他们的困惑也越来越多，这就为饲养金鱼活动的深入开展奠定了基础。

2. 发展幼儿的探究

有了第一张问题清单，孩子们就有了探究方向。

（1）起名

可心小朋友第一个带小金鱼来幼儿园，她带来了两条红色小金鱼。小一班的孩子每天早上来园都会和老师、和同伴问早安，他们也想和小金鱼问早安，可又觉得两条小金鱼大小差不多，颜色也差不多，不知道该怎么叫它们，这下犯了难。孩子们经过认真观察、仔细比较，发现一条红鱼的嘴部有一块白色的斑块，慧慧小朋友提议："我们把它们叫作'小红和白嘴'吧。"她的提议得到了大家的一致认可。

紧接着子恒小朋友和馨怡小朋友也分别带来两条小金鱼，馨怡说："我带来的小金鱼一条是黄色的，我给它起的名字叫'小黄'，还有一条是花的，我叫它'小花'。"子恒说："我带的两条小金鱼也都是花的，我已经给它们起好名字了，大的叫'大花'，小的叫'小花'。"现在有了三条花金鱼，该怎么区分它们呢？孩子们立即想到了按大小排序的方法给它们起名字，将三条金鱼进行比较，分别起名为：大花、中花和小花。

小金鱼跟小朋友一样有了自己的名字，孩子们像对待朋友一样，每天都会去跟小金鱼问早安！

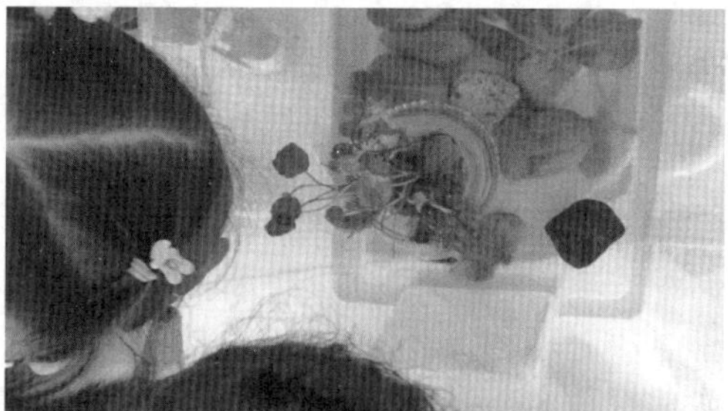

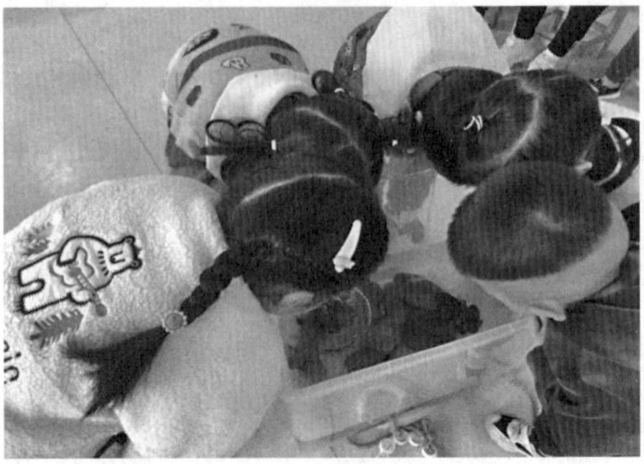

在给六条小金鱼起名字的过程中，幼儿能够运用观察、比较等方法发现它们的颜色、花纹、大小等特征，从而为它们命名。由此能看出幼儿对小金鱼的喜爱之情，他们探究的兴趣也随之进一步加深。

老师的话：

孩子们运用数学中的“比大小”知识来给三条花金鱼命名。

（2）喂食

小金鱼来到了小一班，孩子们抢着给小金鱼喂食。子恒说：“我听卖鱼的爷爷说：‘不能多喂，金鱼不知道饱，你一直喂，它就会一直吃，会胀死的。’”听了子恒的话，孩子们赶紧放下鱼食，不知道该怎么办了：喂金鱼，喂多少，什么时间喂，孩子们一无所知；不喂吧，又担心金鱼会饿死。幼儿园地处农村，请不来养金鱼的专家，可是这也难不倒孩子们，他们请老师在网络中找到养金鱼的专家，听他介绍养金鱼的心得。养鱼专家说：“养金鱼最重要的是要定时定量喂小金鱼，要根据季节、温度和水质来判断。”究竟如何定时定量？我们决定坐下来好好探讨一下：夏天是小金鱼生长旺盛的季节，需要少吃多餐，小朋友们决定按照自己的饮食规律（每天吃早饭、上午点心、午饭、下午点心和晚饭）给小金鱼喂五次鱼食。以每条金鱼每次吃一颗鱼食的量来计算，六条金鱼的鱼食合在一起大概是一小勺的量。

第二天早上，瑶瑶挖了一勺鱼食放到金鱼缸里，她发现“大花”连续吃了三颗鱼食，而“小花”一颗鱼食也没抢到，等它从鱼缸底部游上来，鱼食都全部被吃完了。她将这一发现分享给同伴们，并商量解决办法。菡菡说：“要不，我们在喂食时，将它们分开来喂，这样每条金鱼都能吃到鱼食，就不会多吃或少吃了。”中午时，瑶瑶拿来一个小金鱼缸，里面装了半缸水，她用金鱼网兜先将小红从鱼池里捞到小金鱼缸里，喂了一颗鱼食，等到小红吃完，就将小红送回，接着又依次捞出白嘴、小黄、大花、中花和小花。每捞出一条金鱼时，她和同伴们都会轻轻地对着它说：“小红，快点吃。”然后笑眯眯地看着它们吃完。

秋天到了，天气逐渐转凉，养鱼专家说：“秋天是金鱼容易患上肠炎的季节，需要减少喂食量。”孩子们决定：定时喂鱼改为每天分早、中、晚三次喂。怎样知道秋天到了呢？孩子们首先想到从自己的穿着上来判断，此时有的小朋友开始穿上了秋衣，有些小朋友却不怕冷，还穿着夏天的短袖。还有什么方法能让孩子们快速地知道气温呢？为了解决这一问题，我从网上买来了婴儿房温湿度计，它是用颜色区域表示温湿度给人的感觉，如指针指在绿色区域，人会感到很舒适；指在橙色区域，人会感到很暖；指针在红色区域，人会感到天气很热；蓝色区域代表天气冷，颜色越深，代表越冷。有了这个温湿计，孩子们可以直观地了解温度的变化，他们可以根据颜色的变化间接了解温度的改变，从而根据温度定时定量地给小金鱼喂食：红色时可以一天喂五次，孩子们可以在来园和离园时分别喂一次，其他三次分别在自己吃过点心和午餐后去喂小金鱼；橙色时可以一天喂三次，分别在来园后、午饭后和离园前；绿色时可以一天喂两次，分别在来园后和离园前；浅蓝色时可以一天喂一次，在午饭后；深蓝色时可以两天喂一次。达成共识后，我们一起制作了定时喂鱼公约，粘贴在小鱼池的旁边。

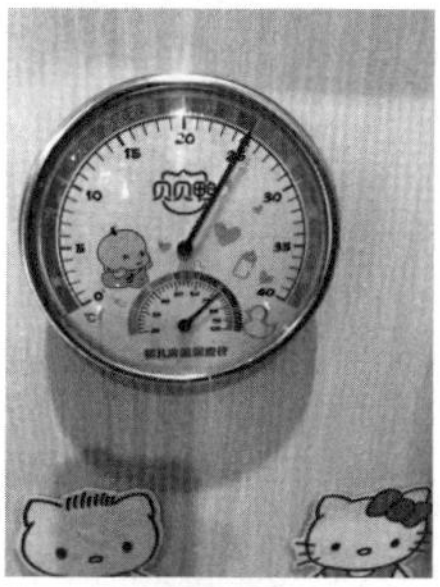
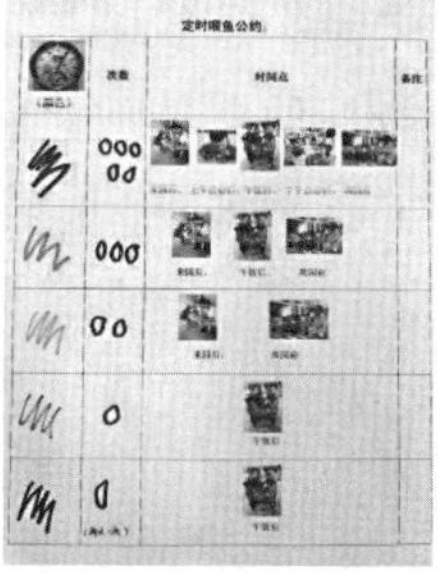

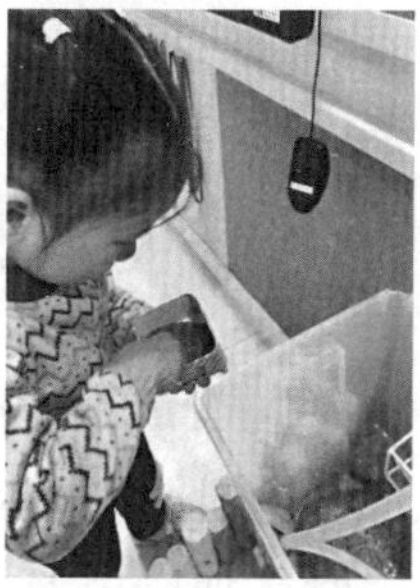

喂养金鱼需要定时定量，其中“定时”是一个相对概念，是指在一段时间内按照一定的时间来喂养，不是一成不变的，这对于小班幼儿来说是比较难理解的。值得一提的是，幼儿能结合自身餐点时间来确定喂养金鱼的时间点，很好地解决了这一难题。“定量”问题，他们也是根据自己分餐的生活经验，将金鱼分开来喂食，确保了每条金鱼的“定量”进食。在整个喂养金鱼的过程中，幼儿非常愿意与同伴、与教师一起照顾金鱼，能够遵守饲养约定，坚持每天定时定量喂养小金鱼，体现了幼儿良好的劳动品质。

定时定量还要落实到人，才能算真正的定时定量。否则每天三五个孩子定时定量地去喂金鱼，就变成了定时过量了；或者我以为你会去喂，你以为他会去喂，结果一个人也没去喂，定时定量就成了空谈。为了确保可以定时定量地喂金鱼，孩子们商定起了值日生工作：周一到周五，每天由一个小朋友负责，周六和周日两天，由一个小朋友将金鱼带回家负责喂养，顺序就按照平时“开火车”排队的顺序依次轮流给小金鱼喂食，每喂完一次鱼食后，在相应的位置上盖上自己的姓名章。

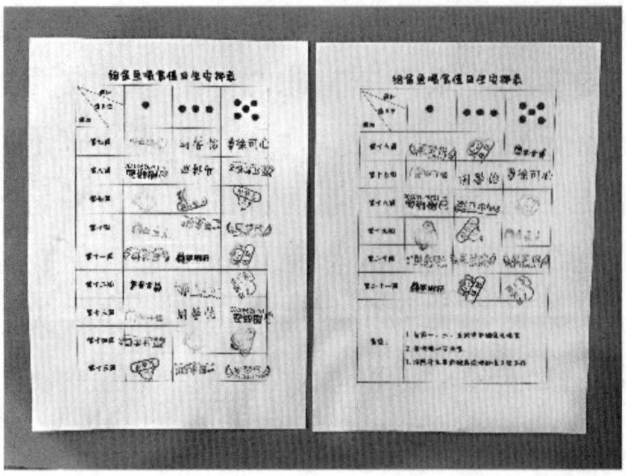

老师的话：

每周一早上来园第一件事就是：孩子们自己拿着印章，排着队伍，按序盖章。他们对于谁已经值过周了、这个星期轮到哪一组了、谁是星期几值日生等等，记得可清楚了，有时记得比老师还清楚。

在商讨值日生工作时，他们能根据平时排队的顺序安排好自己的值日生时间，按照“我们的约定”定时定量地给金鱼喂食，做到不争抢、不推诿、满怀欣喜、一丝不苟地完成任务，体现了他们的主人翁意识和责任感。

小金鱼除了吃购买的鱼食外，它还喜欢吃什么呢？孩子们用自己吃剩的面包屑、馒头屑、饼干屑、米饭和菜分别做了小试验。试验结果显示不管是荤菜还是蔬菜，放进鱼缸里，半天都没有变化，而其余的几种食物放进鱼缸里，一会儿就没有了，说明金鱼是吃这些食物的。有一天，皓宇还从种植园里摘了一片嫩嫩的青菜叶子，放进鱼缸里，发现金鱼围着青菜叶打转，过了一会儿，青菜叶上就有了几个小洞洞。于是他推断：金鱼喜欢吃生的菜，不喜欢吃熟的菜。孩子们在给金鱼做吃食小试验时，会不喂鱼食，并按照平时喂食的量来投放，如果发现金鱼不吃试验的食物时，他们会及时捞出试验品，投喂鱼食，确保金鱼不饿肚子。在众多试验品中，金鱼最喜欢吃的还是特制鱼食，每次鱼食刚放进鱼缸，小金鱼就会立即游上来，张开圆圆的嘴巴一口把鱼食吞进去。

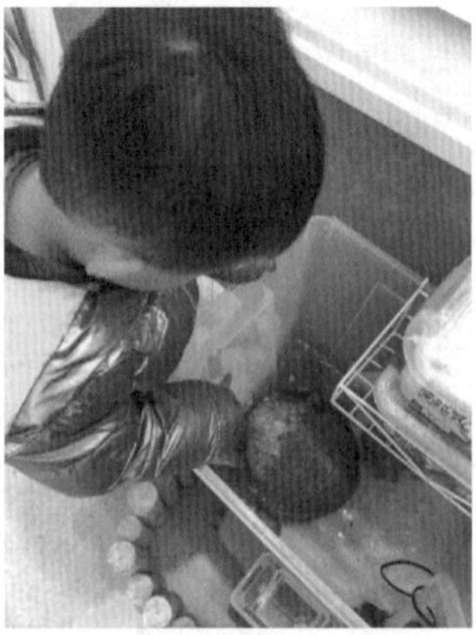

小金鱼进食俨然成了孩子们眼中一道亮丽的风景线。你看，榕榕小朋友将鱼食投进鱼缸后，就趴在鱼缸前，静静地等待小金鱼来吃，看到小金鱼游上来，张开小

嘴吞下鱼食时，她情不自禁地也学起小金鱼吃食的样子来。班级通常的情形是一个值日生在喂食，一群小朋友趴在鱼缸前，或说说哪条小金鱼有了什么变化，或指指小金鱼身上的花纹和色彩，或数数鱼缸里金鱼的数量等。当看到小金鱼三五成群地游在一起时，儿歌《快乐的小鱼》也会从他们的嘴里脱口而出。这些生动的景象都成了他们在美工区创作的素材，一幅幅写生画、手掌印画、树叶印画，一个个超轻黏土作品、折纸作品都让可爱的小金鱼跃然纸上，栩栩如生。

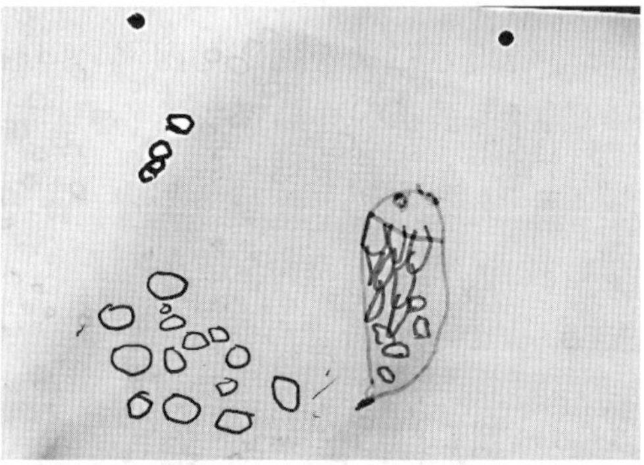
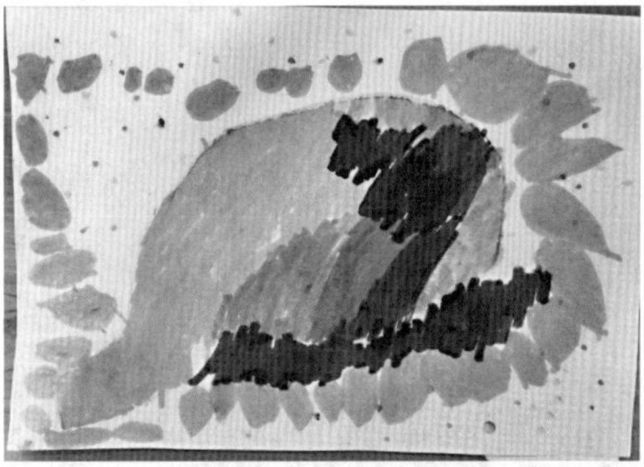

自从小金鱼来到小一班后，孩子们兴奋不已，在任意一个时间段或任一角落都能见到他们以不同的视角表征着小金鱼。

幼儿通过做小试验来判断金鱼喜欢吃什么，并且在试验中始终注意投放的量。严谨的科学态度在幼儿心中悄然萌芽，幼儿的科学探索能力得到了进一步发展，幼儿做实验的过程中并没有忽略小金鱼的生死，没有饿到小金鱼们，体现了幼儿对生命的尊重。

老师的话：

这是老师基于两周内捕捉到的孩子与小金鱼互动的情况而做的图片式观察记录，这只是其中的部分趣闻趣事，孩子对小金鱼的喜爱之情据此可见一斑。

（3）换水

我们都知道：鱼儿离不开水，那是不是所有的水都适合金鱼生活呢？在金鱼进班前一周，孩子们对这个问题展开了讨论，答案是否定的，康康说："金鱼不能生活在开水里，开水会把金鱼烫死的。"睿可说："金鱼不能生活在脏水里。"那我们到底要准备什么样的水迎接小金鱼的到来呢？孩子们首先想到的是我们幼儿园鱼池里小鱼能自在地生活，想必鱼池里的水是适合金鱼生活的。孩子们兴致勃勃地带着小桶，推着小车来到鱼池边取水，发现取上来的水是绿色的，立即否定了这一想法。这时有孩子提出："可以用自来水啊，自来水很干净的。"我知道用自来水养金鱼是要经过处理的，于是我提议："要不，我们还是听听专家是怎么说的吧。"专家告诉我们："要养好金鱼，必须先要养好水，养好水的关键之一是困水。"也就是将自来水储存两天以上，去除自来水中的氯气。孩子们立即找来一个大塑料盒，接满水，为了安全起见，他们还用挡板盖在上面，做上标记。

专家还告诉我们："定时换水也是养好金鱼的关键之一，一般一周换一次水，每次换水量是 1/4。"小班的孩子不能理解 1/4，于是，我在养金鱼的箱盒上贴了四条彩色胶带，并告诉他们："每次注水要注到跟最上面的红色胶带齐平，换水要先舀出上面三格子水留用，剩余一格水倒掉，然后再注入一格储存的水。"

老师的话：

这是孩子们听了专家的话后在进行困水。

 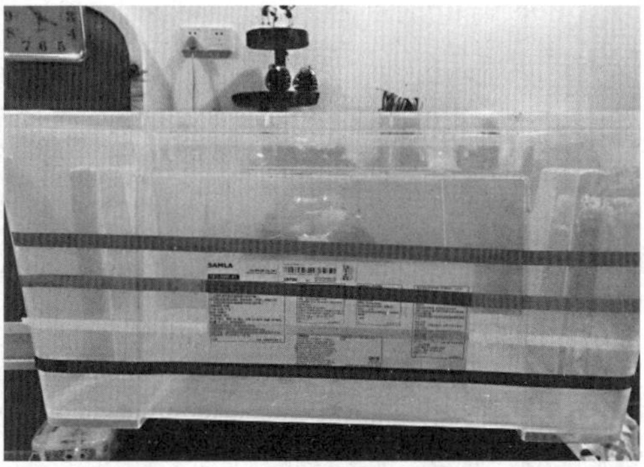

受地域限制，我们还不具备邀请专家来访的条件，但这并不妨碍我们运用其他办法进行弥补，如家长带着孩子走访卖金鱼的老板、利用网络资源向网络专家咨询等，从而帮助孩子们了解饲养金鱼的方法。在实践中，幼儿还会遇到一些技术难题，通过教师适时地介入，介绍操作技巧给他们，能让探索活动顺利地深入开展下去。

第一次尝试：康康用水舀子将一号鱼缸上面的水轻轻地舀到二号鱼缸里，大概舀出一格水后，用金鱼网兜把小金鱼捞出放进二号鱼缸里，接着再继续轻轻地从一号鱼缸里舀出两格水到二号鱼缸里，最后注入一格储存的水到二号鱼缸里。接下来的一周时间，小金鱼就在二号鱼缸里愉快地生活了。

老师的话：

利用彩色胶带让孩子们轻松掌握“1/4”的概念。

安顿好小金鱼，并不代表换水工作完成了，孩子们还要将一号鱼缸里的水倒掉，并清洗干净，以备下周换水用。虽然一号鱼缸只剩下一格水，但里面还有孩子们放的一些石头，其重量对于小班孩子来说还是不轻的，一个小组的四五个孩子合作抬鱼缸，从自然角到盥洗室真正是费了好大的劲。这时子恒说：“鱼缸下面要是像困水的盒子一样下面有轮子就好了，我们可以推着它走，就不用这么费劲了。”皓宇立即想到了户外活动时他玩过的四轮平板车，他坐在上面，好朋友拉着绳子，拖着他走非常省力，于是他找来了平板车，将鱼缸放在平板车上，一个人在前面拉绳子，后面一个人扶着鱼缸，这样就能轻轻松松将鱼缸拖走了。

老师的话：

孩子们在遇到问题时，没有第一时间请老师帮忙，而是自己动脑筋，想办法解决了难题。

在分享环节中，孩子们讲述了给小金鱼换水的经历，有成功的喜悦，也有小小的遗憾。康康说："我在用舀子舀水时，一不小心就会搅浑水，会把脏水带到二号鱼缸里，这样小金鱼会不喜欢的。"凡凡说："我们如果在舀水前就把金鱼的便便弄出来，那样舀出来的水就不脏了。"为了支持孩子们的这一想法，我特意在淘宝上买来了吸便器。

第二次尝试：子恒将吸便器的一端插进鱼缸，另一端放进小桶里，将插进鱼缸的一端对准金鱼便便，双手用力一捏一松气囊，便便就会随着水流到小桶里了。

孩子们个个跃跃欲试。在操作过程中，孩子们还意外地发现吸便器不仅可以吸走金鱼的便便，还可以用来换水，再不会像先前用舀子舀水那样，水洒得到处都是。

轮到香蕉组的小朋友给金鱼换水了，欣欣将吸便器一端插进一号鱼缸里，另一端插进二号鱼缸，双手用力捏气囊，水缓缓流进二号鱼缸时，悦悦高兴地大声说："水出来了，姐姐，你太棒了！"可欣欣坚持了三分钟后说："我不行了，妹妹你来吧。"悦悦捏了一会儿后，也喊累，换成菡菡来捏气囊，菡菡累了后又换成慧慧，就这样四人轮流捏气囊，过了二十分钟，才将一号鱼缸里三格子水换到二号鱼缸里。

在分享活动中，她们谈到了换水过程中的辛苦，并提出："有没有不用费这么大劲就能换好水的方法？"带着疑问，孩子们又开始寻找新的换水方法了。

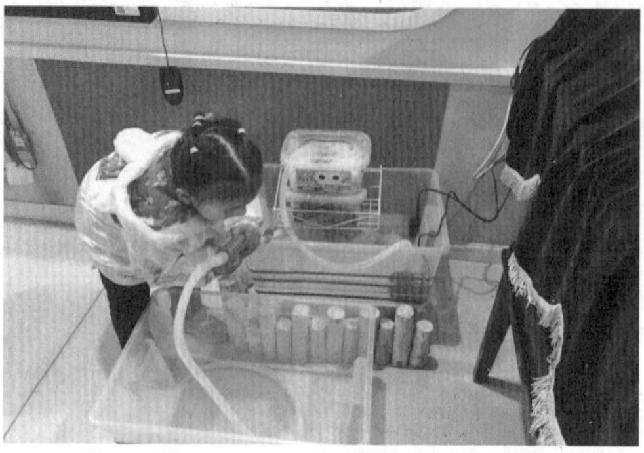

第三次尝试：第二天慧慧就带来了她从爷爷那儿学到的新办法，只见慧慧将一节软管对折后，一端对准开着的自来水管接水，直到软管的另一端冒水，她用两只手分别堵住软管的开口，来到鱼缸前，将软管一端放进一号鱼缸的水里面，另一端放进二号鱼缸里，再同时放手，一号鱼缸里的水就缓缓地流进了二号鱼缸里，中途完全不用人操作，小朋友们都大呼神奇。

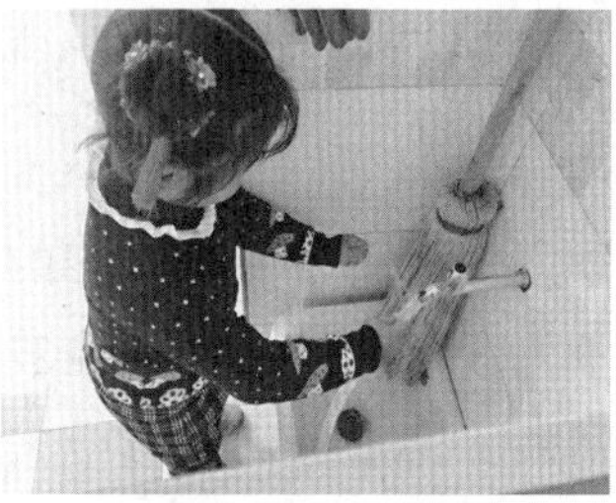

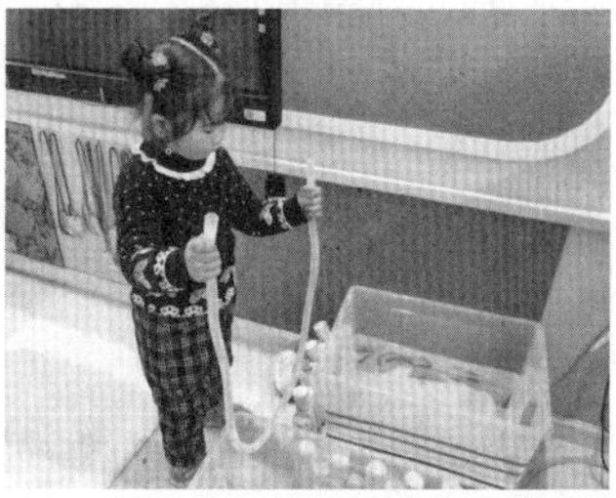

第四次尝试：过了些日子，轩轩也带来了新的换水方法。她告诉小朋友：“昨天，我大伯家打鱼塘，用到了抽水泵，抽水泵能将鱼塘里的水全部抽出来。”应大家的要求，我买来了增氧泵。

小宇将增氧泵放进一号鱼缸里，再将泵上的水管放进二号鱼缸里，插上电，水就自动从一号鱼缸流到二号鱼缸里了。

现代化工具的使用，让原本复杂困难的工作变得轻松简单，原来一组人合作才能完成的，现在一人就能搞定，这也让孩子们更加喜欢上了给金鱼换水的工作。他们每每给小金鱼换水时，都会一边用金鱼网兜捞小金鱼，一边情不自禁地唱起《网小鱼》的歌曲，开心的心情溢于言表。

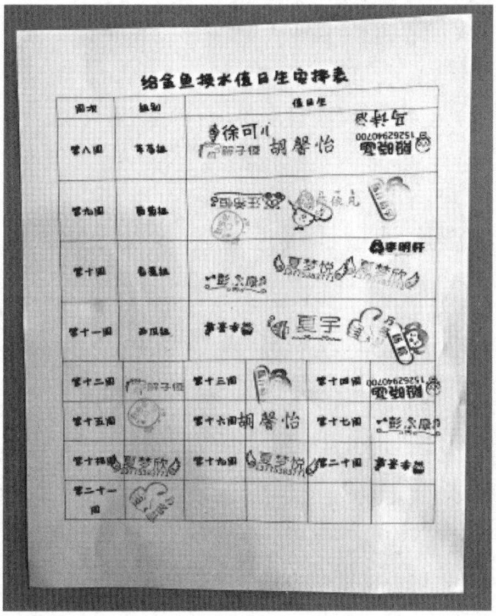

老师的话：

自从用了电动增氧泵给金鱼换水，值日生工作也由原来的一组小朋友给金鱼换水，改成了由一个小朋友完成。

在给金鱼换水中，幼儿通过一次次的尝试，在实践中发现问题，在分享中讨论、分析问题，再通过实践解决问题，然后又发现了新问题……如此往复，直到得到他们满意的结果。在这期间，老师只是倾听者、支持者、记录者，孩子是科学探索的主人。不知不觉中，孩子的科学探索能力有了提高，发现问题、分析问题、解决问题的能力也有了较大的提高。同时幼儿在换水过程中也体会到劳动工具是否便捷、是否可以减轻劳动的强度是非常重要的。

（4）安家

1）落户

为了欢迎小金鱼进驻小一班，孩子们参照图书，为小金鱼营造出了一个温馨的“家”。孩子们在小树林捡来大大小小的鹅卵石，冲洗干净，放进鱼缸里，还在玻璃缸里种上铜钱草，放在鹅卵石上，蓄上水，静等金鱼的到来。当孩子们陆续带来小金鱼，我们并没有立即就将金鱼放进鱼缸里，而是听从卖金鱼老板的专业建议：将金鱼连袋子漂浮在困水里，让小金鱼先适应一下新环境，再将金鱼放养在金鱼缸里。

就这样，小金鱼们落户到小一班的自然角了。

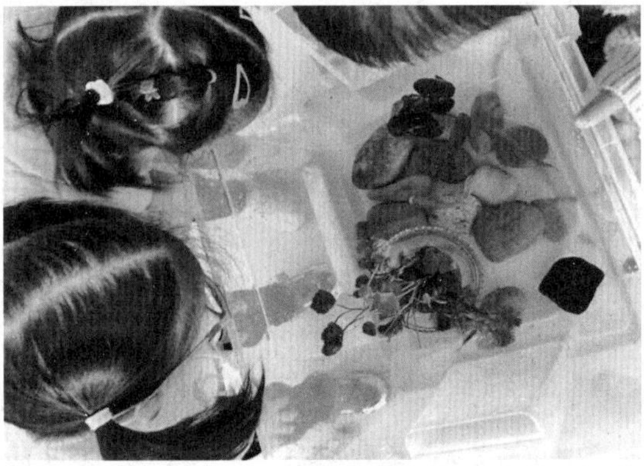

2）分家

10 月中旬的一天，气温突然升高，温湿度计指针接近红色，人感觉很闷热。菡菡发现小金鱼全部游到水面上来了，个个张大嘴巴吐泡泡，她惊喜地将这一发现告诉同伴们。小伙伴们围观着，看到小金鱼朝着一个方向用嘴巴啄一下鱼缸壁时，那个方向的孩子就会立即伸出小手与金鱼打招呼，并兴奋地对旁边的同伴说：“你看，小金鱼想与我做好朋友，它在与我打招呼呢！”我知道这不是事实，而是金鱼缺氧了，需要及时用增氧泵给它们增氧。我拿来增氧泵，插上电，一会儿，小金鱼就不再浮在水面上了，而是在水中自由自在地游了起来。

在分享活动中，孩子们快乐地讲述着这一美好时光，我没有反驳他们的说法，而是陈述我的做法，让他们了解增氧泵的作用以及金鱼浮在水面上的原因。我们还在网络中寻找更好的解决办法，当孩子们得知金鱼缺氧有可能是鱼缸里的鱼较多造成的时候，他们提出了要给自然角中的金鱼分家的想法。说干就干，诗涵从家里带来了一个漂亮的金鱼缸，里面还有一棵绿油油的植物——水榕。孩子们在金鱼缸里装上困水，从原来的金鱼缸里捞出小红和小花放了进去。小红和小花在绿色水草的映衬下，一红一花，一大一小，翩翩摆尾，煞是好看！在他们的要求下，我将金鱼缸放在了他们的桌上，从此小红和小花就与草莓组的孩子们相依相伴了。草莓组的孩子也是时时刻刻地关注着小红和小花的成长，给它们喂食、换水、清洗鱼缸，可心还从家里带来了一个小型充电氧气泵，他们承包了小红和小花的一切事务。

3）搬家

元旦过后，天气越来越冷，温湿度计的温度指针从淡蓝色区域逐渐指向深蓝。当孩子们去自然角观察小金鱼时，发现小金鱼不见了。通过一番寻找，孩子们发现小金鱼都躲在了石头堆里不肯出来。孩子们猜想：小金鱼一定是冷了，躲在石头堆里取暖呢。那怎样给金鱼取暖呢？孩子们又开始了新的探索之旅。他们通过向家长咨询、走访金鱼店老板，了解到了一些切实可行的办法。子恒从金鱼店买来了加温器，并让老板把温度设定在25℃恒温上，放进了鱼缸里，过了一上午，子恒用手摸了摸鱼缸里的水，发现水不再冻手了，小鱼也从石头堆里游了出来。在给金鱼换水时，有加温器的鱼缸里水温较高，而另一个准备交换的鱼缸，因为在原有的三格水上添加一格困水，水温明显较低，这时就需要适当地添加一点热水，让两个鱼缸里的水温保持一致，换缸后，就能减轻金鱼的不适感了。

当温湿度计温度指针指向深蓝色区域时，孩子们发现加温器也不起作用了，小金鱼又躲进了石头堆里，连给它们喂食时都不肯出来了，而一直在教室里的小红和小花却能欢快地游着。可可说：“自然角太冷了，教室里有空调，比较暖和，我们要不把金鱼的家搬到我们的教室里来吧。”她的提议立即得到了大家的响应，皓宇手拉平板车的绳索，子恒在后面用手推着鱼缸往前走，睿睿和小宇两人一人站在鱼缸的一边，手扶着鱼缸，护送着小金鱼搬家，可可将自然角的栅栏也搬进了教室里。他们将小金鱼的家安排在钢琴脚边（因为这个地方不会被空调的风直接吹到），旁边放了一个水壶，里面插上树枝，还用绿色皱纹纸撕成条，缠在树枝上，四周用栅栏围了起来。在远处看，就是一个非常有意境的小池塘。金鱼的新家装扮了教室，适宜的温度也让小金鱼自由自在地畅游起来了。

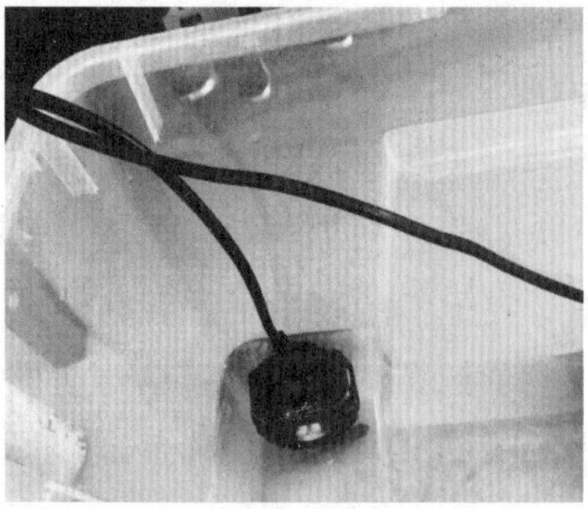

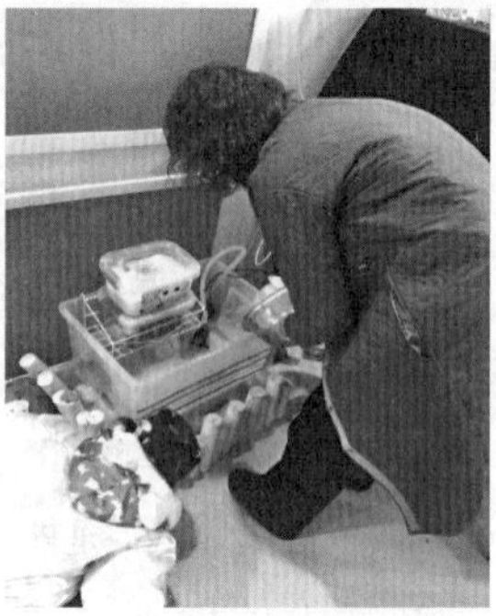

为金鱼建造“家”，实际就是建造一个适合金鱼生活的养育箱，方便孩子仔细观察金鱼的外形特征、特性及生活需求等，“分家”和“搬家”的活动也是为了寻求更适合金鱼生活的养育箱，在“分家”和“搬家”的过程中，幼儿的合作能力也得到了一定的发展。

（5）制作水循环系统

在探索活动中，孩子们还了解到了水循环系统，水循环系统能让小金鱼更加舒适地生活。他们在分享活动中多次提出也想亲手为小金鱼制作一个水循环系统的要求，我也爽快地答应了下来。在多次观看视频后，我们先设计了水循环系统的制作图，买来了过滤生化棉和过滤五合一材料（陶瓷环、活性炭、珊瑚骨、纳米球和火山岩）。盛装过滤材料的盒子，我们就选用了孩子们用完的超轻黏土盒子，不过这个盒子需要再制作：装五合一材料的盒子需要在上下两面扎上很多小洞眼，装生化棉的盒子需要在下面扎很多洞眼，上面挖一个小洞。给盒子扎洞眼，孩子们最先想到的方法是用锤子在盒子上钉钉子，拔下钉子后就有了洞眼。他们在门卫爷爷那儿找来了锤子和铁钉，但由于盒子是塑料的，孩子们掌握不好锤钉子的力度，盒子总是裂开，显然这个方法不可行，只能另辟蹊径。带着问题，孩子们回家向爸爸求助了。轩轩爸爸告诉她只要有一根长铁钉就能解决问题，将长铁钉用夹子夹住，在火上烤一烤，等铁钉烧红了，立即在盒子上戳洞。于是轩轩带来了长铁钉和防烫手的夹子，我们带着工具来到了幼儿园的食堂，在煤气灶上烧红铁钉，用这个方法真的很快就烫好了洞眼。有了符合条件的盒子，装上冲洗干净的过滤材料，下面放五合一材料，上面放过滤棉，将它们固定在鱼缸一侧，再将增氧泵的软管插到上面盒子的小洞里，这样一个简易的水循环系统就做好了。孩子们发现有了水循环系统，鱼缸里的水比之前清澈了好多，并且能维持很长一段时间，减少了换水次数。

在制作水循环系统过程中，老师是幼儿的合作伙伴，大家一起想办法解决问题。在操作中，孩子能干的，老师退后；孩子不能干的，老师再动手操作，孩子旁观，保证孩子的安全。

（6）戏剧扮演游戏

在建构区，孩子们喜欢用中空积木和奶粉罐围成鱼池，用塑料积木代替金鱼，摆放在鱼池里，他们通常搭建好后，把自己也想象成一条小金鱼，在鱼池里模仿金鱼游来游去。

这种行为艺术开展几次后便不能满足他们了，他们觉得鱼池里除了有小金鱼外，应该还生活着金鱼的朋友，如乌龟、小鸭、青蛙、蝌蚪、水草、荷花……这些东西有的自己能利用超轻黏土制作，有的自己完成不了，怎么办？皓宇说："我妈妈会做，我可以请妈妈帮我一起制作。"其他孩子也纷纷请求家长的协助，家长们在家中用布条、棉花等物品做出了一些玩偶、荷花等，于是小金鱼和它的朋友们其乐融融地生活在鱼池里了，孩子们扮演的角色也丰富多彩起来了。

3. 检阅活动的脉络

（1）课程回顾

准备项目时，从我和孩子们制订了第一张思维导图，到项目开展的各个阶段，孩子们探究的东西越来越深入，思维导图也随之越来越丰富。在项目课程即将结束之际，我和孩子们再次来检阅一下整个活动脉络。

① 9 月 14 日，班级讨论后决定饲养小金鱼。

② 9 月 28 日，制订思维导图一。

③ 9 月 29 日，讨论：什么样的水适合金鱼生活（思维导图二）。

④ 9 月 30 日—学期结束，给金鱼营造温馨的家（思维导图三）。

⑤ 10 月 8—10 日，给金鱼起名字（思维导图四）。

⑥ 10 月 12 日—学期结束，给金鱼喂食（思维导图五）。

⑦ 10 月 19 日—学期结束，给金鱼换水（思维导图六）。

⑧ 10 月 28 日—学期结束，表征金鱼（思维导图七）。

⑨ 次年 1 月 18 日，制订思维导图八。

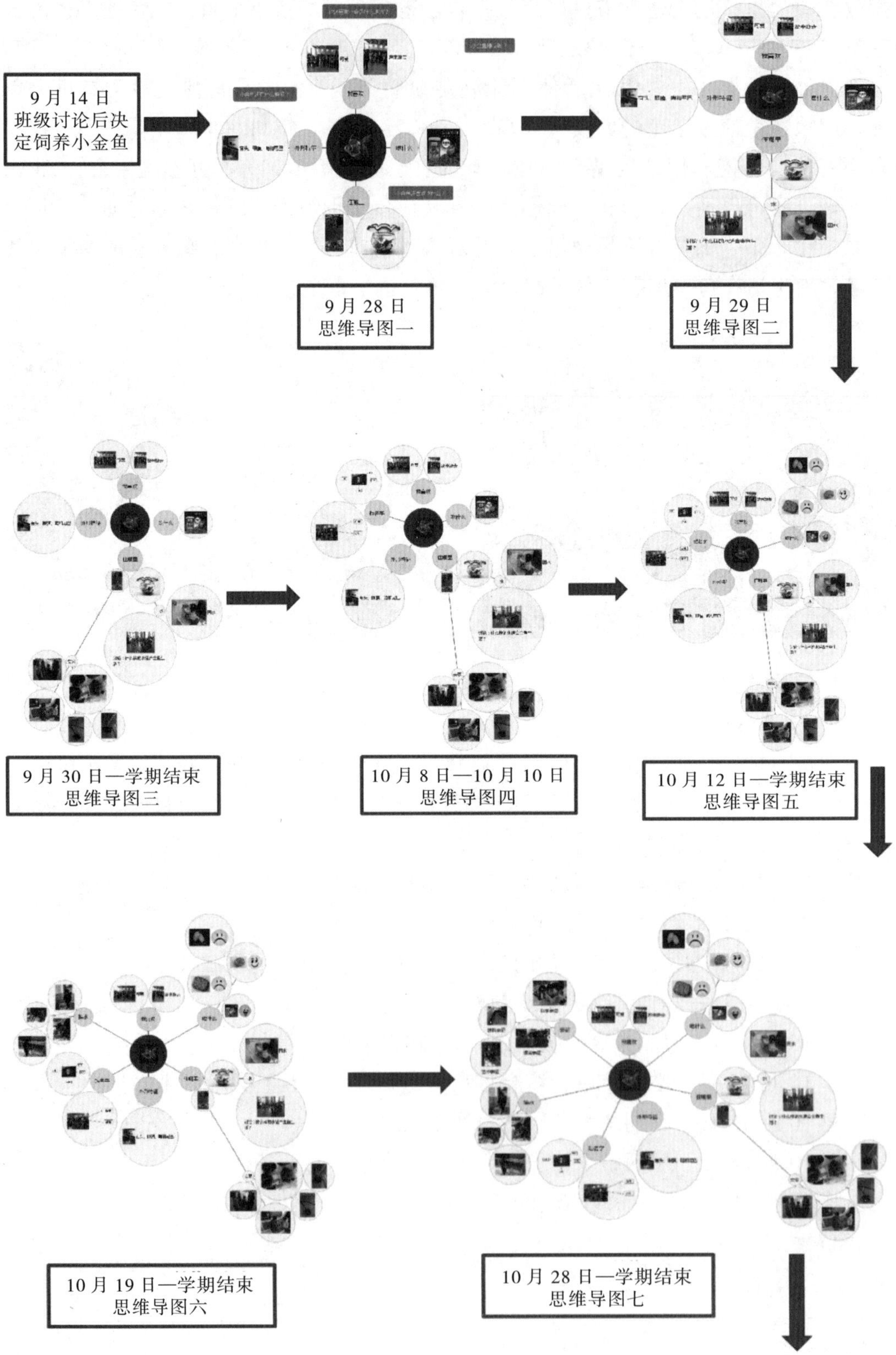
9 月 14 日
班级讨论后决定饲养小金鱼
9 月 28 日
思维导图一
9 月 29 日
思维导图二
9 月 30 日—学期结束
思维导图三
10 月 8 日—10 月 10 日
思维导图四
10 月 12 日—学期结束
思维导图五
10 月 19 日—学期结束
思维导图六
10 月 28 日—学期结束
思维导图七

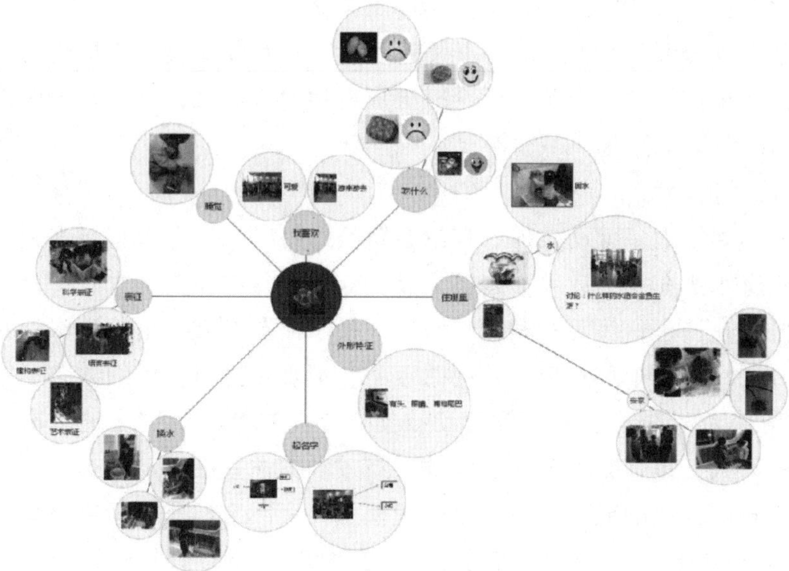

2021 年
1 月 18 日
思维导图八

（2）金鱼睡觉吗

综观整个活动脉络，虽然生成活动内容越来越丰富，但对比第一张思维导图，眼尖的孩子还是发现有一个问题没有得到解决，那就是："小金鱼会睡觉吗？"孩子们白天在幼儿园发现小金鱼是不睡觉的，都是在游来游去的，即使天冷躲在石头缝里，它们的尾巴还是动来动去的。当孩子们提出"金鱼是在晚上睡觉吗"这一问题时，子恒自告奋勇地承担了任务：晚上回家他去观察小金鱼是否睡觉。第二天他带来了观察结果：小金鱼是在晚上睡觉的，因为金鱼在水里一动也不动，但有趣的是睡着的金鱼眼睛还是睁着的，妈妈告诉他，这是因为金鱼没有眼睑，所以它不能闭上眼睛。

至此，我们对金鱼的探究就暂告一段落了，最后，我们没有忘记共同制订了现阶段的最后一张思维导图。

检阅活动的脉络，除了查漏补缺外，更为重要的是幼儿能根据脉络图叙述在整个探究过程中他们学到了什么，在探究问题和解决问题中获得自信。

（五）活动反思

1. 常态化劳动，塑造幼儿劳动品质

（1）在劳动中体验到了快乐

从幼儿决定饲养小金鱼起，命运之神就将他们紧密地连在一起了。小金鱼进驻小一班前，孩子们为小金鱼困好水、打造温馨的"家"，可见他们的热情和期望。小金鱼进驻后，孩子们为小金鱼起名字、喂食、换水等，无不显示出他们对金鱼满满的喜爱之情，但光靠这喜爱之情是支撑不了孩子们连续四个多月的付出的。这是因为孩子们在常态化的饲养劳动中，获得了真实而又丰富的劳动体验。当孩子们给金鱼喂食时，金鱼就会立即游到水面来，张开嘴巴吞食，好像在对他们摇摇尾巴、点点头；当孩子们给金鱼换好水，金鱼们就会三五成群地游来游去，好像在快乐地做游戏。这让孩子们从劳动中体验到了愉悦。

（2）在劳动中学到了技能

孩子们在劳动中学到了很多劳动技能，在给金鱼换水时，从一个鱼缸舀水到另一个鱼缸里，怎样不将水洒在身上或地面也需要技巧：需要每次少舀点水，手要端稳，将两个鱼缸紧紧靠在一起，等等；利用虹吸原理换水需要在软管里接满水，并用双手堵住两端，分别放进两个鱼缸里，再同时放手；清理鱼缸时，他们学会了用刷子刷干净石头，用抹布清洗干净鱼缸等劳动技能。除此之外，他们通过多次尝试，不断改进换水的方式，最终获得简便、快捷、有效的方法，在劳动中提高了思考问题、分析问题和解决问题的能力。每次给金鱼换水，实际上也是重新给金鱼布置“家”的过程，除了清洁“家”中一切物品外，还要考虑到石头和植物怎么摆放，让“家”更具有美感；换水后，他们会将工具一一送回原处，这期间他们会感受到劳动给他们带来的整洁之美、有序之美、自然之美、创意之美等。

幼儿在饲养劳动中不但体验到了快乐，也学会了很多劳动技能，从而塑造了劳动品质。如孩子们主动承担起给金鱼喂食、换水、安家等任务，并为此安排了值日生表，从中不难发现他们在劳动中养成了自信、专注、责任、友善、感恩等良好品格。

2. 多元化资源，拓展幼儿学习内容

在整个项目活动开展过程中，有效地利用资源，促使孩子主动学习。幼儿在老师的引导和支持下把握住了探究方向，在家长的理解和帮助下获得了探究信心，在金鱼店老板和网络专家的指导下了解了饲养方法……正是这些多元化的资源，拓展了孩子们的学习内容。

3. 特色化分享，促进幼儿深层探究

在整个探究活动过程中，孩子们非常乐于分享自己探究的点点滴滴。每次分享时，孩子们根据与教师共同制订的思维导图讲述探究过程，教师根据幼儿的讲述在导图中添加探究结果，形成新的思维导图。这些特色化的分享，拓展了孩子们探究的深度和广度。

（桂国青 戴迎春）

子恒 男 6岁
蚱蜢妈妈带着小蚱蜢在我们的大枯树底下散步呢，小蜗牛看得都笑了！

三、草丛中的精灵——蚱蜢

持续时间：2020 年 9 月—2020 年 11 月
年龄段：中班

（一）活动缘起

正值夏末秋初之际，草地上有各种各样的虫子，蚱蜢的出现一下子就吸引住了孩子们的眼球，他们跟随着蚱蜢的脚步，悄悄地走近它，近距离观察它，忽然蚱蜢一跃，躲到草丛中，不知所踪，孩子们趴在草地上，轻轻地扒开小草，耐心地寻找蚱蜢的踪迹。在孩子们的户外活动时间，我们随时随地都能捕捉到这样的场景。

《指南》科学领域指出："支持幼儿在接触自然、生活事物和现象中积累有益的直接经验和感性认识。"当孩子们提出他们想研究蚱蜢和饲养蚱蜢时，我立刻答应了他们，于是，我们开启了探究蚱蜢之旅。

（二）活动脉络图

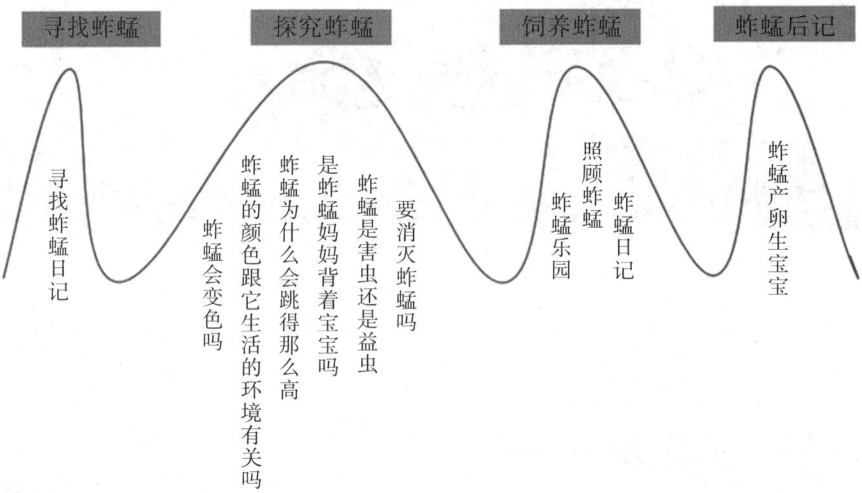

（三）活动网络图

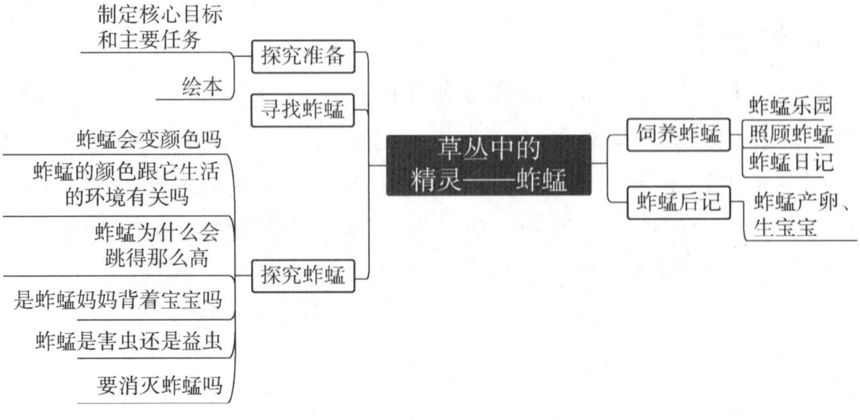

（四）活动过程

在活动之前，我们进行了一次谈话活动：你准备怎样探究蚱蜢？孩子们根据以往研究的经验，制定了研究蚱蜢的活动脉络和内容。

为了更好地支持孩子们的研究，我们在自然发现区里投放了许多相关图书，例如：《宠物饲养与观察》《抬眼就看到的虫子》《生命的故事》（系列丛书）等。同时我代表孩子们在班级群里向家长们发起了号召，得到了家长们的大力支持：他们赞赏孩子观察蚱蜢的行为，并与孩子探讨有关这方面的话题，小雨妈妈还特地给她买了《上学就看》系列图书，群群妈妈给他买了法布尔的《昆虫记》系列图书，浩浩爸爸给他买了《探秘昆虫世界》，骞骞妈妈给他买了《是谁留下了痕迹》，他们纷纷把图书带到幼儿园与大家分享。

1. 寻找蚱蜢

聚焦蚱蜢，从寻找蚱蜢开始。这次，孩子们更加关注蚱蜢的生活环境了，他们记录下了在哪儿发现的蚱蜢，还请老师帮他们记录下发现时的想法，并且约定每天放学前二十分钟集体分享自己的发现。

蚱蜢的表征记录表

序号	幼儿表征	表征描述
1	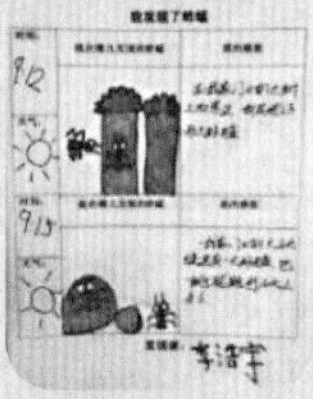 图 6	小宇：9 月 12 日，在我家门口的大树上和树旁边，我发现了两只蚱蜢。9 月 15 日，我家门口的大石头缝里有一只蚱蜢，它一跳就跳到石头上去了。
2	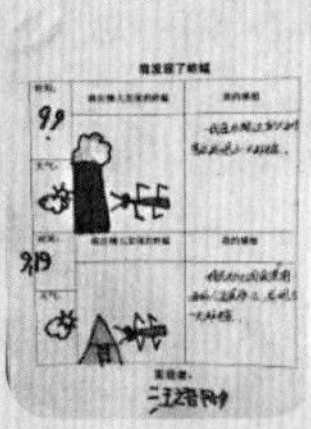 图 7	彤彤：9 月 9 日，我在马路边的大树旁边发现了一只蚱蜢。9 月 19 日，我在幼儿园食堂前面的“人”字屋那儿，发现了一只蚱蜢。
3	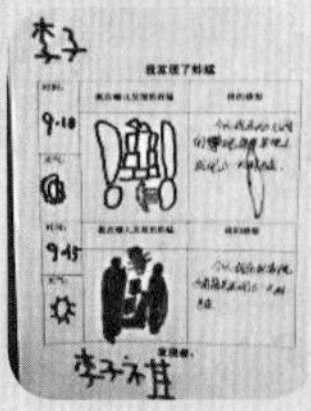 图 8	祺祺：9 月 10 日，我在幼儿园的攀爬架下的草地上发现了一只蚱蜢。9 月 15 日，今天我在我家院子角落里发现了一只蚱蜢。

续表

序号	幼儿表征	表征描述
4	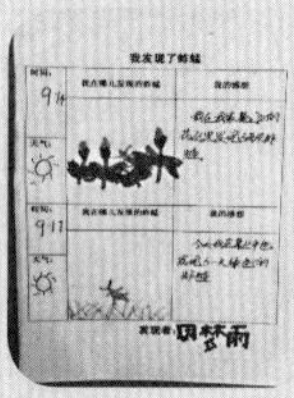 图 9	小雨：9 月 14 日，我在我家门口的花丛里发现了两只蚱蜢。9 月 17 日，今天我在草丛中又发现了一只绿色的蚱蜢。
5	 图 10	……

2. 探究蚱蜢

随着孩子们一次又一次地观察与分享，发现的问题也越来越多，但问题并没有难住他们，反而激发了他们的探究欲望，他们通过查找书籍、网络，向家长、老师咨询等方法解决掉了心中的一个又一个疑惑。

（1）蚱蜢会变色吗

9 月 23 日，是我班孩子第一次发现土黄色蚱蜢的日子。当时一一小朋友在幼儿园的沙池里玩，意外地发现了一只土黄色的蚱蜢，她激动地大叫起来："快来看，这儿有一只土黄色的蚱蜢！"小朋友们听到呼唤声，立即围拢过来，捉住了它，并在四周寻找土黄色的蚱蜢，可惜只发现了这一只。事后在分享环节中，一一认为：它是一只年老的蚱蜢。她的观点得到了很多孩子的赞同，但也有孩子不以为然，我既没有肯定一一的观点，也没否认她，而是提出让孩子们从图画书中寻找答案：蚱蜢长老了，就由原来的绿色变成土黄色了吗？

无独有偶，10 月 2 日傍晚，群群小朋友在小区广场散步，途经草坪时发现了一只蚱蜢。当时弯弯的月亮和远处的路灯散发出朦胧的光线，他发现小草一半是绿色的、一半是黑色的，蚱蜢也是一半绿色一半黑色。他认为：蚱蜢是随着温度的变化而变化的，温度高了变绿色，温度低了变黑色；有可能还会随着光线的变化而变化，白天变绿色，晚上又变成了黑色。他的观点只得到了少数孩子的赞同，大多数孩子不赞同他的观点，认为他看到的黑色是光线照不到的原因，是蚱蜢的阴影。

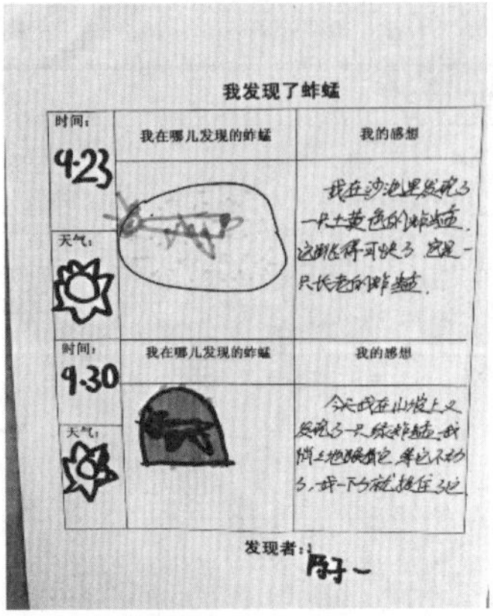

老师的话：

孩子们根据一一的分享进行讨论：蚱蜢会随着长大而变色吗？

讨论问题：蚱蜢会随着温度和光线而变色吗？

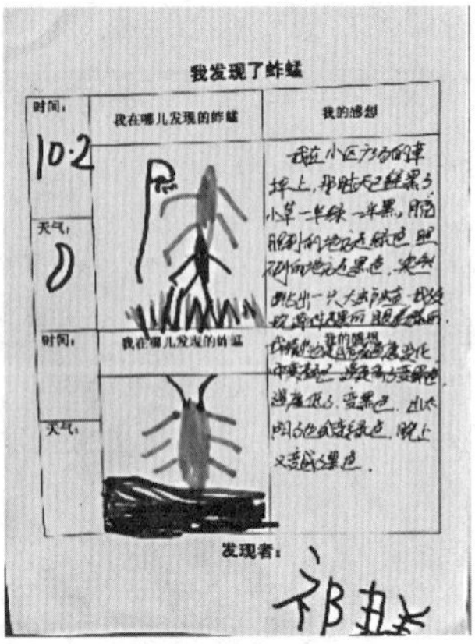

之后，孩子们又陆续发现了土黄色的蚱蜢。10月6日，骞骞在自家渔网上发现了一只泥土色的蚱蜢；10月9日，萱萱在攀爬架下的草地上发现了像石头一样颜色的蚱蜢；10月11日，浩浩也在草地上发现了两只褐色的蚱蜢……至此，孩子们通过自己的观察和阅读图书知道了蚱蜢有两种颜色：绿色和褐色，并不会变色。

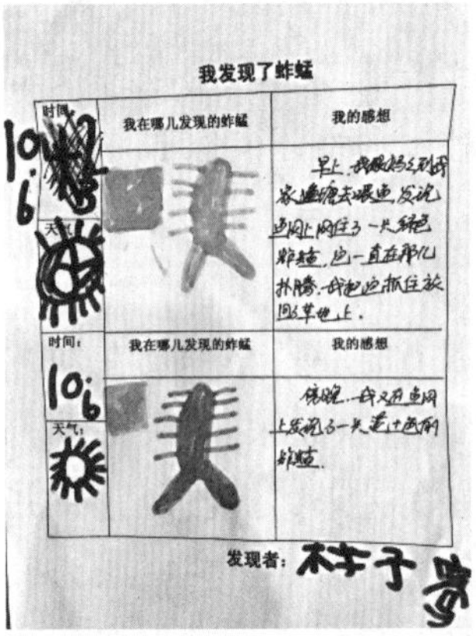

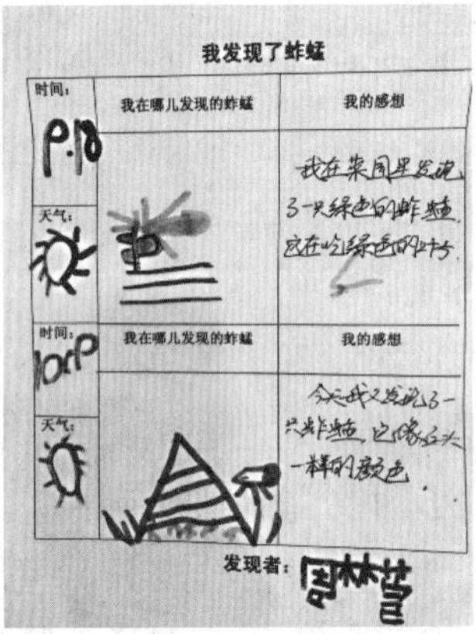

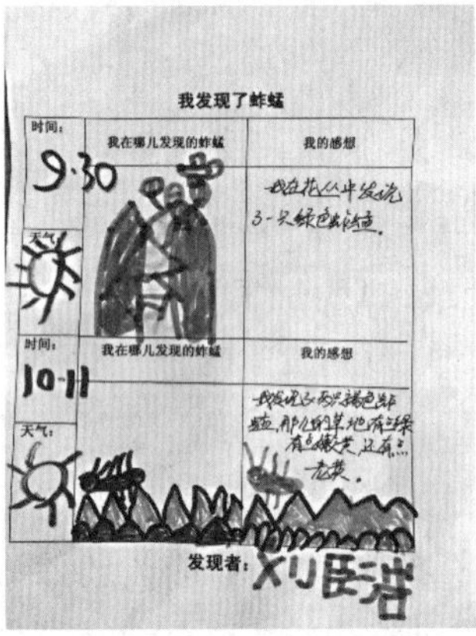

（2）蚱蜢的颜色跟它生活的环境有关吗

孩子们还通过对比发现：所有褐色蚱蜢都生活在跟它有一样颜色的草丛、沙池、枯叶等环境中，而绿色蚱蜢则是生活在绿色环境之中，如绿草丛、绿色菜叶等。小宇小朋友还发现：10月份发现的褐色蚱蜢比较多，9月份发现的绿色蚱蜢比较多，这是因为9月，小草还是绿色的，所以绿色蚱蜢比较多，10月进入了秋季，有些小草变枯了，就出现了褐色蚱蜢。

老师的话：

事实证明，大班幼儿通过自己观察和探究，得出的答案远比老师或家长直接给出的答案更有说服力，也更能激发他们的探究欲望。

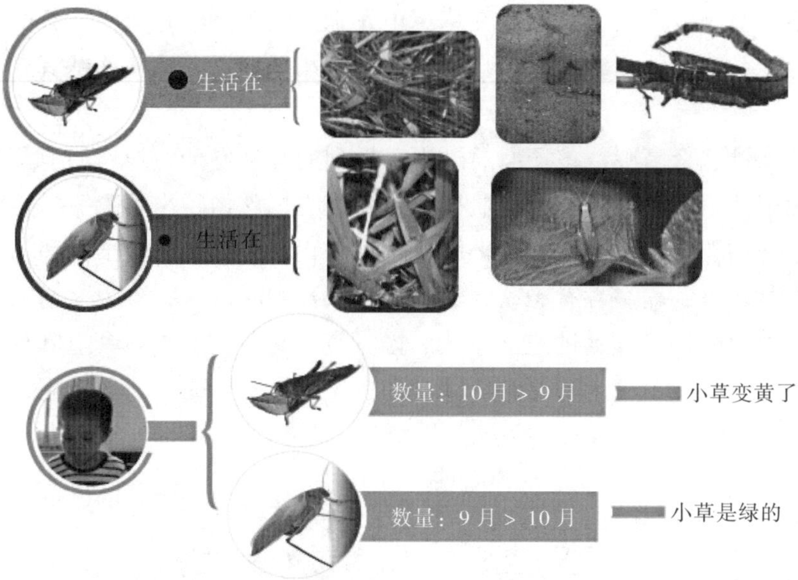

为什么绿色蚱蜢生活在绿色环境中，褐色蚱蜢生活在褐色环境中呢？这个问题又引发了孩子们的思考，萱萱从绘本《昆虫躲猫猫》中找到了答案，他告诉大家："这是因为蚱蜢躲在和自己相近颜色的环境中能更好地保护自己，小鸟发现不了它，青蛙也发现不了它，这样它就安全了。"于是，绘本《昆虫躲猫猫》成了大家争相传阅的图书，孩子们发现不仅蚱蜢有这样的习性，很多昆虫都有这样的习性，他们经常聚在一起谈论昆虫的这一习性。为此，我们组织了一次集体教学活动"昆虫躲猫猫"，拓展了孩子们的知识面：很多昆虫之所以有着跟它环境相同的颜色，是因为这样既可以保护自己又可以偷袭猎物，蚱蜢的不同颜色就是它的保护色。

（3）蚱蜢为什么会跳得那么高

一芬："10 月 8 日，我在攀爬架下的草丛中发现了一只绿蚱蜢，我想把它捉住，可是它一跳，不知道跑哪儿去了，它躲在草丛中，别人发现不了它。”一芬的分享让所有孩子产生了共鸣，他们纷纷讲述自己捉蚱蜢的相似经历，感叹蚱蜢真是草丛中的“精灵”。

为什么蚱蜢能跳这么高呢？孩子们通过观察捉到的蚱蜢发现：蚱蜢的前面四条腿短，后面两条腿特别长，而且腿上有肌肉，粗壮有力，就像“小可爱”（小班时饲养的小兔名字）的腿一样，所以能跳得高跳得远。正因为如此，孩子们和蚱蜢在捉与被捉之间经常较量，输赢各有千秋，输了，扫兴而归，赢了，喜悦之情溢于言表。有一次，自然角的一只蚱蜢逃跑了，从三楼一直跳到一楼，小雨紧追其后，在一楼楼梯间捉住了它，他得意洋洋地对着蚱蜢说：“你有大长腿，了不起啊，看，我还不是逮住你了吗？”

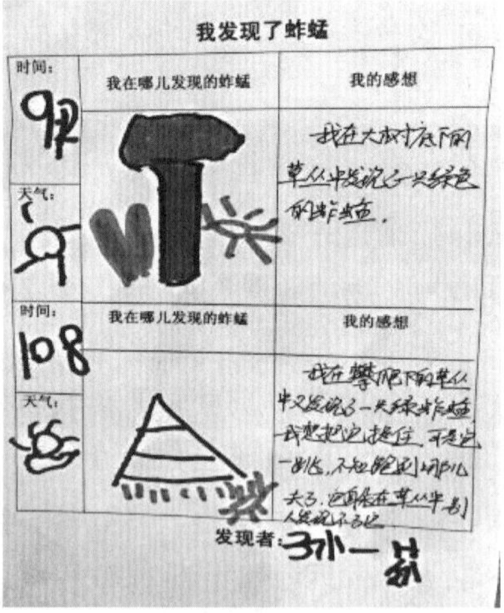

蚱蜢的跳高本领让孩子们羡慕不已，户外活动时经常用皮筋牵起来学蚱蜢跳高。为了让游戏开展得更加有趣，我组织孩子们学习了儿歌《小蚱蜢，学跳高》，在学会儿歌的基础上还学习了歌表演。儿歌中“腿一弹，脚一蹬”正是我们学跳高的动作基本要领，孩子们在儿歌的启示下，又很快学会了跳高本领。

老师的话：

孩子们通过仔细观察，发现了蚱蜢能跳得高跳得远的真相，从而由衷地感叹：蚱蜢像精灵，也由此有了本次的探究活动名称。

蚱蜢不仅有大长腿，还有一对翅膀，它还会飞呢。9 月 19 日，小雨在花丛中的草地上发现了一只绿色蚱蜢，想走近去看看，它一下子就飞到花朵上去了。

（4）是蚱蜢妈妈背着宝宝吗

昱昱：“10 月 16 日，我在花丛中发现了两只蚱蜢，它们一大一小，大的背着小的，我想肯定是妈妈背着宝宝。”澈澈和涵涵也分享了这一情景。孩子们纷纷觉得蚱蜢好有爱哦，更增添了对蚱蜢的喜爱，麟麟甚至还为蚱蜢妈妈唱起了赞歌《蚱蜢妈妈》（根据歌曲《袋鼠妈妈》改编的）。

老师的话：

这段时间，孩子们谈论的都是关于蚱蜢跳高的话题，于是我们开展了系列集体活动，让孩子的情感得以表达，从而加深了孩子们喜爱蚱蜢的情感。

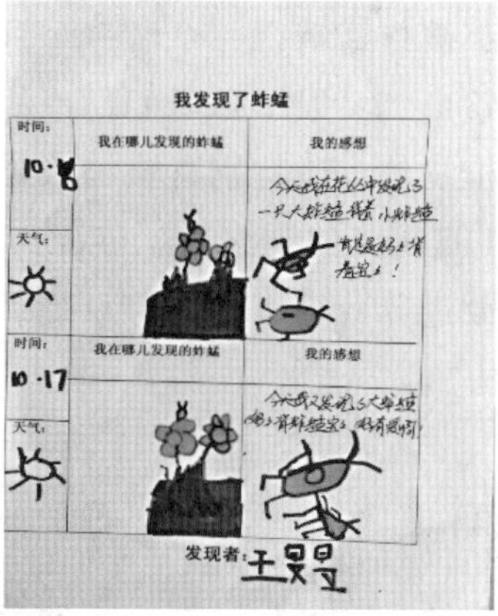

我知道这不是事实的真相，我选择了《昆虫记》中的一个小故事《残忍的婚礼》讲给孩子们听，故事中有相似情节，大螳螂背着小螳螂，但不是妈妈背着宝宝，而是雌性螳螂在跟雄性螳螂相亲相爱，等他们交配完后，雌性螳螂就会吃掉背上的雄性螳螂。听完故事后，孩子们嘴上说蚱蜢不会这样的，但心存疑虑，带着将信将疑的心情继续观察蚱蜢。10 月 31 日下午，骞骞发现养育箱里蚱蜢爸爸和蚱蜢妈妈在相亲相爱，可第二天早上蚱蜢爸爸就死掉了，他认为这肯定是蚱蜢妈妈咬死的。11 月 15 日，几个孩子在给蚱蜢的家打扫卫生时发现死掉了 9 只蚱蜢，而且都是体型较小的蚱蜢爸爸，存活的都是体型较大的蚱蜢妈妈。美好的心愿被残酷的事实打败，在分享环节中，孩子们吐槽着蚱蜢，心情低落，对蚱蜢的喜爱之情也随之减少了许多。这时浩浩站起来对大家说：“我爸爸告诉我，我们人类是高级动物，跟那些昆虫可不一样，我们最有感情，我爸爸、妈妈、姐姐和我一家人总是相亲相爱地生活在一起。”他的话得到了大家的赞同，也振奋了大家的心情。

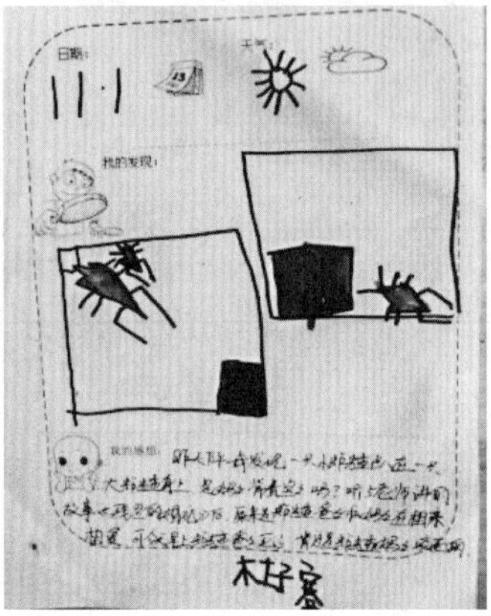

老师的话：

当孩子出现错误认知时，教师选择了孩子们最信赖的图书，借助跟蚱蜢相同情形的螳螂告知孩子们真实原因，孩子们再通过自己的观察，确认事实，从而形成正确认知。

（5）蚱蜢是害虫还是益虫

10 月 4 日，小雨跟妈妈一起去菜园，发现一只绿色蚱蜢正站在青菜上吃菜叶呢。10 月 30 日、31 日，佳佳连续两天在同一地方的花丛中发现了很多蚱蜢，那一块的小花都被蚱蜢啃得一个洞一个洞的。很多孩子也发现了此现象，于是“蚱蜢是害虫还是益虫”又成了孩子们讨论的话题。群群和爸爸在网上了解到绿蚱蜢除了喜欢吃绿色植物外，还特别喜欢捕杀蝉，切开蝉的腹部，立即吞噬掉蝉身体中的糖浆。10 月 21 日骞骞的观察成了佐证：“今天我们的早点有橘子，橘子非常甜，我拿了一瓣橘子放进养育箱里，有一只蚱蜢立刻跳到橘子上吃了起来。”大量的事实证明：蚱蜢是害虫。

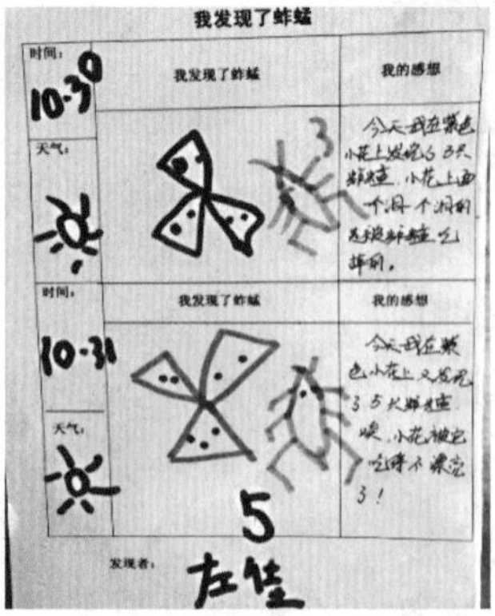

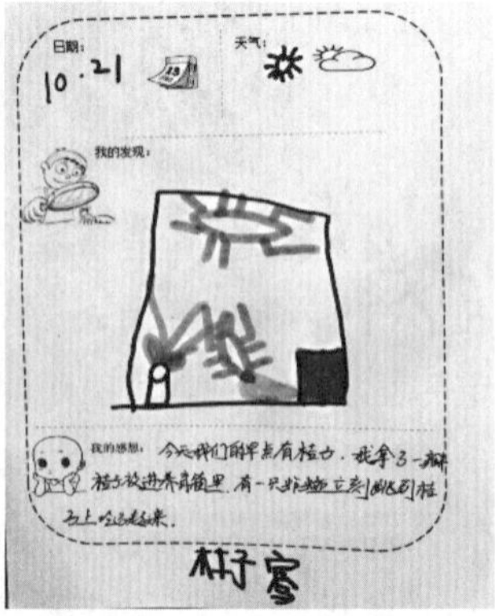

（6）要消灭蚱蜢吗

10 月 8 日，有孩子检举瑞瑞故意踩死了一只蚱蜢，但瑞瑞认为：既然蚱蜢是害虫，难道我们不应该消灭它吗？这一观点的提出立即让全班孩子形成了两大阵营。真理越辩越明，我组织孩子们进行了一场辩论赛，正方为：不应该消灭蚱蜢，反方为：应该消灭蚱蜢。他们各自举出理由支持自己的立场。正方认为：蚱蜢还是很可爱的；消灭了蚱蜢，小鸟和青蛙就没有吃的了，它们就会饿死。反方认为：蚱蜢是害虫，我们不喜欢；消灭掉蚱蜢，菜、花、草就不会遭殃。作为主持人的我，请大家欣赏了绘本《谁吃谁》，大家终于明白：谁吃了谁？为什么要吃？是大动物吃掉了小动物，还是小动物吃掉了大动物？大自然有着许多秘密，食物链就是其中之一。

正方

反方

3. 饲养蚱蜢

饲养蚱蜢的想法源于绘本《诞生了！蚱蜢》，这本故事书里讲述了蚱蜢的一生——从卵到成虫的过程。目前，孩子们看到的都是蚱蜢的成虫，他们很想亲身感受蚱蜢的生命成长过程，于是提出在我们的自然角给蚱蜢安置一个家，并起名为“蚱蜢乐园”。

老师的话：

在举行辩论赛前一周，教师播放了关于辩论赛的视频，让孩子了解辩论赛，并布置了双方的任务：给自己的观点找证据。为此，孩子们做了大量的准备工作，也因此有了一场精彩的辩论赛。教师通过绘本故事的讲述，让他们理解了自然界的食物链。

（1）蚱蜢乐园

在选择养育箱的材料时，有孩子提出还用我们以前养球潮虫的透明小房子时，遭到了大多数人的反对，因为那个房子顶缝隙太大了，蚱蜢会跳出去的。这时，大家的目光不约而同地投向了养小鱼的透明塑料大盒子上，因为它是透明的，便于观察，还因为它足够大，能容纳很多蚱蜢。唯一的缺陷是没有顶部，但孩子们有给草莓搭薄膜帐篷的经验，他们想到了可以用薄膜蒙在塑料盒子上面，再扎上几个洞眼，就可以了。

养育箱里面还需要什么呢？孩子们首先想到的是要有一丛草或一盆花，方便蚱蜢休憩和玩耍，通过绘本，他们还知道需要一些松软的沙土，因为秋天到了，蚱蜢妈妈会在松软的沙土里产下卵，然后飞向远方。

达成共识后，大家开始做计划：一一用铲子挖一株吊兰，放进小瓶子里水培；萱萱带超轻黏土盒子和铲子到沙池里挖沙；小雨和彤彤两人带裁纸刀到资源室裁剪一段薄膜。孩子们按计划兵分两路，一小队人准备材料，大部队人去捉蚱蜢，很快蚱蜢就在大一班的自然角安家落户了，但蚱蜢并没有从此过上安稳幸福的日子。当天下午，萱萱就用手在薄膜上抠了三个大洞，他觉得原来的洞眼太小，抠大点方便大家能更清楚地观察蚱蜢。这下是能看清楚了，可是两只蚱蜢却趁机逃走了。孩子们只好再次用薄膜蒙上，但始终觉得薄膜并没有想象中的那么好，透过薄膜只能模模糊糊地看到里面，不能清晰地看清楚。那用什么代替薄膜呢？孩子们一时也没想到好的替代品，直到有一天，几个女孩子在户外角色区用纱巾蒙在头上扮演新娘时，发现透过纱巾能看清外面的事物，于是她们就用纱巾替换掉了薄膜。

为了防止蚱蜢逃跑，最开始孩子们是用长布带子将薄膜扎住，可是每次给蚱蜢喂食或打扫卫生时总是请求老师协助系带子（他们系不紧），很不方便。那又拿什么代替布带子呢？还是女孩子最先想到了好办法，用皮筋两头打一个结，套在盒子上就能很好地解决问题。至此，“蚱蜢乐园”建设完工。

老师的话：

在给蚱蜢建造养育箱时，并没有预想的那么复杂，因为孩子们有过给球潮虫建造养育箱的经验，很快就达成了一致意见，并得以实施。只是在这之后，发现养育箱的部分材料不便于观察，于是他们通过观察、比较，最后得到了较为满意的结果。

（2）照顾蚱蜢

当决定在自然角建设“蚱蜢乐园”时，“怎样照顾蚱蜢”就被孩子们提到议事日程上来了。他们讨论出“照顾蚱蜢”需要做的事情有喂食、打扫卫生、给沙土洒水并经常松土、给植物换水。当我提出是否要排一个值日生表时，孩子们觉得不需要，他们约定谁来园来得早，谁就承担照顾蚱蜢的责任，还表示会视情况而定进行最好的照顾。我问：“什么叫视情况而定？”他们给我的回答是：“如果投进去的食物还有，就没必要再投；如果菜叶蔫掉了或被啃得全是洞洞，就需要再投进新鲜的菜叶；如果盒子里面有黑色的粑粑，而且有味道时，就要赶快打扫卫生；如果植物罐子里的水快到根部了，就要及时换水、续水；如果沙土结块了，就要用喷壶洒点水，还要用小铲子松松土。”我又提出疑问：“你们这么热情，会不会出现重复劳动？或者都以为别人会照顾蚱蜢，出现没人照顾的现象呢？”孩子们经过商量决定：谁照顾完蚱蜢后，就在值日生表上记录一下日期和名字，表示今天已有人照顾过蚱蜢了，后来的小朋友只要去观察蚱蜢就行了。说做就做，他们推选小雨小朋友为代表用图文结合的方法形成了约定贴在自然角架子上。我趁机又提出新要求：“要不要把你们做的事情画下来，一是便于分享，二是形成我们自己的故事书呢？”我尊重孩子们的意见，让他们自主照顾蚱蜢；孩子们也尊重我的建议，每天照顾完蚱蜢或观察过蚱蜢都会画出来。

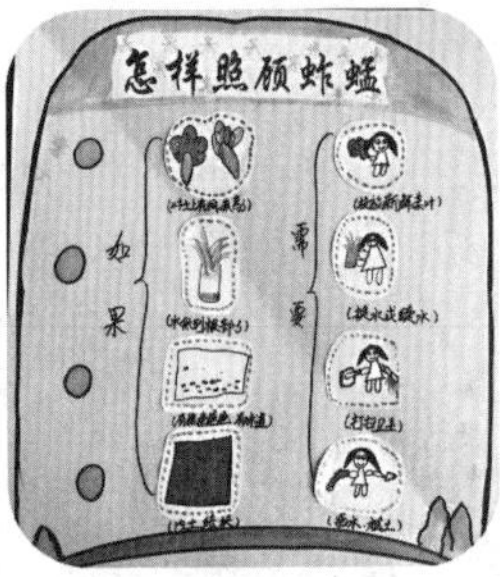

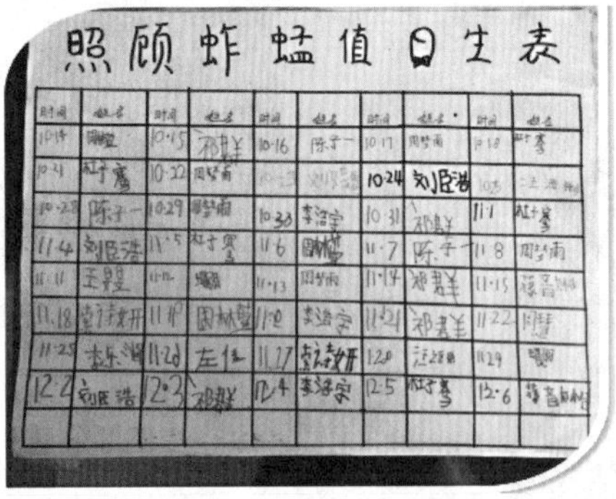

到目前为止，孩子们的热情一直不减，甚至出现了为得到照顾蚱蜢的机会争相早早来园的情况。11 月 4 日，浩浩小朋友第一个来到幼儿园，从书包里取出几颗新鲜的小青菜后就立即跑到盥洗室。浩浩外公悄悄告诉我说：“昨天晚上睡觉前就让我明天早点叫醒他，他要第一个来幼儿园照顾蚱蜢。”只见他取了红色和蓝色两个小桶，在红色小桶里放了一块紫色抹布，在蓝色小桶里放了一块白色抹布，还分别在两个小桶里接了半桶水，然后一手拎一个桶走到自然角，放下小桶后，他笑着对蚱蜢说：“今天我来给你们打扫卫生，你们先耐心等一会儿哦！”说完又跑到教室里拿了一次性手套、消毒纸巾、桌面小笤帚、小簸箕和垃圾桶。一切准备工作做好后，他在自然角架子上取下特制的塑料小盒子（在超轻黏土的盒盖上钻一些洞眼），戴上手套，将“蚱蜢乐园”上面的纱掀开一个小角，伸进小手，

> **老师的话：**
>
> 正是在这种自由民主的氛围下，孩子和老师的建议都能得到很好的重视。探究活动不再是老师引领，而是孩子自主发现、自主探索。

轻轻地捉住一只蚱蜢，将它放进小盒子里，然后立即盖上盒盖，又去捉另外一只，捉一只数一只，直到全数捉完，将盒盖盖好，放在一旁，才放心大胆地把纱全部掀开。这时一一小朋友也来到了自然角，笑着对浩浩说："我来帮你，我们一起打扫，好吗？"浩浩说："好的，我们先把这盆植物（供蚱蜢休憩玩耍用的）抬到外面去。"两人合力把花盆搬到了外面。浩浩用小笤帚把"蚱蜢乐园"里的菜叶子扫到簸箕里，一一立即把垃圾桶挪到浩浩面前，浩浩就势将垃圾倒进垃圾桶里，还有一些小的垃圾总是扫不干净，一一就将盒子搬起，倾斜着将盒子的一个角对准垃圾桶，浩浩用小笤帚将里面的垃圾全部扫进垃圾桶里。一一放下盒子，浩浩就在红色小桶里拧干了紫色抹布把盒子里里外外全抹了一遍，等浩浩抹干净后，一一取出消毒纸巾，把盒子里面抹了一遍。因为消毒后需要让消毒液停留一会儿，所以在等待的时间里，两人先收拾整理部分物品：浩浩把红色小桶送到盥洗室并清洗干净抹布和小桶；一一把垃圾桶、消毒纸巾、笤帚和簸箕放回原位。大约过了五分钟，浩浩又在蓝色小桶里拧干了白色抹布，将盒子里面抹了一遍，然后两人又合作将花盆搬回盒子里，放上新鲜的青菜，将纱蒙上。一一掀开纱的一角，浩浩将小盒子里的蚱蜢全部倒进"蚱蜢乐园"里，一一立即将纱放下并蒙好。接着浩浩将蓝色小桶拎回盥洗室清洗，一一拿拖把将滴在地上的水擦拭干净。他们打扫完卫生后看着蚱蜢的"家"说："看，我们把蚱蜢的家打扫得多干净啊！"那种劳动给人带来快乐的情绪由内而外地展现了出来，也感染了我们。

老师的话：

从劳动的过程中可以看出：大班孩子对工具的使用得心应手，对清理过程也了如指掌，这得益于他们长期亲力亲为打扫蚱蜢的"家"。当然这些收获也不是一蹴而就的，孩子们在分享环节中也经常探讨这个问题，一旦发现有好的经验时，就会通过绘画形成自己独特的打扫步骤，时间一久，一个个打扫小能手就诞生了。

（3）蚱蜢日记

《蚱蜢日记》在孩子们的手中越变越厚，内容也越变越丰富。

《蚱蜢日记》里面有一栏《我的感想》，是专门记录孩子当时的所见、所闻、所想的。细看之下，不难发现有些语句不那么通顺，有些用词也不那么准确，甚至有些想法还是错误的，但这些都是孩子们真真切切的语言，老师只是记录者。他们大胆地向老师表述，与同伴分享、讨论，思维碰撞中产生了无数个火花，也创造了我们的课程故事。

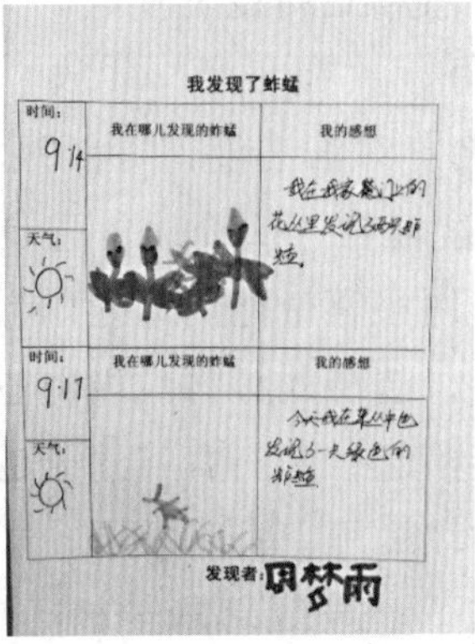

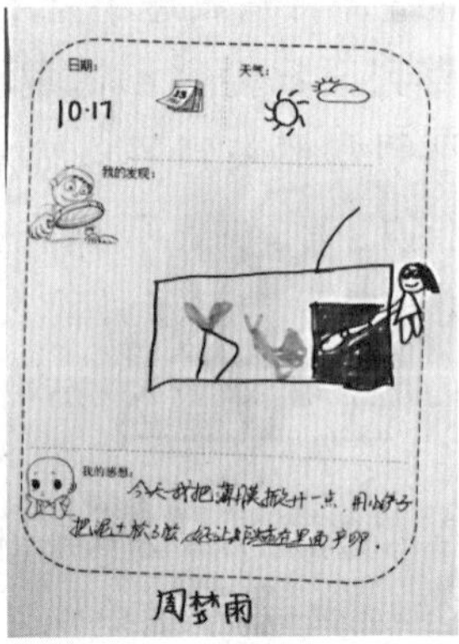

自从有了“蚱蜢乐园”后，孩子们近距离接触蚱蜢的机会就更多了。他们经常捉一只蚱蜢放在透明的一次性杯子里，仔细观察它的外形特征。蚱蜢的头部和尾部都是尖尖的，头上有触角，还有一对眼睛，下方有一个口器，用来咀嚼食物。它有六条腿，腿上都有密密的毛刺，让它能抓牢小草，不摔下来，后面的两条腿特别长，而且粗壮有力量，这就使得它能跳得高跳得远。它的腹部摸起来软软的，而背部摸起来硬硬的，背部还有一对翅膀，飞起来发出“吱吱吱”的声音。

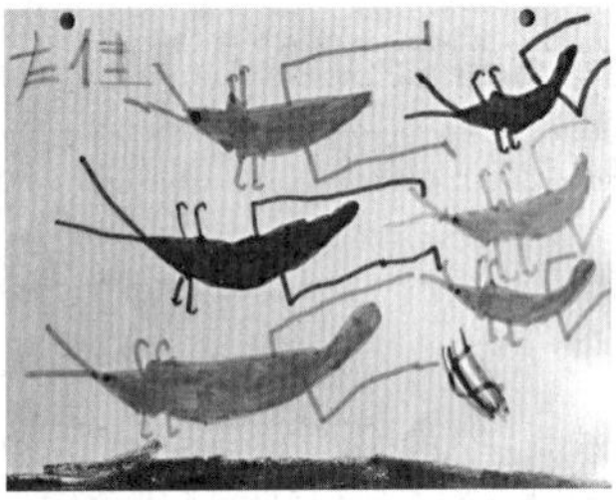

孩子们在照顾蚱蜢和跟蚱蜢做游戏中，逐渐了解了蚱蜢的生活习性：蚱蜢喜欢吃特别甜的东西，更喜欢吃我们自己种植的青菜叶；用书四周围挡起来，蚱蜢的触角碰到书就立刻跳转方向，它一直想不到飞出去，没有我们小朋友聪明；蚱蜢不会游泳，有一只蚱蜢想逃跑，从“蚱蜢乐园”里跳出来，不小心跳到了旁边的鱼池里，淹死了；蚱蜢吃的多，拉的粑粑也多，黑色的颗粒，臭臭的……这些有趣的事情也都被孩子们记录在《蚱蜢日记》里了。

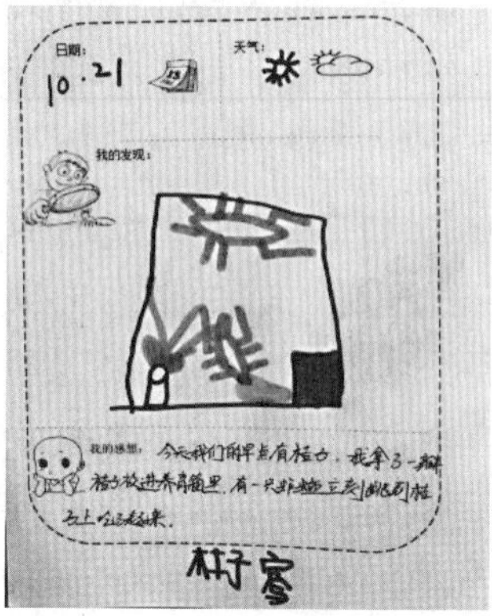

“蟋蟀乐园”里的蟋蟀时多时少，没有定数，到目前为止，里面还存活着6只。有关蟋蟀的进进出出，孩子们专门记了一本账。你看，第一天抓到了5只，逃走了2只，还剩下3只。第二天，群群又抓来了1只，合在一起就是4只。10月18日，骞骞又带来3只，现在一共是7只。10月22日，死了1只，变成了6只。10月30日，孩子们到赤山湖湿地公园去秋游，抓了15只回来，6+15等于多少呢？算不出，怎么办？只有让计算器来帮助我们啦，桂老师的会说话的计算器很快就告诉了我们答案，6+15=21。11月1日，死掉了1只，还剩下20只。11月5日，红腿蟋蟀死掉了，还剩下19只。11月11日，盒子里又有2只蟋蟀尸体，还剩下17只。11月15日，死掉了9只，还剩下8只。12月3日，死掉了2只，还剩下6只。

老师的话：

使用计算器孩子们不陌生，日常在自然角探究“我采摘了多少颗红豆”“测量南瓜”等活动中都使用过计算器。自从学习了歌曲《计算器》后，孩子们就对计算器更感兴趣了。

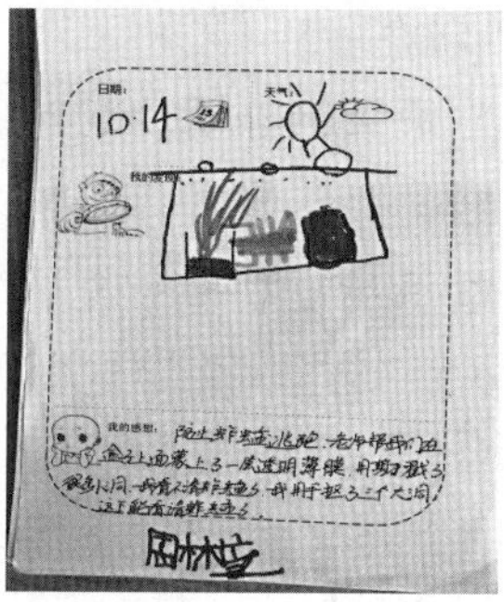

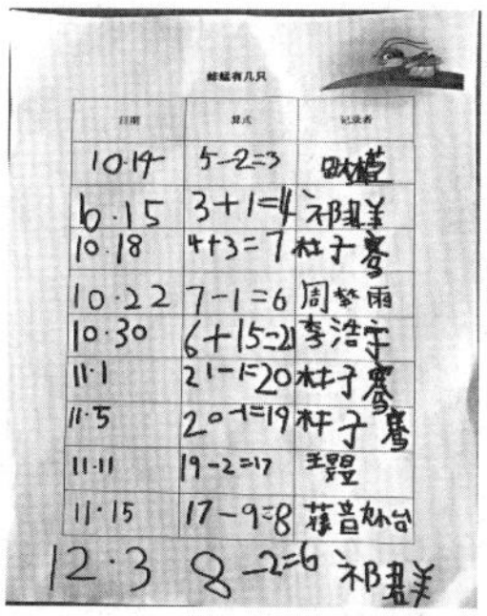

蟋蟀有几只

日期	算式	记录者
10.14	5−2=3	[illegible]
6.15	3+1=4	祁群
10.18	4+3=7	杜子骞
10.22	7−1=6	周梦雨
10.30	6+15=21	李浩宇
11.1	21−1=20	杜子骞
11.5	20−1=19	杜子骞
11.11	19−2=17	[illegible]
11.15	17−9=8	[illegible]
12.3	8−2=6	祁群

孩子们除了日常在观察记录中画蟋蟀外，还进行了一些想象画，如《我和蟋蟀比跳高》《捉蟋蟀》，他们还用树叶粘贴蟋蟀，用彩纸折蟋蟀，等等。

4. 蟋蟀后记

后期孩子们的工作主要是照顾为数不多的蟋蟀，等待卵成长为幼虫，最后变成成虫。元旦放假后的第一天，孩子们就迫不及待地去看望蚱蜢，发现两只蚱蜢的头扎进了沙子里，群群赶忙把蚱蜢从沙子里拔出来，但蚱蜢已经死掉了。过了一些日子，蚱蜢又相继死了三只，孩子们既伤感又无措。在分享活动中，我们再次阅读了绘本《诞生了！蚱蜢》，了解到蚱蜢到了深秋，产下卵后，会飞向远方。于是大家一致决定把最后一只蚱蜢放回幼儿园的山坡草坪上，让它自由飞翔。蚱蜢乐园里没有了蚱蜢，孩子们揭下了纱巾送回原处。孩子们相约每两周给沙子喷洒一点水，一直维系到放寒假。春暖花开的一天，几个孩子在自然角照看植物时，意外地发现有几只小小的蚱蜢在花丛中跳跃。他们欣喜若狂，奔走相告，当然也没忘了将这一事件记录在《蚱蜢日记》里。蚱蜢的探究工作还在继续，相信不久的将来，孩子们会看到他们想看到的蚱蜢成长过程，也会得到一本他们自己的故事书——《草丛中的精灵——蚱蜢》。

（五）活动反思

探究蚱蜢中，孩子们收获了很多，老师也有了很大的收获。在整个探索蚱蜢之旅中，教师始终站在孩子们的身后，见证了孩子们爱动物的天性、尊重生命和热爱劳动的情感，对孩子们的观察能力、发现问题和解决问题的能力以及表征能力也有了进一步的认识。在活动中，教师对孩子们的需要和感兴趣的事物进行价值判断，不断地调整活动，让活动朝着更加有效的进程发展。从中教师也获得了对孩子指导时机和指导策略的认识。蚱蜢的研究接近尾声了，这期间孩子们的很多活动都给我留下了深刻的记忆，我感触良多。

1. 融情感于饲养

孩子们以关注生命、走进生命、感受生命、情系生命的情感贯穿于整个探究活动过程之中。

（1）关注生命，规划饲养

当孩子们想把蚱蜢作为班级饲养活动的对象时，我们就此展开了多次的探讨活动：你为什么想要探究蚱蜢、关于蚱蜢你了解多少、你还想了解蚱蜢的什么等等，通过多次探讨，我们为蚱蜢量身定制了研究脉络。这些活动进一步激发了孩子们的探究欲望，也让他们更加关注蚱蜢、关注生命。

（2）走进生命，研究饲养

在请蚱蜢做客之前，我们对它进行了深入的研究，为饲养做好准备。如孩子们多次猜测蚱蜢的生活环境和通过实地寻找证实蚱蜢的生活环境、为蚱蜢设计生物养育箱、打造生物养育箱……他们一次次地走进蚱蜢，走进生命，为饲养蚱蜢创设了生存环境。

（3）感受生命，照顾饲养

当蚱蜢来到大一班后，孩子们悉心照顾着它们，如关注生物养育箱的环境、食物的投放等。这些活动贯穿着饲养的全过程，同时也不断丰富了孩子们的研究，如蚱蜢的外形特征、蚱蜢喜欢吃什么等。孩子们观察蚱蜢、照顾蚱蜢、探究蚱蜢的过程也是自主探究生命的过程，在欣赏了解生命成长变化的过程中更加感悟到了生命的力量。

（4）情系生命，交流分享

交流分享是在每次探究活动之后、由老师组织的团体谈话活动。一般流程是回顾—表达—提升。回顾都是以孩子的记录表或教师拍摄的照片、视频为依托，以“今天我发现了什么？由此我想到了什么？我们还可以干什么？”为内容，对探究行为进行再现和回顾。他们在宽松自由的氛围下，表达自己的探究过程或想法，从而进行总结和提升。交流分享是孩子们在饲养探究中的不同感受的交融过程，是对生命历程的分享，能引起同伴的情感共鸣，孩子们对动物的情感在交流分享过程中不知不觉就流露了出来。尤其值得注意的是类似于蚱蜢这样的昆虫类动物，它们来自大自然，当孩子们把它们从大自然请到教室中来完成他们有目的、有计划的饲养研究后，最终需要把它们送回到大自然中去，让它们再根据自身生命本能去生存。这体现了饲养活动中尊重生命、关爱生命的品质特征。

2. 在饲养劳动中形成了自己的劳动品质

幼儿园的劳动教育，不能仅仅满足于引导幼儿自己的事情自己做，而应该从落实立德树人根本任务的角度出发，引导幼儿从小树立正确的劳动观点和劳动态度，热爱劳动和劳动人民，养成爱劳动的习惯。

孩子们在饲养蚱蜢时，一切以蚱蜢为主，心里想的都是：“我这样做，是不是能让蚱蜢舒服些？”“我怎样捉蚱蜢才不会弄疼它？”等等，手里做的都是喂养、打扫的工作，他们从来都是不怕脏、不怕累，乐于照顾蚱蜢，甚至抢着第一个来园，只为得到照顾蚱蜢的机会。这种劳动不是一时兴起，而是长期持续的，每天都会有孩子主动承担起照顾蚱蜢的任务。对于没有得到机会的孩子，他们也非常尊重别人的劳动，他们会去观察蚱蜢、与蚱蜢做游戏……从中我们可以看到孩子们热爱劳动、尊重别人劳动成果的态度。

在给“蚱蜢乐园”打扫卫生的过程中，孩子们逐渐学会了打扫的方法和技能。蚱蜢乐园刚建成，“如何打扫卫生”就被提到议事日程上来了，孩子们在一起商量出打扫的步骤：先移出水培吊兰和盒装沙子，再清理干净里面的粪便，最后物品归位。清理盒子里的粪便，孩子们最先想到的办法是搬到盥洗室里，用自来水冲洗盒子，结果是自己的衣服、鞋子都沾湿了，盥洗室的地面也全都是水，造成了安全隐患。后来他们学会了借助劳动工具进行打扫卫生，先是用干抹布抹，发现弄得不干净，后改为用湿抹布抹。想到保育老师每天为我们清洁桌子，于是他们又向保育老师请教方法后一一效仿。这其中有些工作需要与同伴协作才能完成，如浩浩和一一两人在给蚱蜢清理粑粑时，浩浩会将大盒子的一角靠近垃圾桶倾斜过来，一一就用抹布将粑粑抹到垃圾桶里。经过无数次的练习，他们的打扫技能以及使用劳动工具的技能渐渐地得心应手起来了。

孩子们这种乐于劳动、勤于劳动、尊重劳动的态度，以及劳动方法和劳动能力的习得一直在我们的分享环节中占一席之地，所以孩子们的热情一直不减，逐渐形成了自己的劳动品质。

（桂国青 戴迎春）

子恒　男　5岁2个月

“小糖果”在玩我们给它做的新跑轮呢！它把跑轮转得飞快，实在是太好玩了！我觉得“小糖果”一定很开心！

四、萌鼠乐翻天

持续时间：2021年3月—2021年6月

年龄段：中班

（一）活动缘起

在一次餐前准备时，小朋友们偶然在一体机上看到了小仓鼠走迷宫的视频，便被深深地吸引住了。从那天之后，小朋友们便时不时地讨论着视频里的小仓鼠是怎样走出迷宫的。

每个学期，班级都会开展饲养劳动活动。上学期我们班养的小鱼死掉了，新学期到来，班级的饲养角空下来了，在与小朋友们商量养什么小动物时，饲养小仓鼠的呼声非常高。考虑到大家都没有养过小仓鼠这一物种，班级内也只饲养过水产动物，小朋友们对于仓鼠了解尚浅，饲养小仓鼠正好为幼儿提供了深入了解这一物种的机会，也能增加幼儿饲养不同动物的劳动经验、发展他们多种多样的劳动技能。毛茸茸的小仓鼠非常惹人喜爱，追随着幼儿的兴趣，我们决定在班级饲养小仓鼠。

（二）活动脉络图

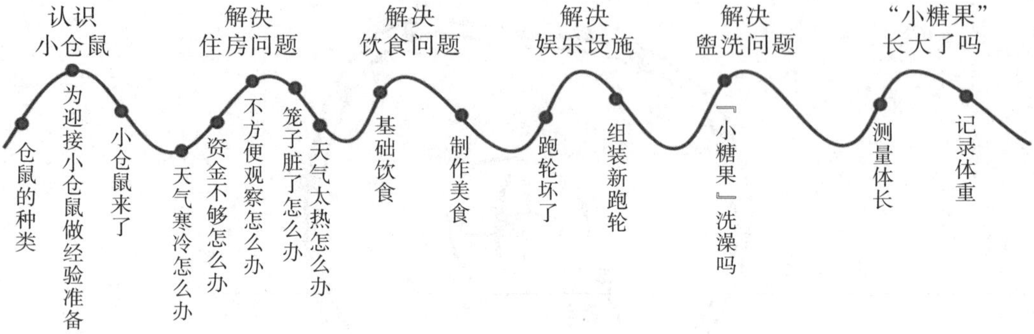

活动脉络概述：

当得知小仓鼠要来到我们班时，小朋友们兴奋不已，怎么做才能照顾好小仓鼠？我们要做哪些准备？为此，我们与小朋友一起研究、寻找答案。在小仓鼠来到班级后，我们又遇到了一系列问题。小朋友们在饲养劳动中主动发现，并一步一步解决了小仓鼠的住房、饮食、娱乐、盥洗等问题。随着小朋友们与小仓鼠相处的时间越来越长，他们萌生了“小仓鼠长大了吗？”的问题，于是我们又一起去探寻这个问题的答案。在这一系列活动过程中，幼儿始终处于主导地位，在直接感知、亲身体验和实际操作之中增加了自己对于小仓鼠的科学认知，自主学习了打扫、清洗、喂养、整理等劳动技能，体验了亲身饲养的快乐。

（三）活动网络图

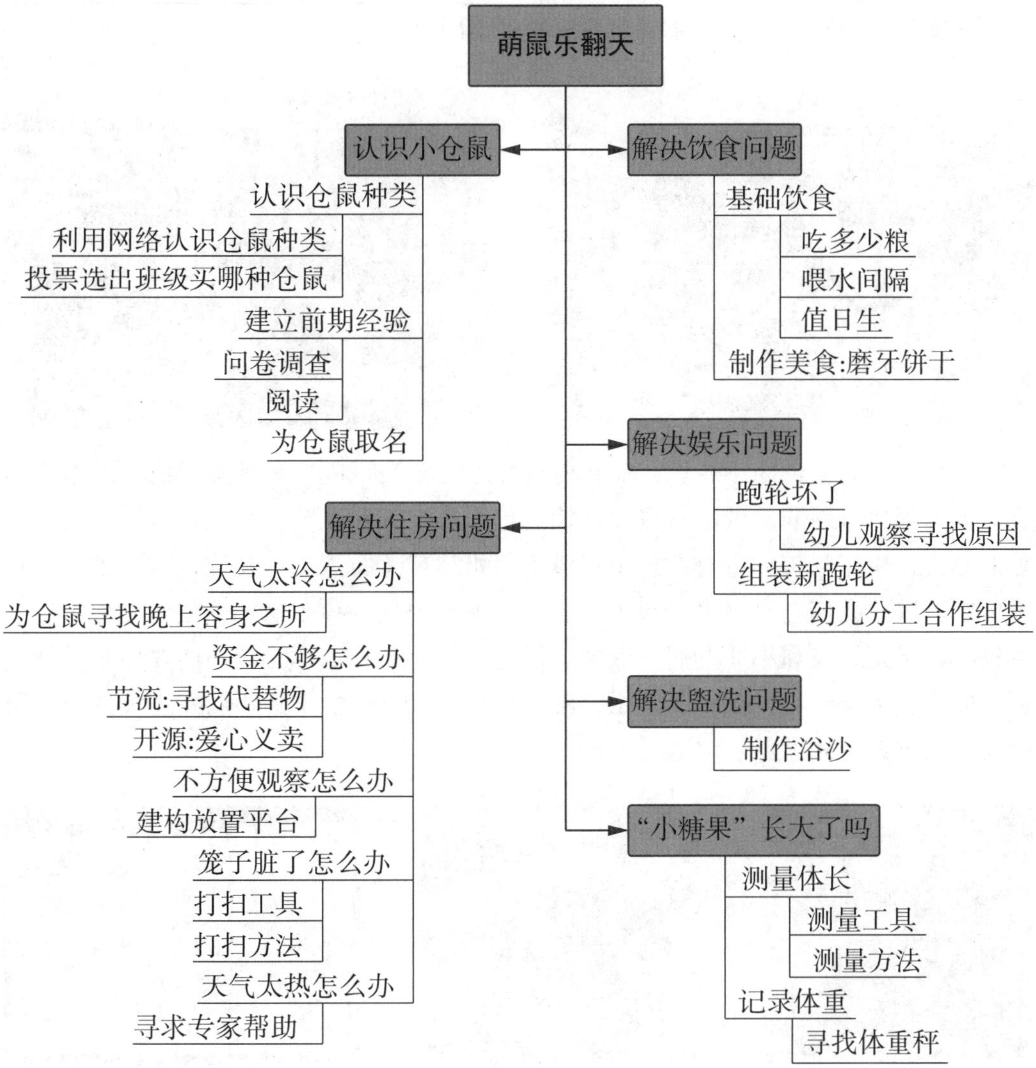

（四）活动过程

1. 认识小仓鼠

（1）仓鼠的种类

在确定饲养小仓鼠后，小朋友们每天都在讨论着：“小仓鼠什么时候来啊？”“你们说我们班的小仓鼠会是什么颜色的呢？”“唉，我只在电视上看过小仓鼠，我还没有见过真的呢！”“我妈妈带我去宠物店看了，特别小，还有好多种颜色。”……

> **温馨提示：**
>
> 仓鼠是一个大家族，有很多不同的种类，常见的侏儒类仓鼠有：布丁、三线、紫仓、银狐等。它们有不一样的毛色，有奶黄色、白色、黄色、灰色、棕色等不同颜色。

看到小朋友们对小仓鼠有这么多的好奇和疑问，我与他们一起探寻了仓鼠家族的秘密。通过查阅资料，我们了解到不同品种的仓鼠有不同的毛色，它们体型较小，圆圆的很可爱，嘴巴、耳朵和头都是小小的。

原来有不同毛色的小仓鼠，那我们班养哪种小仓鼠呢？教师经过前期的走访调查，了解到通过网购来的小仓鼠在运输过程中会有死亡风险，从宠物市场购买是最佳的方式，而宠物市场中有白色（银狐）、奶黄色（布丁）以及棕色（三线）的仓鼠宝宝。因此我们在班级里发起了投票，考虑到中班的孩子对于仓鼠的品种名称了解较浅，于是，我和小朋友们一致决定用毛色代替品种名称，请小朋友们在自己最喜欢的毛色下盖章。投票结果显示，喜爱白色仓鼠（银狐）的小朋友占大多数，因此我们决定养一只银狐宝宝。

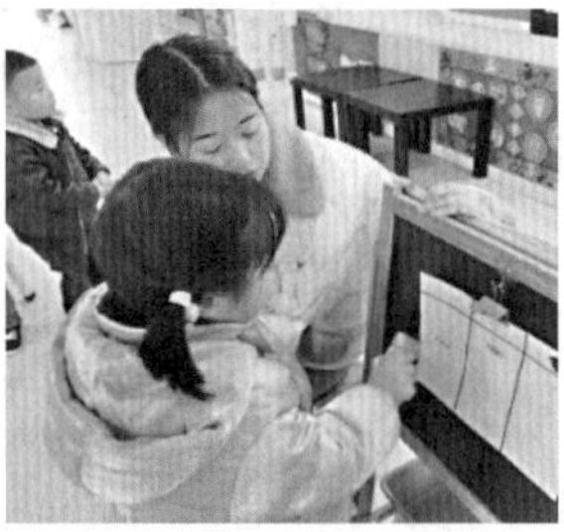
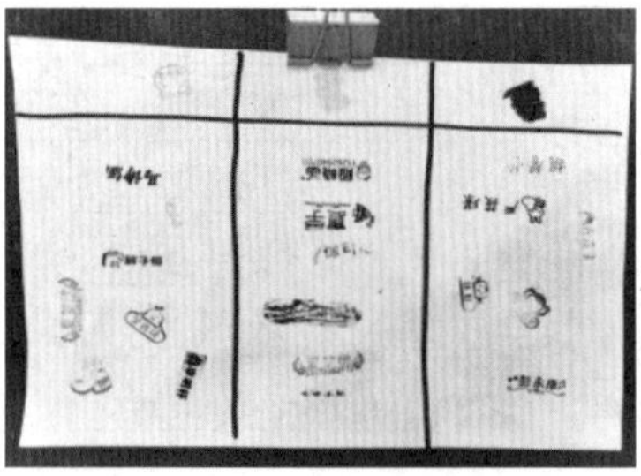

（2）为迎接小仓鼠做经验准备

投票结束，有小朋友提出疑问："小仓鼠这么可爱，为什么不能每种都买一只来养呢？""小仓鼠吃什么啊？我们是不是要先准备起来？"……了解到班级里只有个别小朋友有饲养小仓鼠的经验，因此我们先请小朋友和爸爸妈妈一起进行了仓鼠小调查，帮助孩子积累饲养小仓鼠的经验、了解如何照顾小仓鼠，同时也了解孩子关于小仓鼠的兴趣点，为后续的活动展开作铺垫。

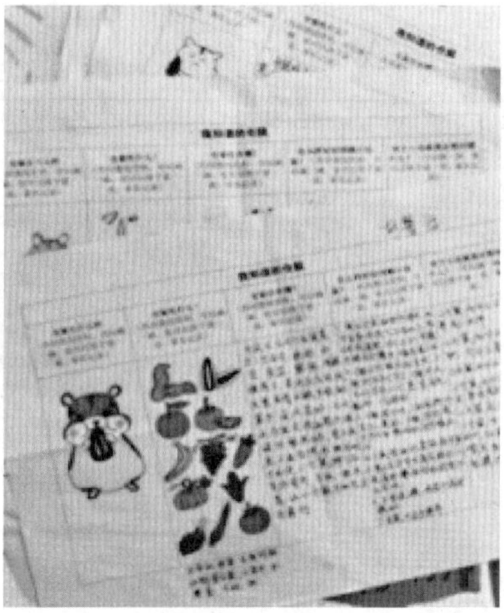

通过调查，小朋友们知道了小仓鼠是独居动物，领地意识非常强，如果同时饲养多只，它们会不停地打架，直到死亡；小仓鼠在白天休息，夜晚活动；不能吃零食，要吃专用的仓鼠粮，不能喝自来水，也不能用水洗澡；喜欢打洞，所以笼子里要铺上厚厚的垫料……

教师的话：

充分利用家长资源，让家长也能参与到幼儿园的课程建设中来。

除了问卷调查之外，我们还在班级里投放了与小仓鼠相关的图书绘本，孩子们也经常去阅读。

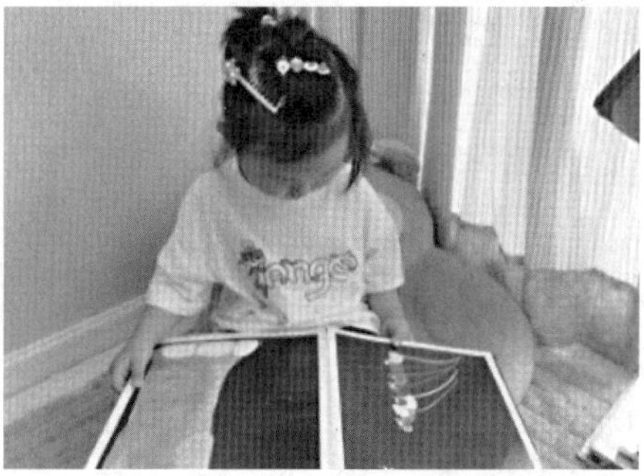

（3）小仓鼠来了

有了前期经验的铺垫，在小朋友们满心欢喜的期待中，小仓鼠来啦！小朋友们围在笼子前，尽管脸上难掩兴奋之情，却也只是小声地说话，生怕吓到小仓鼠。

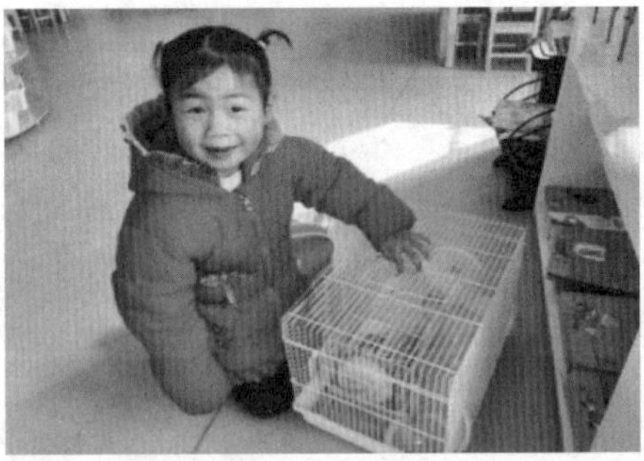

菡菡："这个小仓鼠叫什么名字啊？我们总不能每天都喊它小仓鼠吧。"

于是小朋友们决定给它取个名字。

七月："我想叫它小白，因为它白白的。"

豆豆："我想叫它胖胖，它圆圆胖胖的。"

皓宇："叫它'小糖果'吧，白白的就像旺仔牛奶糖一样。"

老师的话：

幼儿给小仓鼠起的名字都是由他们观察到的仓鼠特征想出来的，取名环节不但可以锻炼幼儿的观察能力，还能发展他们的逻辑思维能力。

小朋友们在这三个名字里进行了投票，最终喜欢"小糖果"这个名字的小朋友最多，我们的小仓鼠就叫"小糖果"啦！

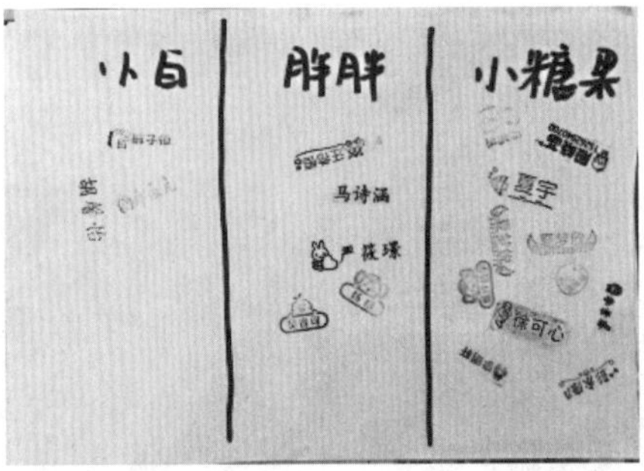

小朋友们非常喜欢"小糖果"，每天早晨放下书包就来和它问好，放学前也会和它说再见。就这样，"小糖果"正式加入了中一班这个大家庭。

幼儿的收获：

好奇心促使幼儿对世界进行探索，幼儿对仓鼠的好奇促使了教师带领幼儿共同了解小仓鼠的种类。通过自主观察、阅读以及和爸爸妈妈共同探讨小仓鼠的外形特征、生活习性，幼儿对小仓鼠有了初步的认识，萌发出要好好照顾小仓鼠的愿望。在小仓鼠来到班级后，幼儿又通过观察小仓鼠的外貌特征，为小仓鼠取名，在每天与小仓鼠问好中，与"小糖果"建立了初步的友谊。

教师的感悟：

教师是幼儿活动的支持者、引导者、合作者。幼儿对仓鼠的各种疑问，教师需要给予支持，多为幼儿提供互相交流发现的机会，让幼儿通过思维的碰撞，进行经验的分享。在前期经验建构过程中，教师也应注意不要一味地灌输，而要多放手为幼儿自主探究搭建平台，例如：提供相关绘本图书。发放调查问卷的同时，充分利用家长资源，实现家园互动、合作共育，这是幼儿园家长工作的出发点和归宿。在互动过程中，儿童既是受益者，也是教育资源的提供者。在班级中请幼儿介绍自己的调查问卷，互相分享经验，最后由教师总结梳理，能够进一步帮助小朋友们形成有关小仓鼠的前期经验。

2. 解决住房问题

（1）天气寒冷怎么办

“小糖果”刚来我们班时，天气还很冷，白天“小糖果”可以待在班级里取暖，可是晚上班里要开消毒灯，“小糖果”可以待在哪里呢？对此，小朋友们在幼儿园里进行了“看房”活动，对每个地方的地理位置、条件都进行了评价。

依凡：“多功能厅太大了，‘小糖果’晚上一个人会害怕的。”

七月：“王老师（保健老师）的办公室有好多药，万一“小糖果”吃了怎么办？”

老师的话：

幼儿的童言童语虽然有时过于夸张，听起来没有道理，但也体现了他们对“小糖果”的关爱，希望“小糖果”晚上待在舒适安全的地方。

在挑选地点的过程中，幼儿结合自己的生活经验，分析各个地点的利弊。

康康：“门卫爷爷那里不安全，万一别人把“小糖果”拿走了怎么办？”

明轩：“厕所太臭了，我才不要住那边的。”

最后，小朋友们选择了花房作为晚上安置“小糖果”的地方。

七月：“花房特别暖和。”

可心：“还有好多花，我特别喜欢花，“小糖果”也会喜欢。”

于是，每天放学前，小朋友们将“小糖果”送到花房，早晨入园后第一件事就是从花房把“小糖果”接回班里，直到天气渐渐变暖。

（2）资金不够怎么办

前期调查中，小朋友们了解到小仓鼠喜欢在垫料里打洞做窝，所以要在笼子里铺上厚厚的垫料。一包垫料只够用三次，时间一长，这是一笔很大的开销，怎么样解决这个问题呢？小朋友们仔细观察了仓鼠的垫料，在看一看、摸一摸中发现垫料和餐巾纸的质感有点类似，又有棉花柔软的触感。

菡菡："我家有很多餐巾纸，我明天带点过来。"

小宇："爷爷种了棉花，我也能带棉花过来。"

那餐巾纸和棉花能不能当做"小糖果"的垫料呢？我和小朋友们一起查阅了资料，发现这两种材料是不行的。因为小仓鼠会啃垫料，餐巾纸中的荧光剂会对小仓鼠造成伤害；而棉花可能会缠住小仓鼠的脚。那什么材料才可以代替垫料呢？在查阅资料的过程中，我们找到了代替物：厨房纸巾，它既安全又价格适中，还能用很长时间，而且我们每次只需要把一整张纸撕成小条就可以了。于是，我们每天利用在幼儿园的过渡环节来自制垫料，虽然看起来枯燥，但是每个小朋友都乐在其中。看着"小糖果"住在自己亲手制作的垫料里，每个小朋友都非常有成就感。

资金不够除了节流，还需要开源，正值种植园蚕豆成熟的季节，我们发起了爱心义卖活动，小朋友们将自己亲手培育、收获的蚕豆卖给自己的爸爸妈妈爷爷奶奶，又用义卖所得的钱为"小糖果"添置新的垫料。义卖活动中，小朋友们为前来购买蚕豆的家长们介绍"小糖果"，家长们也看到了孩子

老师的话：

义卖活动是家长亲身参与的，零距离接触了孩子们的课程，体会到其中的教育价值。

们对“小糖果”的用心，纷纷买下剥好的蚕豆。

（3）不方便观察怎么办

“小糖果”的笼子最初是放置在自然角的地上，每天小朋友们去观察它时总是趴在地上，既不卫生也不方便。于是，我向孩子们提出了这个问题，怎么样解决呢？

七月：“把笼子放高一点不就行了吗！”

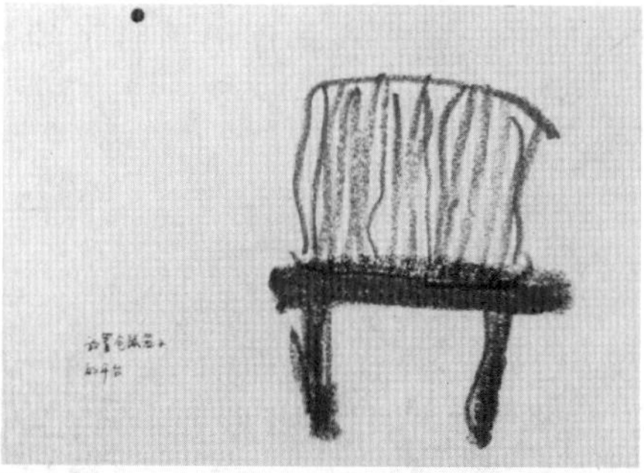

老师的话：

在设计图纸时，我与孩子们都没有想到可以顺便设计储物空间，而操作过程中这个意外发现增加了孩子们的成就感。

用什么把笼子垫高一点呢？小朋友们纷纷表示可以用积木，于是我们设计了图纸，工程开始动工啦！通过小朋友们的亲手搭建，放置仓鼠笼子的平台很快就搭好了。搭成后，我们发现平台下面有很大的空间。

七月：“哇！我的头都可以钻进去，里面可以放好吃的！”

于是，在解决了观察问题之外，我们还收获了意外惊喜：放置笼子的平台还有储物功能，“小糖果”的垫料、食物都有地方放置了。

老师的话：

劳动是一件辛苦但又有意义的事情。“工欲善其事，必先利其器。”教师为幼儿提供方便他们使用的劳动工具，可以一定程度上减轻幼儿劳动的困难，使劳动变成一件较为轻松的事情。

在劳动过程中，劳动防护也非常重要，穿戴好防护用具，可以一定程度上避免幼儿因为直接接触到动物的屎尿而引发疾病。帮助他们建立自我保护的意识。

（4）笼子脏了怎么办

一天，小朋友们在自然角观察，突然有一个小朋友说：“我好像闻到了一点臭味。”大家闻来闻去，发现臭味是从“小糖果”笼子里传来的。看来是时候要为“小糖果”打扫笼子了！

打扫笼子需要做哪些事情呢？我和小朋友们共同讨论，他们也纷纷发表自己的想法：“肯定要先把‘小糖果’放到别的地方去。”“要把臭臭的垫料倒掉。”“跑轮里都是便便，我们要洗干净。”“我看‘小糖果’装粮食的碗里都是垫料，也要洗一洗。”“要把笼子刷干净。”……

讨论结束，小朋友们便动手操作起来，最开始他们直接用手将脏了的垫料拨到垃圾桶里，可是这种不卫生的打扫方式立刻被小朋友们否定了。

康康：“啊！我的手好臭，臭死了。”

梦悦：“我妈妈在家打扫卫生都是戴手套的。”

于是，我们添置了手套，供小朋友们打扫笼子时使用。时间一长，新的问题又出现了，每次清理垫料时，地上总会弄得很脏，虽然每次小朋友们都会用班级里的大扫把扫干净，但是幼儿力气太小，打扫起来有些吃力。

瑶瑶："这个扫把是大人用的，我们小朋友应该用小扫把。"

于是，我们又添置了小扫把。有了合适的工具，小朋友们清理起来方便多了。清理完垫料的笼子，小朋友们会拿去清洗，有时还会用肥皂洗一洗，除了笼子需要清洗，还有什么需要清洗呢？食盆和跑轮也需要定时清洗，食盆清洗起来很容易，但是清洗跑轮就有点难了，特别是新换的跑轮。

豆豆："这里有个杠，我的手伸不进去，洗不到里面。"

睿睿："要是有东西能伸到里面就好了。"

我："你们想一想，我们班有什么工具可以用吗？"

小朋友们找了一圈，找到了一把鞋刷子和钢丝球，他们发现鞋刷子太大了不能伸进去，钢丝球虽然可以伸进去，但是边上很磨手，且非常难洗。

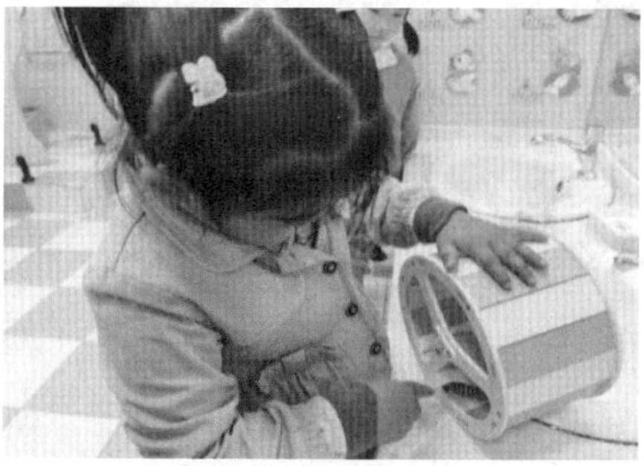

豆豆："要是有一个长长的刷子就好了。"

于是，我们又添置了长柄的刷子。

小朋友们在亲身劳动中不断发现问题，并想办法解决，教师予以支持。小朋友们也在亲自打理的过程中感受到了劳动的快乐，看到自己洗得干干净净的笼子，小朋友们脸上洋溢着满满的自豪。

睿睿："这都是湿的，'小糖果'怎么住啊？"

小宇："放到太阳底下晒一晒不就行了嘛。"

小朋友们将清洗完的所有东西都放到户外暴晒，一来省去用纸擦干的时间，二来也进行了紫外

老师的话：

幼儿学习的途径有很多，寻找"专家"求助是一种方便快捷的方法。幼儿遇到不懂的问题敢于向身边的人求助，锻炼了他们的社会交往能力。同时，这也是一种对成人资源的利用。

线消毒，为“小糖果”提供了更加干净的居住环境。

（5）天气太热怎么办

时间一天一天过去，夏天到了。

有一天，小朋友围在笼子周围叽叽喳喳地讨论着：“啊！‘小糖果’死掉了，它肚皮朝上了！”“没有没有！它肚子在动。”“它怎么躺在这边啊，吓死我了。”

这是怎么回事呢？“小糖果”的奇怪举动引发了孩子们的猜想：“是不是他累了，就躺下来休息？”“我觉得它可能在睡觉。”孩子们在这一天中观察了好多次，发现“小糖果”一直躺在那里，也不玩跑轮、也不吃饭、也不喝水，菡菡：“啊！它不会生病了吧！”孩子们纷纷紧张起来，立刻跑去找大二班的保育老师李老师（她家养过很多小仓鼠），询问“小糖果”为什么会这样。李老师告诉孩子们：“是因为天气太热了，小仓鼠比较怕热，你们笼子里还铺着冬天的垫料，它肯定热得不想动啦，赶紧换夏天的垫料吧。”

原来“小糖果”不是生病了，而是天气太热，孩子们松了口气，又立刻开始准备换夏天垫料。可是夏天的垫料是什么样的呢？

孩子们拉住李老师，问她夏天的垫料应该用哪种，李老师：“用木屑就可以了，但是要用小仓鼠专用木屑哦。”李老师还将家中多余的木屑带给了孩子们。

换上夏天的垫料后，孩子们还是不放心，想要找一个冰冰凉凉的东西放在笼子里，给“小糖果”降温，于是他们就近在自然角捡了一块小石头，洗干净后放在笼子里，“小糖果”有时还会趴在石头上睡觉呢。

清理步骤：

1. 将小仓鼠安置到临时笼子。

2. 将脏垫料倒入垃圾桶。

3. 将地上垃圾扫干净。

4. 清洗跑轮、食盆、底盘。

5. 晾干。

注：清理环节大部分幼儿都能独立完成，教师只需要在旁辅助即可。

幼儿的收获：

幼儿在饲养过程中发现问题，结合自己的生活经验，努力寻找办法去解决“小糖果”遇到的住房问题。寻找安置“小糖果”的地方，锻炼了幼儿的逻辑思维能力；为“小糖果”制作垫料、清洗笼子、搭建平台，锻炼了小朋友们的动手能力，学习了相关劳动技能。在劳动过程中，幼儿能熟练使用小扫把、长柄刷、抹布等工具，并养成了不怕辛苦、不怕脏、坚持打扫干净的良好劳动品质。这一系列的活动都体现了幼儿对于“小糖果”的关心与关爱。孩子们在解决这一系列问题的过程中，锻炼了他们的口语交流能力，促使他们亲社会行为的产生。

清理环节需要的工具：

一、劳保用具

手套。

二、劳动工具

1. 小扫把。

2. 垃圾桶。

3. 长柄刷。

4. 抹布、毛巾。

5. 消毒剂、肥皂。

更换、清理周期：

垫料：每两周更换一次。

食盆：每周清洗一次。

跑轮：每周清洗一次。

底盘、笼子：每两周清洗一次。

教师的感悟：

教师需要及时地捕捉幼儿的专注点和兴趣点，将活动深入下去，在幼儿操作过程中，为幼儿提供经验以及物质上的支持。在劳动过程中，幼儿会因为仓鼠的笼子脏而嫌弃，会因为打扫太过繁琐而不愿意坚持，此时是培养幼儿良好劳动品质的重要时机，教师应当鼓励幼儿坚持打扫，培养他们不怕苦、不怕累、不轻易放弃的良好品质。同时，劳动工具和劳保工具也非常重要，使用合适的工具可以帮助幼儿顺利进行劳动。

老师的话：

此处是对书籍资源的利用，小朋友们通过阅读相关书籍，可以快速掌握科学的饲养方法。

3. 解决饮食问题

（1）基础饮食

居住问题解决了，“小糖果”的吃饭喝水问题怎么解决呢？在前期调查时，小朋友们已经了解到小仓鼠要吃专门配好的仓鼠粮，而且要喝凉白开。

那么要倒多少粮食给它才够吃呢？第一天，小朋友们用勺子挖了一勺粮食，但是发现粮食很快就没有了。于是第二天又改为两勺，不一会儿粮食又没有了。是不是粮食还不够“小糖果”吃呢？小朋友们第三天挖了三勺粮食，不一会儿又没有了。

朵朵：“‘小糖果’也太能吃了吧！”

梦欣：“它的脸都吃圆了。”

为了找到答案，我们去阅览室借来了《宠物饲养与观察》，阅读后才知道，原来小仓鼠有屯粮食的习惯，它们会把食物藏在腮帮子里。

一只成年小仓鼠每天吃两勺粮食就够了，于是我们决定成立小仓鼠值日生，请值日生每天挖两勺粮食放在食盆里。

吃饭问题解决了，喝水怎么办呢？由于小仓鼠有专门的喂水器，只需要更换里面的水就可以了。小朋友们观察发现“小糖果”喝水的量很少，装满一次水可以喝一个多星期，但考虑到放置在喂水器中的水时间过长容易变质，因此大家商量后决定每三天就帮“小糖果”换一次水。

值日生们认真负责，做完自己的工作后，就会在打卡本上记录打卡。由于值日生有更多与“小糖果”近距离接触的机会，班里的孩子便争抢着当值日生。为了解决争抢问题，孩子们便商量将全班分成四组，每周由一组小朋友负责喂食、喂水。他们还制作了值日生牌，轮到自己值日时就戴上。

在每天的喂食喂水过程中，孩子们培养了责任意识。小朋友们亲历饲养后，对“小糖果”的感情逐渐加深，观察兴趣逐渐增强，观察能力逐渐提高。

生活馆可做的食物：

1. 果蔬干。
2. 各种肉干（鸡肉、鸭肉、牛肉）。
3. 磨牙饼干。
4. 奶酪。

制作磨牙饼干：

1. 食材：五谷粉、羊奶粉、紫薯、南瓜。
2. 工具：烤箱、擀面杖、锅碗、模具。

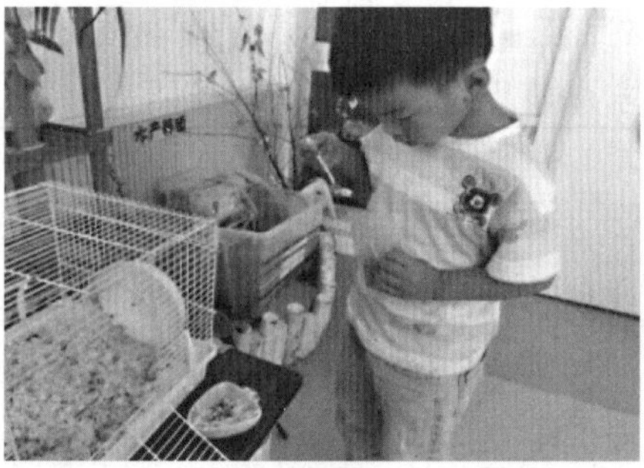

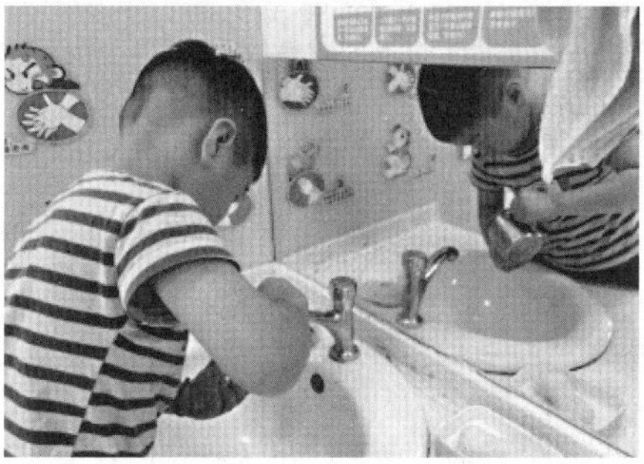

（2）制作美食

随着“小糖果”一点一点长大，孩子们有时会讨论：“我想给‘小糖果’喝牛奶，这样他就可以长高了。”“它现在只吃那个粮食会不会不够啊！”“‘小糖果’不能吃零食，要吃有营养的东西。”

有一天，我和孩子们去生活馆做美食，孩子们在品尝的时候突然说道：“我们留一点给‘小糖果’吧，这么好吃，带它一起吃吧。”我听到后告诉孩子们：“今天做的炸圆子‘小糖果’不能吃哦，如果吃了它会拉肚子的。”听到我的回答，孩子们纷纷表示：“那它能吃什么？”“我们做一点吃的给‘小糖果’吃吧！”“我想给‘小糖果’做好吃的！”看到孩子们这么感兴趣，于是我们决定等下一次来生活馆时，给“小糖果”做好吃的。

我和孩子们一起寻找了可以在生活馆做出的仓鼠粮食，根据生活馆的现有工具，最后大家一致决定做磨牙饼干。我们发动了家长的力量，请孩子们与自己的爸爸妈妈一起准备了相关食材。生活馆里，孩子们动手操作：使用儿童厨具将蒸好的紫薯、南瓜压成泥，加入五谷粉、羊奶粉，戴上小手套，加入水后搅拌均匀，捏成自己想要的形状，最后烘干。磨牙饼干做好啦！孩子们将磨牙饼干送给“小糖果”，“小糖果”吃得可开心了！

幼儿的收获：

幼儿通过三次实验，产生“‘小糖果’到底吃多少”这个问题，最后与老师一起阅读图书找到答案。值日生制度的建立，培养了幼儿的责任意识。由于对“小糖果”的喜爱之情越来越深，孩子们萌生了想要在生活馆为“小糖果”做美食的想法，在做美食的过程中也锻炼了幼儿的动手能力以及使用各种工具的能力。

教师的感悟：

在幼儿提出问题时，教师不要急于作答，要鼓励幼儿自己想办法解决问题，提高幼儿自我解决问题的能力。教师可以为幼儿提供图书等探究工具，但不要直接把答案告诉幼儿。关于小仓鼠吃多少这个问题，教师自己也不知道答案，而是和幼儿一起去探索，最后与幼儿一起掌握了科学饲养小仓鼠的方法。

4. 解决娱乐设施

（1）跑轮坏了

有一天，朵朵跑来说：“‘小糖果’的跑轮掉下来了！它被压在下面了！”

怎么会掉下来呢？

馨怡：“是不是小朋友弄的？”

恒恒：“我不知道呀，我一来这个就掉在下面了。”

榕榕：“那是不是‘小糖果’自己弄掉的啊？”

为了解决这一疑惑，小朋友们进行了观察，最后终于有了发现。

七月：“‘小糖果’脚卡住了，它一跑，脚会踩到洞洞里，然后那个后面的就会动，然后就卡不住了，就掉下来了。”

原来是笼子自带的跑轮会卡住“小糖果”的脚，每卡一次后面的卡扣就会移动一下，时间一长就掉下来了。

七月：“要给‘小糖果’换一个新的了。”

（2）组装新跑轮

新的跑轮到了，怎么组装呢？我将组装教程放给小朋友们看了一遍，他们就动手组装了起来，先按照ABAB模式安装轮子，一片蓝插片一片白插片，装完一圈后，再看一眼组装教程，开始安装底座。有些很紧的地方，梦悦就向馨怡寻求帮助，两个人一起用力将插片插到对应的地方。插片全都装好了，要开始拧螺丝了，梦悦对比了洞眼的大小说：“这个洞小，拧小螺丝；那个洞大，装大螺丝。”为了组装得更快，梦悦和馨怡开始分工合作，一个拧螺丝，一个递螺丝。梦悦拧完轮子上的螺丝后，两个人交换分工，换成馨怡拧螺丝，很快，新跑轮就组装完成了！“小糖果”很喜欢新的跑轮，还会在跑轮底座里睡觉呢！

幼儿的收获：

幼儿通过仔细观察发现跑轮经常掉的原因，锻炼了幼儿的观察能力，同时培养了探究意识；组装新跑轮的过程中他们也运用了相关数学概念。一人递螺丝，一人拧螺丝，学会了根据洞眼的大小匹配对应的螺丝，锻炼了手部肌肉能力；通过同伴合作的方式共同进行组装，提高了社会交往能力。

教师的感悟：

不要认为小朋友太小了，什么都不敢让他们去做，孩子们的能力远比我们想象的要强，他们从未接触过组装跑轮，却能独立完成组装，在这样的学习中，幼儿一直处于积极主动的状态，既发展了数学思维，又锻炼了动手能力。幼儿在这个环节学习到的技能，可以运用到他们的生活之中。

5. 解决盥洗问题——“小糖果”洗澡吗？

天气这么热，“小糖果”要不要洗澡呢？针对这一问题，小朋友们展开了激烈的讨论，有的小朋友说要洗澡，不洗澡都脏死了；有的小朋友说不可以，“小糖果”不能用水洗澡。为了找到正确答案，小朋友们又去询问了大二班的李老师，李老师给出了答案：“小仓鼠要洗澡的，但是不能用水，可以用专门的浴沙洗澡。”

小宇：“浴沙什么样啊？跟沙池的沙子一样吗？”

豆豆："可是我们班没有买小仓鼠用的浴沙怎么办？"

我在网上搜索了一下，发现确实可以用沙子代替浴沙，只要将沙子清理干净就可以了。我和小朋友们一起研究了如何清理沙子，对清理过程有了大概了解之后，孩子们装备齐全，来到沙池挖了满满一盆沙，她们先将沙子里大的杂质挑拣干净，再用孔稍大的筛子将沙过滤一遍，又用孔小的筛子再次过滤，细细的沙就留在小盆里了。这时朵朵突然打了个喷嚏，腾起来一阵灰尘。

菡菡："哎呀，好脏啊。"于是孩子们又端着盆去了水池旁，将盆里装满水，开始用手洗沙子，反复搓洗了好几次，水终于变清澈了。

我们将洗过的沙过滤出来，倒在盘子里，放到太阳下晾晒。沙子晒干了，小朋友们急急忙忙将沙子装到"小糖果"的浴室里，在一旁静静等待，果然，"小糖果"进入浴室后开始滚来滚去，可爱的样子引得孩子们哈哈大笑。

幼儿的收获：

幼儿结合自己的生活经验，萌生了"天气很热，'小糖果'需不需要洗澡"这个问题；在与同伴的交流讨论之中，锻炼了口语表达能力。在后续制作浴沙的过程中，幼儿的动手能力也得到了很大的提升；看到"小糖果"在自己亲手制作的浴沙中洗澡，孩子们的成就感油然而生。

教师的感悟：

幼儿学习的方式有很多，寻找有丰富饲养经验的"专家"的帮助就是一种很快速的学习途径。幼儿可以做的事情有很多，教师不应该有"孩子太小所以不会做"这种想法。教师在旁边辅助，主要制作环节交给孩子们，在亲手操作过程中，他们会不断成长。

6."小糖果"长大了吗？

（1）测量体长

正逢小朋友们测量身高体重，老师们拿到孩子们的身高体重表，和小朋友们分享："七月比刚开学时长高了很多，以后也要好好吃饭哦……"听到老师这样说，瑶瑶接了一句："'小糖果'也长高了。"这一句话得到小朋友们的赞同，我问孩子们："它长高了多少呢？"他们纷纷用手比划，我追问："具体长高了多少呢？"菡菡："我们来量一量吧！"

小朋友拿来了老师做环创的直尺，小心翼翼地把“小糖果”抱出来，放在桌子上，想要开始测量，但“小糖果”跑来跑去，动个不停，没有办法测量。这可怎么办呢？

康康：“我去拿吃的，它吃东西时就不会动。”他拿来了磨牙小饼干，喂到“小糖果”嘴边，终于可以安安心心地测量了。可是又出现了问题。

依凡：“这个尺子太硬了，‘小糖果’弯在那边吃东西，量不出来啊。”

温馨提示：

将毛线等物品贴着小仓鼠的身体放好，用一只手指捏住在小仓鼠头顶部位的毛线，另一只手捏住在屁股部位的毛线，捏紧移开毛线，用笔记录两个手指捏住的地方，中间的长度就是小仓鼠的体长了。

七月：“我们换一个别的吧。”

小朋友们开动脑筋，他们在班级里找来许多物品：毛线、毛根、麻绳……这些测量工具都有一个同样的特点：软的！软软的测量工具可以贴着“小糖果”的身体量，也不会伤害到“小糖果”！

于是小朋友们每个月都会为“小糖果”量一次体长，并把测量结果记录下来，在记录中，小朋友们发现“小糖果”也和他们一样，在一天天长大！

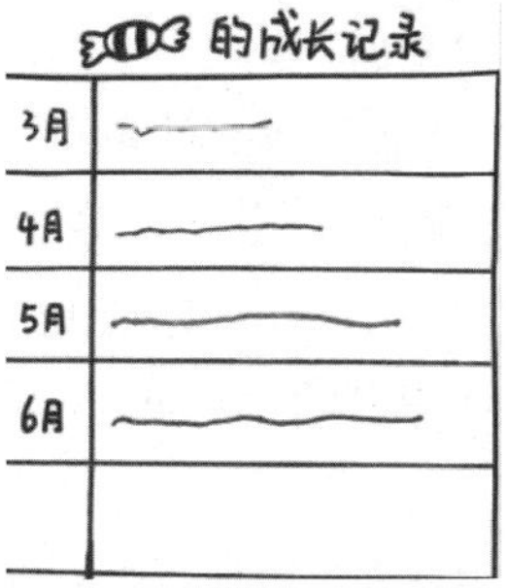

（2）记录体重

测量体长的时候，小朋友说：“‘小糖果’好肥呀，它长胖了好多呀。”于是孩子们又决定为“小糖果”称体重，他们将“小糖果”抱到保健室，放在小朋友称体重的体重计上，“咦？怎么没有变化，是不是体重计坏掉了呢？”轩轩站了上去，体重计有数字呀，可是为什么“小糖果”放上去就没有显示数字呢？孩子们找到王老师：“王老师，为什么量不了‘小糖果’多重呀？”王老师笑了，告诉小朋友们：“‘小糖果’太轻了，体重计测量不出来，要更加精细的体重计才可以。”怎么样找到可以为“小糖果”称重的体重计呢？

七月：“我们去食堂，我上次看到食堂阿姨在称菜。”

孩子们去了食堂，想要拿食堂的秤测量体重，但是被阿姨拦住了：“小朋友，不能拿哦，这个秤是用来称食物的，给小仓鼠用了就不卫生哦。”被拒绝了的小朋友有点失落，回到班，碰到了中二班的经老师，经老师看到孩子们不开心的模样，便询问了原因，孩子们七嘴八舌地告诉经老师，经老师说：“没关系，我家有多余的秤，以前买来做蛋糕的，现在不用了，我带给你们好吗？”孩子们一听，开心地抱住经老师：“经哥哥，谢谢！”之后，孩子们便用电子秤为“小糖果”测量体重。

幼儿的收获：

为“小糖果”测量体长和体重的活动激发了幼儿的探究欲望，寻找正确的测量工具，如何使“小糖果”不动便于测量，这些探究过程都培养了幼儿的探究能力，也促进了幼儿社会交往能力的发展。幼儿在记录过程中发展了数概念，在一次又一次的测量中，在比较测量的结果中，看到“小糖果”一天一天长大，幼儿感受到饲养劳动中与动物共成长的快乐，体验到生命成长的奇妙。

教师的感悟：

对于中班的幼儿来说，进行数字记录有点困难，教师可以视情况给予幼儿帮助。解决这一问题最关键的是探究过程，孩子们了解到“小糖果”在一天一天长大就可以了，具体“小糖果”多重，每天变化了多少，不是探究的重点。

（五）活动反思

1. 教师的收获

（1）做一个有准备的教师

教师通过阅读、走访、亲自饲养等多种途径增进自身对动物的了解，提高自身的饲养技能，这样才能对幼儿进行有效指导。从决定饲养小仓鼠那天开始，教师就在网络中不断搜集与饲养小仓鼠有关的知识，为日后支持幼儿饲养劳动做经验准备。

充分利用各种资源，丰富幼儿经验来源，深化活动内容。在整个活动开展过程中，有效资源的利用可以促使孩子主动学习，如：网络资源、家长资源、专家资源、图书资源等，教师要善于开发资源并灵活运用，鼓励幼儿通过询问有饲养仓鼠经验的老师从而得到解决问题的方法。家长与孩子一起调查、参加爱心义卖等行为也为仓鼠课程的开展贡献了一份力量。网络资源以及图书资源为教师和幼儿提供了饲养仓鼠的科学方法。这些多元化的资源，丰富了幼儿经验，深化了活动内容。

（2）生命至上的课程理念生根发芽

在饲养过程中要保证小动物以及幼儿的生命安全，幼儿对于小仓鼠感兴趣，因此经常去玩弄它，但教师需要确保幼儿以及小动物的安全。在确保幼儿不会伤害“小糖果”以及“小糖果”不会受惊而伤害小朋友的基础上，教师退位，幼儿成为动物的“第一负责人”，照顾“小糖果”的饮食起居。而在照顾的过程中，幼儿一步步见证“小糖果”慢慢长大，感受到自己的饲养行为与“小糖果”生长之间的关系。幼儿更加直观地认识了生命的奇妙，从而萌生珍惜生命、尊重生命的情感。

（3）教师退位，追随幼儿兴趣的同时抓住契机支持幼儿

在孩子们清洗仓鼠笼、安装跑轮、制作磨牙饼干以及制作浴沙的过程中，教师扮演的都是辅助的角色，将主体工作放手交给幼儿，幼儿成为饲养劳动的主体。教师通过捕捉幼儿突发的兴趣，把握住驱动性问题，适时地引导幼儿进行探究学习，为幼儿提供相关的支持，在经验不断地积累下进行深入而持久的探究。孩子们在饲养过程中通过观察会萌生出许多问题，如果教师忽略了这些问题，孩子们就将缺失了某一方面的学习，例如：在跑轮掉下来后，教师如果只是重新把跑轮安上，孩子们就缺少了观察的机会以及动手操作的机会；在幼儿称量体重时，他们突然想到"'小糖果'是否也长大了"这个问题，教师牢牢地把握住这一契机，支持幼儿寻找合适的体重秤，探究使用何种测量工具、如何为"小糖果"测量体长。

2. 孩子的收获

这是孩子们和仓鼠之间的故事，初识时满心欢喜、了解后百般照顾，在每一天与它的相伴中，孩子们一步步将疑问化解，最后获得成功的喜悦。在饲养劳动中，活动主体是幼儿，整个活动的进行，都是围绕着孩子饲养中的发现、劳动中关注的问题层层展开。此次活动对幼儿来说非常有意义，他们各方面的能力都得到了相应的发展。

（1）在饲养劳动中培养良好的劳动品质

教育家苏霍姆林斯基说过："儿童高尚的心灵是在劳动中培养起来的，关键是要使儿童从小就参加劳动，使劳动成为人的天性和习惯。"而幼儿时期是人生的启蒙时期，是塑造健康人格和形成良好习惯的重要时期。

在与"小糖果"朝夕相处的过程中，幼儿亲自参与劳动，培养了他们的爱心、责任心、同情心、细心和耐心。幼儿在饲养"小糖果"的过程中树立了责任意识，能按时喂食、换水、清理笼子。在劳动过程中，幼儿虽然体会到劳动的辛苦，有幼儿喊累嫌脏，不想继续，但他们也一直努力克服，不断坚持；饲养劳动过后，他们最终体验到满满的成就感。

（2）在饲养劳动中锻炼多样的劳动技能

饲养劳动为幼儿提供了劳动的机会，小朋友们亲身参与饲养劳动，为小仓鼠寻找合适的居住环境、制作美食、制作浴沙、组装跑轮……这些机会锻炼了幼儿的动手能力。在清理打扫仓鼠笼子的过程中，幼儿接触到各种工具。在劳动中，幼儿能根据劳动需要选择不同的工具，最终能够熟练地使用刷子、抹布、小扫把等劳动工具为小仓鼠清洗打扫，使用过程中他们动作协调、灵活，具备基本的劳动技能。

（3）在饲养劳动中丰富饲养认知

"好奇、好问、好探索是幼儿与生俱来的特点"，幼儿在与家人一起进行"仓

鼠问卷调查”、阅读《宠物饲养与观察》、与老师一起利用互联网搜索与仓鼠有关的资料等过程中，了解了仓鼠这一原本不熟悉的物种，丰富了自身对于饲养仓鼠的相关知识，促进了自身饲养认知的发展，并在一段时期的学习和探究之后，渐渐了解、熟悉、亲近小仓鼠，学习到了科学饲养仓鼠的方法。

（张蓉）

玥涵　女　5岁6个月

哈哈哈，小豚鼠可喜欢吃苹果啦！咔嚓咔嚓，吃得特别的香，一会儿就吃了好多了。

五、“叮咚”小食铺

持续时间：2021年9月—2021年12月

年龄段：大班

（一）活动缘起

不知不觉豚鼠来到我们班已三月有余，在这短短三个月的时间里，孩子们与豚鼠朝夕相处，喂食、喂水、打扫，尽心尽力地照顾着它们、陪伴着它们。在这些日子里，孩子们最爱的工作还是给豚鼠喂食物，每次一到饭点，他们就会迫不及待地给豚鼠吃各种各样的食物。也正因如此，小朋友们对豚鼠的食物越发地感兴趣，在调查、咨询、上网之后，与美食来了一场邂逅。

活动价值判断：

“美食”课程是基于幼儿的兴趣、教师的观察之上开展的。在开展之前，教师首先对课程进行了价值判断，对照饲养食物资源表，发现在食物的制作过程中能发展幼儿的劳动技能，如：在自制储备粮环节，幼儿在动手中了解到食物的制作需要加入适量的水；在采摘树叶时，学会如何正确采摘以及采多少等。《指南》健康领域动作发展教育建议指出："引导幼儿生活自理或参与家务劳动，发展其手的动作。"美食制作的过程不仅可以提升幼儿手的动作协调能力，同时也发展了幼儿的探究能力。因此我们与孩子共同走进豚鼠的美食天地！

（二）活动脉络图

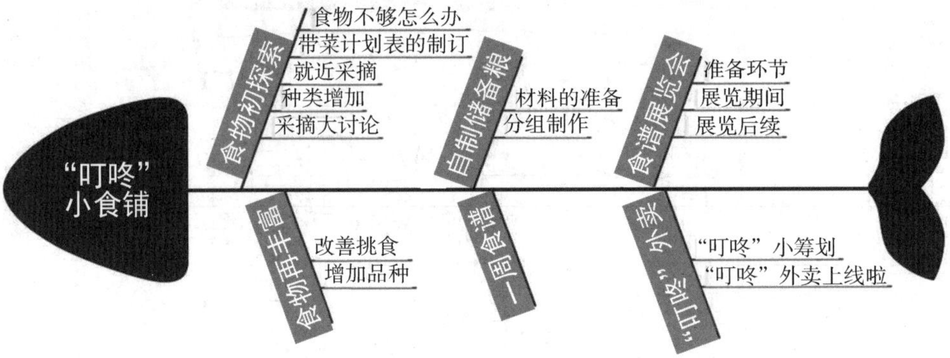

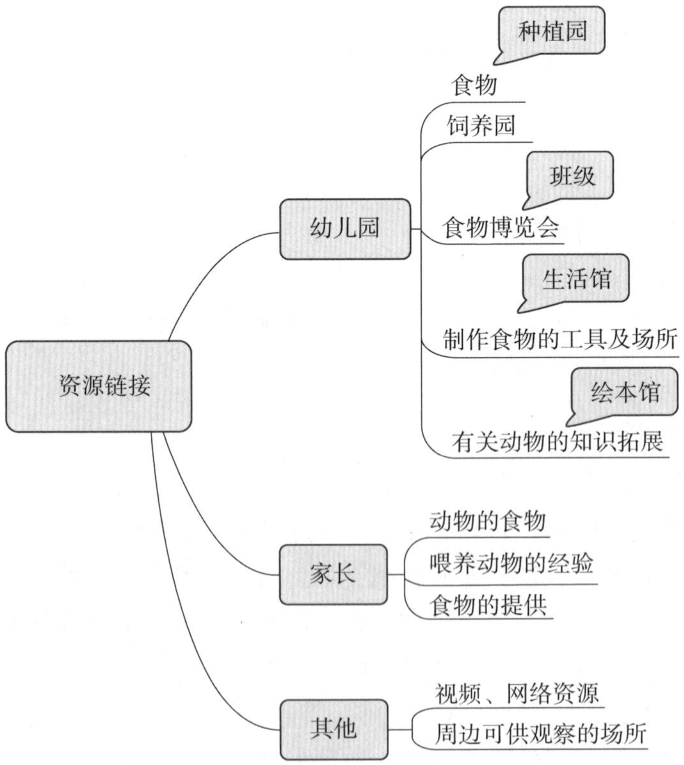

（三）活动网络图

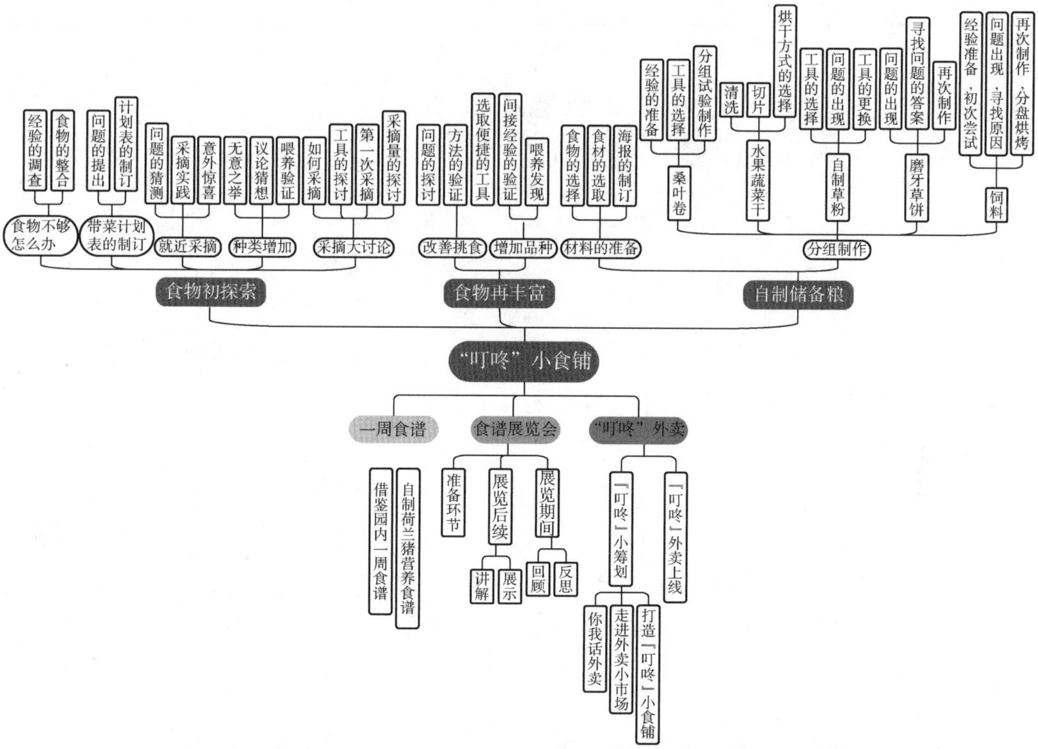

（四）活动过程

1. 食物初探索

（1）食物不够怎么办

豚鼠刚来我们班的时候，孩子们一直喂饲料给它吃。随着它一天一天长大，孩子们发现饲料已满足不了豚鼠的需求，加上饲料价格较高，因此需要寻找更适合的食物来喂养豚鼠。可是这是孩子们第一次接触豚鼠，对它食物的认知只停留在幼年时期。那长大后的豚鼠吃什么呢？带着这一疑问，我们通过各种方式，包括利用调查问卷、网络等资源去寻找答案。

> **温馨提示：**
>
> 豚鼠是素食主义者，吃肉会使它消化不良，导致死亡。

通过多种形式的调查，我们了解到豚鼠是素食主义者，只吃蔬菜不吃肉。我们将搜集来的食物资源进行整合分类并进行每日喂养。

（2）带菜计划表的制订

得知要按食谱带菜喂养豚鼠，大家兴奋极了，纷纷嚷着：“我要带我要带。”此时人群中乐妍和瑶瑶小声嘀咕着：“我们俩这样吧，今天你带，明天我带。”“好！”我将乐妍和瑶瑶的对话说给其他孩子们听，在讨论声中，孩子们决定制订一张每日轮流带菜的表，按照表格轮流带菜喂养。

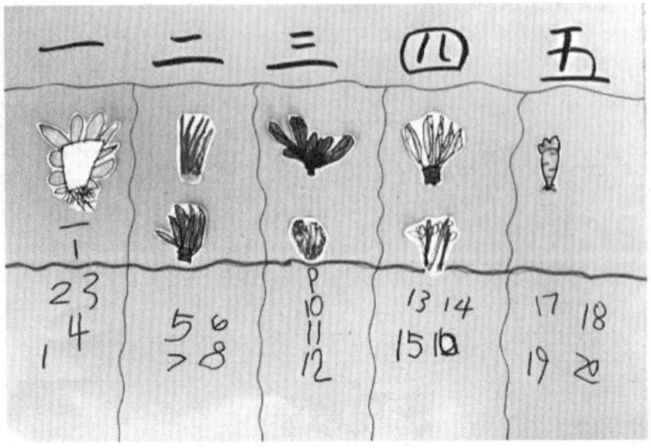

一天，两个负责带菜的小朋友带的菜有点少，等到下午去喂养的时候发现菜已经没有了。大家着急万分，这可怎么办呢？

（3）就近采摘

瑶瑶提出："我们菜地里有很多菜，可以摘点去喂豚鼠。""万一它不吃怎么办？"小硕提出疑问。"试一试呗。""对呀，万一它吃呢。"在一片讨论声中，孩子们决定试一试。此时种植园里种植了油菜、包菜、莴苣、紫甘蓝等蔬菜，孩子们决定分组采摘各种蔬菜轮流试一试。"哇！吃了吃了，豚鼠吃了。"在一片"哇"声中，孩子们收获了意外的惊喜。

（4）种类增加

一次午间散步时，瑶瑶在路边捡了一些嫩绿的树叶，她偷偷地将树叶塞进了豚鼠的食物盆里，并在那儿观察着。"老师，你快来看，豚鼠也吃树叶的。"孩子们都被瑶瑶的叫喊声吸引了过去。大家纷纷议论:“那它吃这个树叶吗?”“这个桃子树叶吃吗?”“桑树叶子呢?”……为了验证自己的猜想,孩子们纷纷在园内寻找各种树叶进行喂养试验。

“原来豚鼠什么都吃。”

“它吃得好香啊。”

“它吃的东西好多啊。”

在一声声的惊叹中,在不断的探索与发现中,豚鼠的食物越来越丰富。

于是幼儿园里的各种树叶也被放入食谱中。每天喂养时,豚鼠的食物盆里塞满了食物,既有家中带来的,又有孩子们在园内采摘的不同品种的树叶,甚至有的树叶连着树枝一起被孩子们摘下来喂养。灵灵看见后连忙将这些树叶拿出来重新摘,边摘嘴里边嘀咕:“这是谁采的啊?采的树叶都不对。”昊昊见状后跑来一把将灵灵手中的树叶夺下来:“你干什么啊?这是我采的。”“你采的不对,你看连树枝都采下来了。”此时昊昊沉默了。

(5)采摘大讨论

教师并未阻止两名孩子的“争吵”,而是在一旁静静地观察他们的对话,并组织全班幼儿针对此“争吵”进行探讨。随着“如何采摘?”这一问题的抛出,大家七嘴八舌地讨论了起来:

“只能采叶子。”

“采的时候不能拽,拽的话会连着树枝拽下来的。”

“对。用剪刀剪最好。”

“有的树枝上会有刺，必须戴手套采才可以。”

“可以再带上篮子，装叶子，这样我们可以采很多很多树叶给豚鼠吃了。”

1）第一次采摘大行动

讨论过后，孩子们带上装备跑向园内各个地方开始采摘各种不同的树叶。采摘的姿势各种各样，有站着采树上叶子的；有蹲在地上捡地上的小树叶的；还有爬上了大树采摘大树叶的，画面很是可爱。

“豚鼠，我们来啦！”孩子们兴奋地拎着自己采摘的树叶跑向豚鼠并投给它们吃。“哇，它们吃得好香啊。”昊昊、帅帅看见豚鼠吃得倍儿香，决定再去采摘些，旁边的同伴见状也加入其中。孩子们开心地采摘着。

2）豚鼠“失踪”了吗

一天下午喂养时，瑶瑶大声地喊着：“老师老师，少了一只豚鼠，怎么只有两只啦？”听到瑶瑶的喊声，孩子们纷纷跑过来寻找着、议论着：

“啊？怎么会少了一只呢？”

“会不会是因为上次我们喂的时候门没关好，豚鼠跑出去啦？”

“我知道了！是被大灰狼给吃掉了。”

就在大家讨论的时候，“失踪”的豚鼠居然出现了：“你们快看，出来了，又是三只了。”原来啊豚鼠被食物遮住了，大家这才松了一口气。对于豚鼠“失踪”事件，大家议论纷纷，寻找原因：“应该是我们每天剪的树叶太多了，所以豚鼠才会被树叶给盖住了。”“是的，它们的家里全是树叶。”针对这一问题我们探讨着“采摘多少树叶合适呢？”孩子们七嘴八舌，有的孩子用手比划着“这么多”，还有的孩子比划说“一点点”，经过大家的讨论，一致决定每天只采摘半篮子树叶。为了以防同伴忘记，乐妍提出在篮子里做个标记，她用蜡笔在篮子内侧中间的位置画了一圈红色的线，并向大家展示只采摘这么多的树叶。大家就按照这样的规定，每天下午户外活动时，分组进行采摘喂养，树叶的量不多不少，豚鼠再也没有“失踪”过。

幼儿的收获：

幼儿在探索食物的过程中不断地发现问题，进行猜想，然后验证。一次偶发事件引起幼儿去探索豚鼠是否吃各种不同种类的树叶，并采摘、喂养、验证，原来豚鼠可以吃各种不同的树叶；在食物不够的情况下，幼儿会通过猜测豚鼠是否会吃菜地里的蔬菜，并且实践验证自己的猜想，从而得到肯定的答案。劳动时幼儿能根据需要选择相应的工具。在面对“如何采摘树叶”以及“采摘多少树叶”的问题时，幼儿通过讨论很好地解决了问题，他们能熟练地使用剪刀并能想到用蜡笔在篮子上做标记。

教师的感悟：

巴西教育家弗莱雷认为："没有了对话，就没有了交流；没有了交流，也就没有真正的教育。"师幼带着问题走进对话、走进食物的探索中，幼儿在对话中把"豚鼠是否吃树叶""是否吃我们菜地里的蔬菜"这类问题不断引向深入，从而促使幼儿实践验证。教师要善于捕捉对话的闪光点，通过及时的启发、鼓励、引导，支持幼儿的活动，同时保障幼儿在采摘树叶以及喂养劳动中的安全。

2. 食物再丰富

（1）改善挑食

豚鼠在孩子们每日精心照料下变得圆滚滚的，可爱极了。一次偶然的机会，孩子们发现豚鼠有时会吃菜梗，有时不吃菜梗，这个发现引得大家捧腹大笑，原来小动物也会和我们小朋友一样挑食呢。为了帮助豚鼠改掉挑食的坏习惯，孩子们决定每日喂养前将豚鼠的食物简单处理一下。

怎样处理呢？怎样才能使豚鼠在进食时连同菜梗一起吃进去呢？在每日下午的饲养交流分享会上，硕硕将这一问题提了出来，孩子们七嘴八舌地讨论起来。走进他们的谈论圈，听着他们的谈话内容，很是有趣："用手抓着菜喂它吃，一直看着它吃完。""可以榨成汁当水喂给它喝。我不肯吃药，我妈妈就是这样做的。""可以切碎了，和其他食物混在一起给它吃。"孩子们讨论总结出几种方法，最终决定试试两种方法，看看哪种方法好。

方法一：菜梗榨汁法

1）工具的选择

选择榨汁的几位女孩子讨论起榨汁的工具，并从家中带来各种不同的工具，有电动的，也有手动的。工具准备好后，玥玥、灵灵、妍妍几位女孩子将带来的莴苣、包菜的菜叶摘下来，将菜梗留在一旁。收集好菜梗后，来到生活馆，她们不约而同地选择了手动榨汁，只见她们紧闭双眼，很是用力地操作工具，过了很久汁终于出来啦！

“榨汁机也可以的。”瑶瑶边说边端着另一盘菜梗来到榨汁机旁，和同伴妍妍拿出榨汁机，熟练地将菜梗放进去。等榨汁机榨出鲜绿的菜汁后，孩子们迫不及待地将两杯新鲜的菜汁倒入喂水器中，静静地观察着。时间一点一滴地过去了，豚鼠始终没有去喝：“它应该还不渴吧，我们走吧，下午再去看看喂水器里的水有没有少就能知道它喝没喝了呀。”在玥玥的建议下大家离开了豚鼠的笼子。

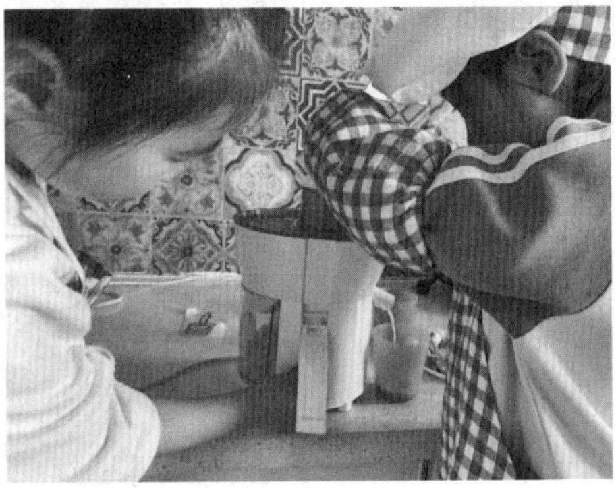

午点过后，小朋友们迫不及待地来到豚鼠旁边，看一看喂水器里的水有没有少。“喝啦喝啦！”瑶瑶大声地喊道，“全部喝完啦！”孩子们开心地手舞足蹈。此时文仲拿着另一个喂水器说：“没有啊，这个里面的没有喝完。”孩子们举着瓶子开始研究探讨了起来：

“肯定不好喝。”

“这两个是一样的蔬菜榨的。”

“喝饱了，这边的喝不完啊。”

就在大家讨论的时候，文仲说道：“我知道了，你们看。”此时他高举着喂水器并用小手指着喂水器的小口说：“这里面有渣子，把这个口堵住了，豚鼠喝不到。”

老师的话：

《指南》科学领域目标3中指出：中班幼儿能初步感知常用科技产品与自己生活的关系，知道科技产品带来的便利。在榨汁环节中，孩子们通过电动以及手动两种不同工具的操作，感受到了现代科技产品的便捷。

2）便利的工具

为什么会有渣子堵住瓶口呢？为什么这一个瓶子里没有渣子呢？一系列的问题难住了孩子们。此时几位女孩子回忆着榨汁的过程，找出了其中的原因：是工具的问题。她们发现手动榨汁不仅费力，而且榨不干净，会有菜渣残留。而电动榨汁机不仅快而且还干净，所以豚鼠才会将没有渣子的蔬菜汁给喝完了。

方法二：切碎混合法

豚鼠很快适应了菜梗榨汁，第二天意涵提议道："我们再试试把菜梗切碎和菜叶一起混合看看呢。"在意涵的提议下，玥玥和文仲一起参与，他们一手拿菜刀一手拿蔬菜，"嚓嚓嚓嚓"，小心翼翼地将蔬菜叶子切碎，并放在豚鼠的小食盆里，仔细地观察着豚鼠是否会吃。为了不打扰它们进食，玥玥转身离开去收拾工具。等到中午吃过饭后玥玥再去看时，惊喜地发现食物盆里的蔬菜全部吃完啦。玥玥开心地将这一消息告诉了伙伴们。小朋友们开心地说："豚鼠终于不挑食了。"

之后的每一天，孩子们都会用"榨汁""切碎"两种方法轮流制作食物给豚鼠吃。

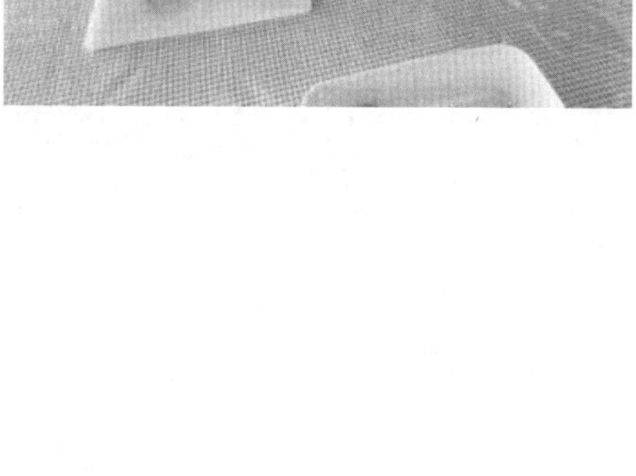

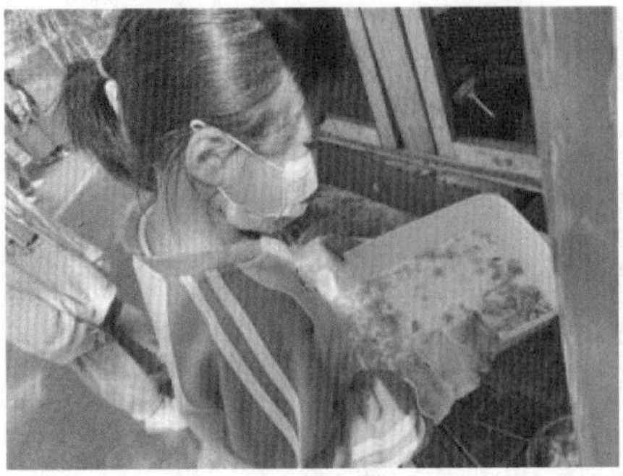

（2）增加食物种类

一天，瑶瑶喂养时问我："老师，在网上查的资料说，豚鼠还喜欢吃水果，我们为什么从来不喂水果给它吃呢？"听到瑶瑶的话，我思考了一下，确实，我们在所查阅的资料中寻找到的内容，并未在现实生活中实践。那豚鼠到底喜不喜欢吃水果呢？喜欢吃什么水果呢？带着这样的疑问，孩子们决定给豚鼠增添些食物的品种。他们从家中带来了苹果、香蕉、草莓，还从我们的种植园里采摘了一些西红柿、黄瓜。

1）黄瓜与香蕉

燕子戴好防护用具，打开豚鼠笼子门，手拿黄瓜直接递给它吃。只见豚鼠"咔嚓咔嚓"吃得可香啦！

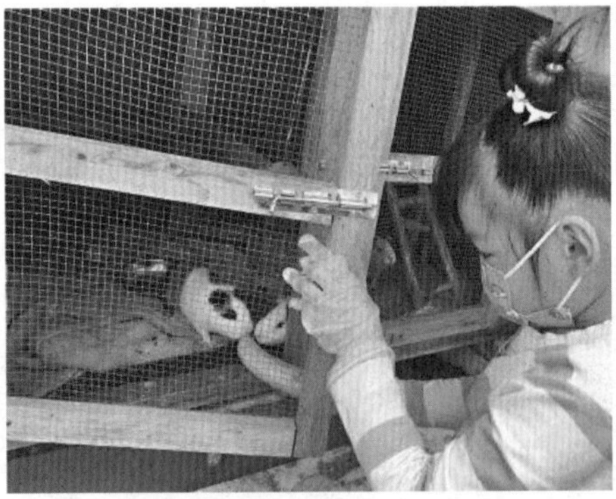

温馨提示：
香蕉中过量的钾会导致豚鼠的泌尿系统疾病。

就在豚鼠吃得正香的时候，灵灵拿着香蕉投给豚鼠，惊奇的是豚鼠似乎"害怕"香蕉，只要灵灵一送到豚鼠面前，它们就在笼子里不停地窜来窜去，连一旁的黄瓜也不吃了。灵灵将香蕉掰开放在盆子里，可是豚鼠依然不吃，最终还是选择了黄瓜。

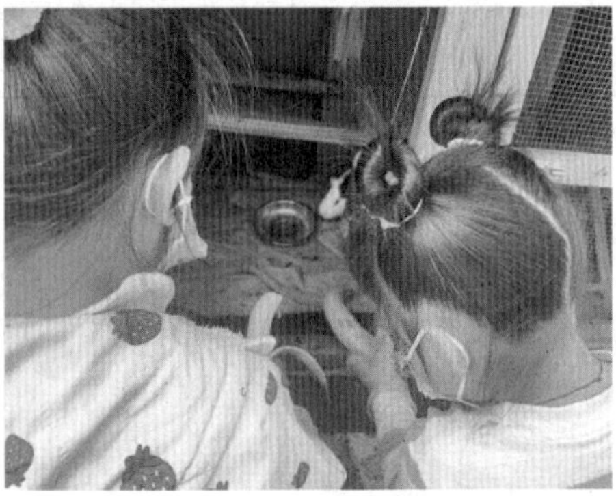

老师的话：

通过资料的查询，豚鼠吃西红柿，西红柿能很好地补充 Vc。但通过孩子们的实践发现豚鼠不吃，可能由于个体差异的原因，我班的豚鼠只吃西红柿蒂子但不吃西红柿。

2）苹果、西红柿与草莓

帅帅将苹果、西红柿先后放进笼子里，子琳将草莓逐个拿出放在盘子里，孩子们并未离开，而是在一旁静静地观察着。在观察中，孩子们开心地讨论着：

“你看，它吃苹果了。”

“我觉得它喜欢吃草莓，因为草莓很香。”

“我觉得应该喜欢吃苹果，因为苹果和黄瓜一样硬硬的。它们喜欢吃硬的东西。”

然而他们惊奇地发现，草莓和西红柿都未被吃，但西红柿的蒂子却被吃掉了。他们觉得豚鼠喜欢吃硬硬的食物，于是在日后的喂养中，孩子们会时不时地投放些苹果和黄瓜。

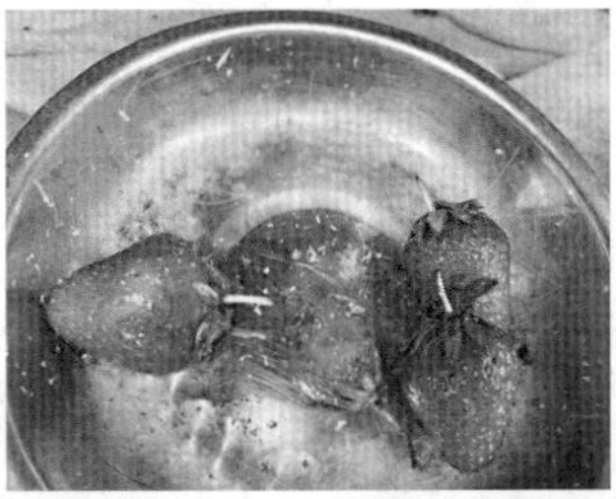

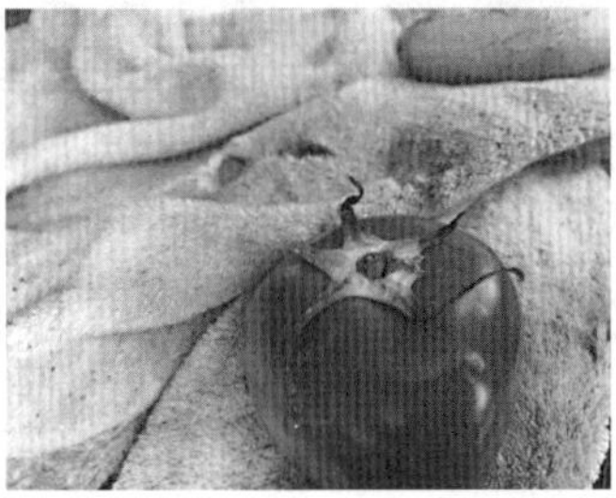

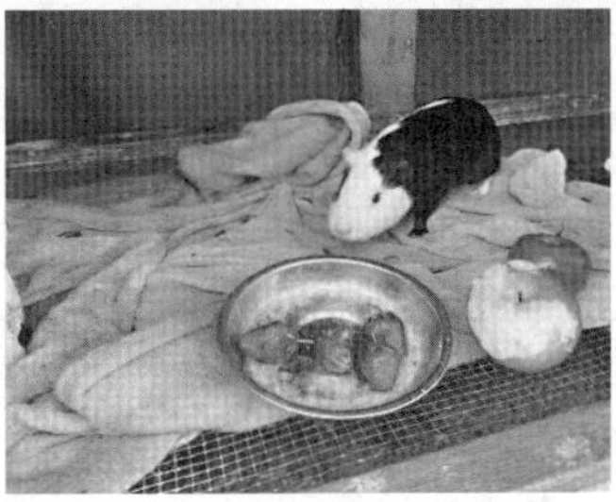

幼儿的收获：

豚鼠不吃菜梗这一偶然的发现，促使幼儿寻找解决豚鼠挑食的办法。迁移生活经验、选取劳动工具进行操作，不仅提升了幼儿的劳动技能，还促进了幼儿大动作的发展。在榨汁过程中，幼儿通过工具的实践对比，选择更加便利的工具，感受到了现代科技产品的便捷性。在给豚鼠喂养香蕉时，幼儿能根据豚鼠的行为猜测它们“害怕”香蕉，从而搜寻资料，了解到豚鼠是不能吃香蕉的，这些都大大拓展了幼儿的饲养认知。

教师的感悟：

在改善挑食这一环节中，教师敢于放手，让幼儿亲自动手操作，增加他们榨汁、切等动手实践的机会，培养幼儿的自信心，发展幼儿的交往能力；在增加食物种类环节里，教师和幼儿一起将之前了解到的知识付诸实践，提高幼儿的实践能力，同时在操作过程中，注意提醒幼儿操作安全。

3. 自制储备粮

秋去冬来，天渐渐地冷了，地里蔬菜变少，树叶也都落下了，孩子们惆怅该怎么办，此时老师提议可以制作食物并保存。“我们自己做？”孩子们发出惊叹的声音，这似乎是个很有挑战性的任务。然而惊叹中也有些许小期待，他们期待着为豚鼠做食物。

（1）材料的准备

自制食物纳入了我们的计划中，为了保护幼儿探索的兴趣，教师为他们提供现代技术支持。通过上网搜索，我们发现原来豚鼠的食物有很多种制作方法。根据幼儿的年龄特点及劳动技能经验，我们选取了其中简单易制作的五种食物：桑叶卷、饲料、简单的自制草粉、磨牙草饼以及各式水果蔬菜干等。食物确定好后，接下来就是我们食材的选取，这么多食材该从哪里来呢？其中还有一些食材是小朋友们以前没听过的。我们通过制作海报，进行多方搜集。

豚鼠食物资源表

食物	所需食材	来源
桑叶卷	桑叶	幼儿园
水果蔬菜干	不同种类的果蔬	种植园地
自制草粉	提摩西草	网上购买；面粉来源于家长资源
磨牙草饼	木须草粉或提摩西草粉、面粉	
饲料	玉米	种植园地

（2）分组制作

材料准备就绪，我们开动啦！为了使豚鼠尽快吃上美味的食物，孩子们决定分组进行。下面就走进我们独特的豚鼠小餐馆吧！

第一组：桑叶卷

1）制作前的经验准备

在制作前，我们上网搜索了桑叶卷的制作过程，了解到桑叶卷制作需要以下几个步骤：清洗、吸干、卷、烘烤。

2）工具的选择

制作前我们讨论起烘烤的工具，文仲提议用电饼铛，而乐妍觉得烤箱会更好。就在大家争持不下的情况下，他们自由两两分组，同时运用两种工具试验，看看哪种工具更便捷。

3）分组制作试验

文仲、涵涵、瑶瑶和乐妍手挽着小竹篮，带着小剪刀，来到桑叶园采摘桑叶。不一会儿，四人就满载而归。来到生活馆，她们将桑叶一片一片地清洗干净后用面巾纸吸干。在卷的时候，涵涵发现卷不起来，很容易展开，此时文仲提议可以先进行烘烤，然后卷，再烘烤。就这样四人按照“两烘一卷”的方式进行制作。

4）实验结果

通过两组制作比较，孩子们发现用烤箱制作更便捷，烤箱不仅快，而且能很好地将水分烤干。孩子们利用烤箱制作了很多的桑叶卷，并放在透明罐子里密封保存。

第二组：水果蔬菜干

这个小铺子里的食物制作起来可就简单得多啦！而且厨师都是男孩子！他们根据豚鼠的喜好准备了苹果、黄瓜、各种树叶等食物，并带到生活馆，开始清洗、切片、晒干的工作。

在晾晒过程中，琳琳小朋友看见生活馆内有烤箱，他提议道：“为什么不用烤箱呢？这样会不会快点？”于是，他们将切好的水果蔬菜片摆放好后放在烤箱内烘烤。“嗯……好香啊。”一阵扑面而来的香味顿时勾起了孩子们的食欲。由于烘烤的食物太多，为了防止浪费，于是他们将水果蔬菜分类装进了透明塑料盒中，方便后续喂食。

第三组：自制草粉

1）工具的选择

在制作草粉之前，孩子们来到生活馆，选择了两种工具：舂臼、磨粉机。对于这两种工具，孩子们纷纷选择了舂臼。“咚咚咚”的敲击声在生活馆内回响着。时间一点一点地过去，草粉终于做好了。

2）问题的出现

操作结束后，孩子们发现了在使用舂臼过程中出现的问题：

使用舂臼问题记录表

出现的问题	表征
问题一：使用舂臼制作草粉的时间太长	
问题二：用舂臼舂的草粉不太细，仍然有一些大的物体	
问题三：使用舂臼太费力气	

3）工具的更换

发现问题后，孩子们决定使用磨粉机试试。“轰轰轰”，在磨粉机的工作声下，灵灵小厨师显得格外地突出。只见她手抓一小把提摩西草塞到磨粉机中，点击按钮开始工作，不一会儿粉末就好啦。灵灵也采取同样的方式，将木须草投放到机器中进行研磨。结束后将草粉放入透明塑料盒中，以便后面使用。磨粉机的方便与快捷代替了舂臼，孩子们都觉得磨粉机最适合制作草粉。

第四组：磨牙草饼

1）问题的出现

玥玥、甜心、燕子三个小朋友拿着从草粉铺中研磨出的草粉，取出一点，接着放点水、面粉，边用手搅拌边根据需要放水，然后将搅拌好的食材放入磨具中进行轻轻地按压，按压之后，玥玥发现了问题：“出不来了，粘在上面了。”只见玥玥用手指将食材从磨具中一点一点地抠出来。

2）寻找问题的答案

“为什么会粘在上面呢？”针对这个问题大家探讨着。就在大家一筹莫展的时候，喜爱做美食的束老师给出了答案：“你们这个和的时候水放多了，要少放点水，和的时候不黏手就可以啦。”束老师一步一步地示范给孩子们看。

3）再次制作

在束老师的示范下，孩子们再一次进行制作。这一次他们在放水时显得格外小心，以防水多制作失败。不一会儿可爱的磨牙草饼就做出来啦！她们各自做着不同形状的磨牙草饼，有正方形的、圆形的，还有三角形的呢。制作成功后，她们放入烤箱中进行烘烤。哇！香喷喷的草饼就出锅啦！她们将草饼封装在瓶子中。

第五组：饲料小铺

1）经验准备，初次尝试

制作前我们通过视频观看了饲料的制作过程，跟随视频孩子们操作了起来。他们先将玉米用研磨机磨成粉，接着在玉米粉中倒了点水，根据制作磨牙草饼的经验，饲料小组的成员在放水时一点一点地放，接着用手不停地搅拌，不软不硬时，慢慢地把它放入颗粒机中，接着手摇转动机器。“哇！出来了出来了。”“一颗一颗的。”“像小羊的嗯嗯。”“哈哈哈哈哈。”孩子们开心地转动着。

2）问题出现，寻找原因

饲料做好后，当孩子们准备取出一颗颗饲料装盘时，发现全都粘在了一起，小硕不由得发出叹息声：“唉，全部粘在一起了，都分不开了。”“就跟我们玩彩泥一样。”乐妍应和着。那为什么会粘在一起呢？大家围坐在一起寻找着原因，你一言我一语地说着自己的想法：“饲料出来的时候，应该立刻把它们拿走摆在一边去。”“不能堆在一起。”“应该要烤一下的。”“烤一下？”“要把它烤干啊。你们忘记豚鼠小的时候吃的饲料啦，干干的，一颗一颗的。”

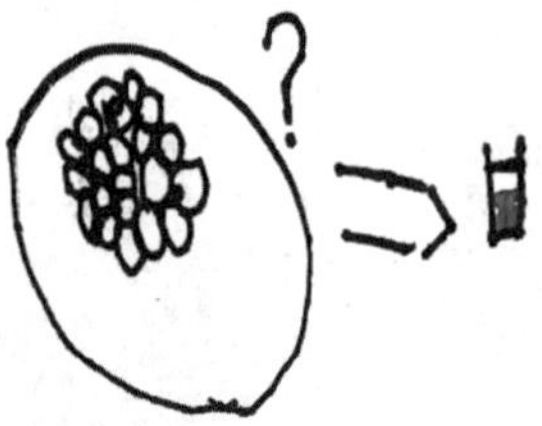

3）再次制作，分盘烘烤

为了解决这一问题，他们决定重新再制作一次。这一次他们商讨决定，当颗粒机出口一出现饲料时，就停止转动，并将饲料装满盘后进行烘烤。在多次操作下，孩子们越来越熟练，不一会儿饲料就做好啦！

在众多小厨师的巧手下，豚鼠的美食食谱越来越丰富。

幼儿的收获：

自制储备粮激发了幼儿动手制作的欲望，他们积极寻找各种不同工具制作：烤箱、颗粒机、舂臼、磨粉机等。幼儿在操作中学习了新工具的使用方法，促进了他们精细动作的发展。幼儿在制作磨牙草饼、饲料不成功时，能积极地寻找原因并解决，这进一步提升了他们解决问题的能力。

教师的感悟：

《纲要》中指出："幼儿园应为幼儿提供健康、丰富的生活和活动环境，满足他们多方面发展的需要，使他们在快乐的童年生活中获得有益于身心发展的经验。"环境是孩子学习的第三位老师，瑞吉欧将环境视为一个可以支持社会互动、探索和学习的"容器"，而生活馆就是一个很好的"大容器"。他们在生活馆中利用工具尽情地制作着美食，同时各个小组里的小厨师们还会进行互动交流，比如：准备自制草粉，其他小组需要什么粉末就前去自取。教师是活动的支持者，在自制美食过程中，教师支持孩子的自主活动，让幼儿自主制作。在幼儿制作饲料出现问题的时候，及时地给予幼儿支架，帮助他们找到解决问题的方法。

4. 一周食谱

豚鼠每天吃的食物都很杂，没有规律，有时接连几天吃蔬菜叶，有时只吃青草，偶尔会吃孩子们自制的美食。苒苒发出了质疑的声音："豚鼠也应该和我们一样一天吃三次。""那不就跟我们的食谱一样嘛。""食谱？""就是晨检老师那里的食谱。"带着对"食谱"的思考，我们正式走近幼儿园的一周食谱，仔细研究。我们发现食谱是一个星期的，有图画，有文字，还有早上、中午、下午，并要注意营养均衡。孩子们参照幼儿园的一周食谱，也为豚鼠精心制作了属于它们的一周食谱。

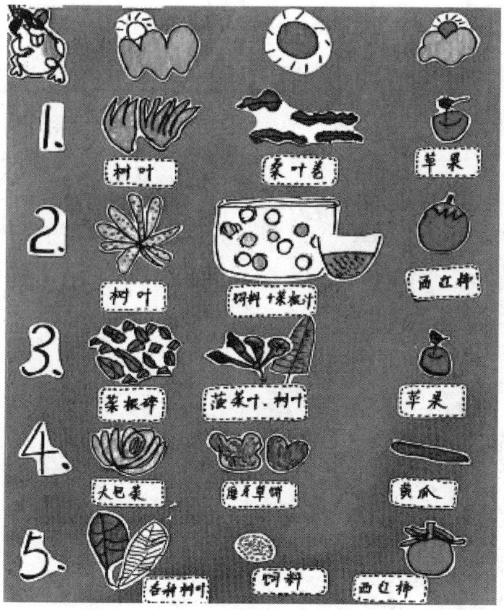

参照一周食谱，我们精心喂养着豚鼠们。

幼儿的收获：

食谱的制作让幼儿迁移生活经验，近距离地观察园内食谱，初步了解营养均衡，并自制属于豚鼠的一周食谱。幼儿在自制食谱过程中也提升了绘画表征能力。

教师的感悟：

幼儿在活动中获取信息从而丰富生活经验。幼儿通过亲力亲为，形成属于自己的生活经验。对于豚鼠食谱的制作，教师并未直接给予幼儿信息，而是由幼儿自主地对园内的食谱进行观察探究，从而产生属于豚鼠的独特营养食谱。

5. 食物展览会

经过一段时间对豚鼠食物的制作，孩子们对制作食物产生了浓厚的兴趣，也对他们的制作成果感到欣喜。为了将成果分享给其他班级的幼儿，他们提出将制作食物的成果进行展示，我们对美食的展览进行了商讨。

（1）准备环节

豚鼠食物展览一览表

环节	对儿童发展的价值	教师支持策略
创设豚鼠食物制作展览会环境	1. 建立对环境的归属感和责任感 2. 促进语言沟通和表达能力 3. 养成良好的生活整理能力	1. 环境设计者 2. 人员的分工
美食的呈现	促进幼儿个性化的艺术表征和合作表征能力	提供相关材料以满足儿童的持续学习与探究
宣传海报	促进幼儿的主动学习与合作学习	观察、记录幼儿的学习过程
讲解员	1. 促进幼儿语言沟通和表达能力 2. 促进幼儿养成文明的语言习惯 3. 促进幼儿社会性的发展	观察幼儿的行为表现

随着准备环节制订结束，小朋友们进行了分工，开始紧锣密鼓地筹备起展览会啦！同时，我们还提前将宣传海报布置在幼儿园大厅里，向其他班级进行宣传。

食物展览会的筹备工作日渐完善，孩子们也越来越迫切地等待开放。

老师的话：

此环节是分享展示环节，是为幼儿提供一个展示活动过程及结果的平台，这个平台的搭建既能检查他们对活动的掌握程度，也能展示他们在活动探索过程中所获得的成果。

（2）展览期间

食物展览会开始啦，小小讲解员为大家讲解不同的食物及食物的制作过程，吸引来了很多小朋友，还有现场的体验操作哦，很是热闹！

（3）展览后续

在参观过程中，也有其他班级的小朋友将自己的小动物一起带来，他们想让自己的动物品尝美食，可发现我们所展览的都是“豚鼠的美食”，并没有其他动物的食物，于是他们只是草草地参观一下，很少长时间地驻足。加上那天人很多，导致参展的秩序不是很好。针对这个现象我们进行了集体回顾：

硕硕：“我们的食物太少了，吸引不了他们。”

成成：“我看见他们都带自己的小动物来我们这儿了。”

桐桐：“但是他们就只看了一下，他们没有拿食物给小动物们吃。”

涵涵：“那是因为我们做的都是豚鼠的食物，没有他们的动物的食物，他们当然看一下就走咯。”

老师的话：

基于每周轮流照顾饲养园小鸡的经验，幼儿对于小鸡、鸽子的食物了解较多，而对于小仓鼠、小白兔等动物的食物了解甚少。

玥玥：“那我们可以多做一些其他动物的食物。”

瑶瑶：“但我们只会做豚鼠的食物啊。”

妍妍：“我们可以去问每个班级的小朋友，问问他们的小动物是吃什么的，然后我们再制作。”

妍妍的建议立即得到了大家的赞同，他们立即分小组去调查幼儿园内小动物的食物。在收集到信息后，他们分组设计不同动物的美食海报，根据美食海报他们马不停蹄地开始制作起各种动物美食。

幼儿的收获：

此环节是美食展览，在这一环节中清晰可见的是幼儿在社会、语言、艺术等领域中获得相应的发展。而在展览后续环节中，幼儿们进行了回顾与反思。回顾不等于回忆，它不仅仅是单纯的聊天，或是谈论之前计划了什么，抑或是这一过程是如何做的，而是要思考在这一过程中学到了什么，出现了什么问题，如何去解决问题等。在展览后续中，幼儿们借助多媒体辅助手段进行展示，总结了以下两个问题：其一，食物的单一导致其他幼儿只是匆匆而过；其二，混乱的秩序导致展览效果不是很好。在此基础上，幼儿们还进行探讨，找寻解决问题的办法，因而生发出后续精彩的故事！在这一过程中，幼儿们不仅拓宽了对动物食物的认知，同时通过不同动物食物的做法提升了劳动技能。

教师的感悟：

在美食展览环节，教师作为活动的“旁观者”；在幼儿探讨展览准备环节时，教师作为活动的“参与者”适时参与其中，给予幼儿积极的支持；在展览回顾中，教师作为一位积极的“聆听者”，聆听幼儿的对话，从对话中发现活动的问题所在，并支持幼儿的深度探索与学习。

6.“叮咚”外卖

（1）“叮咚”小筹划

其他班级看到我们张贴的食物海报后，都来向我们借食物，我们的小食铺顿时忙了起来。鉴于此，我们决定实行“外卖”计划。说干就干！

1）你我话“外卖”

“外卖”是当下很流行的一种就餐方式，对于这种新型就餐方式，孩子们有着他们自己独特的见解：

昊昊：“外卖就是卖东西的。”

帅帅：“外卖就是把东西送给别人。”

甜心：“我知道外卖，我妈妈在家经常点外卖。就是我们不想在家吃，又不想出去，所以我妈妈就会在手机上点吃的。”

玥玥：“我看见过外卖员叔叔，他们穿着黄颜色的衣服，戴着头盔。他们还有一个大的包，里面装的就是吃的。”

从他们的对话中可以看出，他们有着较为丰富的“外卖”经验，同时也对“外卖”这件事产生了浓厚的兴趣。

2）走进“外卖”小市场

在筹备外卖活动的过程中，孩子们对“外卖员”产生了浓厚的兴趣，于是我们邀请外卖员到班级与幼儿进行互动，让幼儿近距离观察外卖叔叔，他们好奇地围着外卖员叔叔问东问西。

3）打造“叮咚”小食铺

我们带着前期的经验，设置了相关外卖小部门：

“叮咚”小食铺

部门	材料的提供	活动内容
食物采购	家庭、种植园	食物的收集、摆放、采摘
食物制作	蔬菜、饲料、相关食物制作工具（剪刀、榨汁机等）、食谱	1. 食物制作的方法 2. 与同伴合作，制作复合食物 3. 相应动物食谱的制作
销售部门	食物盒、外卖盒、记录板、笔等	1. 学习接单记录 2. 与幼儿合作派送订单

（2）“叮咚”外卖上线啦！

我们的“叮咚”外卖一开张，就接到客户们的订单，孩子们马不停蹄地制作着小动物的美食，在全班小朋友加油打气下，小小外卖员出发啦！

幼儿的收获：

幼儿结合自己已有的生活经验，主动参与其中，将自己的想法融入“外卖”活动中，通过讨论、布置让班级的“小食铺”变得更为完善。在活动过程中，通过接单、配送等环节提升幼儿的社会交往能力，幼儿感受着与同伴互动的乐趣，在实践中能力不断提高。

教师的感悟：

美国教育家杜威在对“教育即生活”的阐释中表达了他的基本观点：教育不应该是生活的准备，而是儿童当下生活的课程。随着网络的快速发展，外卖早已走入大众视野，选取孩子们真实生活环境的资源——外卖，给孩子们构建一个生活化的环境，引导孩子在扮演社会人的过程中去体会、去表达。

（五）活动反思

1. 经验推动活动的深入开展

《指南》中提出：“幼儿的学习特点是以直接经验为基础，在游戏和日常生活中进行。”在活动中，幼儿通过亲身感知、动手操作获得直接经验，直接经验的获得能够帮助幼儿深入开展活动。幼儿在采摘树叶喂养时发现豚鼠吃多种树叶，由此知道豚鼠食物品种的多样性。间接经验在本次活动中也起着重要的作用。在为豚鼠制作储备粮时，我们借助网络搜寻并选择五种容易制作的食物，在制作前学习食物的制作过程，做好经验准备。

直接经验和间接经验都能促进幼儿的经验在活动中不断丰富，促进幼儿劳动技能以及认知水平的提升，从而推动饲养劳动活动深入开展。

2. 劳动工具的重要性

劳动工具是开展劳动活动的必要保障。起初豚鼠的食物较为单一，幼儿们通过榨汁机、小菜刀、剪刀等简单工具就可以制作了。随着豚鼠不断长大，成长过程中所需食物更为多样，储备粮的制作工序渐渐复杂，需要更多的工具——颗粒机、磨粉机，以便为豚鼠制作出精美的食物。幼儿在探索中发现工具的使用方法，丰富了幼儿使用劳动工具的经验，在使用中不断提升幼儿的劳动技能。

3. 资源的整合运用

《纲要》指出，幼儿园要“充分利用自然环境和社区的教育资源，扩展幼儿生活和学习的空间”。因此在此课程的前期、中期、后期，我们都充分利用家长、社区、网络以及园内的多种资源，拓展幼儿的知识面，推进活动的深度开展。当幼儿对豚鼠的食物不甚了解时，我们借助家长资源。借由不同的家长给予幼儿相关的知识。在豚鼠食物初探环节中，了解到豚鼠的食物后，种植园里的瓜果蔬菜以及园内树木的树叶都成了它们的食物来源。

随着信息社会的到来，以多媒体网络为主要特征的信息技术对社会生活的各方面都产生巨大的影响，教育也不例外。多媒体网络教学具有其他教育形式和教育方法无法比拟的优越性。它具有形象性、直观性等特点，还能让幼儿有身临其境的感觉。在豚鼠食物的探索中，单纯的调查问卷不能使幼儿印象深刻，抽象的讲解过程幼儿也只能被动地接受，无法获得对这些过程的深入认识。因此我们利用网络去查找豚鼠食物的制作过程，充分利用网络资源，同时也推动了幼儿的自主学习与探索能力。

（徐婷）

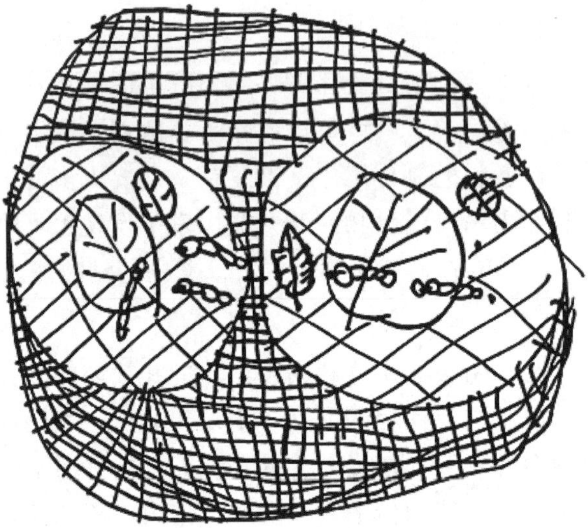

米娜　女　6岁

“窸窸窣窣，窸窸窣窣……”，蚕宝宝吃桑叶吃得好快呀，看起来好像很美味的样子。

六、蚕宝宝成长记

持续时间：2022 年 3 月—2022 年 4 月
年龄段：大班

（一）活动缘起

春天万物复苏，在这生机勃勃充满生命气息的季节里，幼儿园教学楼后的那一排桑树也吐露新芽，青翠而娇嫩。一次散步经过的时候，孩子们七嘴八舌地议论起来：“哇，这里有这么多桑树啊！”“桑树可以干什么用呢？”“桑树结的果子叫桑葚，酸酸甜甜，可好吃了！”“蚕宝宝最喜欢吃桑树的叶子了。”……正值养蚕的最佳时节，于是我就跟孩子们提议，我们将本期的饲养主题定为养蚕。没想到，孩子们一致拍手叫好：“我奶奶家养过蚕宝宝，白白胖胖的，可爱极了。”“老师，我们幼儿园里有这么多的桑树，可以养很多很多的蚕宝宝了。”孩子们热情高涨，恨不得立刻拥有自己的蚕宝宝。

幼儿对小动物有着天生的亲近感，饲养劳动是幼儿园的教育活动之一。《指南》指出："应最大限度地支持和满足幼儿通过直接感知、实际操作和亲身体验获取经验的需要。"为了帮助幼儿和蚕宝宝零距离接触，饲养蚕宝宝的活动拉开帷幕。

（二）活动脉络图

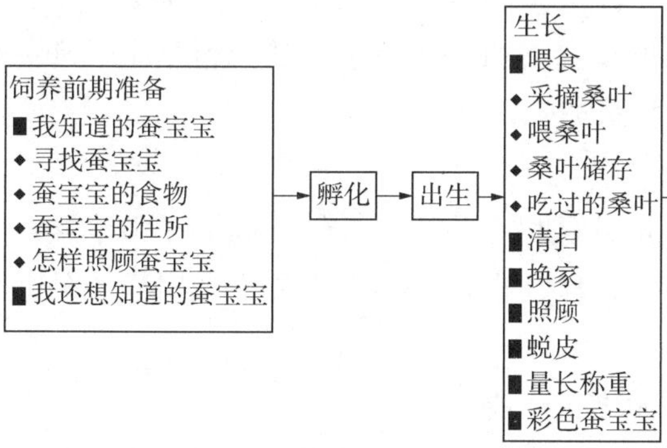

（三）活动网络图

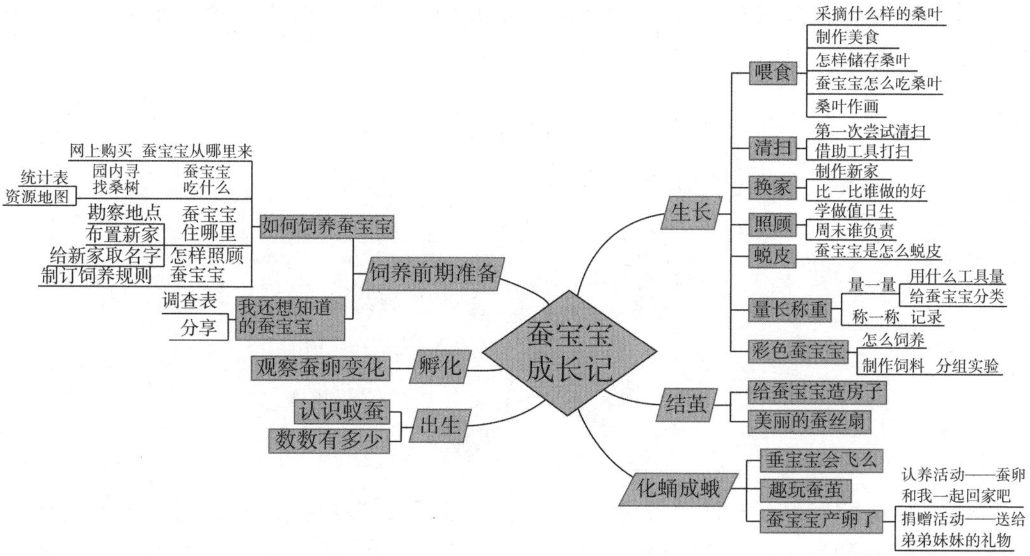

（四）活动过程

1. 饲养前期准备

（1）我知道的蚕宝宝

当幼儿知道班里要饲养蚕宝宝后，表现出极大的热情和积极性，大家对蚕宝宝充满了好奇，一个个问题从小脑袋里蹦了出来，于是我们围绕"如何饲养蚕宝宝"展开了热烈的讨论并积极实践。

1）寻找蚕宝宝

既然已经决定饲养蚕宝宝了，那么蚕宝宝从哪里来呢？幼儿前期有在网上购物的经验，于是向教师建议：“可以在网上买呀！”教师在班级的电脑上打开购物网站，请幼儿说一说打开网站后需要输入的关键词，“蚕宝宝”“蚕”“蚕卵”……教师将与蚕有关的关键词一一输入查询，发现能搜到蚕宝宝和蚕卵两个品种，对于是购买蚕卵还是直接购买蚕宝宝，大家的意见不一，有的说蚕卵太小了，怕孵化不出来；有的说蚕宝宝就是先从卵里出来的，就像小鸡从鸡蛋里生出来一样……最后大家用举手表决的方法决定选择蚕卵。

2）蚕宝宝的食物

大班的幼儿都知道蚕宝宝是最喜欢吃桑叶的，幼儿园除了教学楼后的那一排桑树，还有哪些地方能找到桑叶呢？幼儿自发地利用户外游戏时间在幼儿园各个角落寻找桑树。

琪琪：“桑叶是绿色的，形状像把小扇子。”

皓皓：“桑叶的边上是弯弯曲曲的，像饼干袋子的边一样。”

悦悦：“桑叶有股清香味，大家闻一闻，可别找错了。”

带着这些特征幼儿仔细地分组搜寻着，并把桑树的位置用图画记录的方式一一记录下来，如下图是幼儿园桑叶资源统计：

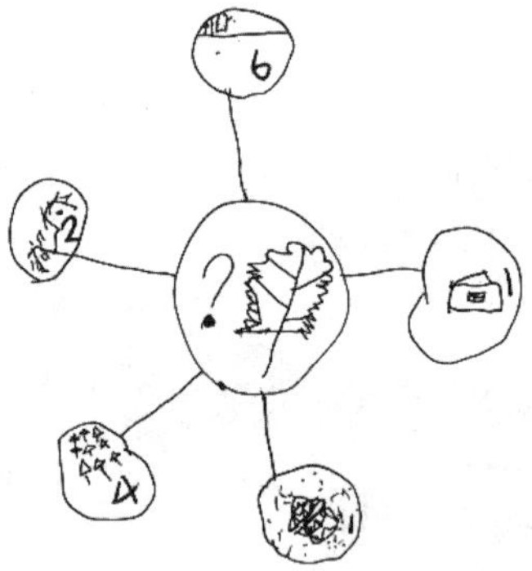

找寻桑树的时候，幼儿十分好奇幼儿园怎么这么多地方都有桑树？大家说出自己的猜测：有的幼儿说是门卫爷爷种的；有的幼儿说以前在绘本上看到过，是小鸟喜欢吃桑葚，没有消化的桑葚种子会随着小鸟的便便排出来，小鸟在哪里拉便便，哪里就会长出小桑树。听了这个答案，大家都觉得实在是太有趣了，原来可以通过小鸟进行种子传播，大自然可真神奇！

教师的感悟：

带着给蚕宝宝寻找食物的任务，幼儿凭借对桑叶的一些基本特征认知，运用各种感官进行观察辨认：眼睛看，小手摸，鼻子闻，在这个过程中，幼儿学到了观察的基本方法，在记录时获得了有关桑树数量、方位的认知经验。

3）蚕宝宝的住所

幼儿在讨论具体饲养计划时，从自身经验出发，除了商讨吃的问题外，还讨论住的问题该如何解决。有幼儿提议把蚕卵放在科学区，这样便于观察、记录。但教室夜里会开消毒灯，蚕宝宝会被紫外线杀死。经过幼儿的一番勘察，最终他们选择在活动室东侧走廊的自然角里饲养蚕宝宝。

位置选好后就要着手为蚕宝宝布置新家了，将自然角白色的壁挂式小方桌展开，用于放置蚕宝宝的饲养盒，接着幼儿通过画一画、剪一剪、贴一贴等多种方式对纸板进行装饰，这就是蚕宝宝家的墙布了，最后再放些鲜花在桌子上，一个温馨的蚕宝宝的家就打造完成了。幼儿看着自己亲手为蚕宝宝布置的小家，都不自觉地嘴角上扬。细心的幼儿还想到自己的居住小区都是有名字的，蚕宝宝的“小区”也要有个好听的名字。幼儿经过商量，最终给蚕宝宝的家取名为“温馨小屋”。

教师的感悟：

在等待蚕卵快递送来的过程中，幼儿没有一味地等待，而是在等待的过程中为蚕宝宝解决“吃”和“住”的问题，这是幼儿能够合理利用时间、具有一定时间规划能力的体现。

4）怎样照顾蚕宝宝

幼儿利用家长资源以及网络资源来了解蚕宝宝的基本习性，通过分享交流，大家一起整理出了一些养蚕小贴士：

① 蚕宝宝喜欢吃新鲜的桑叶。

② 蚕宝宝不能吃有水的桑叶，否则会拉肚子。

③ 蚕宝宝居住的环境需要干净整洁。

④ 蚕宝宝喜欢安静，在观察时要轻声交流，不要大声喊叫。

⑤ 蚕宝宝不喜欢刺激性的气味，例如香水、蚊香、杀虫剂等。

⑥ 蚕宝宝不能被蚊虫叮咬，否则会死掉。

（2）我还想知道的蚕秘密

虽然幼儿已经了解了一些关于蚕宝宝的小知识，但还有很多的秘密需要他们去探索、去发现。对此教师尝试帮幼儿拓宽关于蚕宝宝的知识经验，让幼儿根据自己的兴趣点和爸爸妈妈一起完成关于蚕宝宝的小调查：“关于蚕宝宝，你还想知道哪些事情呢？”集体活动时，大家一起分享了关于蚕宝宝的疑问：“蚕宝宝要过多久才能长大？”“蚕宝宝为什么会吐丝？”“蚕宝宝为什么经过一段时间后会变成蚕蛾？”……问题很多很多，通过调查表的填写与交流，幼儿的兴趣点更丰富了，这也为之后的饲养活动提供了探索方向。

教师的感悟：

家长是幼儿的第一任老师，在活动前请幼儿回家和家长一起查阅资料，查阅资料的过程不仅丰富了幼儿的知识，也增进了亲子情感。

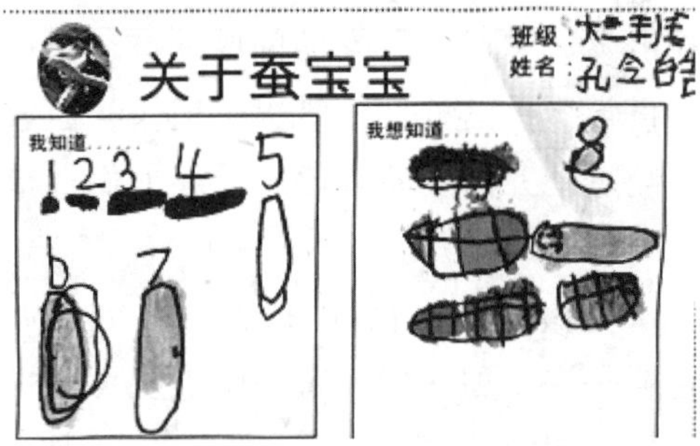

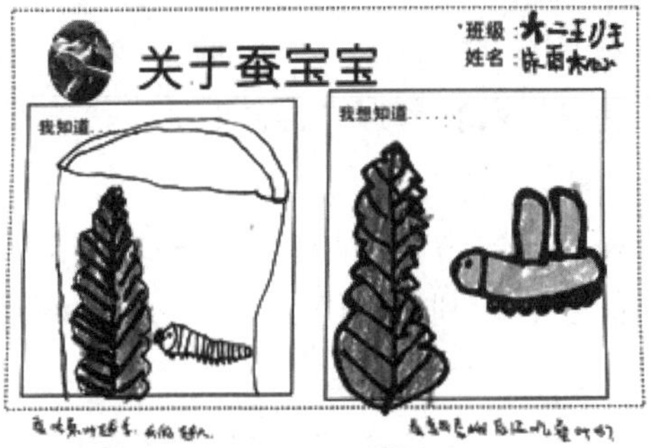

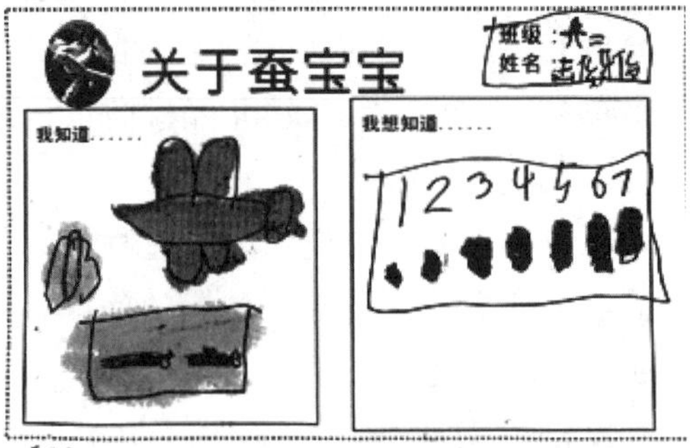

关于蚕宝宝，我知道……	关于蚕宝宝，我想知道……
蚕宝宝会变成蚕蛾	蚕宝宝什么时候长大?
蚕宝宝吃桑叶	蚕为什么会吐丝?
蚕宝宝长大后会变成飞蛾	蚕为什么能变成飞蛾?
蚕卵里会孵化出蚁蚕	蚕宝宝怎么长大的?
蚕吃桑叶越多，长得越快	蚕一共有几龄?
蚕宝宝白白的	蚕吃桑叶是什么样子的?
蚕宝宝会蜕皮	蚕宝宝什么时候会变成飞蛾?
蚕宝宝会吐丝	蚕变成蚕蛾后还吃桑叶吗?
蚕宝宝的粪便是黑色的	蚕宝宝的身体为什么这么软?

2. 孵化

蚕卵的快递很快就到幼儿园了，幼儿迫不及待地打开快递，仔细观察着蚕卵，蚕卵比菜籽还小，像一颗颗小小的种子，他们小心翼翼地把蚕卵放进孵化盒里。一切准备就绪，就等着蚕宝宝出生了。幼儿每天都来观察蚕卵，期待着它们的变化。一天，两天……日子一天天过去了，幼儿等得心急，可是蚕卵依旧没有变化。又过了五天，看着一个个幼儿期盼的眼神，于是教师把蚕卵投放到一体机屏幕上并放大，以便于大家一起观察。出现在屏幕上的蚕卵显得大了很多，幼儿惊奇地发现蚕卵并不是圆溜溜的，而是更像一粒粒缩小的蚕豆米，中间有点凹陷，颜色深深浅浅，有的偏黑色，有点偏褐色。看到蚕卵已经发生变化，在接下来的等待过程中，幼儿似乎淡定了不少。

果不其然，到了第八天，幼儿入班后惊喜地发现，蚕宝宝出生了！

童言趣语：

皓皓："蚕卵太小了。"

辰辰："感觉像个种子。"

皓皓："可以种到地里吗？"

小宇："难道你肚子饿了吗？"（用手指着皓皓）

妞妞："等它再大一点就会孵化了。"

教师的感悟：

蚕卵来到班级后，孩子们很感兴趣，但蚕宝宝的孵化因受时间、温度等因素的影响，需要一个等待的过程，此时的幼儿缺乏耐心，这就需要教师有目的地引导，鼓励他们坚持每天观察蚕卵的变化并记录，这样大大提升了幼儿的持续观察和探究的能力。

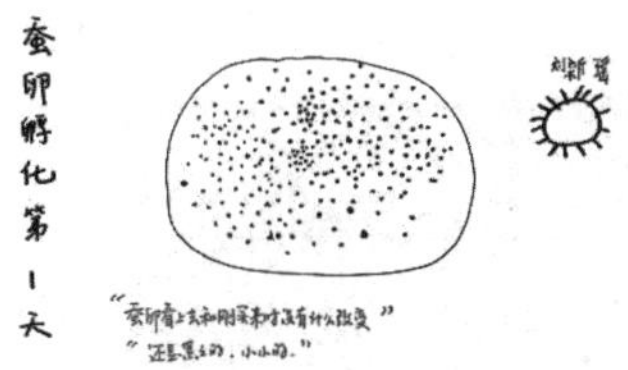

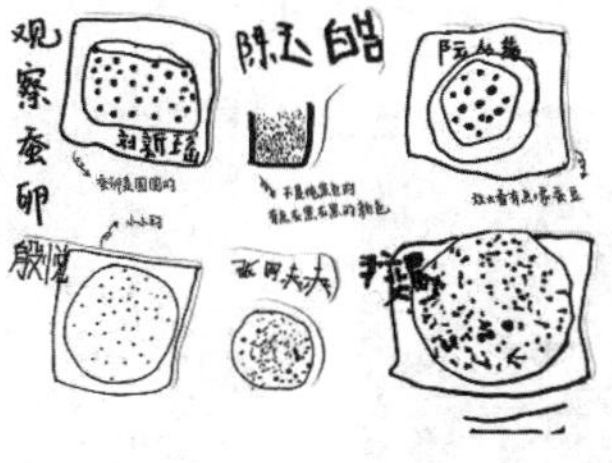

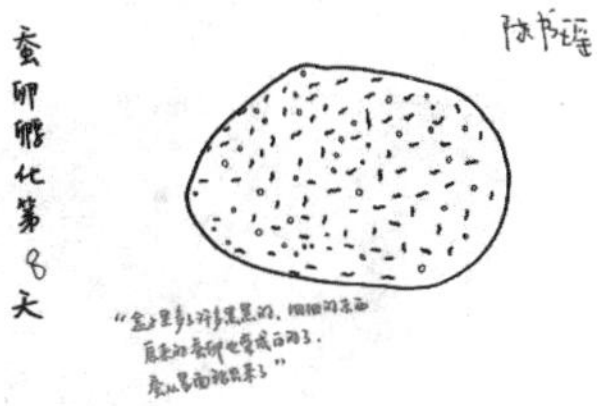

3. 出生

此时的小小透明盒子里有许许多多像毛毛虫一样的东西，有很多都爬到了盒壁和盒盖上。出生后的蚕宝宝小小的、黑黑的，用放大镜去观察还会发现它们身上长着许多黑色的毛毛。"这怎么是蚕宝宝呢，难道我们买错了？""蚕宝宝不是白白胖胖的吗？"带着疑惑，有的幼儿忙着翻阅书籍，有的幼儿忙着查找网络，经过仔细查找对比，他们确定这就是刚出生的蚕宝宝，而且它还有一个名字，叫做"蚁蚕"。

当有幼儿建议数一数一共孵化了多少只蚁蚕时，他们先一只一只地数，发现这样数太慢了，又改成一对一对地数，还是慢，再五个五个地数，数着数着把自己逗乐了，因为蚕蚁又多又小，根本数不清楚。

教师的感悟：

鼓励幼儿自主观察，从蚕宝宝的孵化到出生，幼儿充满着好奇，幼儿在前，教师在后，通过多种方式让幼儿主动认知，获取更多的自主探究的学习机会。

4. 生长

（1）喂食

1）采摘桑叶

虽然和蚕宝宝初次见面，但面对小小的蚁蚕，幼儿并没有手足无措。班上有四名孩子自告奋勇，组成一支小队，想要承担第一次的照顾任务。在征得老师的同意后，四人跨上小篮子就近来到教学楼后的那排桑树前。此时的桑树已经大变样了，树上不再只是小小的嫩芽，而已经是绿油油的桑叶了！见到那一排桑树枝繁叶茂，四人开心极了，迅速采摘起来。因为有前期的知识经验，他们知道蚁蚕是需要吃嫩嫩的叶子的，老的桑叶蚕宝宝咬不动。只听他们一边采摘，一边互相交流：

辰辰："要采那种手能掐得动的叶子，掐不动就老了，掐得动就是嫩的。"

悦悦："还可以根据桑叶颜色分，深绿色是老了，浅绿色就是嫩的。"

不一会儿四个人采了足够多的嫩桑叶。

教师的感悟：

在饲养蚕宝宝之前，正因为大家都认真积极地做好了准备，所以在真正实践时，孩子们才能熟练应对，知道桑树在哪里，知道这时候的蚕宝宝吃什么样的桑叶，一切都是那么的顺理成章，而作为教师，只要退后观察就好。

2）喂桑叶

回到教室，一名幼儿正拿着几片桑叶往盥洗室走去，细心的果果立刻问道："贝贝你干吗？"贝贝一本正经地告诉大家喂蚕宝宝吃的桑叶要洗干净，平时大家在吃饭前都是要洗手的，喂蚁蚕之前更要洗手，说完将手和桑叶都洗得干干净净。其他幼儿见状也跟着去盥洗室洗干净小手，接着用纸巾将手上和桑叶上的水全部擦干，再用干净的剪刀将桑叶剪成细细的条状，轻轻撒入蚁蚕盒子中，一系列操作，有模有样。

蚁蚕的第一顿大餐开始了，不一会儿，原本平整的叶子边缘出现了小小的缺口，幼儿兴奋地拿来放大镜仔细观察，发现小小的蚁蚕正在一点一点啃食着桑叶，仿佛很好吃的样子。

教师的感悟：

幼儿能联系平时的生活经验“餐前洗手”，完成第一次喂食任务。在这一过程中，幼儿能熟练地使用剪刀，将桑叶剪成小条，幼儿已有的劳动技能以及他们对蚕宝宝的细心照顾让此次饲养劳动顺利开展。

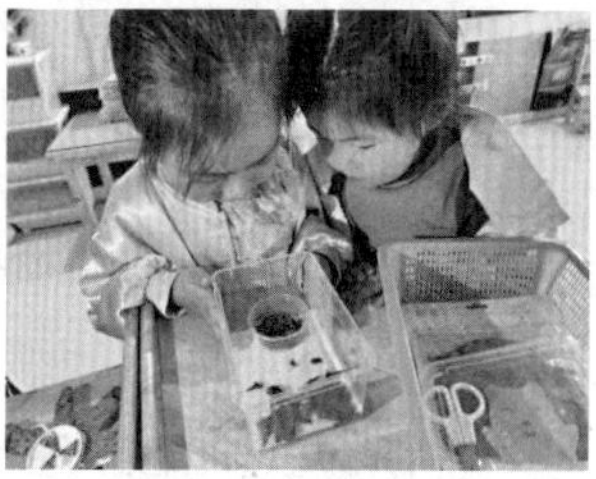

3）桑叶储存

由于蚁蚕的食量较小，幼儿发现采来的桑叶有点多了，蚕宝宝根本吃不完，扔了很浪费，放在篮子里很快就不新鲜了。怎样储存合适呢？幼儿想出各种各样的办法，有的说用保鲜膜包起来，有的说用塑料袋扎起来……最后发现用装口罩的密封袋很方便：方形的塑料袋，大小正适合装桑叶，在封口处还有密封条，桑叶装好后压紧密封条就可以了。

第二天，幼儿发现用密封袋储存的方法是最简单有效的，打开袋子后，桑叶还是很新鲜，嫩嫩的。

教师的感悟：

在饲养过程中，一个个问题接踵而来，此时孩子们并没有退缩，而是一一化解，从问题提出到问题解决，孩子们收获了成功的喜悦。这样的科学探究活动提升了幼儿发现问题和解决问题的能力。

4）吃过的桑叶

蚕宝宝慢慢地长大了一点，幼儿就将整片嫩嫩的桑叶投喂进去。他们对蚕宝宝吃桑叶十分感兴趣，想要看得更清楚一些。为了满足他们的愿望，教师上网搜集了有关蚕宝宝进食的视频，并借助一体机播放给孩子们看，只见蚕宝宝小小的脑袋一点点地来回晃动，不一会儿完整的桑叶上就出现了一道弯弯的痕迹。幼儿一边观看一边赞叹，直呼太有趣了。

大一点的蚕宝宝吃桑叶的速度更快，几片完整的桑叶放进去不一会儿就被啃得全是小洞，不得不说，蚕宝宝真称得上是杰出的“艺术家”，吃过的桑叶都那么有艺术感。将蚕宝宝吃过的桑叶放到美工区，幼儿在区域游戏时选取一些被蚕宝宝“创作”过的桑叶，稍加装饰，然后把它们装裱起来，用来装扮活动室，甚是好看。

教师的感悟：

当幼儿对蚕宝宝吃桑叶感兴趣时，教师利用多媒体播放清晰完整的视频，让幼儿更直观地、更细致地观察蚕宝宝进食的整个过程，满足了幼儿的好奇心，同时也引导幼儿要有一双善于发现美的眼睛，让活动开展得更丰富！

（2）清扫

每次投喂的桑叶在饲养盒里经过一天之后，就会失去水分，全都卷曲在一起，变得干干的、脆脆的，这样的桑叶蚕宝宝是不能吃的，而且蚕宝宝拉出的便便也都混在里面，很不卫生，一个干净整洁的环境才能让蚕宝宝健康地成长。通过亲身体验，幼儿发现蚁蚕时期的清理工作是比较困难的。在清理桑叶时，卷曲的桑叶里也会藏有蚁蚕，需要特别仔细地检查。幼儿从自然角的材料柜里找来手套，到教室里找来垃圾桶，一切准备工作就绪，开始清理干枯的桑叶，在清理几片之后发现戴着手套实在不方便，于是脱掉手套，将手洗干净后直接用手清理。他们又从活动室取来餐巾纸，将餐巾纸铺在一个空篮子里，拿出桑叶一片一片仔细检查。如果没有发现蚁蚕，就将桑叶放在另一个空篮子中；如果叶子上有蚁蚕，就将这片叶子上带有蚁蚕的部分轻轻撕下来放在餐巾纸上。初次检查完毕后，幼儿还不是很放心，担心小小的蚁蚕会卷在桑叶里不易被发现，于是又对篮子里已经检查过的桑叶进行第二次检查。这样的过程重复了三次，才将桑叶全都扔进垃圾桶里，然后将餐巾纸上的蚁蚕移入饲养盒中，放入新鲜的桑叶。

尽管第一次的蚁蚕清理工作完成了，但是这样的方法太耗费时间了，怎样才能清理得更快一点呢？有什么工具可以帮忙吗？在寻找工具时，幼儿在美工区发现毛笔，于是将毛笔洗干净晾干；幼儿还想到了羽毛，但是在活动室里没有找到羽毛，于是决定中午散步时到园里找一找，寻找一番未果，突然想到饲养园里有鸡，可以去那里看看有没有鸡毛，果真找到一些。回到教室后，大家将鸡毛放到水里洗干净，晾在窗边。等毛笔和鸡毛完全晾干，又用酒精喷洒消毒后一起放到了自然角。

接下来的清扫活动，似乎就轻松快捷多了。幼儿用毛笔或羽毛先轻轻地将蚁蚕刷到新鲜的桑叶上，然后清理饲养盒，最后把蚕宝宝连同桑叶一同放回去。同时在实践过程中，幼儿发现蚁蚕期两三天清扫一次就可以了，等蚕宝宝长大后就需要每天清扫了。

教师的感悟：

幼儿的耐心与细心，来自他们对小生命的关心与爱护。给蚁蚕进行的清扫活动，反映出幼儿在清理过程中的条理性，也充分体现出幼儿对小生命的爱惜之情。

在具体实践中，教师的适时参与让幼儿不断掌握饲养劳动的技巧，从而保证了本次饲养活动的开展得以更加细致、全面。

（3）换家

蚕卵没有孵化前，是放在一个小小的饲养盒里的。蚁蚕孵化出来后，小小的饲养盒就不适合蚁蚕生活了，因为孵化盒实在是太小了，教师鼓励幼儿为蚕宝宝造个新家。幼儿在心情日记本上为蚁蚕设计新家，像设计师一样将家设计好后，分享着自己的设计，并到处寻找材料来为蚁蚕造家。有的是用黏土盒子，有的用建构区的鞋盒、奶粉罐，有的用卷纸筒等，孩子们忙碌地制作着。做好蚕宝宝的家后，大家一起围着参观，最后投票选出金金制作的房子，选择的理由是房子不仅轻便、美观而且易消毒打扫。金金制作的房子用了一个绿色方形的月饼盒，外面用黏土捏出桑叶、蚕宝宝等手工作品进行装饰，金金觉得自己的房子被选中非常有成就感。

教师的感悟：

当幼儿发现蚕宝宝的家太小，想要为蚕宝宝制作新家时，他们先进行构思、设计，然后再进行制作，最后投票选出最佳。这一系列过程提高了幼儿参与活动的主动性和积极性。

温馨提示：

由于蚕宝宝对一些有毒有害气体非常敏感，因此在饲养蚕宝宝时禁止使用蚊香类产品。

（4）照顾

自从蚕宝宝在班上安家后，幼儿都深深地喜欢上了它们，时刻争抢着照顾蚕宝宝。有时候发现刚刚喂过蚕宝宝桑叶，又有人来投喂了。如何确保每位幼儿都能亲身体验当饲养员，并能定时定量喂养蚕宝宝呢？于是，小小养蚕值日生这个“职业”就诞生了。

怎么分组做值日生？怎么照顾蚕宝宝？照顾蚕宝宝需要哪些工具？有哪些事情需要做？最后，幼儿商讨设计出《蚕宝宝，我来照顾你》的记录表，记录表中主要分喂养、记录与清扫三块内容，幼儿需要分成三组，每组六人，每两人负责一件事情，孩子们在完成自己的任务后，在记录表上相应位置写上自己的名字，以便于其他幼儿了解这件事情已经完成了。

可当饲养蚕宝宝的第一个星期五来临，问题又来了："周末放假了蚕宝宝怎么办？"有幼儿提议把蚕宝宝放在教室里，多喂它们一些桑叶，够它们吃两天的就可以了。但立刻有孩子反对："蚕宝宝喜欢吃新鲜的桑叶，吃干掉的桑叶会生病的。"又有幼儿提议周末可以把蚕宝宝带回家，想法非常好，但周末由谁带回家呢？大家都想带回去，怎么办？于是一场"假期我来照顾你"的选拔赛开始了，幼儿需要用"因为……所以……""不但……而且……"的句式说出饲养理由。最终有三名幼儿认养成功，理由是他们三个最认真观察、最爱护蚕宝宝、做事很细心。要知道将蚕宝宝带回家是一件令幼儿非常自豪的事情！被大家选出来照顾蚕宝宝的幼儿要在《假期我来照顾你——蚕宝宝》记录表上进行记录。

随着蚕宝宝渐渐长大，蚕宝宝的食量越来越大了，为了给它们提供新鲜充足的桑叶，周末孩子们还会请爸爸妈妈一起去附近给蚕宝宝寻找食物。

教师的感悟：

在照顾蚕宝宝的过程中，通过和幼儿一起讨论、交流，最终商讨出轮流做值日生，并使用记录表进行记录的方案。周末放假将蚕宝宝带回家，也为家庭提供了亲子一起参与饲养蚕宝宝的探究活动。

（5）蜕皮

幼儿每天都会关注蚕宝宝的变化，这天就听到自然角传来一句："快来看，这是虫子吗？"大家赶紧围上去，只见有一个黑黑灰灰的东西粘在桑叶上。有的说不是虫子，没看到眼睛和腿，而且一动不动；有的说这是死了的蚕宝宝；还有的说妈妈每天都会带他在网上看一些关于蚕宝宝的视频，这应该是蚕宝宝蜕的皮。教师肯定了最后一名幼儿的说法，告诉幼儿蚕宝宝一生要经过四次蜕皮才会真正长大。但是蚕宝宝是如何蜕皮的呢？为了让所有幼儿都能了解这一过程，教师结合书籍和视频，让幼儿从另一角度去清晰地观察，细心的他们最后总结：蚕宝宝是先从头部开始出来，然后不断地伸缩身体从旧的蚕皮里一点点爬出来，蜕皮后的蚕宝宝会变得更白，没有蜕皮的蚕宝宝颜色有点黄。

在接下来的饲养中，幼儿更加细致地观察，偶尔也能捕捉到蚕宝宝在蜕皮，这些幼儿都记录在饲养日记中了。

教师的感悟：

当幼儿对蚕宝宝如何蜕皮产生疑惑时，教师提供了蚕宝宝蜕皮的过程视频，让幼儿更直观地观察到蚕宝宝的蜕皮这一神奇过程，进一步激发了幼儿观察饲养的兴趣。

（6）量长称重

经过一段时间的精心照顾，幼儿感觉蚕宝宝明显长大了，但大小不一，有粗有细。教师引导幼儿展开讨论，用什么办法比较出蚕宝宝的长短呢？有幼儿说用尺量，也有幼儿说用毛线、吸管、回形针等等。于是教师建议他们将自己想到的测量工具都收集起来，每件试用一下。经过一一操作，记录如下：

蚕宝宝测量工具优缺点对比表

工具	优点	缺点
尺	能测量出蚕宝宝的具体长度	长了，放不进蚕宝宝的房子
毛线	可长可短	量不出具体长度
回形针	操作方便	短了，不够量，量不出具体长度
吸管、笔	量得快，比较长	量不出具体长度
软尺	质地软，能测量出蚕宝宝的具体长度	/

幼儿在操作比对后，最终选择用软尺给蚕宝宝测量。但在用软尺测量蚕宝宝有多长时，有的幼儿没有从“0”开始测量。针对这种情况，教师和幼儿一起学习软尺的正确使用方法，他们发现软尺不光能量蚕宝宝的长短，还能量蚕宝宝的粗细。接着，教师交代任务，分小组将所有的蚕宝宝进行测量，然后根据标准将蚕宝宝分为上中下三等，具体统计结果如下：

蚕宝宝身长统计表

类别	数量（只）
上等蚕（＞5 厘米）	32
中等蚕（3—5 厘米）	41
下等蚕（＜3 厘米）	28

给蚕宝宝量过身长之后，幼儿还想给蚕宝宝称一称体重。蚕宝宝这么小，用什么秤来称呢？幼儿想到了生活馆里有称食材的电子小秤，抱着试一试的想法，分别从上、中、下三个等级蚕宝宝中挑选出三只来称重。幼儿打开小秤开关，将要称重的蚕宝宝轻轻放进托盘。第一只蚕宝宝的重量显示是 5.5 克，第二只蚕宝宝的重量是 5 克，第三只蚕宝宝的重量是 4 克，原来蚕宝宝重量跟长度是成正比的，越是长的蚕宝宝越重。

值得一提的是，在接下来的喂养过程中，那些下等蚕宝宝得到了幼儿更多的照顾与关爱，经常听到“蚕宝宝你要多吃点啦”“你要长得白白胖胖超过它”等诸多的童言稚语。

教师的感悟：

本次量长称重活动，幼儿能尝试用不同的工具进行测量，并择选出最合适的工具，自主探究能力再次提升。同时幼儿也掌握了初步的数学学习方法与概念，例如测量、记录、比较等等。

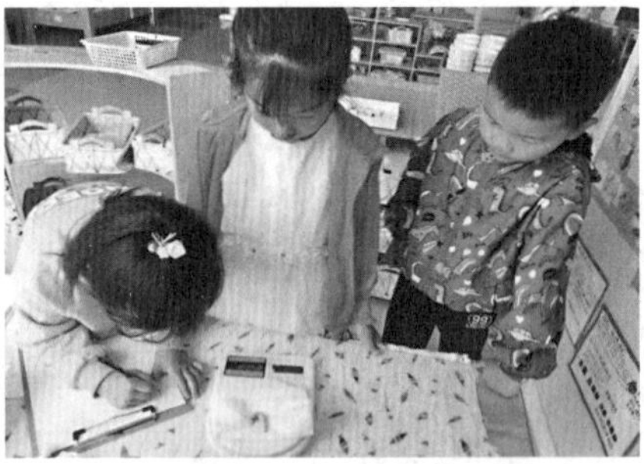

（7）彩色蚕宝宝

饲养之初，就有幼儿提出疑问：“蚕宝宝只有白色的吗？”“会有其他颜色的蚕宝宝吗？”为了满足幼儿的好奇心，同时让本次饲养活动开展得更加丰富多彩，教师建议他们回家后和爸爸妈妈一起找一找答案，看看怎样才能饲养出彩色的蚕。

第二天，幼儿就带着答案和大家一起分享了：“我觉得可以给蚕宝宝吃有颜色的食物，这样它们就能变色了吧。”“用一点点颜料给它们染色。”“用颜料有毒的吧，不行不行。”“我跟妈妈咨询过卖蚕宝宝的店家了，他说可以用彩色饲料来喂。”用彩色饲料喂养在幼儿看来是最科学的方法了，为了更好地支持他们进一步探索，班级购买了彩色饲料。

神奇的彩色蚕宝宝实验就要开始了，幼儿都异常兴奋，为了使实验过程更为严谨有序，教师与幼儿一起制订实验方案。

1）实验准备

购买回来的彩色饲料有红、紫、黄、蓝、白五种颜色，幼儿根据自己想要实验的颜色进行了分组。参考彩色饲料卖家提供的《操作手册》，每组需要的物品如下：

有活力的蚕宝宝五只，对应颜色的饲料一盒，颜色标签两个，一次性杯子一只，搅拌棒一支，小篮子一个，新鲜桑叶，餐巾纸。

2）实验过程

第一步：泡发饲料

按照《操作手册》，取适量干饲料放进一次性杯子里，用凉开水浸泡超过二十分钟，过程中可以用搅拌棒多次搅拌。

第二步：抹饲料

《操作手册》上给出的注意事项提到：如果蚕宝宝一出生就吃饲料可以直接用泡好的饲料喂食，如果出生后先吃了桑叶，那么就需要在桑叶的背面抹上泡好的饲料再喂食，否则已经吃过桑叶的蚕宝宝是不会直接吃饲料的，幼儿将各自小组泡好的饲料倒在干净的餐巾纸上，再用纸巾将饲料里多余的水分吸掉，防止蚕宝宝吃了水分过多的食物而死掉。接下来为了更方便涂抹饲料，幼儿将手洗净，直接用手拿取饲料涂抹，让饲料均匀地分布在桑叶的背面。

第三步：喂食

待抹好饲料的桑叶完全干透后，放进盒子里，就等着蚕宝宝开吃了。一小时过了，蚕宝宝纹丝不动，再看看桑叶，丝毫没有被咬过的痕迹。两个小时过去了，蚕宝宝一个个昂起了头，有幼儿焦急地催促道："你们饿了吗，快吃饭呀！""难道你们也挑食？"大约又过了四十分钟，只见紫色小组的蚕宝宝首先开始吃了，幼儿兴奋不已，紧接着其他小组的蚕宝宝也陆续吃了起来，大家一颗悬着的心终于落下来了。

第四步：结果

彩色饲料喂养实验已经进行一周了，紫色小组的幼儿惊喜地发现，他们小组的蚕宝宝身体已经有点变色了，微微的泛紫，随着时间的推移，颜色越来越深。而其他小组的幼儿并没有发现蚕宝宝变色，有点失望。为此我们咨询了卖家，可能是彩色饲料喂养的时间太短了，如果能在蚕宝宝刚出生，没有吃过桑叶的时候去给它们喂彩色饲料，一定会饲养出彩色的蚕宝宝。

教师的感悟：

饲养彩色蚕宝宝是一项新技术，具有较高的知识性、科学性、趣味性。实验是帮助幼儿获得经验的最直观途径，虽然本次实验没有完全成功，但幼儿能在活动中不断探索，从而积累更多饲养经验，呈现了不一样的饲养活动。

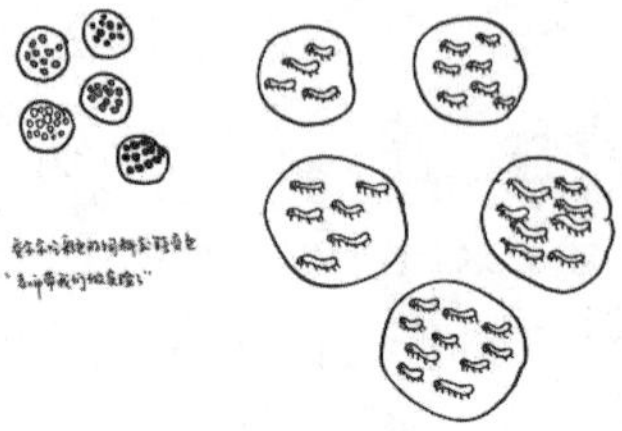

5. 结茧

（1）造房子

从蚕卵进班开始算，饲养活动已经开展了整整二十九天，蚕宝宝也经历了四次休眠，终于长成了五龄幼虫。这天晨锻结束回到活动室，路过自然角，幼儿惊奇地发现，在绿色的桑叶下有一小团白白的像蜘蛛网一样的东西，里面隐约有一只蚕宝宝的上半身一直在动。幼儿在教师的提醒下，赶忙翻阅图书查看，通过观察、比对：原来这是蚕宝宝在吐丝，要结茧了，这时候最好能造个房子帮助它们去结茧。因为上午安排有其他的学习任务，幼儿决定下午再来帮助它们，可等下午起床后，发现这只蚕宝宝已经把自己完全包裹进去，看不见了。

看来造房子的事刻不容缓了，怎么帮助蚕宝宝造房子呢，幼儿从阅读区找到了关于蚕宝宝的绘本，从上面学习造房子的方法。到建构区找来了鞋盒，准备用小剪刀将鞋盒剪开，小剪刀太小了，剪不开硬硬的纸盒，在征得老师的同意后用大剪刀将鞋盒剪开，接着测量画线，剪出若干条五厘米宽的长条纸板，在纸板的一边等距离剪出小口，将小口对插制作成格子房，将它放到蚕宝宝的家中，让蚕宝宝爬到格子里吐丝结茧。第二天一早，幼儿惊奇地发现有十多只蚕宝宝爬到格子房里结茧了，规模很是壮观。大家兴奋极了，你一言我一语，想法可多了！

洋洋：“蚕宝宝肯定在里面睡大觉了。”

萌萌：“我看到它一直在里面动呢。”

妞妞：“可能在我们睡觉的时候开始吐丝，吐着吐着，变成一个胖子，变成一个大圆球了。”

熙熙：“这个蚕茧圆圆的，是椭圆形的。”

幼儿在记录本上记录着蚕宝宝的变化，看着朝夕相处的好朋友一个个都躲进了蚕茧里，大伙还有点舍不得呢！

教师的感悟：

当幼儿遇到问题时，教师没有立刻给出答案，而是让他们通过查阅书籍答疑解惑，这是幼儿学习能力的又一次提升。

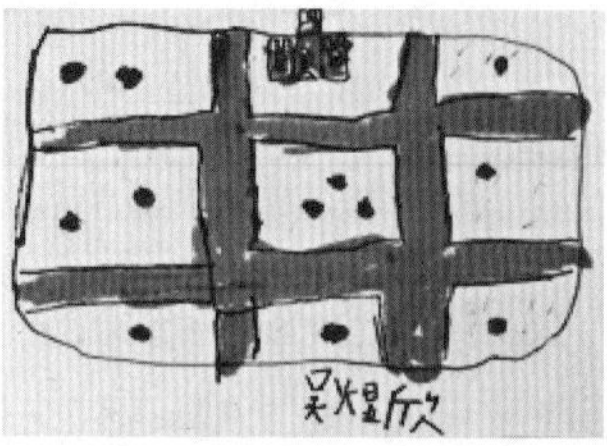

（2）蚕丝扇

可能是这段时间太关注蚕宝宝了，不经意间一个蚕宝宝“做”蚕丝扇的视频推送过来，瞬间吸引了大家的注意。恰逢这几天我们的蚕宝宝正在吐丝，不妨来试一试呢。幼儿找来美工区的一把绘画用的纸质折扇，在教师的帮助下，去除了扇面，只留下木质扇骨，并用两个大号燕尾夹夹住扇子把手处，立在事先准备好的匾子里。一切准备就绪，就等“纺织工”来工作了，盼望着，盼望着，它们果真爬上来了，先是一只，后来四只、五只，直到最后幼儿数数有十二只胖嘟嘟的蚕宝宝爬上来了，它们来来回回爬动吐丝，虽然很慢，但一直未停止，幼儿只要一得空就围过来欣赏。

萌萌：“蚕宝宝你们不累吗，要不要休息一会儿？”

浩浩：“蚕宝宝你们不要全往这边挤，这边太多了，去那边织呀，你们要分工合作。”

妞妞：“我的天啊，这要织到什么时候？”

大约过了两天，一把雪白的蚕丝扇就出现了，虽然织得有点不均匀，但幼儿都觉得这简直太神奇了，同时也感叹蚕宝宝真的是艺术家，不仅能在桑叶上“作画”，还能“做”扇子呢！

幼儿将织完扇子的“功臣们”小心地取下来，放回它们家里。（经过后续观察，它们有的还继续结茧化蛹，不过茧比较薄，也有的不结茧直接找个角落化蛹了。）

教师的感悟：

在蚕宝宝吐丝结茧这个环节，教师不仅让幼儿观察到了蚕宝宝正常结茧的过程，还为他们创设了蚕宝宝吐丝做蚕丝扇的场景，开阔了幼儿的眼界。

6. 化蛹成蛾

4月18日，蚕茧又有了新变化，现在的它是白白的，但摸上去硬硬的，幼儿在之前观看视频时了解到蚕茧可以抽丝制作生活物品，为了要抽出完整的丝，蚕茧不能坏掉，在缫丝时要先将蚕茧放到热水里煮一煮，煮完后，蚕蛹就会死掉。幼儿不忍让蚕蛹死掉，为了尊重幼儿的意见，我们打算等待所有的蚕宝宝化蛹成蛾。

4月22日，蚕蛾终于破茧而出，钻了出来。孩子们兴奋地交流着：

熙熙："蚕蛾会飞走吗？"

芸芸："蚕蛾有翅膀，肯定会飞走的。"

轩轩："我们用蚊帐盖起来，它就不会飞走了。"

对于蚕蛾会不会飞走这个问题，他们充满了好奇，教师提议回去和爸爸妈妈一起找答案。第二天，幼儿就带来了答案：蚕蛾的形状像蝴蝶，但由于两对翅较小，已失去飞翔能力。了解到这个知识点后，幼儿放心地将纱网拿掉，这样便于观察蚕蛾。

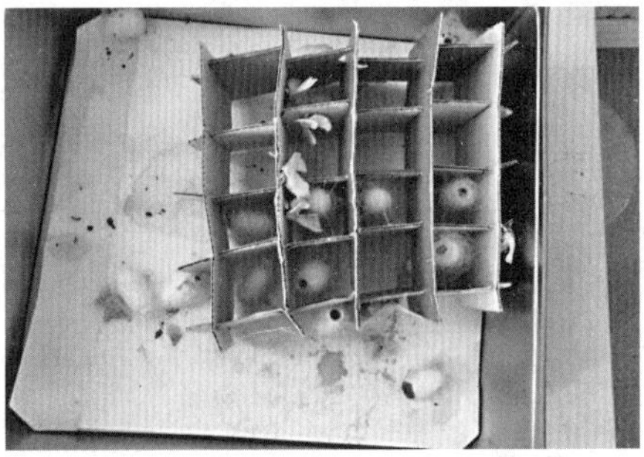

（1）趣玩蚕茧

随着蚕蛾一只只破茧而出，教师提议将空了的蚕茧投放到美工区，幼儿在区域活动时，通过裁剪、粘贴、添画等方式，做出了一件件别致的手工制品，有美丽的蚕茧花，有可爱的小猫咪，还有套在手指上的可爱的手偶……

（2）产卵

经过一个周末，周一早上来园，幼儿发现蚕蛾产下了许多卵，小朋友们观察发现蚕蛾刚产下的蚕卵是黄色的，经过一两天后变为玫瑰色，又经过三四天后变为紫黑色，形状为扁圆形、中间凹下去，大小和米粒差不多。

看着新产出的蚕卵，幼儿又发愁了，接下来的蚕卵怎么办？经过激烈而紧张的讨论，最终大家商量出两种方案，一是作为毕业礼物，由大家领养蚕卵，继续进行饲养观察，以后可以在班级群里交流养蚕心得；二是作为礼物留一部分蚕卵给下一届的弟弟妹妹，让弟弟妹妹们饲养。于是，“蚕卵和我一起回家吧”认养活动、“送给弟弟妹妹的礼物”捐赠活动在幼儿园里热热闹闹地进行着……

教师的感悟：

蚕宝宝的饲养活动并不因为结茧、产卵而结束，教师要不断开发蚕宝宝的课程资源，让活动更加生动有趣。

温馨提示：

1. 不可在干燥、高温条件下保存蚕卵，会导致蚕卵失水死亡。

2. 防止发霉和其他昆虫啃食蚕卵。

3. 冷藏保存，可以用一次性饭盒或者塑料袋存放蚕卵，将蚕卵放入5摄氏度的冰箱。

4. 常温保存，选择阴凉环境保存，将蚕卵放在鞋盒里，置于床底或地下室保存。

（五）活动反思

养蚕活动是一个长期、持续的过程，在养蚕过程中，幼儿通过观察、比较、测量等多种方式感知蚕宝宝的每一步成长，在蚕宝宝成长的同时，幼儿、教师也在不断地成长、获得新的经验。

1. 饲养活动有助于幼儿初步了解生命周期

为期一个多月的蚕宝宝活动结束啦，幼儿在照顾蚕宝宝的过程中，知道蚕的一生要经过卵、幼虫、蛹和成虫四个阶段。蛾能够产卵，在一定的条件下能够重新孵化出蚁蚕，幼儿真切地感受到生命的神奇与延续。在饲养蚕宝宝的过程中，孩子们和蚕宝宝经历了一段感受生命的奇妙旅程。

2. 饲养活动有助于提升幼儿的饲养技能

在蚕卵来到班级后，幼儿决定将蚕卵放到自然角进行饲养，他们每天入园后都会拿着放大镜观察蚕卵的变化。在期盼中，蚁蚕从蚕卵中孵化出来，在喂蚕食物的时候，幼儿不仅了解到蚁蚕需要吃嫩嫩的、碎碎的桑叶，还了解到桑叶慢慢长大后，桑树上还会结出桑葚。蚕宝宝长大后，就不需要像蚁蚕那样喂得非常精细，只需将桑叶放入饲养盒中，蚕宝宝就能自己吃了。在给蚕宝宝清扫时，幼儿第一次是用手，后来发现太慢了，于是在网上搜寻清扫方法，用毛笔和羽毛清扫，速度快了很多。随着蚕宝宝渐渐长大，清扫起来就方便多了。蚕卵开始住在孵化盒里，蚁蚕孵化后，孵化盒就不能满足蚁蚕生长需要了，幼儿自己设计制作蚕宝宝的家，在饲养劳动过程中，通过实践操作，孩子们丰富了饲养蚕宝宝的经验。在整个饲养蚕宝宝的过程中，教师应经常用提问的方式，引导幼儿有目的地观察，促进幼儿观察力与持续性的发展。

3. 饲养活动坚持以幼儿为中心

在饲养中，始终坚持以“幼儿为中心”的指导方针。5—6 岁大班幼儿思维的主要特点仍是以具体形象思维为主，所以在活动中，教师指导幼儿应以幼儿为中心，提供适合大班幼儿的支持，促进幼儿饲养劳动技能的提升。当幼儿观察后发现一些问题向教师求助时，教师可以和幼儿一起通过网络及相关书籍获取答案，通过实际活动支持幼儿。在活动中，教师以关怀、接纳的态度与幼儿交往，随时倾听他们的想法和感受，从中发现幼儿的兴趣点并进行价值判断，以确保这些活动对幼儿有意义。教师也要成为活动的支持者，对幼儿的兴趣、需要，用赞许、肯定、好奇的语言支持幼儿进行更深一步的探索。幼儿园的课程存在于幼儿的生活、行动之中，存在于幼儿发现、解决问题的过程之中。作为教师，我们应关注幼儿的生活，捕捉幼儿的兴趣和需要，发现有价值的资源和线索，顺应幼儿天性，展开形式多样、内容丰富有趣的活动。

4. 饲养活动有助于幼儿持续记录能力的发展

在饲养蚕宝宝这一过程中，幼儿培养了持续观察记录的能力，通过对幼儿的记录进行分享和总结，幼儿了解了蚕宝宝的生命周期，同时了解了长期持续记录的意义。如：蚕卵刚到班级后由于气温太低，蚁蚕并没有像饲养说明书上说的孵化时间按时孵出，而是经过一周后才孵化出来，幼儿从记录中了解到蚕卵孵化需要适合的温度。

环境生成课程，课程来源于生活。在养蚕的日子里，幼儿从中发现问题并解决问题；学习关于蚕宝宝的相关知识，还了解到蚕宝宝是如何延续生命的，培养了仔细观察并认真记录的良好习惯！饲养蚕宝宝的这一过程暂告一段落，但是幼儿喜欢探究、乐于探索的品质仍在继续发展，期待孩子们有更多的探索与发现。

（丁美婷）

第八章

公共区域饲养劳动

第一节
公共区域饲养劳动如何促进幼儿的发展

七月　男　5岁4个月

在我们的饲养园里，有各种各样的小动物，我最喜欢的就是去逗逗珍珠鸡、听听它的叫声，还喜欢捡鸡蛋，喂菜叶子给大公鸡和老母鸡吃，我还常常和我的小伙伴们一起去给小动物们打扫卫生，因为我是小小饲养员。

一、公共区域饲养劳动的价值分析

公共区域饲养是指在幼儿园专用场地、角落开展的饲养活动。这些场地空间相对开阔，经过专业处理，可以饲养家禽、家畜等较大的动物。在组织形式上有班级饲养和全园参与两种形式。班级饲养是指不同班级饲养不同动物，各班各司其职照顾自己班级的小动物，还可以观察其他班级的动物，如班级饲养的兔子、豚鼠生长繁殖后，班级已经容纳不下它们，就可以在户外合适的区域建笼舍进行圈养。全园共同参与的饲养是指没有指向性的饲养任务，各班轮流照顾、观察，由特别感兴趣的幼儿或班级重点观察照料。

公共区域饲养劳动具有以下几个特点：

（一）公共区域饲养劳动具有计划性

公共区域饲养劳动虽然是各班轮流，但由于年龄段不同，开展的劳动内容和形式也不一样，因此需要统筹好各年龄段的劳动内容，避免有疏漏的地方。如公共区域的大扫除和消毒工作是由大班幼儿承担的，他们在饲养计划中就要加入这项劳动内容；再如：节假日前，也要有计划地准备好动物们的粮食；豚鼠等需要加工制作食物的，也要根据存粮的情况，提前列入准备计划；动物们喜欢吃什么蔬菜，需提前在种植园种植计划中列入……正是幼儿园、班级、幼儿做好计划，才能让饲养劳动有序开展，让动物干净、快乐长大。

（二）公共区域饲养劳动具有合作性

公共区域饲养的动物一般比班级饲养的动物要大、要多，因此，它们占用的空间也大，所需食物也多，所开展的劳动也相对复杂一些。如对于小鸡们的喂食器，幼儿手部力量不够，一人难以拧开，需两人合作，一人抓紧底部，一人用力拧上部，才能打开；所需食物量大，可能需要两人抬、一起到种植园采摘，或到生活馆加工；打扫、消毒需要小组合作完成。

（三）公共区域饲养劳动具有互鉴性

公共区域饲养任务是轮流进行的，各班在轮值时的观察发现、劳动的经验总结、提炼的注意事项等都会记录在饲养笔记中。这样，大家在翻阅时，这些信息就可以互鉴。虽然各年龄段的饲养任务不一样，但班级间可以观摩照料过程。有现场观摩、有交流沟通，很多打扫经验才能相互传递。有特殊劳动任务时，如大清扫、消毒、建造动物餐厅等，这些劳动过程会以儿童海报的形式呈现，让全园幼儿了解劳动过程，提升劳动经验。

在公共区域饲养劳动中，幼儿可能获得以下发展：

1. 健康

公共区域饲养大多在户外，除了动物需要适应户外环境气候外，幼儿也需要适应较热或较冷的环境去观察、照顾动物。公共饲养区域大多面积较大、笼舍结构复杂，因此在进行饲养劳动时粗大动作、精细动作都能得到发展。幼儿在饲养过程中会面临来自饲养对象、使用的工具、饲养过程中的各种安全隐患所引发的问题，因此饲养过程也增强了幼儿的自我保护意识和能力。

2. 语言

公共区域饲养营造了一种更为宽松的氛围，幼儿的观察发现、完成任务情况都可以与同伴、与教师进行交流、讨论。幼儿大胆清楚地讲述自己的发现、想法和做法，努力让他人听懂自己的表述，能报告公共区域饲养劳动的过程和结果，并能用口头或书面（图画、符号、表格、文字）等方式表达自己的想法、做法。在饲养过程中，遇到问题去询问有经验的成人，不知不觉中提高了语言表达能力。

3. 社会

公共区域饲养涉及班级与班级活动的相互观摩、班级与班级任务的相互交接，因此社会性发展更为明显。饲养中各班各司其职，班级间相互观察时，就会产生相互间的交往。全园共同饲养也会涉及班级间的交接、沟通。在公共区域饲养劳动的交往中，幼儿有充分表达情感的机会，能够获得愉快的情绪体验，能从不同年龄的幼儿身上了解社会道德规范和人际交往规范，提高社会适应能力。

4. 科学

公共区域饲养的环境更加开放、更加多变，同时也更能激发幼儿探究的欲望。面对不断出现的问题，他们在教师的引导下，不断探索、不断解决，并对形成的想法和探究的结果进行表征、论述，将科学的过程和结论进行总结、交流、分享。

5. 艺术

幼儿天生会用肢体动作、声音和图画来表达自己的意愿和感受。公共区域饲养中不同班级的艺术表征丰富了幼儿对“美”的认识，幼儿不仅在别人的艺术表征中感受美，也在饲养劳动中感受与欣赏美、表现与创造美。

二、公共区域饲养劳动与《指南》、幼儿生活经验联结

运用《指南》我们可以清楚地知道幼儿应该会做的事，以及我们要如何支持幼儿进入下一个发展阶段。我们提供了一些幼儿可能说或做的例子，从中可以看到他们在公共区域饲养劳动中，在特定目标上的进步情况。

表 1　公共区域饲养劳动与《指南》、幼儿生活经验及资源联结表（3—4 岁）

领域	《指南》主要经验对照		幼儿可能做的事
健康	1	情绪比较稳定，很少因一点小事哭闹不止。	不害怕饲养园内的小动物。

续表

领域	《指南》主要经验对照		幼儿可能做的事
健康	2	有比较强烈的情绪反应时，能在成人的安抚下逐渐平静下来。	“老师，我害怕小鸡啄我，我不敢进去喂。” “不要怕，我们大家都会保护你的。”
	3	能在较热或较冷的户外环境中活动。	冬季（夏季）能够不怕冷（热）在饲养园内进行打扫、喂食等活动。
	4	能双脚灵活交替上下楼梯。	能爬上楼梯进入二楼捡鸡蛋、观察动物。
语言	1	别人对自己说话时能注意听并做出回应。	“你看，那只大公鸡在吃饭了。” “对的，我也看见了。”
	2	能听懂日常会话。	“你来帮我压水，我来洗。” “好的。”
	3	愿意在熟悉的人面前说话，能大方地与人打招呼。	能在老师、小伙伴面前说话，大方地与老师、小伙伴、小动物打招呼。能在喂养过程中大方地向小动物们打招呼：“小鸡们，快来吃饭啦！”
	4	愿意表达自己的需要和想法，必要时能配以手势动作。	“老师，我来压水。” “我来把饭盆端进去。”
	5	能口齿清楚地说儿歌、童谣或复述简短的故事。	能唱有关小动物的歌。如：《大公鸡》《鸽子》。
	6	能在成人的提醒下使用恰当的礼貌用语。	“请把铲子递给我好吗？”
	7	主动要求成人讲故事、读图书。	散步时看到兔棚的洞里又跑出来一群小兔：“老师，今天睡觉前我想听《小兔乖乖》。”
	8	喜欢跟读韵律感强的儿歌、童谣。	“小白兔，白又白，两只耳朵竖起来……”
	9	喜欢用涂涂画画表达一定的意思。	能用心情日记记录饲养园内的活动。
社会	1	愿意和小朋友一起游戏。	和小伙伴一起到种植园拔草喂小兔。
	2	愿意与熟悉的长辈一起活动。	和门卫爷爷一起为小兔搬家。
	3	有高兴的或有趣的事愿意与大家分享。	“我今天喂小兔时看见又有小兔出来了。”
	4	想加入同伴的游戏时，能友好地提出请求。	“我可以和你们一起喂兔子吗？”
	5	在成人指导下，不争抢、不独霸玩具。	在老师协调下，轮流去笼舍二楼捡鸡蛋。
	6	与同伴发生冲突时，能听从成人的劝解。	“老师说的，你压一下，我压一下。”
	7	能根据自己的兴趣选择游戏或其他活动。	能根据自己的兴趣选择喂鸡还是喂鸽子。
	8	为自己的好行为或活动成果感到高兴。	当兔子吃自己喂的食物时感到很开心。
	9	自己能做的事情愿意自己做。	主动要求自己去门卫为鸽子拿饲料。

续表

领域	《指南》主要经验对照		幼儿可能做的事
社会	10	喜欢承担一些小任务。	收获红薯时，听老师的建议拔班级种的红薯藤喂小兔。
	11	长辈讲话时能认真听，并能听从长辈的要求。	子怡听门卫爷爷的建议，把家里的莴苣叶带来喂小兔。
	12	在提醒下，能遵守游戏和公共场所的规则。	在喂养中，能将鸡窝、兔窝的门关好，防止小动物跑出去。
科学	1	经常问各种问题，或好奇地摆弄物品。	“老师，饲养园二楼是谁住的呀？”
	2	对感兴趣的事物能仔细观察，发现其明显特征。	“这个珍珠鸡为什么这样叫啊？咕嘎咕嘎咕嘎。”
	3	能感知和发现物体和材料的软硬、光滑和粗糙等特性。	“兔窝的家踩起来软软的，小鸡们的家踩起来硬硬的。”
	4	初步了解和体会动植物和人们生活的关系。	知道鸡可以生蛋给我们吃，也可以孵出小鸡给我们饲养。
	5	体验和发现生活中很多地方都用到数。	数一数兔妈妈这次生了几只小兔。
	6	能感知和区分物体的大小、多少、高矮长短等量方面的特点，并能用相应的词表示。	“我们饲养园兔子有好多只。” “有大兔子小兔子。”
	7	能通过一一对应的方法比较两组物体的多少。	“大兔子有两只，小兔子有很多很多只。”
	8	能手口一致地点数5个以内的物体，并能说出总数。能按数取物。	能手口一致地点数5个以内的菜和小动物，并能说出总数，能按数取菜喂养小动物。
	9	能用数词描述事物或动作。	“我喂了三片叶子给小兔子。”
	10	能注意物体较明显的形状特征，并能用自己的语言描述。	“这个扫把好长，尖尖的。”
	11	能感知物体基本的空间位置与方位，理解上下、前后、里外等方位词。	“兔妈妈在树下吃胡萝卜，兔爸爸躲在房子里，兔宝宝在洞里。”
艺术	1	容易被自然界中的鸟鸣、风声、雨声等好听的声音所吸引。	听饲养园里家鸡、珍珠鸡、鸽子的叫声。
	2	经常自哼自唱或模仿有趣的动作、表情和声调。	模仿珍珠鸡遇见来人时伸长脖子“咕咕咕”地叫。
	3	能模仿学唱短小歌曲。	喂小兔子的时候在兔房前唱：“小兔子乖乖，把门开开……”
	4	能用声音、动作、姿态模拟自然界的事物和生活情景。	和小伙伴表演小鸭在水盆里洗澡的场景。

表 2 公共区域饲养劳动与《指南》、幼儿生活经验及资源联结表（4—5 岁）

领域	《指南》主要经验对照		幼儿可能做的事
健康	1	经常保持愉快的情绪，不高兴时能较快缓解。	不害怕饲养园内的小动物，能很开心地去饲养园喂小动物。
	2	有比较强烈情绪反应时，能在成人提醒下逐渐平静下来。	“老师，好脏，我不想进去喂小鸡。”“没关系的，鞋子踩脏了我们可以洗干净呀。”
	3	愿意把自己的情绪告诉亲近的人，一起分享快乐或求得安慰。	“老师，大班的哥哥说珍珠鸡会啄人，我不敢去喂它。”
	4	能在较热或较冷的户外环境中连续活动半小时左右。	冬天在种植园里为小动物找食物。
语言	1	在群体中能有意识地听与自己有关的信息。	在分组劳动时，注意听自己需要做的事情或任务。
	2	愿意与他人交谈，喜欢谈论自己感兴趣的话题。	“彭彭，你猜鸡生蛋了吗？我好想去捡鸡蛋啊。”
	3	能基本完整地讲述自己的所见所闻和经历的事情。	能够较完整地讲述自己在饲养园内的打扫、喂食、清洗等过程。
	4	别人对自己讲话时能回应。	“我们一起去把食盆洗干净吧，你来压水，我来刷。”“好呀。”
	5	能根据场合调节自己说话声音的大小。	“嘘，小兔子出来了，我们讲话声音小一点，不要吓到它们。”
	6	对生活中常见的标识、符号感兴趣，知道它们表示一定的意义。	对笼舍上的标志、饲养约定中的符号感兴趣，知道它们的具体意义。
	7	愿意用图画和符号表达自己的愿望和想法。	用图画和符号写信给领养兔子的人，告诉他们饲养兔子的方法。
社会	1	喜欢和小朋友一起游戏，有经常一起玩的小伙伴。	和小伙伴一起到食堂拎食物残渣去喂饲养园的鸡。
	2	喜欢和长辈交谈，有事愿意告诉长辈。	萌萌告诉门卫爷爷今天小兔吃的菜是她带来的。
	3	对大家都喜欢的东西能轮流、分享。	小池塘换水清淤时，大家轮流用网捞小鱼。
	4	与同伴发生冲突时，能在他人帮助下和平解决。	给小动物喂菜的时候会出现争抢好的地理位置，能在老师的劝解下轮流喂。
	5	活动时愿意接受同伴的意见和建议。	康康用饲料喂豚鼠，小宇说：“豚鼠的饲料不多了，买又要花钱，我们今天喂树叶和水果吧”。 康康说：“好的，我知道它喜欢吃竹叶。”
	6	敢于尝试有一定难度的活动和任务。	当打扫鸡窝时，地上菜叶扫不干净，能尝试用其他方法。
	7	会用礼貌的方式向长辈表达自己的要求和想法。	“老师，今天我来打扫垃圾桶吧，好吗？”“老师，我想要喂鸡。”
	8	愿意并主动参加群体活动。	和小伙伴一起打扫饲养园。
	9	在提醒下，能节约粮食、水电等。	在老师提醒下，冲洗饲养园时不浪费水。

续表

领域	《指南》主要经验对照		幼儿可能做的事
科学	1	喜欢接触新事物，经常问一些与新事物有关的问题。	孩子们围着大班哥哥询问他带来放在大厅集体展示的泰迪的趣事。
	2	常常动手动脑探索物体和材料，并乐在其中。	探索压水井、水龙头不同的出水方式。
	3	能对事物或现象进行观察比较，发现其相同与不同。	观察比较家鸡、珍珠鸡、乌鸡的相同和不同。
	4	能根据观察结果提出问题，并大胆猜测答案。	能根据鸽子的嗯嗯，判断出它吃了哪种食物，身体状态如何。
	5	能通过简单的调查收集信息。	能根据调查问卷来了解饲养园内的动物喜欢吃什么并喂养。
	6	能用图画或其他符号进行记录。	在做饲养园观察记录时，能使用图画或其他符号进行记录。
	7	能感知和发现不同季节的特点，体验季节对动植物和人的影响。	冬天来了，发现兔子的毛会长得更浓密。
	8	在指导下，感知和体会有些事物可以用形状来描述。	在选择劳动工具时说一说劳动工具的形状。例如：正方形的铁锹、三角形的铲子、圆形的水槽……
	9	在指导下，感知和体会有些事物可以用数来描述，对环境中各种数字的含义有进一步探究的兴趣。	说一说饲养园里有几种动物，每种各有几只。
	10	会用数词描述事物的排列顺序和位置。	收纳劳动工具时描述第一排放什么工具，第二排放什么工具。
艺术	1	在欣赏自然界和生活环境中美的事物时，关注其色彩、形态等特征。	能够关注到饲养园里动物羽毛的颜色以及动物的形态。
	2	喜欢倾听各种好听的声音，感知声音的高低、长短、强弱等变化。	在小树林喂养时喜欢倾听小动物们的叫声，感知不同动物叫声的特点。
	3	经常用绘画、捏泥、手工制作等多种方式表现自己的所见所想。	在做饲养园资源地图时能用彩泥、绘画、折纸等形式呈现各种小动物的形态。
	4	能通过即兴哼唱、即兴表演或给熟悉的歌曲编词来表达自己的心情。	在饲养活动中能够创编有关小动物的歌曲，并哼唱、表演出来。
	5	能运用绘画、手工制作等表现自己观察到或想象的事物。	能用彩泥、绘画、折纸等形式呈现出自己所观察到饲养园动物的形象。

表 3 公共区域饲养劳动与《指南》、幼儿生活经验及资源联结表（5—6 岁）

领域	《指南》主要经验对照		幼儿可能做的事
健康	1	能在较热或较冷的户外环境中连续活动半小时以上。	冬季（夏季）能够不怕冷（热）在饲养园打扫半小时以上。
	2	能使用简单的劳动工具或用具。	用刷子刷洗动物们的锅碗瓢盆，用扫帚清扫饲养园。
语言	1	在集体中能注意听老师或其他人讲话。	在集体分享时仔细听同伴介绍打扫饲养园的方法。
	2	听不懂或有疑问时能主动提问。	“喂食槽盖子怎么打开呢？”
	3	能结合情境理解一些表示因果、假设等相对复杂的句子。	“如果我们不打扫，饲养园就会很臭。”
	4	愿意与他人讨论问题，敢在众人面前说话。	与同伴一起讨论在小动物的家里铺什么材料能让小动物住得更舒服。
	5	能有序、连贯、清楚地讲述一件事情。	“我发现大树底下是珍珠鸡的秘密基地，只要不到大树底下，它就不会过来冲你叫。”
	6	能根据谈话对象和需要，调整说话的语气。	“我们大声讲话可能会打扰小动物吃食物，赶紧走吧。”
	7	懂得按次序轮流讲话，不随意打断别人。	分享打扫经验时，轮流讲述：“我先说，说完了你再来说。”
	8	专注地阅读图书。	专注阅读饲养类的书籍。
	9	喜欢与他人一起谈论图书和故事的有关内容。	谈论《鸽子》绘本中给鸽子造窝的故事。
	10	愿意用图画和符号表现事物或故事。	记录鸽子飞翔降落的过程。
社会	1	有问题愿意向别人请教。	问门卫爷爷制作饲料的颗粒机怎么操作。
	2	有高兴的或有趣的事愿意与大家分享。	发现饲养园鸽子拉大便、挠痒痒、洗澡等趣事和大家分享。
	3	活动时能与同伴分工合作，遇到困难能一起克服。	为鸽子制作“家”时能制定饲养条约，遵守饲养规则，商讨方案，懂得分工合作。
	4	知道别人的想法有时和自己不一样，能倾听和接受别人的意见，不能接受时会说明理由。	“我们打扫的时候动作不要太大，会吓着它们的，它们就会冲我们大叫。”
	5	能主动发起活动或在活动中出主意、想办法。	睿睿组织大家思考打扫的时候怎样计时。
	6	做了好事或取得了成功后还想做得更好。	帮助鸽子把家打扫干净时也想把饲养园打扫干净。
	7	自己的事情自己做，不会的愿意学。	制作动物食物时，幼儿主动向有经验者学习：“这个食物怎么做啊？先放什么？”
	8	主动承担任务，遇到困难能够坚持而不轻易求助。	主动认领兔宝宝，并承担饲养责任。
	9	能关注别人的情绪和需要，并能给予力所能及的帮助。	清洗食槽时，同伴主动帮忙压水。

续表

领域	《指南》主要经验对照		幼儿可能做的事
社会	10	理解规则的意义，能与同伴协商制定游戏和活动规则。	一起商定值日生工作。
	11	爱护身边的环境，注意节约资源。	在喂养、清洗中知道节约粮食、节约水资源。
科学	1	对自己感兴趣的问题总是刨根问底。	“鸽子需要洗澡吗？”“鸽子怎么洗澡？”“鸽子晚上会住在哪里？”
	2	能经常动手动脑寻找问题的答案。	能够自己探索动物喂水器如何打开，如何组装。
	3	探索中有所发现时感到兴奋和满足。	了解喂水器的组装方法时感到兴奋和满足。
	4	能通过观察、比较与分析，发现并描述不同种类物体的特征或某个事物前后的变化。	在打扫的时候发现乌鸡、家鸡、珍珠鸡的脚长得不一样。
	5	能用一定的方法验证自己的猜测。	自己带食物去喂养，验证鸽子喜欢吃什么。
	6	在成人的帮助下能制订简单的调查计划并执行。	调查饲养园打扫工具的用法。
	7	能用数字、图画、图表或其他符号记录。	能够及时地记录下饲养园的打扫、喂养的过程。
	8	探究中能与他人合作与交流。	与他人合作，制订表格，观察鸽子每天的进食量。
	9	能察觉到动植物的外形特征、习性与生存环境的适应关系。	知道小兔子的鼻子小时候是白色的，现在是灰色的了。
	10	能发现常见物体的结构与功能之间的关系。	粗糙的木板上的污迹要用刷子才能刷干净。
	11	能用简单的记录表、统计图等表示简单的数量关系。	用记录表去记录饲养园小动物每天的用食量。
	12	能用常见的几何形体有创意地拼搭和画出物体的造型。	给鸽子制作投食器时，能进行初步的设计。
	13	能按语言指示或根据简单示意图正确取放物品。	能将饲养园的劳动工具按图示放入防疫小木柜并摆放整齐。
	14	能辨别自己的左右。	冲扫饲养园地面时，两人左右分开站，边冲边扫。
艺术	1	乐于模仿自然界和生活环境中有特点的声音，并产生相应的联想。	能模仿珍珠鸡的叫声，并联想起与驴叫很像。
	2	愿意和别人分享、交流自己喜爱的艺术作品和美感体验。	欣赏并学习制作“鸽子餐厅”的技巧。
	3	能用多种工具、材料或不同的表现手法表达自己的感受和想象。	能将自己打扫的过程用心情日记进行记录。
	4	能用自己制作的美术作品布置环境、美化生活。	给鸽子投食器进行装饰，升华为鸽子的餐厅。

第二节
公共区域饲养劳动环境创设

一、空间

公共区域饲养的动物一般个头较大、数量较多，这类动物均需要特定的空间，如小屋、栅栏、全封闭隔栏。由于动物的鸣叫声、产生的气味可能影响到幼儿生活，因此，这些区域要远离幼儿生活、学习区域。有时候为了方便堆肥、在种植园采摘食物，进行生态种植、饲养，因此公共饲养区域也可以与种植园相邻。

若幼儿园内有池塘和小溪流，在保证安全防护的前提下可以开展水养动物的生态饲养。

二、时间

公共区域饲养劳动与幼儿的生活活动结合在一起，可由班级自主安排饲养活动时间。全员参与的笼养动物的饲养劳动一般统一安排在早上户外活动、中午散步和下午户外游戏这三个时段进行，建议早中晚各喂食、喂水一次，中午或下午简单打扫一次，一周全面清扫一次，一月消毒一次。户外水生动物的饲养劳动视情况而定。

三、材料

（一）饲养对象的选择

公共区域饲养空间相对较大，因此可以选择较大的动物，如羊、猪等。公共区域饲养也是班级饲养的后援和补充，因此还可以选择一些幼儿感兴趣但身边不常见的动物，如孔雀等。公共区域饲养的动物可以分区也可以混养，主要看幼儿园场地条件。对象来源一部分是在调查幼儿意愿、参考实际饲养可行性的前提下，通过社区资源共享、家庭资源分享以及采购等方式获得，一部分来源于幼儿班级饲养的动物。在我园，我们采取了混合饲养与分区单养相结合的方式。

我们和幼儿一起尝试在公共区域饲养了以下动物：

公共区域饲养动物常见资源表

公共饲养区域	常见资源
班级饲养动物	小鸡、小鸭、兔子、豚鼠、鱼
饲养园动物	鸡（红毛鸡、白毛乌鸡、芦花鸡）、珍珠鸡、锦鸡、孔雀、鸽子、白鹅
水养动物	金鱼、鲫鱼、乌龟、河蚌、泥鳅、黄鳝、甲鱼、龙虾、螺蛳

（二）饲养工具的准备

公共区域饲养的劳动工具准备建议如下：

1. 笼舍类材料

公共区域饲养的动物一般需要特定的笼舍或笼舍里有特定的设备。

类似兔子之类会打洞的动物饲养的栅栏要埋入地下 10—15 厘米，栅栏缝隙不能超过 1.5 厘米，高度超过 60 厘米。若用木制栅栏缝隙较大，可在内壁用密度适宜的铁丝网围一圈，防止动物钻出，同时要处理好铁丝网的边缘，防止划伤动物或幼儿。动物生活的区域最好保留泥地，供兔子等动物打洞居住、繁殖。场地内要有遮阴的树或灌木，离地 30 厘米高的树干用合适的装置保护起来，如：PVC 管或波纹管，防止动物啃食树皮。

鸭、鹅之类的栅栏里要有“泳池”，满足动物游泳、洗澡、嬉戏等需求。

饲养家禽、飞禽类，可以混养，笼舍可以选择全镂空、全封闭铁丝网架，网眼 1 厘米左右，建在阳光充足、有高大树木遮阴、有泥地的地方，根据各种动物需求，设置棚、舍、歇脚架等。

水生动物饲养首选有水生植物及淤泥的生态鱼池；也可与幼儿一起建造有水净化系统的室内鱼池或者用水族箱喂养。

2. 喂养类工具

（1）喂水工具

公共区域饲养，喂水工具一般可以根据现有资源选择盆、浅口缸、罐等敞口器皿，或者专门的喂水器。

动物幼崽可能会用到针筒、滴管、奶瓶等。

（2）喂食工具

笼养动物的喂食工具有喂食盆、喂食槽等。

（3）换水工具

水养类动物换水需要临时器皿、水桶、水泵、增氧泵等。

（4）制作饲料工具

公共区域饲养的动物基本吃谷物、杂草、蔬菜等，家禽还会吃食堂剩饭剩菜。

为了探究动物的饮食习惯或帮它们均衡营养，有时还需制作一些食物，可能会用到刀、砧板、剪刀、搅拌器、铲子、舂臼、研磨器、烤箱、电饼铛、榨汁机、电饭锅、颗粒机等。

3. 卫生防疫类工具

（1）打扫工具

打扫一般需要簸箕、扫帚、拖把、刷子、抹布、钢丝球、海绵刷、毛刷、喷壶、水桶、加压水管等工具。

在打扫时幼儿最好不要直接接触动物，建议戴上口罩和幼儿一次性丁腈防护手套或儿童安全防护手套。

（2）消毒工具

户外空间较大，动物较多，一般在季节更替时期由成人用石灰水进行大范围消毒，平常消毒一般采用“84”稀释溶液或酒精。

“84”稀释溶液消毒可让幼儿在做好防护措施后参与，可以用喷壶、喷雾式水枪、背包式大容量水枪等增加劳动趣味性。

若让幼儿来做消毒工作，务必让他们戴上口罩、面屏，穿上防护衣服（雨衣、罩衣均可），使用工具远距离操作，同时成人要在一旁观察幼儿的操作过程，避免出现意外。

4. 探究类工具

我们需要一些桌子或柜子，用于摆放观察的动物、记录表、工具、相关的图书。这些东西的摆放要便于幼儿观察、照料动物，也要方便幼儿讨论、记录。除此之外，我们还需要：

① 用于观察的工具：监控、摄像设备、放大镜、望远镜、各种测量工具、称重工具、显微镜、盘子等。

② 用于记录的工具：记录表、纸、笔、录音笔、手机、相机等。

③ 用于查阅的资料：相关图书、电子设备等。

第三节
公共区域饲养劳动活动推进策略

一、统筹安排饲养活动

公共区域饲养若管理衔接不好，幼儿们就会相互推诿，出现谁也不愿管理、谁也不愿打扫的局面，因此，为了保障饲养劳动有序开展、动物环境干净整洁、动物喂养常态有序，我们成立了管理小组，统筹协调公共区域饲养劳动活动，还聘请有饲养经验的家长为技术顾问。全园饲养的区域，采用班级轮流喂养、打扫的方法，确保动物天天有人照料、幼儿人人参与饲养。班级幼儿可以在散步、游戏、科学活动等时间进入饲养区域开展活动。

二、做好饲养任务交接

我们根据不同年龄段幼儿的能力水平、劳动技能掌握情况，列出喂食、打扫的任务安排，按照“大一班—中一班—小一班—大二班—中二班—小二班”这样的顺序，每周一个班级进行轮流，以保证大班幼儿参加饲养园大清扫，中小班以清洗喂食盆、打扫地面为主的劳动。我们看到各班幼儿都乐意接收饲养任务，认真进行饲养准备，在能力范围内愉快地完成任务，顺利进行班级间的任务交接。

三、相互观摩劳动过程

公共区域饲养劳动活动的照料打扫任务，不同年龄段有不同的内容，但喂养、打扫内容基本一致，因此班级间可以相互观摩照料过程。散步时有幼儿打扫、有幼儿观察，有现场、有交流，很多打扫经验可以相互传递。有特殊劳动任务时，如大清扫、消毒、建造动物餐厅等，整个劳动过程以儿童海报的形式呈现，有图有真相有讲解，可以让全园幼儿了解劳动过程，丰富劳动经验。通过交流展示，劳动成果得到大家的肯定，幼儿的劳动兴趣也会更加浓厚。

四、重视安全卫生防疫

户外区域空间大、动物多，面临的挑战也多：在自然生态环境中饲养的动物，没有班级饲养的动物温顺；动物多，产生的粪便垃圾多，卫生状况不佳；动物种类多，有些幼儿对某些动物皮毛过敏；空间复杂，劳动工具也不一样，使用不当还会有安全隐患；尤其是新冠疫情期间，对于动物饲养的质疑普遍存在……因此，饲养劳动的安全卫生防疫非常重要。我们饲养的动物都是来源于正规渠道并经过防疫处理的，在做好安全、卫生防护的前提下，我们预设相关经验，制订安全养护公约，保证幼儿和动物的安全、健康。

我们把公共区域饲养劳动纳入幼儿探索的课程：幼儿探索怎样打扫，使用哪种工具最合适，怎样安排任务和流程最省时间……有了课程的推动、任务的驱动、观摩的交流和肯定，各年龄段幼儿都能主动积极投入到劳动活动中，并顺利地完成了各项劳动任务。

第四节
公共区域饲养常见问题及解决建议

一、公共区域饲养该如何保持幼儿的任务意识和饲养兴趣

公共区域饲养劳动一般涉及的饲养难题是食物来源和卫生打扫。常规情况下，我们进行为期一周的轮流饲养，这两个难题都由轮到的班级来解决。

食物来源一般有四类：一是幼儿园准备的基本饲料以及食堂的蔬菜边角料或当天的剩饭剩菜等，二是幼儿带来的蔬菜或青草、树叶，三是幼儿在种植园种植的蔬菜、粮食和在户外场地清理的杂草、树叶，四是幼儿为动物加工的食物。在寻找、种植、采摘、加工食物的过程中，幼儿与大自然亲密接触，感知食物碾压、搅碎、脱水再重组的神奇。他们的任务也变得有趣，饲养兴趣自然也会只增不减了。

公共区域饲养地方比较大，动物聚集较多，特别是饲养园，产生的垃圾多、粪便臭，这个地方的打扫任务一度成为幼儿和老师头疼的事。轮到大班的幼儿打扫时，老师和幼儿一起商量打扫的任务、方法以及打扫时的注意事项。大班的哥哥姐姐在任务的驱动下，调动自己的生活经验，不断地总结、实践，为弟弟妹妹们做了好榜样。他们穿上卡通连体雨衣、雨靴，戴上口罩、连帽、面屏、手套等，做好防护措施，有效隔绝了异味、脏污。他们把打扫任务趣味化：刷笼子时，自制长掸帚，唱着《粉刷匠》；洗喂食盆时，探索拧壶盖，合作压水井；清扫时，捏紧水管口，滋水开心玩；消毒时，背上背包水枪，一致对战病菌……弟弟妹妹们观摩大班哥哥姐姐打扫时，看着他们开心地玩水、唱歌，不仅学习了打扫方法，还感受到了打扫的快乐，激发了打扫兴趣，有了迷弟迷妹们的欢呼鼓励，哥哥姐姐们打扫得更起劲了。

二、公共区域饲养中如何保持幼儿的劳动兴趣

首先，我们检查一下动物所处的环境还可不可以优化，如豚鼠的笼子采用镂空隔板，粪便可以直接漏到底层；兔子的家整理一块水泥的硬质地面，作为它们的“餐厅”；鹌鹑等动物的家可以用干撒式发酵床垫料……这些方式都能除臭或方便打扫。其次，协助幼儿做好打扫防护，穿好连体防护服（或连体雨衣）、雨靴，戴上口罩、手套、帽子、面屏，幼儿有了全方位的防护阻隔装备，就敢于迈向动物的“邋遢家”了。再次，勤打扫、做堆肥。视动物粪便、垃圾的“产量”，定下打扫的频率，或两天一次，或每天一次，或一天两次。打扫的粪便、垃圾，我们进行堆肥，发酵后用于种植园、花圃等的种植肥料。幼儿亲自操作观察体验到臭臭的脏脏的粪便垃圾，也可以让他们了解生态施肥及环保养护，他们的“洁癖”也会减轻许多。最后，让枯燥的打扫变为有趣的游戏。我们抓住幼儿喜欢玩水的特性，在幼儿做好防护的情况下，让他们尽情玩水：探索手捏的力度、角度与滋水远近大小的关系；用强劲的水流将顽固的污垢冲走；让脏水“听话”地沿一个方向流走；装上压力喷头，感受水压的威力……这样，在与“粪便”的对抗中，幼儿能感受到生态环保的作用、科技与人们生活的关系，探索精神、环保意识、责任意识都得到了提升。

三、公共区域饲养的消毒、防疫工作怎么做

公共区域的饲养一般地方大、动物多，在疫情防控常态化时期，消毒防疫工作更是不容忽视。我们严格按照卫生防疫的要求做好动物免疫工作和饲养场所的消毒工作。

首先，后勤部门做好保障。幼儿园后勤部门负责饲养活动场地及其配套设施、辅助材料的检查、维护、增补。定期进行卫生安全检查，协助打扫饲养区中的粪便以保持清洁，及时修理中大型动物栏舍。

其次，定期对饲养的动物进行防疫，避免疾病传播。幼儿的身体稚嫩，免疫力较低，疾病很容易通过动物传播给幼儿。《中华人民共和国动物防疫法》第二章第十七条中说，饲养动物的单位和个人应当依法履行动物疫病强制免疫义务，按照兽医主管部门的要求做好强制免疫工作。经强制免疫的动物，应当按照国务院兽医主管部门的规定建立免疫档案，加施畜禽标识，实施可追溯管理。

第三，做好幼儿的防护。活动中，捡蛋的幼儿戴上口罩和一次性儿童丁腈手套，穿好雨靴；打扫的幼儿还要穿上连体雨衣或幼儿防护服，戴上连帽；参与消毒的幼儿（只限于使用稀释的“84”溶液），还要戴上面屏。

第四，做好消毒工作。在实施消毒前，先彻底打扫，然后用含有消毒药(药液应符合使用浓度)的水仔细冲刷地面、笼具、网具、护栏、设备、墙壁、屋顶等，再将表面冲洗干净，待其表面干燥后(约 30 分钟)再进行正式消毒。

为动物消毒时，要选择刺激性和浓度较低的消毒药，药物必须符合使用标准。以下消毒剂使用可以作为参考。

公共区域动物饲养消毒方法建议表

消毒剂名称	使用范围	配比浓度	注意事项	消毒频次
生石灰	环境、栏舍	直接散撒，必要时喷洒少量的水	空笼舍时，撒在阴湿地面，一般作为新笼舍入动物前消毒、除湿，用此消毒方法时，禁止幼儿触碰，一段时间后由成人清理干净，动物才能入笼	视情况而定
原位发酵床专用菌种	棚舍（分解粪便以及氨氮）	500 克：10 千克垫料	混合均匀播撒，直接垫在棚舍底下，厚度为 30 厘米左右，后期维护可以定期添加一点，如表面粪便过多只需要进行翻倒即可	视情况而定补充
醋酸	环境	每 50 平方米 1 斤醋，醋里加 3 倍量清水	熏蒸持续时间为 2—3 小时，熏蒸后注意通风，否则会损伤动物呼吸道，有年幼动物不可熏蒸	每 7—10 天进行一次
F10sc	对硬质表面和食品容器普通消毒（细菌、酵母菌）	1 毫升：500 毫升	人和动物无需撤离，但要注意不要入眼	每周 2 次，如果是班级饲养雏鸟需要每天 2 次
	对硬质表面、设备、空间等进行高级消毒（细菌、酵母菌、真菌和大多数病毒）	1 毫升：250 毫升		每 7—10 天一次
	对抗各种顽固性病毒（PBFD 病毒和细小病毒）	1 毫升：125 毫升		建议每周一次
	直接用于冲洗或制作喷雾日常消毒	1 毫升：500 毫升		日常使用，根据需求
次氯酸消毒片	一般卫生、手部	1 片：500 毫升	直接喷洒，几乎无味，吸入无毒	日常使用，根据需求
	棚舍等物体表面	1 片：500 毫升	喷洒或者擦拭即可	每月 1—2 次，若本地出现传染病，则适当增加 1—2 次

续表

消毒剂名称	使用范围	配比浓度	注意事项	消毒频次
次氯酸消毒片	室内空气	1 片：500 毫升	喷雾，10 毫升 / 立方米	每月 1—2 次，若本地出现传染病，则适当增加 1—2 次
二氧化氯泡腾片	宠物用品 / 窝棚	1 片：2 升	喷雾擦拭	日常使用，根据需求
	用于鱼缸、工具消毒	1 片：1 吨	消毒水体最好不要有鱼，注意一定要均匀，局部浓度过高会引起鱼的应激反应，应缓慢均匀加入，如有应激反应要立即加水稀释并投放 Vc 片	一般新鱼入水前 7—15 天消毒一次。也可做日常消毒，5 月份每天消毒一次，连续阴雨天期间需要更加稀释并进行弱消毒
高锰酸钾	鱼缸、鱼池消毒	1 毫升：2 升	消毒时水体不能有鱼，若是细菌过多或是老缸需浸泡 24 小时，消毒后更换新水	新鱼缸或者新鱼池未养鱼前进行一次消毒。如鱼缸出现死鱼、病鱼，要进行一次彻底消毒
	新入水草泡根消毒	2 毫升：2 升	单独容器加水，放入水草浸泡 10—15 分钟	新水草入水前
	水产类消毒	2 毫升：10 升	单独容器加水，放入需要消毒的水产类动物 5 分钟捞出（若不方便捞出鱼进行消毒，则可以在原水体进行消毒，但需要使用 Vc 片研磨成粉状进行播撒，直至水体无色）	每次新鱼入水前消毒

第五节
公共区域饲养劳动活动案例

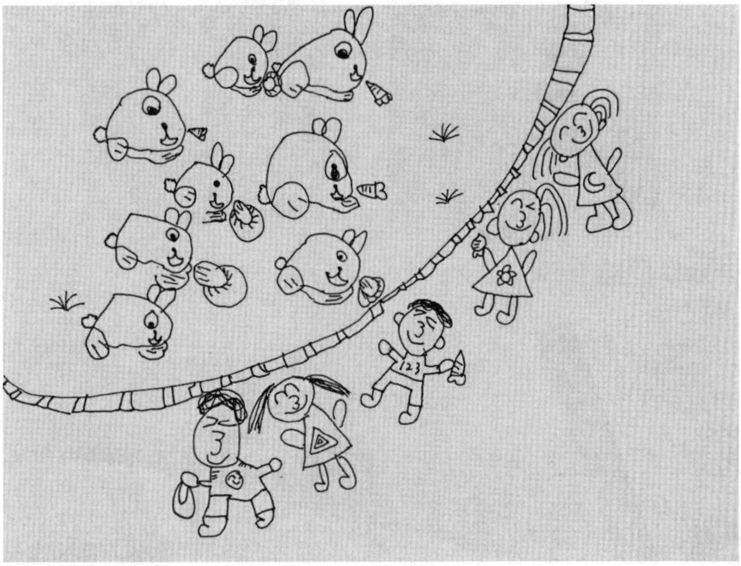

雨桐　女　4 周 8 个月

我们来喂小兔子的时候看到：兔爸爸兔妈妈带着小兔子们吃青菜和胡萝卜呢！兔爸爸兔妈妈把胡萝卜让给小兔子吃了。

一、兔房里的秘密

持续时间：2021 年 3 月—2022 年 6 月

年龄段：小班—中班

（一）活动缘起

周一的早上，彤彤小朋友拎着一只小白兔来到班上，说是和爸爸在二圣交流会上套圈套来的。小兔的到来，立即激发了孩子们空前的热情，他们围着它，都想伸手摸摸它，嘴里不停地赞叹：“哇，真可爱！”这时，歆怡说：“我们给它起个名字吧，就叫‘小可爱’，好吗？”她的提议得到了大家一致赞同。从此，“小可爱”成了小一班的新成员。

《指南》指出，要“有意识地引导幼儿观察生活、自然现象中常见的事物，积累有益的直接经验和感性认识，激发其对周围事物的好奇与兴趣”。软萌的兔子融入孩子的生活，孩子可以用自己的生活经验去观察、陪伴、照顾它，积累很多关于兔子的直接经验，获得多方面的发展。于是我们的故事开始了……

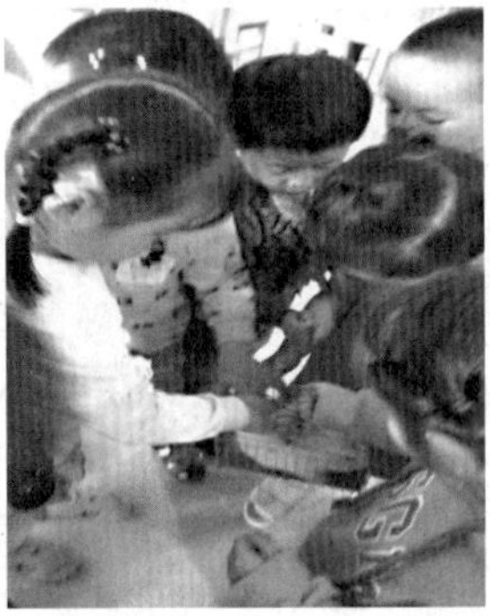

（二）活动脉络图

（三）活动网络图

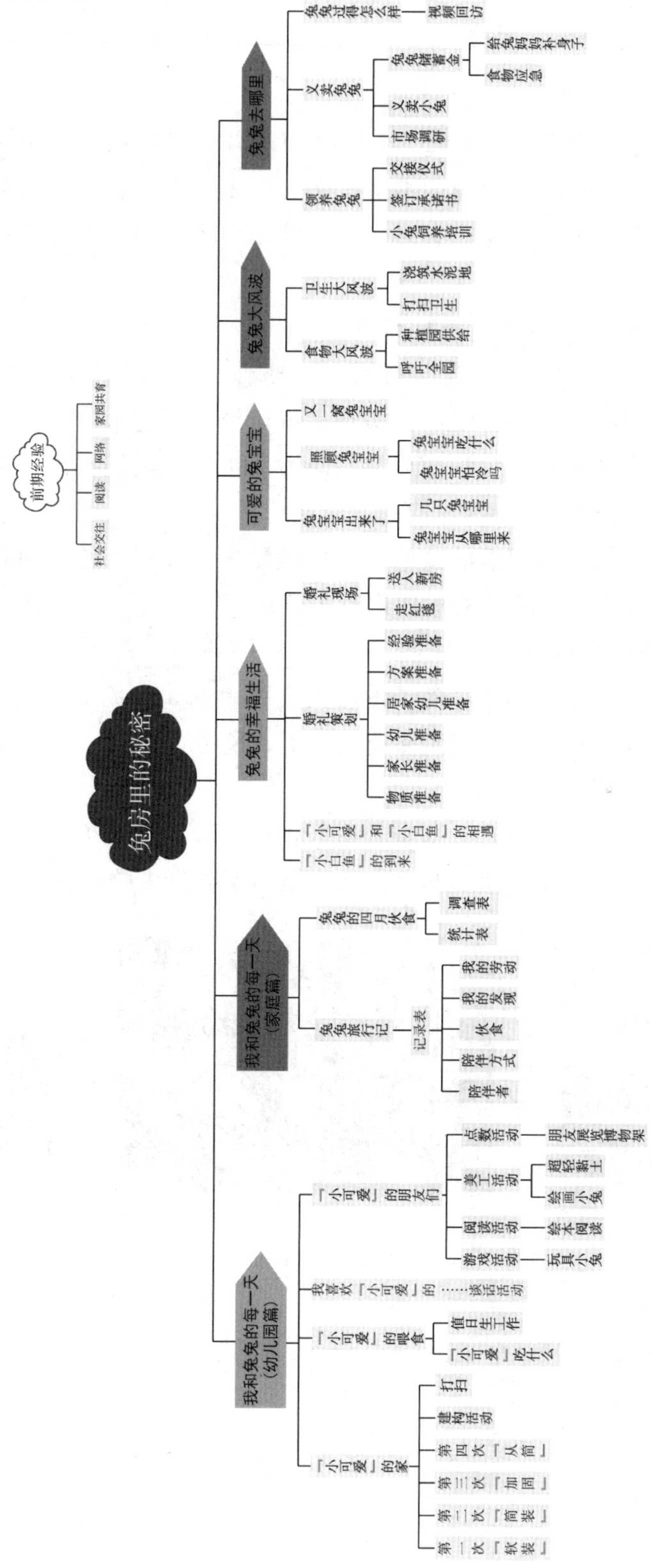
兔房里的秘密
前期经验
社会交往
阅读
网络
家园共育
兔兔去哪里
兔兔过得怎么样
视频回访
义卖兔兔
兔兔储蓄金
给兔妈妈补身子
食物应急
义卖小兔
市场调研
领养兔兔
交接仪式
签订承诺书
小兔饲养培训
兔兔大风波
卫生大风波
浇筑水泥地
打扫卫生
食物大风波
种植园供给
呼吁全园
可爱的兔宝宝
又一窝兔宝宝
照顾兔宝宝
兔宝宝吃什么
兔宝宝怕冷吗
兔宝宝出来了
几只兔宝宝
兔宝宝从哪里来
兔兔的幸福生活
婚礼现场
送入新房
走红毯
婚礼策划
经验准备
方案准备
居家幼儿准备
幼儿准备
家长准备
物质准备
“小可爱”和“小白鱼”的相遇
“小白鱼”的到来
我和兔兔的每一天（家庭篇）
兔兔的四月伙食
调查表
统计表
兔兔旅行记
记录表
我的劳动
我的发现
伙食
陪伴方式
陪伴者
我和兔兔的每一天（幼儿园篇）
“小可爱”的朋友们
点数活动
朋友展览博物架
美工活动
超轻黏土
绘画小兔
阅读活动
绘本阅读
游戏活动
玩具小兔
我喜欢“小可爱”的……谈话活动
“小可爱”的喂食
值日生工作
“小可爱”吃什么
“小可爱”的家
打扫
建构活动
第四次“从简”
第三次“加固”
第二次“简装”
第一次“软装”

（四）活动过程

1. 经验准备

（1）投放相关书籍

小班幼儿对小动物十分感兴趣，尤其是对毛茸茸的小白兔。于是，我们在班级的阅读区投放了一些有关小白兔的书籍，例如：《逃家小兔》《小兔子》《黑兔与白兔》《棉花糖兔子》《猜猜我有多爱你》等。小朋友们对有着可爱小白兔的书非常喜爱，经常阅读、讨论。

（2）向哥哥姐姐请教获取间接经验

鉴于大班哥哥姐姐已经有了丰富的饲养经验，小朋友们决定如果遇到问题了可以向大班的哥哥姐姐求助。孩子们在实践前就猜想到小兔子可能爱吃胡萝卜，那除了爱吃胡萝卜，还爱吃什么呢？小朋友们向大班哥哥姐姐们提出了疑问，哥哥姐姐们通过表征的形式告诉了小朋友们答案。

除了哥哥姐姐们告诉我们的这些，小兔还爱吃什么呢？这个问题引发了小朋友们的猜想与讨论，他们用绘画的形式进行了表达。

（3）观看网络视频

我们也通过网络查询到了小兔子的相关视频，例如：兔子吃东西、玩游戏、蹦蹦跳跳。观看了视频后，小朋友们兴趣更高了，模仿着小兔，讨论着小兔。

（4）获取家长支持

我们也通过家长会的形式，与家长进行沟通。说明了我们班即将饲养小白兔，家长也纷纷表示支持，经常让小朋友们从家里摘菜叶带来喂小兔。

2.“我和兔兔的每一天”——幼儿园篇

老师的话：

有问题愿意向别人请教。间接经验也是幼儿成长中重要的一环，孩子们在遇到问题时能积极主动地想到可以通过询问有经验的门卫爷爷，获取相关知识去解决问题。

“小可爱”的到来，受到了孩子们的热烈欢迎，同时也给孩子们带来了难题：“小可爱”吃什么呢？住哪儿呢？我们没有为它准备食物和房子啊！

我提议将“小可爱”放在幼儿园的饲养园，和幼儿园的小动物一起饲养，这立即遭到了孩子们的反对，他们觉得：“小可爱”是小一班的成员之一，怎么能与大家分开呢？

为了安顿好这个新成员，孩子们展开了激烈的讨论，最后达成一致意见：首先，我们在菜园里摘一些菜来喂“小可爱”，其次，和门卫爷爷为“小可爱”建造一个房子。孩子们从幼儿园的木工坊里找来了长度大致相同的木板、钉子、锤子、老虎钳。在门卫爷爷的帮助下用工具钉钉敲敲，“小可爱”的家就造好啦！

老师的话：

自己能做的事情愿意自己做。

（1）“小可爱”的家

第一次“软装”：

孩子们想在“家”里铺上软和的东西，让“小可爱”住得舒服些。孩子们寻找到一些材料进行比较后，他们觉得地垫比较合适，因为地垫既软和，又方便清洗

“小可爱”的便便。于是他们拿来地垫，让我帮着剪一块大小合适的。当孩子们为“小可爱”打扫卫生时，想把地垫从“家”里取出来清洗，可真是费了九牛二虎之力才把卡得正好的垫子掏出来。此时，他们又觉得用地垫不好，还是不要垫东西了，理由是夏天到了，垫东西后“小可爱”会感到热的。

第二次“简装”：

为了方便打扫，他们又想到找一个纸盒放在房子下面，希望脏东西能漏到纸盒里，这样只要抽掉纸盒里的纸就行了。

第三次“加固”：

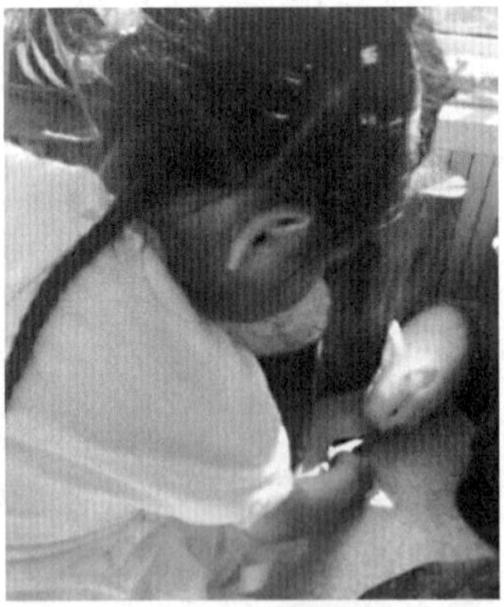

一天中午，当孩子们去喂“小可爱”时，发现“小可爱”不见了，仔细寻找后，发现“小可爱”躲在花架的下面。这是怎么回事呢？明明“小可爱”的“家门”还是好好地关着的呀！最初，他们怀疑是有人偷偷打开过“小可爱”的“家门”，让“小可爱”跑了出来。可是等到傍晚再去喂“小可爱”时，发现，“小可爱”又躲在了木桩后面，门还是好好地关着的，这到底是怎么回事呢？

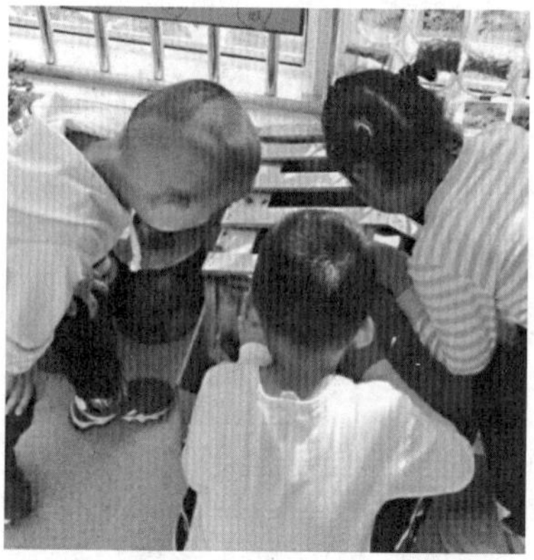

经他们仔细查证，发现“小可爱”是自己从“家”里钻出来的，原来，笼壁四周竖放的木条之间的缝隙太大了。于是他们请门卫爷爷再把“小可爱”的“家”加工一下：增加木条，使得木条与木条之间的缝隙变小，这样“小可爱”就不会调皮地逃跑了。

第四次“从简”：

再次给“小可爱”的“家”打扫卫生时，幼儿发现“小可爱”吃剩的食物和便便还在“家”里。因为底下的木板是紧密连在一起的，便便没法漏到下面的纸盒中去。再者，纸盒的边框还影响开关门，于是他们毅然舍弃了纸盒，送还回资源室。

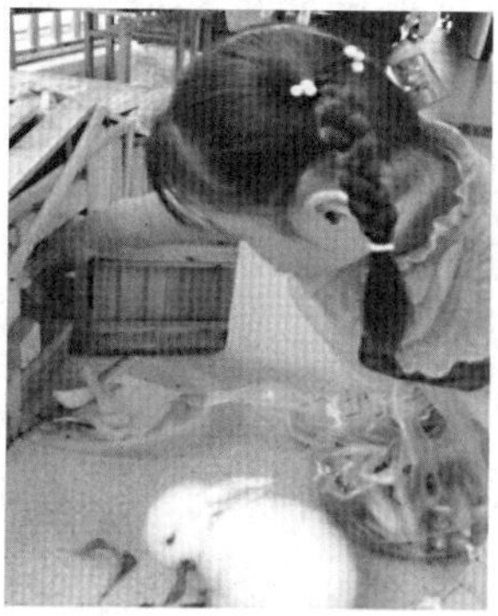

开始，他们想自己动手为“小可爱”设计一个既舒适又便于清扫的“家”。他们最初在建构区设计的模型，有花园式的“楼房”，有便捷式的“公寓”。群群小朋友甚至还为“小可爱”设计了上楼的台阶，下楼的滑梯，公寓里有厨房、卫生间等一系列设备。当孩子们向他提出疑问“‘小可爱’自己不会上厕所”时，他申辩道：“我可以教它呀”。但等到他周末带“小可爱”回家时，发现想要教“小可爱”自己上厕所，几乎是不可能的，因为“小可爱”听不懂他的话。

老师的话：

幼儿能用多种感官或动作去探索物体，关注动作所产生的结果。

经过一次次的探究，他们终于设计出让自己满意的作品来。“小可爱”的“家”是悬空建造的，笼底是有缝隙的，有吃饭和喝水的地方，也有睡觉的地方，打扫卫生时，只要抽掉垫在地上的地垫即可。

有了设计模型，他们还想上中班时亲手到木工房里为“小可爱”打造完美的“家”。

教师感悟：

为“小可爱”建造一个既舒适又能方便打扫的“家”，体现了孩子们的劳动意识、劳动技能和劳动品质。由于年龄小，很多事情他们还没有能力完成，需要成人的辅助，但这不影响他们想为“小可爱”打造完美的“家”的想法。正如《指南》社会领域指出的“有问题愿意向别人请教”和“自己能做的事情愿意自己做”一样，当发现有些事情自己不能胜任时，他们会主动向老师和门卫爷爷请求帮助，如请门卫爷爷帮忙用木条做“小可爱”的家时，他们能主动选材，在门卫爷爷钉钉敲敲时帮助门卫爷爷扶着木板。他们清楚自己能力有限，亲手为“小可爱”建房的想法暂时不能实现，于是约定长大一些可以使用锯子、刨子等工具时再亲手制作。然而当他们发现自己能完成的事情时，他们绝不假手于人，如第二次尝试和第四次尝试为“小可爱”建家，都是他们亲力亲为，这充分体现了他们的劳动意识。

（2）“小可爱”的喂养

“小可爱”来的第二天，很多孩子就从家里带来了蔬菜和胡萝卜，尽管我对他们说“‘小可爱’吃不了这么多”，但他们还是争先恐后地带来食物。

可到了周末，谁也没想起来：这两天谁来喂养“小可爱”？我只好将“小可爱”寄养在幼儿园的饲养园里。到了周一来园时，孩子们发现“小可爱”不见了，他们惊慌起来。

当我告诉他们真相时，他们接回了“小可爱”，并向门卫爷爷表达了感谢。同时，他们也感到了深深的自责：周末不应该丢下“小可爱”不管。

就这样，孩子们度过了热情而又慌乱的一周。我想是时候和孩子们共同商量制定喂养“小可爱”的值日生表了。

经商量，孩子们决定轮流喂养“小可爱”。六人一组，其中五人从周一到周五带食物来幼儿园喂养“小可爱”，一人周末将“小可爱”带回家喂养。他们自己商量安排日期，并记录在值日生表上，最后由我在班级 QQ 群上发布结果，希望得到家长的帮助和提醒。

老师的话：

喜欢承担一些小任务。

孩子们能自发地商量值日的内容，说一说如何关爱、照顾“小可爱”。

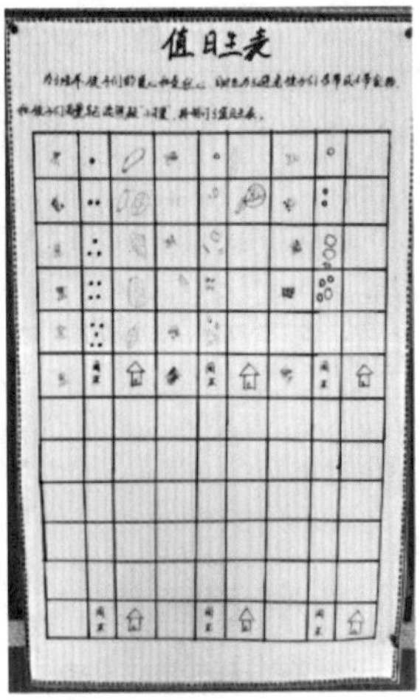

值日生的工作：

① 周一到周五，每天早上清扫“小可爱”的家。

② 早、中、晚各喂“小可爱”一次食物。

③ 周末带回家喂养“小可爱”。

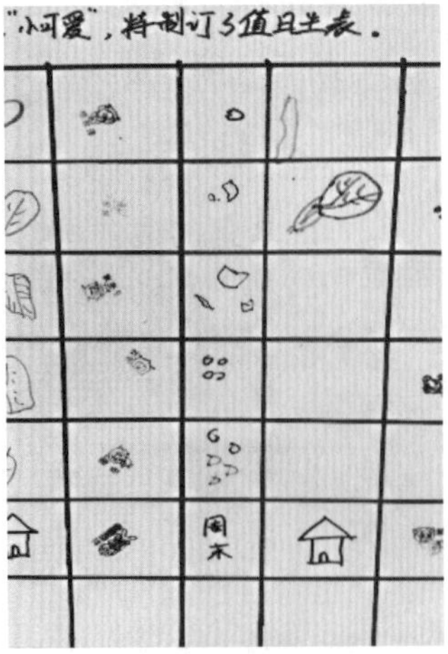

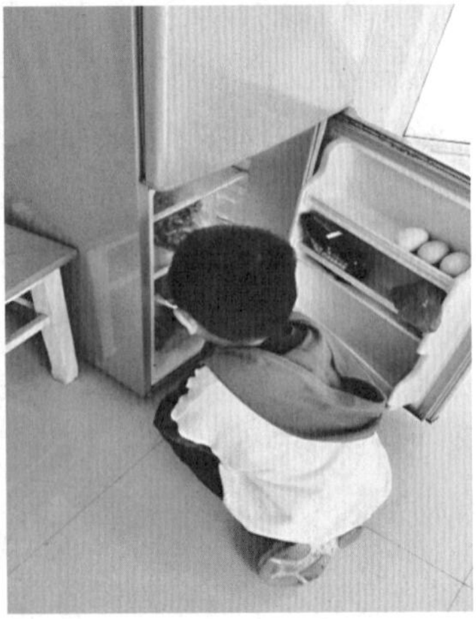

从实施的情况来看，效果较好，但也有粗心的孩子忘了带食物。不过，这也难不倒他们，他们想出了向门卫爷爷借胡萝卜的办法，第二天再从家里带胡萝卜归还给爷爷。

教师感悟：

饲养照料小动物是一项长期的、持续的活动，也是一项耐心、细致的工作。在照顾“小可爱”活动中，孩子们采用了轮流饲养的形式：六人一组，其中五人从周一到周五带食物来幼儿园喂养“小可爱”，一人周末将“小可爱”带回家喂养。他们自己商量安排日期，并记录在值日生表上。在轮流饲养的过程中，孩子们的责任意识、任务意识、合作意识都得到了有效的提高。

老师的话：

幼儿园应与家庭、社区密切合作，与小学相互衔接，综合利用各种教育资源，共同为幼儿的发展创造良好的条件。

（3）我喜欢“小可爱”的……（谈话活动）

老师的话：

幼儿对感兴趣的事物能仔细观察，发现其明显特征。

孩子们和“小可爱”朝夕相处，感情与日俱增，他们经常三五成群地谈论着对“小可爱”的喜爱之情，于是我组织了一次谈话活动“我喜欢‘小可爱’的……”，从他们的谈话活动中，可以发现孩子们时刻仔细观察着“小可爱”的一切。

教师感悟：

在幼儿的情感世界里，小动物不仅仅是动物，更是他们的朋友，是他们心灵的伙伴，“小可爱”对于小一班的孩子来说亦是如此。“小可爱”第一天到来，孩子们就对它一见倾心，他们轻轻地抚摸它，轻声细语地跟它打招呼，给它起名为“小可爱”，舍不得放到饲养园里喂养，坚持带在身边照顾它，可见，孩子们已然把它当成了自己的好朋友。在之后的日子里，孩子们为“小可爱”建造新家、亲自喂养它、为它找朋友、讲故事给它听……从中不难看出，“小可爱”已经成为孩子们心灵的伙伴了。

（4）“小可爱”的朋友

有一天，几个孩子围着“小可爱”在一起谈论：“哎，‘小可爱’太可怜了，它每天孤零零地在走廊上，没有朋友陪伴它。”“要不，我们给它找朋友吧！”

说干就干，有的孩子从家里带来了玩具小兔，有的孩子带来了关于小兔的图书，有的孩子用黏土塑造了小兔，还有的孩子用画笔画了一些小兔。我也加入了给“小可爱”找朋友的行列，我买了一些适合小班孩子看的关于小兔的绘本。

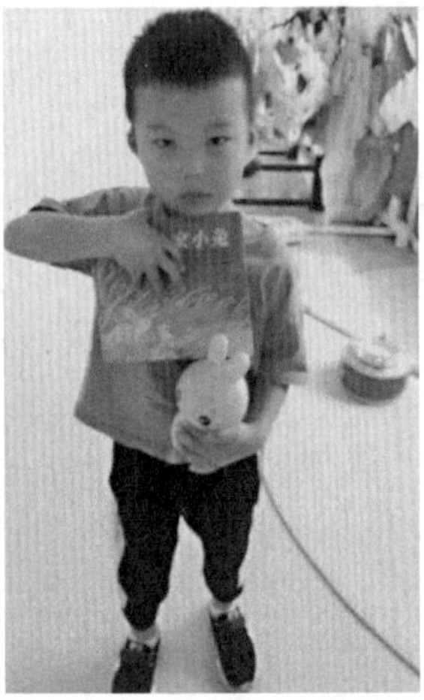

我还为孩子们准备了一个架子，让他们自己为“小可爱”布置朋友展览博物架，他们经过反复讨论、摆放，最后布置成这样：玩具放在最上面两层，图书放在第二层，便于他们自己取放，最下面一层放“小可爱”自己的物品，如笼子、清扫工具、食物等。

老师的话：

幼儿能体验和发现生活中很多地方都用到数。

能手口一致地点数5个以内的物体，并能说出总数。能按数取物。

同时，我觉得这也是他们学习数数的一个好时机。我问："一共有几个玩具小兔？"他们一开始想数遍所有的玩具，可是玩具有点多，他们的能力达不到，在我的建议下，他们分层数，然后做上点卡标记。

在数数活动后，秋泽小朋友又带来了一只玩具小兔，他还在原来点卡标记上又添画了一个点。

这些朋友不仅成了"小可爱"的朋友，还成了孩子们的朋友，尤其是图书朋友，幼儿经常来这儿阅读图书，有时还给"小可爱"讲故事呢！

老师的话：

幼儿会看画面，能根据画面说出图中有什么，发生了什么事等。

喜欢把听过的故事或看过的图书讲给别人听。

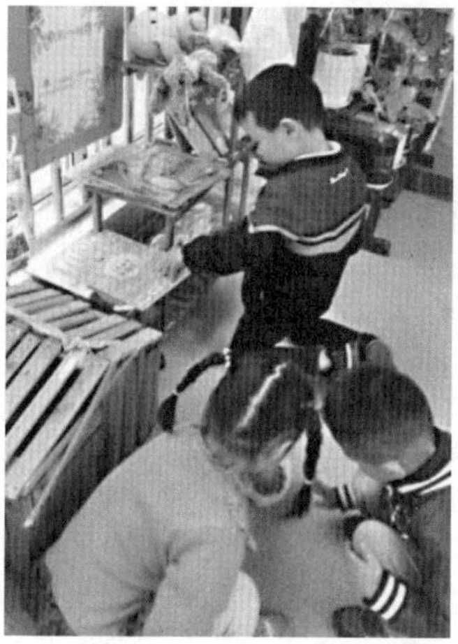

现在孩子们真的把"小可爱"当成了小一班的一个成员了，你看，他们走到哪儿都不忘带上"小可爱"，和它一起游戏。

幼儿的收获：

正如伟大的科学家爱因斯坦说“兴趣是最好的老师”，整个活动都是基于孩子们对“小可爱”有着浓厚的兴趣，然后主动去求知、去探索、去实践。他们是充满活力的探索者、孜孜不倦的实验者、专心致志的科学家。同时，从他们对“小可爱”无微不至的关爱——给“小可爱”讲故事、与“小可爱”做游戏、去哪都带着“小可爱”等等可以看出孩子们真正地将“小可爱”当成了我们大家庭的一员。他们还乐于从自己的经验及与他人的交往中学习，学着照顾“小可爱”，逐渐从依赖别人到变得独立，从中获得了愉快的体验。

教师的感悟：

我是一名青年教师，从前我注重计划并将其落到实处，就如同“开车”，我是驾驶员，找到各种“地图”，沿着预设好的课程和教学计划开展工作，我们进行着一场按部就班的旅程，即使途中看到了岔道上的美丽风景，也无法前往欣赏。随着课程游戏化深入开展，我逐渐改变了我的儿童观，我选择了将“方向盘”交给孩子们，这样我们有了更广阔的视野，在课程行动和方向上有了更多的自由，虽然我们也许会错失很多细节，但我们能欣赏到意想不到的“秀丽山川”。在活动中，我也不再只关注孩子的行为结果，而是在与孩子交往中深入了解他们的能力和经验，站在他们的立场考虑问题，顾及他们的想法和感受。我带着倾听的耳朵，怀着包容的心态，与孩子们一起学习，甚至向孩子学习。我渐渐坚信，探寻孩子的兴趣是以儿童为中心的课程的核心。

3.“我和兔兔的每一天”——家庭篇

（1）“小可爱”的 4 月份伙食

4 月 7 日，天气多云，辰辰带“小可爱”回家，到了小区邀请双胞胎小姐姐看小兔，到了家后带小兔子参观“我的家”……就这样每天都会有小朋友抢着轮流带“小可爱”回家，我把家长们上传到 QQ 群里的照片进行梳理，和孩子们一起观察，发现一个月下来经过统计孩子们都有很多有趣的发现，他们喂的食物不一样，劳动的方式不一样……但经过 4 月份统计，食物以青菜叶居多。

“小可爱”观察记录表

日期	我是……	我喂“小可爱”	我的发现	我的劳动	我和“小可爱”一起玩
4.7	辰辰	青菜、玉米、萝卜叶子	嘘嘘很臭 兔子的嗯嗯是黑色的，一粒一粒的，有点像地雷花的种子	垫纸板 清理卫生	邀请小区好朋友和兔子玩 给玩具兔子陪伴
4.8	豆子	萝卜叶子	兔兔尿的尿很臭	和爸爸妈妈清理兔子的便便和尿尿	我和小兔子在一个房间里睡觉
4.9	博文	小青菜	拉的粑粑一颗一颗的，和我们的不一样	清理打扫兔笼	喂菜、唱歌、姐姐背诗
4.10 4.11	瑶瑶	小青菜、生菜叶子	兔兔更喜欢吃叶子，杆子留在最后吃	打扫兔笼	和小兔子握握手、摸摸小兔毛、喂菜
4.12	雨琦	青菜、山芋叶子	兔兔喜欢跳来跳去	和爷爷一起打扫兔子的便便	说儿歌给兔子听
4.13	涵涵	山芋藤、青菜	大大的耳朵三瓣嘴，小鼻子一直在抖动	我喂兔子吃菜叶	唱歌给它听
4.14	茜茜	小青菜	我喂菜叶的时候发现小兔子站起来吃菜叶，太神奇了	自己采摘菜叶（奶奶在院子里种的菜）	给小兔喂食物，带小兔子晒太阳
4.15	诗颜	胡萝卜	小兔子张着嘴吃了好多，肯定饿了	我和妈妈一起喂兔子，妈妈把胡萝卜切成条	听儿歌
……					

“小可爱”的 4 月份伙食统计

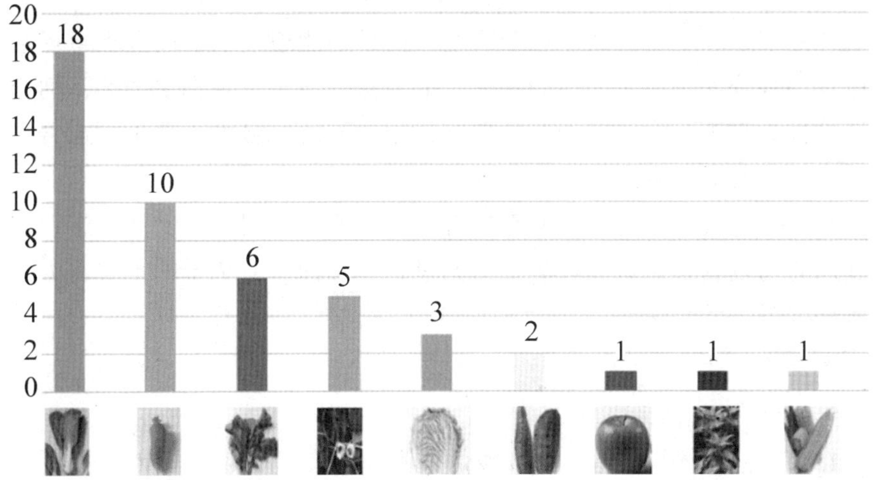

幼儿的收获：

本次活动是以“兔子喜欢吃什么”引发了幼儿的一系列讨论，孩子们通过尝试、探索、统计了解了兔子喜欢吃萝卜和青菜，在帮助兔子准备食物的过程中产生了新的问题，兔子能吃麦片和牛奶吗？幼儿通过实践得出了“兔子也会有不喜欢吃的食物”的结论。

在照顾小兔子的同时，幼儿时刻心系“小可爱”，给它喂吃的、陪它做游戏、和“小可爱”聊天、为“小可爱”打扫卫生。“小可爱”在幼儿的陪伴下逐渐长大，孩子们也获得了各个领域的发展。

教师的感悟：

《纲要》中指出：“教师要利用幼儿身边感兴趣的事物与现象作为探究对象，既符合幼儿的现实需要，又有利于其长远发展，既贴近幼儿的生活，又有助于拓展幼儿的经验和视野。”孩子们对兔子充满了好奇心，教师抓住教育契机与幼儿在尝试与探索中一同发现兔子饮食的秘密，使幼儿萌发了照顾兔子的愿望。

（2）兔子还喜欢吃什么——发放调查表

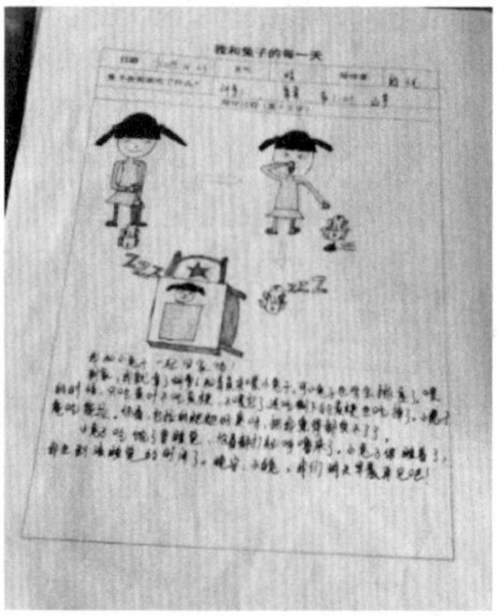

对于“兔子还喜欢吃什么”这个问题，孩子们能通过亲子调查表与爸爸妈妈一起去了解更多喂养兔子以及如何照顾兔子的方法，增加了亲子之间的互动交流，发展了幼儿的探索精神，激发了幼儿的探究欲望。同时亲自为小兔子筛选食物，锻炼幼儿的操作能力与动手能力。

支持与收获：教师作为幼儿的支持者通过分发调查问卷帮助幼儿进行亲子调查活动，在幼儿与爸爸妈妈调查收集资料的过程中加深了对兔子的了解，为后期活动的开展做好了铺垫。

4. 兔兔的幸福生活

（1）“小白鱼”的到来

5 月 15 日这天，“小可爱”被妙妙带回家，没有带到幼儿园来，恰巧豆子的阿公把家里的小兔子带过来了，孩子们特别兴奋，都以为是“小可爱”，豆子说这不是“小可爱”，这是“小白鱼”。孩子们仔细一看还真不是“小可爱”。“小可爱”的耳朵是灰色的，而这个是白色的，大家这才相信豆子的话。即使这样，孩子们还是喜欢和“小白鱼”一起玩。瞧，孩子们在户外游戏时围着“小白鱼”呢！

孩子们临时找了个大的收纳篮安顿了“小白鱼”，上面还用网格片固定，等待“小可爱”的到来！

（2）“小可爱”和“小白鱼”相遇了

第二天，“小可爱”回来了。两只兔子终于见面了，孩子们格外高兴，一个劲儿地抬着、拖着，把它们带到了一起。可是孩子们发现，如果不将它们放出笼子，它们只能隔“笼”相望，有小朋友提出将它们放在一个笼子里面，立刻遭到小朋友们的反对：“它们俩都太大了，一个笼子根本装不下。”孩子们异口同声地说。最终，孩子们决定将“小可爱”和“小白鱼”安置到种植园旁的饲养园里。就这样，孩子们齐心协力，将“小可爱”和“小白鱼”，一起送入了饲养园中。送完之后还恋恋不舍地与兔子道别。

就这样，“小可爱”和“小白鱼”幸福地生活在了一起。

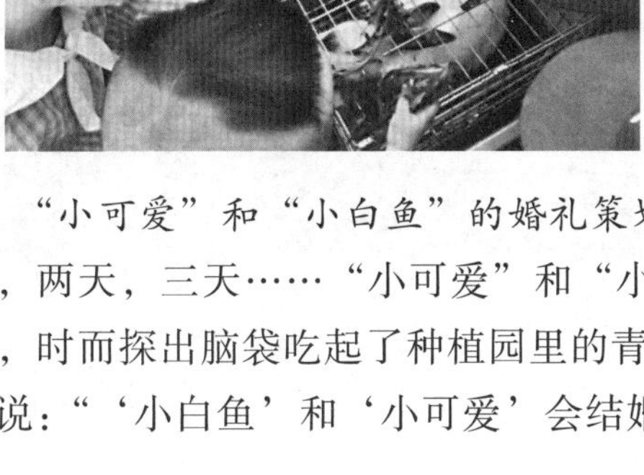

（3）“小可爱”和“小白鱼”的婚礼策划

一天，两天，三天……“小可爱”和“小白鱼”的生活真幸福，时而在小屋底下躲阴凉，时而探出脑袋吃起了种植园里的青草。

豆子说：“‘小白鱼’和‘小可爱’会结婚吗？”

辰辰说："结婚？太搞笑了吧。"

灏灏说："我看过我爸爸妈妈结婚。"……

对于结婚，孩子们有了懵懂的认识：

结婚就是两个人在一起。"小白鱼"和"小可爱"在一起了，就是结婚。

结婚就是要拍结婚照……

结婚就是要生宝宝了……

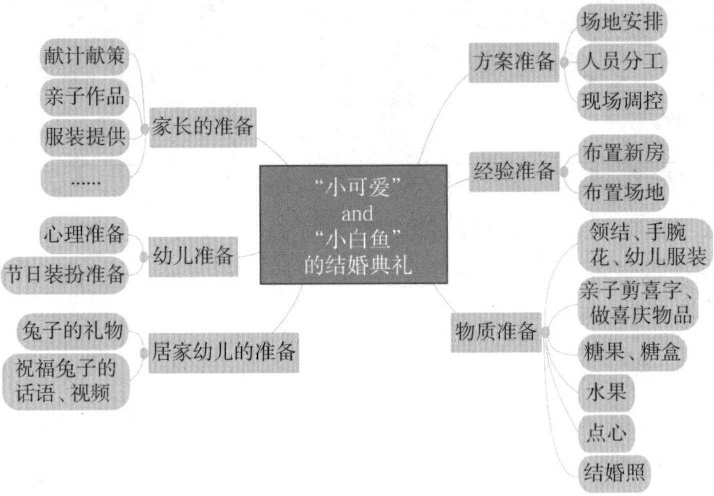

随之而来的一些问题也出现了，家长们在群里也讨论得比较热烈，我将家长们讨论的问题用网络图的形式记录了下来，便于和孩子们后续深入探讨。有孩子提出：六一节要到了，我们为何不来一场特别的庆典呢？

在和孩子们讨论后我们也在家长群里邀请家长们献计献策，小煜的妈妈为了这场特别的婚礼做出了很大的贡献—给每位参加婚礼的小朋友做了男孩子的领结和女孩子的手腕花。居家的幼儿也为兔子制作礼物——皇冠、喜字……我们老师也根据孩子们的讨论制订了方案，制订了六一节当天的活动流程，还做了线上邀请函。家长和孩子一起手工剪"喜"字、给兔子带好吃的胡萝卜、青菜、西蓝花、各种水果……

（4）"小可爱"和"小白鱼"的婚礼现场

一切准备就绪，就等待这一刻的到来。6 月 1 日的早上，来得早的孩子积极参与到现场准备活动中来，有的帮忙搬椅子、摆椅子；有的在给小兔子装扮结婚海报；有的在用“喜”字和气球装扮小兔子的新房。

“小可爱”小姐和“小白鱼”先生的婚礼正式开始，小朋友两个两个手牵手走红毯，原本也打算让“小可爱”和“小白鱼”跳着走红毯的，后来在老师把兔子抓到笼子里时发现：“小可爱”的肚子软软的，我们便猜测“小可爱”可能怀孕了。于是就把“小可爱”和“小白鱼”放在大号兔笼中用小车拖着走红毯。和谐的场面真的很让人羡慕。

一早上的活动热火朝天地进行着，孩子们帮“小可爱”和“小白鱼”举行了草坪婚礼，玩了关于兔子的游戏：兔子跳、萝卜蹲、和兔子赛跑等。活动结束，孩子们一路欢声笑语，将兔子们送回了家。

幼儿的收获：

“小可爱”和“小白鱼”的相遇，让孩子们对小兔的生活有了新的想法。生活经验让孩子们萌发了兔子们也能结婚的念头，一场婚礼就此展开，孩子们从策划、准备到实施，一步步井然有序，正如儿歌所唱：“人人都说小孩小，可是人小心不小。”在共同完成了活动后，他们体验到了合作的乐趣，提升了与他人合作的能力。

> **老师的话：**
>
> 在这次的喂食过程中，小朋友们惊喜地发现了第一窝兔宝宝的诞生，虽然没能看到兔宝宝刚出生的状态，但是新生命的活蹦乱跳，让所有的小朋友欢呼雀跃，也引得全园的小朋友前来参观。

教师的感悟：

生活中的很多事情都在无形中给予了幼儿丰富的经验，教师要及时把握幼儿的兴趣点，有目的有计划地开展丰富多样的活动，满足幼儿多元发展的需要。孩子们有了让兔兔们结婚的新奇的想法，这使他们兴趣倍增，主动参与劳动活动，教师应引导幼儿进行充分的准备，并给予支持。同时，也可以引导家长参与到课程建设中来，家园共育。

5. 可爱的兔宝宝

（1）兔宝宝出来了

一天中午，小朋友们在日常喂食的过程中发现，兔笼里原本平坦的草坪下面突然出现了一个大洞，随即便开始热烈地讨论。

有的小朋友发现地面上有一个好大的洞，于是便有小朋友猜测可能是兔妈妈打的洞。孩子们讨论得热火朝天时，“哇，你们看！有兔宝宝！”溪溪叫道，小朋友们的目光一下子被吸引了过来。

果然，真的有小兔子！小朋友们欢呼雀跃地围着围栏到处寻找。他们在“房子”与墙的夹缝处找到了许多小兔子。

这么多小白兔是从哪里来的呢？小朋友们疑惑地问问你，问问他。“肯定是兔妈妈生的呀。”溪溪说。小朋友们发现兔宝宝其实已经比较大了，也有小朋友提出问题：“难道小兔一出生就这么大吗？”

我们询问了园内的养兔专家——阴老师，她说：“那肯定不是呀，小兔子小时候很小的，身上只有一点点毛，这些小兔啊，肯定在兔妈妈打的洞里生活了好一段时间了。”

老师的话：

在观察到兔宝宝躲在角落中，小朋友们能站在兔宝宝的视角猜想兔宝宝的感受，可能是受惊吓，抑或是感受到寒冷。孩子们积极动脑想出解决方法：提醒周围的小朋友保持安静，给兔窝添置干草。他们积极思考、交流，交流的过程，是经验回归生活的过程，是感性与理性相结合的过程。

小朋友们觉得太神奇了，小兔子竟然这么久没出来，一直躲在洞里。

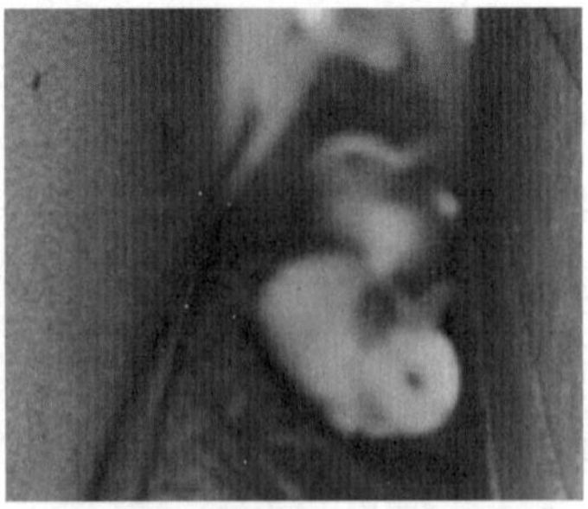

（2）照顾兔宝宝

“为什么兔宝宝躲在里面呢？”画画说，小朋友们觉得我们可能吓到兔宝宝了，便开始做出了“嘘”的手势，提醒周围的小朋友不要发出太大的声音。

静姝发现兔宝宝们都挤在一起，是不是太冷了呢？于是，大家找来了干草，垫在了兔房下面和里面。果然，干草一经垫下，兔宝宝们都挤到了干草上。

回到班上，我们查阅了相关资料。原来，天气太冷，兔妈妈就会打洞，并且会把自己身体胸部的兔毛拔掉用于铺窝，而我们一开始并没有给兔宝宝提供干草，兔妈妈只好将兔宝宝一直藏在洞里，等兔宝宝的毛全部长齐了，才让兔宝宝出来。

“兔宝宝吃什么呢？”小朋友们又展开了猜想，正当小朋友们疑惑、争论时，兔宝宝已经蹦蹦跳跳地跑出来，和兔爸爸兔妈妈一起吃蔬菜了。原来，兔宝宝们已经长大到可以吃蔬菜了。

（3）又一窝兔宝宝

过了两周，涵涵发现又有一只小兔爬出来了。小朋友们朝着涵涵指着的方向望去，哇！又有一只小兔从兔房里爬了出来，眯着眼睛，探着小脑袋，呼吸着周围的空气。

小朋友们猜想是不是又有一窝小白兔出生了。舒漫说：“这次不能叫小白兔了，这次要叫小小兔！”

前一窝小兔子还没长大，又生了一窝小小兔，孩子们高兴极了，嚷嚷着想近距离观察一下刚出生的小小兔。

我将探出头的小白兔捧在手里，小朋友们叮嘱我：“老师你小心一点。”“给我看看，给我看看！”

这次有几只兔宝宝出生了呢？孩子们对此感到非常好奇，俊辰自告奋勇来地了小兔窝旁边说：“老师，我来数数吧，我可以数出来！1、2、3、4、5……老师！一共有7只！”小朋友们一听到又有7只“小小兔”出生了，别提有多兴奋了。

> **老师的话：**
> 幼儿点数、排序、分类：大的、小的、最小的……数学学习与日常生活有机自然融合。

据孩子们统计，现在除了兔爸爸兔妈妈，小兔有8只，小小兔有7只！兔笼里一共有17只兔子，太热闹了吧！

幼儿的收获：

幼儿感受到兔宝宝的生长变化，观察到兔宝宝每个阶段外形特征的细微差别，进一步丰富了幼儿对兔子外形特征和生活习性的了解，增进了他们对生命过程的认知。

教师的感悟：

兔宝宝的降临为幼儿探索生命的过程提供很好的教育契机，我们抓住幼儿感兴趣的敏感话题，开展了系列主题活动，从观察初生兔宝宝的外形特征、了解它们怎样吃奶，到看着它们慢慢长出了浅浅的白毛，再到后来变成活蹦乱跳的小白兔。

6. 兔兔大风波

（1）食物大风波

饲养园里的兔子越来越多了，小朋友们带来的菜刚投放到兔笼里，一小会儿就吃完了。兔子们追着小朋友们，耷拉着兔耳朵，嘴巴和鼻子也抬着嗅啊嗅。

涵涵说："小兔子吃饱了快去睡觉吧！"然而小兔子一直跟着小朋友们在围栏边走。以往兔子吃完菜就会去树荫底下睡觉。小博发现了异常，小兔子一直跟着我们，这是为什么呢？

莹莹猜测肯定是小兔子还没吃饱，它们还想吃东西导致的。是呀，小朋友们带过来的菜已经不够小兔一家吃了，他们商量着只能再多带点菜过来喂小兔。

俊辰说："可是我家的莴笋叶子都已经被小兔子吃完了。"其他小朋友也跟着说："我家的菜也被吃完了，这该怎么办呢？"

孩子们开动脑筋，仔细思考后，决定发起号召：让中班和大班的哥哥姐姐们也带点菜来喂小兔。于是，孩子们先走访每个班级，向哥哥姐姐们描述兔兔一家的现状以及他们的需求，哥哥姐姐们也表示非常乐意参与到小兔的饲养中来。我们还在门口摆放了一个大篮筐，用于收集哥哥姐姐们带来的菜。

同时，我们也将成熟的胡萝卜和杨花萝卜拔起来喂给小兔子吃，这些萝卜是小朋友们清明后播种的，正好这时也成熟了，孩子们按小组分工——周一是苹果组、周二是西瓜组、周三是香蕉组、周四是葡萄组、周五是梨子组，大家每天从地里拔一些喂给小兔子。

（2）卫生大风波

兔兔越来越多，带的菜也越来越多，随着它们的一天天长大，打扫卫生似乎也成了一个难题，小朋友们发现兔兔的便便越来越大，也越来越多了，只要一天不打扫，兔笼里满地都会是便便。而且小朋友们已经习惯在栅栏外面，直接往栅栏里面的草坪上放菜叶，有些菜叶小兔没有吃完，经过太阳的暴晒腐烂在草坪上很难铲除，还会引来蚊虫。尤其是下雨天，整个兔笼都会臭烘烘的，小朋友们都捂着鼻子，不愿意和我们一起去打扫。

在一次打扫活动中，桐桐说："这个草坪太难扫了，水泥地比较好扫。"可是，水泥地离栅栏还有一定的距离，扔过去的话不是很方便。路过的陈园长听取了孩子们的意见，便请了工人将水泥地一直浇筑到栅栏边上，这样，给我们后期的打扫提供了很大便利。溪溪提议制作一块"喂养地点指示标志"，引导小朋友们将菜投放到水泥地上，这样才便于后期的打扫。

于是，由他来绘画，制作好了"喂养地点指示标志"，挂在了饲养园的栏杆上。

幼儿的收获：

孩子们在喂养兔兔的过程遇到了两个问题：一是食物短缺的问题，他们想到了通过收割种植园的蔬菜来应急，但是种植园的蔬菜毕竟是有限的，他们又想到借助全园小朋友的力量，寻求他人的帮助，为兔兔们提供食物。二是卫生问题，在教师适时介入后，他们也能考虑到小兔子们的感受，积极地参与到打扫棚舍中来。

教师的感悟：

孩子们是饲养活动的主体，当他们遇到问题时，可由他们自主解决。当他们遇到解决不了的问题、即将丧失兴趣时，教师要适时介入并提供帮助，便于幼儿深入探索、学习。

可是，好景不长，大门口篮子里的菜也渐渐地变少了，种植园里蔬菜生长的速度也跟不上小兔子食量增长的速度，卫生也要打扫得越来越勤，还有什么更好的解决办法吗？小朋友们又展开了新一轮的探索……

7. 兔兔去哪里

（1）领养兔兔

兔子的增多，慢慢也变成了小朋友们的烦恼。孩子们在班上进行了激烈的讨论，晨晨说："每天打扫就行了。"妍妍说："要不我们把小兔送人吧。"这一想法引起了大部分小朋友的反对，他们担心领养小兔子的人不能细心地呵护小兔子。辰辰说："可是我们家的菜叶子已经被小兔子吃完了，已经没东西喂这么多小兔子了。"是啊，越来越多的小兔子的确给我们带来了许多困扰，如果我们仍然坚持要让小兔们待在这儿，小兔吃不饱，也是对小兔的伤害，同样也是对生命的不尊重。

经过讨论，我们决定请园长妈妈在朋友圈宣传一下，看看其他幼儿园是否有意向领养小兔。消息一经发出，许多幼儿园都前来咨询能不能领养小兔，并与我们约定了时间。

那怎样保证小兔在他乡也能过上好日子呢？嘉乐说："可以告诉他们小兔子喜欢吃菜叶子和胡萝卜。"舒漫说："还要告诉他们小白兔不能喝水。"阿彻说："要让他们给小白兔准备一个大房子。"小朋友们各抒己见，最后，我们决定绘制一封信给领养小兔的主人，每次来领养的大人和小朋友都要进行一个“小兔饲养培训”，然后签订“承诺书”。

陆陆续续地有其他幼儿园的小朋友来领养小兔，每次有人来，孩子们都会叮嘱：“你要喂菜叶子和胡萝卜给小兔子吃哦！”“小兔子不喜欢吃菜梗哦！”“小兔子喝水会拉肚子的。”“你们要准备个大草地给小兔哦！”签订“承诺书”时，孩子们也会再三强调。

（2）义卖兔兔

经过小朋友们的认真点数，发现饲养园里还剩 10 只兔宝宝，小朋友们又想到可以开展一次“小兔义卖”。“那小兔该卖多少钱呢？”我问，小朋友们各抒己见，有的说要卖 100 块，有的说 1 块钱，有的说 50，看来小朋友们对小兔的价格还没有一个具体的认知。

我们在家长群里发出号召，请家长带小朋友们去售卖小兔的市场，调查一下“行情”。雷厉风行的家长们放学就带着自家宝宝去宠物市场一探究竟。到了市场，孩子们向卖小兔的叔叔阿姨询问了价格，阿姨非常耐心地告诉小朋友们：一只兔子 35 元，单买笼子 10 元，笼子和兔子一起买 40 元。这不，还没公布最终价格呢，已经有家长在群里预定一对了。

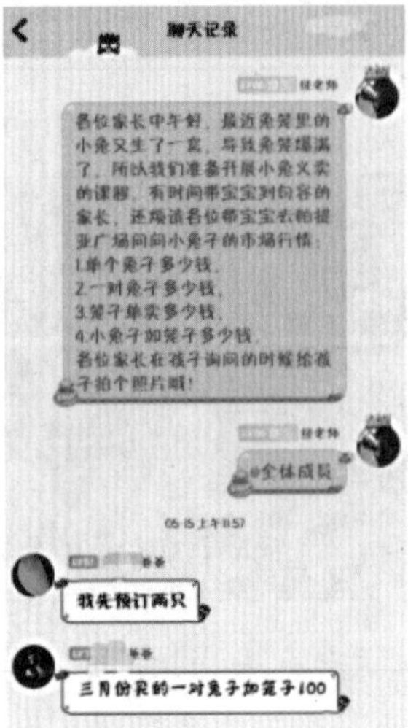

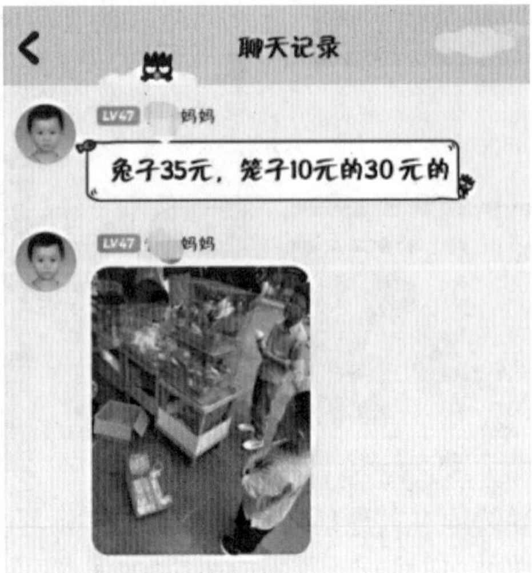

知道了价格，第二天，我们在一张板子上标注了各种售卖方式的价格以后，提前将板子放到了幼儿园门口，并在各个班级的家长群里进行了宣传。

下午，我们请门卫爷爷把小兔们带到兔笼里，小兔义卖正式开始啦！小朋友们兴奋不已，阿彻吆喝着："卖兔子咯，卖兔子咯！非常可爱的小兔子哦！"不一会儿，可爱萌萌的小白兔已经被热情的家长朋友们订购一空。

义卖后的钱我们决定放在班级的小兔储钱罐中，等到食物短缺时由小朋友们交给食堂阿姨采购蔬菜叶子喂给小白兔吃，这样一来，小兔们的食物问题就得到了解决。也有小朋友提出："兔妈妈生宝宝很辛苦，毛都黄了，要买一些补充营养的兔粮给它补补身子。"这一提议也得到了孩子们的赞同。

（3）兔兔过得怎么样

一次散步，小朋友们提出有点想看看被领养的小白兔们生活得怎么样了。于是，我们随机挑选了一所幸运领养园，向他们拨通了视频电话，通过视频电话，孩子们看到了小兔子的生活状况，大家欣喜地讨论着、欢呼着，通过手机与连线方交谈。这件事后，孩子们也提出要定期地向领养者拨通电话，了解近期小兔的生活状况。

虽然这次拨打视频电话是由小朋友们对小白兔的思念之情引发的，但是同时我们也看出了尽管部分小兔已经不在我们身边，孩子们依然关心、爱护着它们。相信孩子们的爱心、责任心也会传递到其他小朋友的心中。

幼儿的收获：

在“兔兔去哪儿”这一系列活动开展的过程中，幼儿通过把兔子送给其他幼儿园的小朋友，交代各种饲养注意事项，发展了自身的社会交往能力；在给园内兔子进行喂食的时候，幼儿联想到园外的兔子过得怎么样，因此进行了回访活动，该活动是幼儿同理心发展的有力证明。

义卖小兔活动中，幼儿完成了从提出方案、市场调查、确定售价、卖前准备、正式开卖这一系列活动。在售卖小兔的过程中，幼儿愿意主动承担一些小任务，例如：吆喝、带领家长选小兔以及向家长们介绍小兔价格、怎样照顾小兔等。从中也可以看出幼儿能从社会中获取经验，并且应用到自身所参与的活动中来。

教师的感悟：

看着幼儿认真地拿着“承诺书”，一项一项地给领养者介绍，我感受到了他们对小兔子的关心、责任心。孩子是感性的天使，他们对小兔的不舍，化作了给领养者的千叮咛万嘱咐，当然，这暂时的离别是为了小兔能过上更好的生活。

“兔子”这一饲养资源，不仅使两个幼儿园的小朋友联系在了一起，还使幼儿对小兔子的关爱之情延续到了饲养活动之外，教师在活动开展的过程中起到了良好的桥梁作用，帮助了幼儿将对兔子的关爱传递给了更多人。在日后的活动中，教师要承担起桥梁作用，促进课程深度开展。

（五）活动反思

1. 幼儿方面：饲养劳动促进幼儿各领域能力的发展

在幼儿饲养兔子、照顾兔子的活动中，不仅仅有科学领域的探究，还有其他领域知识的探索。如散步时观察兔子，一些孩子用肢体语言表达他们对兔子的认识。

在喂食中他们知道将菜叶、胡萝卜等放在笼子夹缝中给兔子吃，避免自己的手被兔子咬到，也证明了孩子们学会了安全喂养兔子。

饲养小动物是幼儿喜欢的活动，“小可爱”给幼儿带来了无穷的乐趣，也激发了孩子们的求知欲望，促进他们积极地思考，他们在饲养兔子“小可爱”的过程中，懂得了感恩、懂得了责任、懂得了珍惜。他们会通过观察、和家长一起查阅资料、猜想、思考、寻找答案，由此增长了科学知识。

在本次饲养过程中，孩子们从最初对兔子的懵懂，到熟悉兔子的生活习性，他们成长了很多，获得了一些知识经验，同时他们也能够迁移自己的经验，比如：有一次在测量身高体重时，他们想到兔子长大了，也想尝试给兔子称一称。

2. 教师在活动开展中的思考与感悟

（1）大胆放手，给予幼儿自主学习的机会

我们坚信幼儿是积极主动的学习者，尊重孩子、相信孩子，让每个孩子都能在原有的水平上富有个性地发展是我们老师在教育中的共同目标。孩子是科学的主人，生命科学探究中从养什么到怎么养都是孩子们参与其中，如从个别谈话到集体讨论、给兔子起名，在养兔子的过程中他们发现问题并解决问题，体现幼儿学习的主人翁意识，同时我们要更加相信孩子，他们的能力是无限的。

（2）亲历探究，采用适合孩子学习的方式

直接感知、亲身体验、实际操作是适合幼儿学习的方式，让幼儿在做的过程中、在与兔子互动的过程中，对兔子的饲养有进一步的认识，形成直接的经验。如他们知道刚在种植园采摘的叶子有露水不能直接给兔子吃，要放在地上晾晒。在建构区搭建兔子的“家”时他们会用软一点的积木做围合、垒高搭建高楼。他们在亲历探究、实际操作中发现问题、解决问题、完善材料，获得了直接经验。

（3）充分挖掘，我们的身边处处是资源

《纲要》指出“要确立大教育意识，充分利用学前教育机构、家庭、社区的教育资源”。在兔子饲养过程中我们充分挖掘家长和校园资源，这在幼儿主体性发展中起到了至关重要的作用。如家长提供了兔子的食物、一些生活材料，和孩子们一起记录兔子在家的生活，还利用自身优势帮助我们绘画独一无二的绘本……我们教师应充分利用家园合作，发挥资源的作用，使课程更加丰富，促进孩子们各方面的发展。

本次活动的开展过程中，资源的整合与利用也是非常重要的一环，兔子特殊的生理机制使饲养园“兔”丁兴旺，也使得幼儿园的人力负担、物质负担过重。我们通过赠送给其他幼儿园，号召其他幼儿园前来领养，开展园际活动，让两个甚至多个幼儿园的孩子因为饲养活动联系在了一起。

我们还通过义卖活动，建立“兔兔储蓄金”，利用“兔兔储蓄金”购买蔬菜，孩子们还想到要给兔妈妈补充营养，这一系列操作既解决了当下的问题，也为之后可能出现的食物短缺的情况想好了紧急预防措施。孩子们在这一系列的活动中，不断探索，解决问题，玩转资源，也使幼儿园课程资源可持续发展，我们和兔兔的故事仍在继续……

（经浩）

景帝　男　5岁8个月

我们在观察鸽子是怎么飞的，我把鸽子飞的场景画下来。我觉得鸽子应该是先将脚收起来，然后再飞的。飞的时候脚伸得可直啦！

二、我和鸽子的故事

持续时间：2019年6月—2020年6月

年龄段：中班—大班

（一）活动缘起

“太阳光金亮亮，雄鸡唱三唱，花儿醒来了，鸟儿忙梳妆。小喜鹊造新房，小蜜蜂采蜜忙，幸福的生活从哪里来，要靠劳动来创造。”又轮到我们班照顾饲养园了！孩子们手拎食物桶、手捧蔬菜叶，唱着歌谣径直走向饲养园，好不应景。饲养园里的珍珠鸡、贵妃鸡、芦花鸡……似乎已经察觉到孩子们的到来，纷纷跑向围栏边。

此时一群正在飞来飞去的鸽子吸引了孩子们的目光："你们快看，哇！飞得好快啊！""你们看它们飞得多高啊。""那当然啦！之前那个家太小，它们不好飞。""你看现在的家多大呀！还有大树呢！"……看着饲养园里飞翔的鸽子，孩子们所有的注意力都被吸引住了。

"你觉得鸽子会吃小鸡的食物吗？""我知道鸽子吃什么。""鸽子的羽毛好漂亮啊。""两只鸽子的羽毛不一样。"……在回班的路途中，孩子们七嘴八舌地讨论起有关鸽子的话题。《纲要》中提出："善于发现幼儿感兴趣的事物和偶发事件中所隐含的教育价值，把握教育的时机。""生活即课程"，我们贯彻课程游戏化的精神，从幼儿的兴趣出发，尊重中班幼儿的年龄特点，通过积极查阅资料，最后展开了与鸽子相关的活动。

（二）活动脉络图

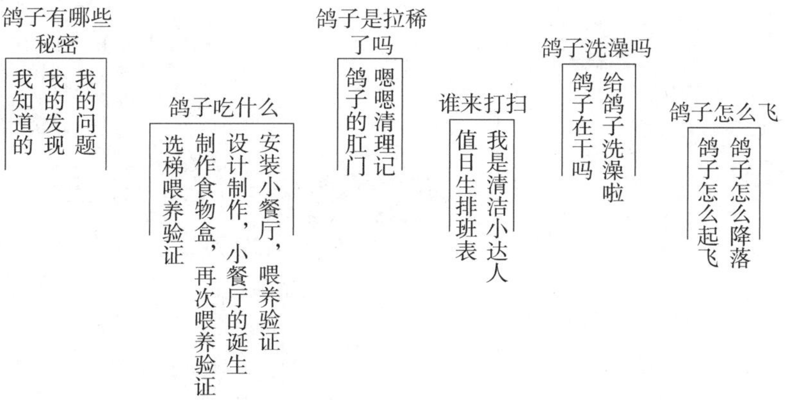

（三）活动网络图

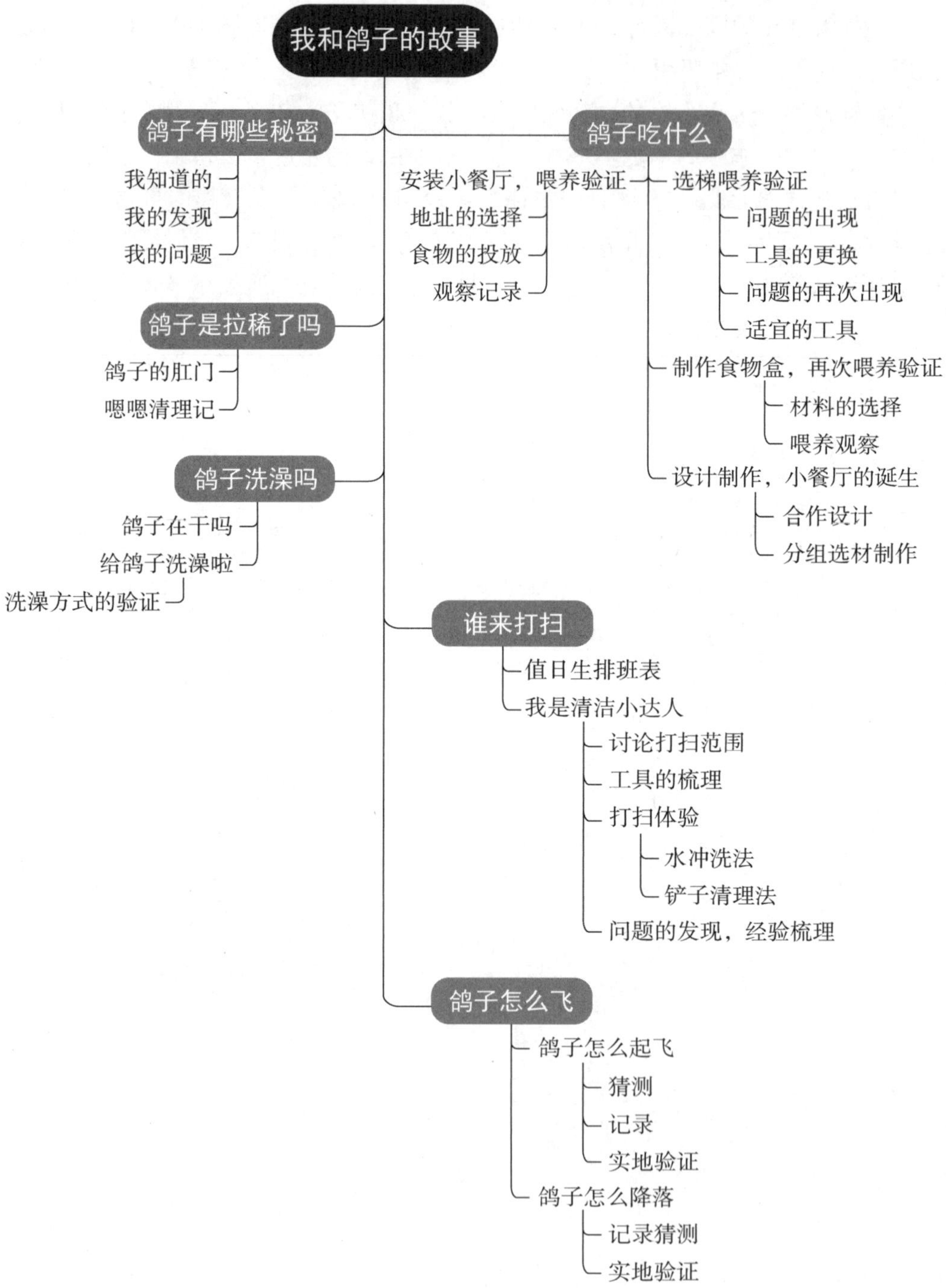
我和鸽子的故事
鸽子有哪些秘密
我知道的
我的发现
我的问题
鸽子是拉稀了吗
鸽子的肛门
嗯嗯清理记
鸽子洗澡吗
鸽子在干吗
给鸽子洗澡啦
洗澡方式的验证
鸽子吃什么
安装小餐厅，喂养验证
地址的选择
食物的投放
观察记录
选梯喂养验证
问题的出现
工具的更换
问题的再次出现
适宜的工具
制作食物盒，再次喂养验证
材料的选择
喂养观察
设计制作，小餐厅的诞生
合作设计
分组选材制作
谁来打扫
值日生排班表
我是清洁小达人
讨论打扫范围
工具的梳理
打扫体验
水冲洗法
铲子清理法
问题的发现，经验梳理
鸽子怎么飞
鸽子怎么起飞
猜测
记录
实地验证
鸽子怎么降落
记录猜测
实地验证

（四）活动过程

1. 鸽子有哪些秘密

鸽子吸引了孩子们的注意力，关于鸽子他们知道什么？还想了解什么呢？我们与孩子共同设计了调查表，让孩子根据问卷里的问题与家长共同完成相关调查。在分享环节中，我们对孩子的回答进行了梳理。

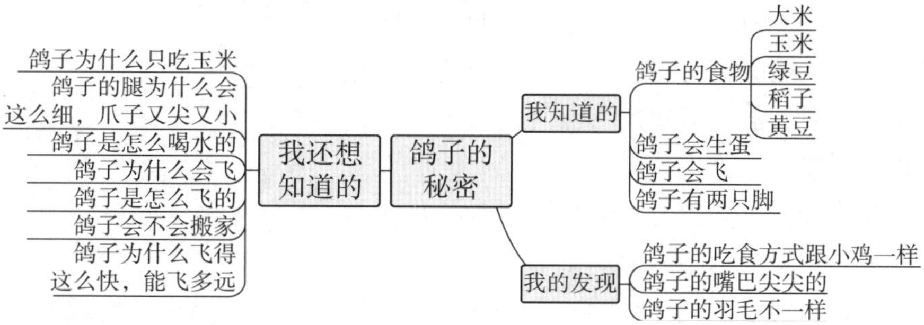

教师的感悟：

幼儿的兴趣引发了探索问题，在进行了一系列思考猜测后，教师通过整理幼儿的问题，从中知道了孩子们对鸽子并不是一无所知，在日常生活中，他们多多少少会接触到，他们对鸽子有一定的认知经验，但这些认知并不一定都是正确的。因此我们既要注重幼儿的自主概念，也要对幼儿意识中的错误概念进行纠正。

2. 鸽子吃什么

通过调查，我们发现孩子们能说出鸽子喜欢吃什么：玉米、大米、黄豆等，但得到的答案不一。那鸽子到底喜欢吃什么呢？孩子们谁也说服不了谁，于是他们决定自带食物进行验证。

（1）选梯喂养验证

第二天，孩子们带来了各自认同的食物。他们来到饲养园将食物撒在地上。就在他们刚刚踏出饲养园门时，灵灵大喊了起来：“老师老师，你们快看，小鸡吃鸽子的食物啦。你们快看。”“哎呀，这些鸡真讨厌啊！它们有自己的食物嘛。”彭彭生气地说道。大家七嘴八舌地声讨起小鸡来，满脸不高兴。

虽有“愤懑”，但也有惋惜之情：“哎……好可惜啊！”

第一次喂养验证以失败告终。他们随即商讨方法，为了防止小鸡们吃鸽子的食物，孩子们决定将食物直接放在鸽子的家里口。当他们抬起头望向鸽子的家时，脸上充满了疑惑：由于小鸽子的家悬挂在外面，高高的，他们不知道怎么去喂，纷纷寻找鸽子家的门在哪里。

老师的话：

中班幼儿大多已经初步感受了情绪，且这时段幼儿的情绪稳定性和有意性进一步增强，但情绪的控制调节能力却很一般，也容易受各种因素的影响而产生变化。所以当他们发现小鸡吃掉了鸽子的食物时，个别幼儿出现了不开心、愤懑的情绪。

“门在这里。”文仲大声喊叫道，其他小朋友纷纷走进去看，原来鸽子的家在饲养园的二楼，很高，难怪一开始孩子们都没发现呢。孩子们觉得鸽子的家太高了，根本够不到。于是他们又议论起来：“怎样接近鸽子的家呢？”

“梯子。”小硕率先提出意见。“梯子”似乎是个很不错的想法，于是希旺和越越跑向工具坊选了一个单面梯，将梯子靠在鸽子的家上，希旺慢慢地一步一步踏上梯子，其他小朋友在下面帮忙扶着梯子。

1）问题的出现

就在希旺即将靠近鸽子家门的时候，梯子不小心歪了一下，底下的女孩子们发出“啊”的叫喊声，“我害怕，我想下来。”希旺声音颤抖地说着。最后希旺在同伴的帮助下慢慢从梯子上走了下来。

第一次接近鸽子的家以失败告终。希旺下来后，边拍自己的胸口边说：“天啊，吓死我了，吓死我了。”“这个梯子太不安全了，会动的。”小硕在一旁说道。“而且这个梯子太长了，靠在鸽子家门那里放不平。”瑶瑶在一旁边比划边说。从孩子们的对话中我们发现：单面梯不仅不安全，而且由于太长，放的时候容易放歪。于是孩子们又商讨起其他的梯子方案。

2）工具的更换

就在大家一筹莫展的时候，他们想到了园内的资源库，并在工具处看到了一个双面梯，孩子们开心地合力打开，并踩上去试了试：“这个梯子好，可以有两个人上去喂呢。”“对呀，而且也不用靠着，肯定很稳。”他们开心地抬着双面梯来到饲养园，把梯子放在靠近鸽子家门的下面，瑶瑶和希旺手拿着食物，两人一步一步地踩着梯子，打开鸽子门，分别将食物投放在门边。

3）问题的再次出现

“啊，我的食物掉了。”瑶瑶大叫道。“瑶瑶，快帮我扶着门，我不好放食物了。”“我身体转不过弯来啊。”一系列的问题又出现了。第二次喂养又失败了，大家聚集在一起，讨论起双面梯的问题……

问题1：无法自如活动。

问题2：喂食工具没有地方摆放。

找出了问题，那如何解决呢？

4）适宜的工具

就在大家即将放弃的时候，昊昊边跑边说：“老师，这里有一张桌子，可以拿来站上面。”在昊昊的建议下，几个男孩子合力将桌子抬进饲养园内，放在鸽子的家底下，瑶瑶和希旺重新站在桌子上，他们先将食物放在桌面上，接着共同打开鸽子的家门，迫不及待地拿着食物摆放在鸽子的家门前，边摆放边说：“鸽子鸽子，快来吃我带来的食物哦，我的食物可香啦！”可是等了半天，鸽子都不飞过来吃，这可把孩子们急坏了，纷纷议论道：“是不是鸽子不饿啊？还不想吃东西啊？”“对呀，现在又不是吃饭的时候，鸽子当然不饿咯。”“我们应该离开，鸽子好像有点怕我们。”人群中的彭彭提出了想法。孩子们听了彭彭的意见，恋恋不舍地离开了饲养园，等待中午揭晓答案。

好不容易熬到了中午散步，小朋友们快速地跑向饲养园去看结果。眼前的场景让孩子们大吃一惊：所有的食物都混在了一起，散在各个角落。含含说：“哎呀，食物都混在一起了，这怎么能知道鸽子吃了什么食物呀？”小朋友们只好将食物清理干净，失望地离开了饲养园。

教师的感悟：

在选择梯子这一环节中，幼儿经历了三次失败，第一次是由于单面梯晃动，导致孩子产生了恐惧心理；第二次的双面梯虽稳固，但幼儿在喂食时发现不能摆放食物，无法自如行动；第三次选择了一张桌子，桌子的面积大，能让幼儿稳稳地站在上面，并且能够随意转动身体，于是孩子们将物品摆放在上面。孩子们从一开始的恐惧到最后的喂养自如，不仅仅展现了他们克服恐惧心理的能力，也提升了他们的社会交往和合作探究能力，他们能够共同发现问题、解决问题，不断实践选出适宜喂养鸽子的工具。

（2）制作食物盒，再次喂养验证

回到教室后，孩子们不甘心，一直在寻找这次失败的原因在哪儿。此时我们觉得孩子们讨论的问题、讨论的方式很有意思，可以进一步深入研究，于是我提出问题："如果我们再去喂一次，怎样才能知道鸽子吃了什么呢？"这一次他们似乎很有默契地给出了答案："这一次应该要把食物一个一个装在盒子里，这样食物就不会洒出来了。而且最好将食物与盒子做好标记。"含含强调了两次"做好食物的标记"。老师："就是要分类摆放？""是的。""看哪个盒子里的食物变得少，就是鸽子喜欢吃的。""而且这一次我们就在饲养园观察。""对，不过要站得远远的。"

老师的话：

起初，他们选择的是玩彩泥所剩下的空盒子，但在使用过程中发现，盒子有些小，所装的食物有点少，比如大颗粒的玉米只能装一点点。这充分说明了幼儿在实践中发现问题解决问题的能力。食物盒大小的比较，体现了幼儿的科学探究能力。

找到了解决办法，于是含含、希旺、奇奇来到美工区，开始寻找装鸽子食物的材料。他们不约而同地选择了纸杯，他们先将纸杯的最底下部分剪下来，然后在外面画上相应食物颜色的标记。他们端着为鸽子做的"食物盒"，再一次来到饲养园进行喂养验证。这一次孩子们不再离开，而是站在远处静静地观察。

在观察中为了不漏掉一丝细节，同时也为了照顾鸽子的情绪，不让它们害怕，孩子们共同约定"观察规则"：① 站在饲养园外桂花树旁观察（隐蔽功能）；② 利用望远镜观察；③ 只需三人：两人观察，一人拍照取证。就这样他们带上装备当起了"小侦探"，破起了案。在历经一个多小时的蹲守中，忽然听见语辰大声高喊："老师，你快看，是小鸽子自己打翻的。"他们从中找寻原因：原来是鸽子的家有点小，它们边吃边走动，一不小心，脚抬起来的时候带翻了食物盒。第二次的喂养验证也失败了。

（3）设计制作，“小餐厅”的诞生

看着小朋友们再一次垂头丧气的样子，我问：“我们已经连续两次喂食验证失败了，你们还想不想继续呢？”“当然想！”小朋友们异口同声地回答我。他们最后想出“单独为鸽子搭建一个吃饭的地方”的方法。

说干就干！他们自由分成三组，进行小餐厅的制作，为鸽子设计了各种各样的餐厅。完成了小餐厅的设计，他们拿着设计图来到资源室，开始寻找合适的材料，建造精美的“小餐厅”。

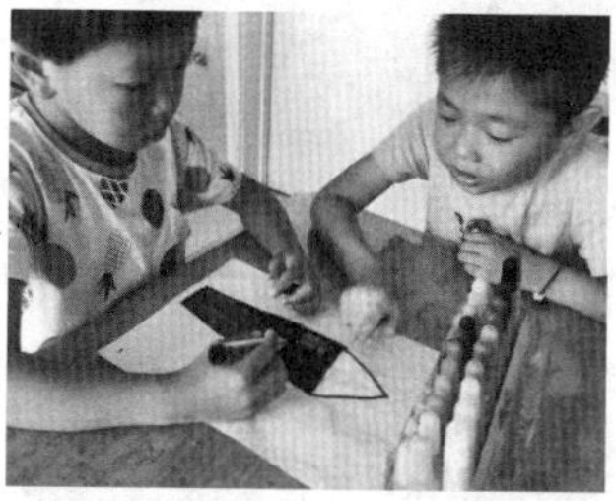

三组幼儿分别选择了不同的制作材料，第一组选择了木板，第二组选择了木头，第三组选择了竹子，材料选好后开始制作啦。在制作过程中，第三组小朋友们产生了争议，竹子到底能不能做成投食器呢？他们找来了具有木工经验的门卫爷爷，门卫爷爷告诉他们竹子可以做投食器，但我园资源库的竹子已经老化，一旦遇到下雨天便很容易损坏。而木板是最适合的材料，它有很好的稳定性。在门卫爷爷的提议下，第三组小朋友改用木板制作，并在门卫爷爷的帮助下率先完成了小餐厅的制作。他们怕食物卡在缝隙里，鸽子吃不到，还提议为“餐厅”铺上“地毯”。他们找来了卷尺，首先对餐厅的地板尺寸进行测量。随后在美工区找到布织布按照地板的尺寸开始测量、裁剪。不久餐厅的地板上就铺上了完美的地毯。

老师的话：

对于使用竹子这一材料，第三组的瑶瑶坚持使用，但为了工作的有效性，她接受了来自同伴以及门卫爷爷的建议，更改了材料。这符合《指南》社会领域对于中班幼儿的发展要求：活动时愿意接受同伴的意见和建议。

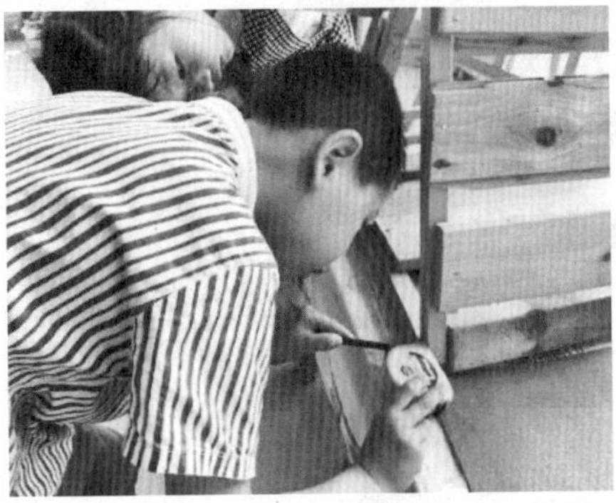

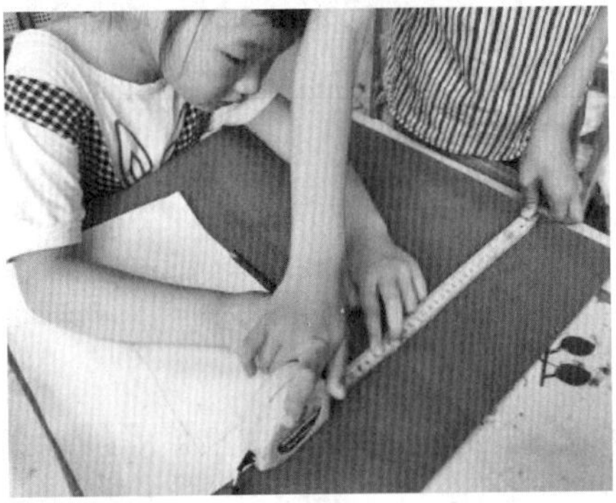

执着的男孩子们依然选择了木头制作投食器，他们其中一个对着设计图进行指导，其他两个小朋友负责制作。经过共同努力，他们最终完成了小餐厅的制作。

第一组小朋友选择的是木板，为了选择合适的钉子钉木板，他们对使用的钉子与木板的厚度进行比较，钉子的长度超过木板的厚度就是合适的钉子。在门卫爷爷的协助下，他们也完成了餐厅的制作。

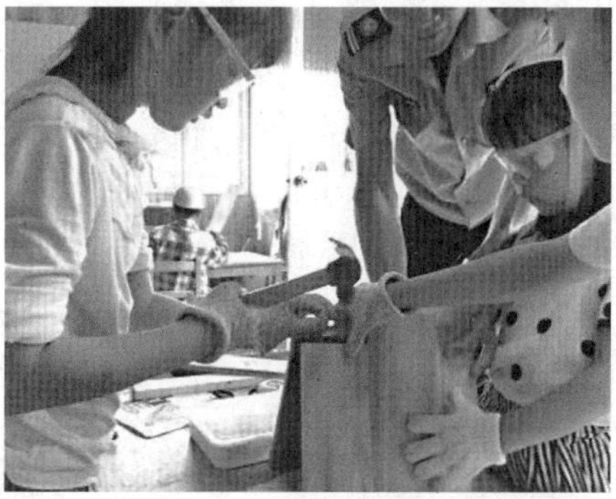

老师的话：

此环节是一个小型的STEM课程，它基于问题展开，通过情境设计，不断调查与探索，学习科学知识，发展解决复杂问题的能力。在活动中，以科学为核心，涵盖了技术、工程和数学的科学知识概念。如：餐厅地面地毯的测量；钉子与木板的厚度进行比较，选出合适的钉子等。

（4）安装“小餐厅”，喂养验证

“餐厅”完工了，放在哪儿呢？有的孩子觉得把餐厅放在饲养园一楼鸡窝旁边；有的则认为应该放在鸽子原来的家旁边；有的认为应该放在饲养园门口处；还有的孩子觉得应该挂在栅栏上，方便喂食。对于孩子的争议，他们主动发起投票，决定餐厅到底应该放在哪里。通过投票方式，孩子们最终决定：将餐厅挂在栅栏上，方便喂食。

位置选好了，孩子们请来了门卫爷爷协助，一起动手，将餐厅挂在了栅栏上。他们迫不及待地在三个小餐厅里投放各种食物，验证鸽子到底喜欢吃什么。第二天观察食物剩余情况，发现大米、稻子不见了，原来鸽子喜欢吃大米、稻子。有的孩子不认同这个观点，因为结果与他们的想法不一致。语辰、然然是我们班的智多星，他们一起查阅图书，验证鸽子到底是不是只喜欢吃稻子、大米。经过查阅图书，他们了解到：原来鸽子喜欢吃谷物类食物，如玉米、米、麦子等。

知道了鸽子喜欢吃谷物类食物，接下来的饲养活动中，小朋友们每天都用大米、稻子、玉米、豆子喂养鸽子，他们还设计出“鸽子吃多少”的记录单，每日记录下鸽子所吃的量。

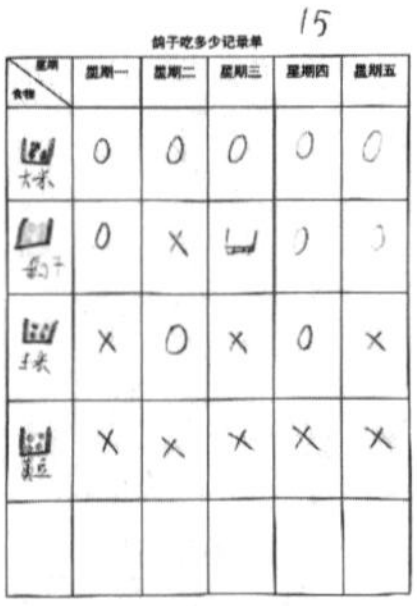
15

鸽子吃多少记录单

星期 / 食物	星期一	星期二	星期三	星期四	星期五
大米	O	O	O	O	O
稻子	O	X	[illegible]	O	O
玉米	X	O	X	O	X
黄豆	X	X	X	X	X

教师的感悟：

科学教育的本质在于“探究”。探究式的科学教育不仅仅是为幼儿提供一个发展关于科学经验和科学概念的场所或途径，而且还要给幼儿提供表达交流的机会。

记录表作为幼儿科学探究过程的重要组成部分，在幼儿活动中扮演着重要的角色。在记录的过程中，需要明确的是记录不是单一的记录，表征也不是单一的表征，记录与表征的活动是在与材料的互动和对事物的探索这一过程中进行的，是将发现进行保留、加工和再现。在记录“鸽子每日用食量”中，可以让幼儿直观地感知鸽子每天吃多少，通过每种食物量以及资料的查询，从中发现鸽子的近日状态，如：挑食、不舒服等现象，提升幼儿的饲养劳动认知。

3. 鸽子是拉稀了吗

有一天，我们去照顾鸽子的时候，含含说：“老师，你快看，鸽子嗯嗯啦！”其他孩子闻声问道：“哪儿呢哪儿呢？哪个是鸽子拉的嗯嗯啊？”含含指着地上说：“喏，就是这个。这是它刚刚站在上面拉的。”大家纷纷凑近观察嗯嗯：略带点白色。此时小朋友们讨论了起来：为什么鸽子的嗯嗯有两种颜色？

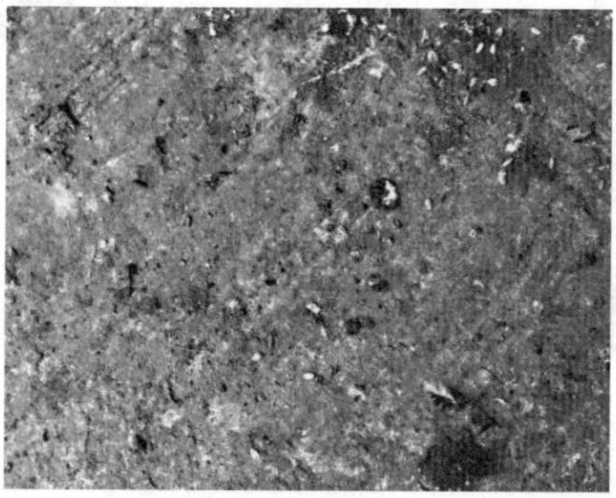

温馨提示：

鸽子像鸡一样，属于禽类动物，它们都没有排尿系统，尿与便一同排出，白色部分是禽类排出的尿素。

彭泽说：“可能是因为它脖子上毛的颜色造成它的嗯嗯有点白色。”

含含：“我觉得它可能是吃了一些有营养的东西，所以才会有两种颜色。而白色肯定是吃了不好的食物。”

萱萱：“我觉得它是喝水喝多了，也有可能是拉肚子了。”

回班后我们一起查阅资料，这才知道：原来鸽子和我们人类是不一样的，它们没有膀胱和直肠，这是为了适应飞翔，所以它们的身体里不能储存尿液和粪便，通常尿和粪便一起排出，就有了粪便上的白色物质，白色物体是鸽子的尿。

（1）鸽子的肛门

这一次去照顾鸽子时，小朋友们发现鸽子嗯嗯了，而且屁股动了一下，彭泽笑了起来。我说：“那是鸽子的肛门。”彭泽边做动作边说：“那它拉的时候为什么会动一下？”回去后我们通过查询资料，知道了鸽子跟我们人类一样，大便时肛门会进行伸缩，将大便排出体外。

有一次去喂鸽子，又看见鸽子嗯嗯了，小朋友们将这个有趣的现象记录在心情日记上，和同伴进行分享。

教师的感悟：

科学活动应具有严谨性，在幼儿探索活动中，教师应充分利用多种方式，如绘本、视频等让幼儿充分了解其中的知识，适时渗透相应的科学知识，让幼儿养成乐于探索的积极情感。

（2）嗯嗯清理记

接连一段时间的雨天，导致鸽子们只躲在家中不出来，使得我们无法去观察鸽子。好不容易天晴了，孩子们立刻拉着我跑去饲养园看看他们的鸽子朋友。一来到饲养园大家就发现：鸽子窝前嗯嗯堆积得比较多，有时鸽子飞的过程中拉的嗯嗯也落在了地上，为了让鸽子的家以及饲养园里干净整洁，希旺提议打扫鸽子窝以及饲养园。几名小朋友也纷纷应和。但当小朋友们拿好了扫把、簸箕走进饲养园时，一股臭烘烘的味道瞬间扑面而来：“咦，好臭啊！”“这味道受不了啦！怎么这么臭啊！”只见孩子们拿着工具纷纷跑出饲养园，边跑边捂住口鼻，时不时地还会用手扇一扇：“真臭，臭死了。”

在一片“嫌弃”声中，孩子们对清扫工作突然失去了兴趣，清扫工作也因此戛然而止了。

教师的感悟：

在清理嗯嗯这一环节中，由于“嗯嗯”比较脏，孩子们有所回避，但热爱劳动的品质还要继续养成，这需要我们不断地潜移默化，利用多种形式，提升幼儿的劳动兴趣，让幼儿主动劳动。

4. 谁来打扫

（1）值日生排班表

“可是嗯嗯不能不清理呀，嗯嗯越积越多，小鸽子的家会越来越臭的，小鸽子都无法睡觉了。”人群中的成成说出了疑虑。那谁来打扫呢？大家议论纷纷，通过讨论，想出一个主意：就像班级做值日生那样，我们也来当鸽子的值日生吧！

根据孩子们讨论的结果，我们的“鸽子值日生”需要做以下几件事：喂食、喂水、记录、打扫。孩子们自主选择想要负责的内容和值日时间。

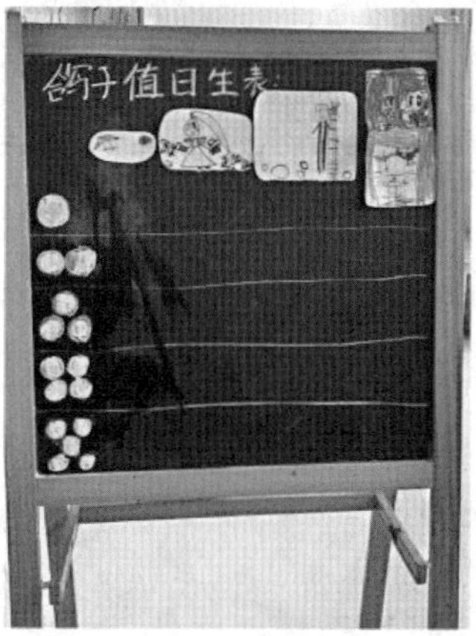

（2）我是清洁小达人

1）讨论打扫范围

在值日生安排表的推动下，他们根据鸽子窝的大小、方位及空间，决定打扫以下地方：鸽子门框、中间的阻隔木板、鸽子的大门（网格）、地板。

2）工具的梳理准备

确定好打扫地方后，需要哪些工具去打扫呢？鸽子的家可不像打扫教室那样，用一个扫帚清扫就可以了。鸽子的家既小又不好打扫，需要的工具又特别多。在大家犯难的时候，我与孩子们共同商讨并罗列出了以下工具：小扫帚、簸箕、水壶、铲子、刷子（毛刷子、油漆刷）、抹布。

3）打扫体验

所有的工具都适合打扫吗？都能打扫得干净吗？针对这样的问题，大家议论纷纷，提出各自的意见。

涵涵：“用水冲，然后再用扫把扫一下。我看我妈妈在家就用水冲地。”

硕硕：“可以用那个饲养园里带木棍的扫把扫。门卫爷爷就用那个扫。”

老师：“那个是竹子编扎的扫把。”

妍妍：“用铲子铲。”

对于这些意见，大家都觉得自己提出的方法是最好的。在大家争执不下的情况下，我们决定采取投票方式。

投票的结果让人出乎意料：用水冲洗和用铲子铲的票数一样多，这可急坏了孩子们。在票数一样的情况下，我们决定两种方式都试一下。

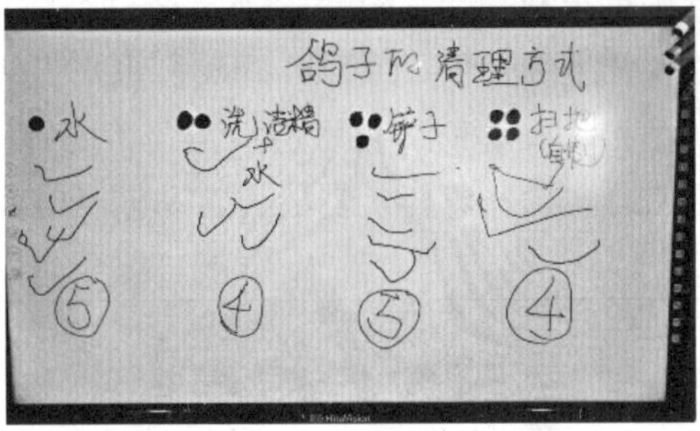

方法一：水冲洗

今天是星期二，值日生是妍妍、桐桐、瑶瑶。桐桐负责清洗鸽子食物盆，瑶瑶负责装食物、投放食物，妍妍负责清洗鸽子的家。他们在工具柜里找来了不用的盆装水，两人合作，一人端水，一人负责刷。

方法二：铲子铲

今天的值日生是硕硕、涵涵、成成。他们这组决定用铲子来铲，结果发现怎么铲也铲不干净。最后他们尝试并发现用水清洗比铲子铲的干净。所以他们在后期的值日中，就用水去清洗。

4）发现问题、经验梳理

从小朋友们的日常对话中可以发现，看似流畅的打扫还依然存在问题：有些地方无论怎么打扫也扫不干净，不是所有的工具都适合每一个地方。于是教师组织幼儿进行分享讨论。在讨论中，他们感叹打扫是一门技巧，并没有他们想象中的那么简单。他们发现不同地方所需要的工具也不同。尤其是鸽子的嗯嗯稀稀的，粘在了上面，打扫起来比较困难。尽管他们每天都很用劲地去扫，但是并不能彻底地将嗯嗯给清理干净，只能清理表面的一层。可是他们觉得若不能及时地清理干净，鸽子的家就会一直脏兮兮的。

从他们的讨论及打扫经验出发，我们对不同地方所使用的工具进行了更为细致的梳理。

打扫工具梳理表

打扫部位	所使用的工具
门框	毛刷子、水壶
阻隔木板	油漆刷子、水壶
大门	刷子、水壶
地板	簸箕、扫帚、铲子、抹布

他们将梳理过后的工具进行表征粘贴在“值日生表”旁，之后的清扫工作变得轻松了许多。

教师的感悟：

《纲要》中指出：教师应成为幼儿学习活动的支持者、合作者、引导者。当清扫环节出现问题时，教师并未涉入其中，而是基于观察，发现了他们的问题。当发现问题后也并未直接纠正，而是为幼儿搭建了一个交流平台，组织幼儿，让他们自己去交流、发现问题并解决。与此同时，教师在这一过程中所起到的作用就是帮助幼儿去梳理最后的解决方法，为孩子搭建支架，找到通向下一个发展阶段的关键点。在清洗环节中，幼儿不断地实践验证哪种清洗方式最干净，不仅提升了幼儿的劳动技能，同时也拓展了幼儿的思维方式。劳动不仅仅是单纯的体力劳动，更应该有思维的参与。苏霍姆林斯基说过："那些最简单的劳动过程，都应当渗透研究性、试验性的思想。有思维参与的劳动，行动和思维之间不断促进，思维在检查、纠正、改善着劳动过程，劳动也在发展着智慧。"在后期用铲子清洗的过程中，幼儿又发现了并不是所有地方都适合用铲子，不同的地方需要不同的工具，比如门框使用毛刷更为合适，地板需要小扫帚清理打扫等，在思维的推动下，才能更好体现劳动创造性的本质。

5. 鸽子洗澡吗

（1）鸽子在干吗

一次喂养过程中，孩子们发现鸽子在啄自己的身体，纷纷讨论："它在干吗？一会儿啄啄这儿，一会啄啄那儿。"越越说道："它在挠痒痒，它那里肯定是痒了。"其他孩子听了纷纷哈哈大笑："原来鸽子也会挠痒痒啊！""它身体痒了是不是要洗澡啊？"

"嗯？鸽子也需要洗澡吗？"这个问题的提出立刻在人群中炸开了锅。

老师的话：

惊喜往往来源于意外的发现。一次喂养让幼儿发现了鸽子的一些行为，从而让孩子萌发了给鸽子洗澡的愿望，也生成了此次的活动。孩子的世界就是这么的简单纯粹。

以往我们的经验只知道人类以及一些大型动物需要洗澡，飞行类的动物是否需要那就不得而知了。抓住这一机会，孩子们回到班级开始查阅资料，发现鸽子是需要洗澡的。那鸽子怎样洗澡呢？是跟人类一样站着或者是躺着洗吗？他们带着自己的猜测去询问有饲养鸽子经验的潘妈妈，潘妈妈告诉他们：她家的鸽子目前为止并未发现洗澡的痕迹。第一次的询问验证失败了。但他们并未气馁，我们通过网上查找，发现鸽子是站着洗的。于是我们决定要帮饲养园的鸽子们洗洗澡。

（2）给鸽子洗澡啦

得知要给鸽子洗澡，孩子们兴奋极了，开始准备洗澡工具——盆。可是一连串的问题接踵而来：在哪里洗？怎样帮它洗？鸽子洗澡需要跟我们人类一样用沐浴露吗？多久洗一次？这些问题缠绕着孩子们。这一次他们依然采用之前的猜测验证法。他们提出了以下两种方法。

方法一：盆里放水并将盆放在鸽子长期栖息的大树底下。

孩子们根据自己的猜测开始行动。这一次他们利用了摄像的方法去记录鸽子洗澡的过程。过了一段时间发现，鸽子没洗成澡，盆里的水却被小鸡们喝了。第一种方法验证失败。

方法二：盆里放水并将盆放在鸽子的家门前。

这一次虽然拍下了鸽子靠近水盆的情景，但鸽子是在喝水。孩子们失望极了，但并未放弃，他们依然每天在盆里放些水，摆放在它们的家里。

"啊！你们快看，鸽子洗澡啦！""哪儿呢哪儿呢？"

"你看，盆里有羽毛，肯定是它们在洗的时候掉落下来的。"

"哈哈哈，原来鸽子也会害羞啊，趁我们不在的时候洗。"

羽毛的出现，让孩子们欣喜若狂，发现了鸽子洗澡的秘密，也萌发了他们每天为鸽子准备洗澡水的想法。

教师的感悟：

善于观察是这个年龄段幼儿的共同特点，他们总是能发现很多被成人忽略的细节，对于鸽子洗澡这一环节，孩子们表现出了强烈的好奇心与求知欲，从而促使他们产生探究的欲望。作为教师，我们应该支持孩子的深度学习探索，引发幼儿的思考，让幼儿尝试自己解决疑惑，跟随幼儿的脚步与他们共同探索，并适时地提问进行引导。

6. 鸽子怎么飞

（1）鸽子怎么起飞

这一天，晗晗小朋友在向同伴展示"鸽子飞"。在晗晗的感染下，美婷也在学鸽子飞。边学边说："我是美婷小鸽子，飞呀飞，飞到屋顶上。"我看到这有趣的画面忍不住问道："你们怎么知道鸽子是这样飞的？"晗晗："那天我们喂鸽子的时候看到的。"

老师："鸽子在飞的时候，身体各部位是怎样的？"

美婷："就是这样飞的啊。"（边说边展示）

恒恒："鸽子是拍翅膀飞的。"

老师："鸽子是真的拍着翅膀飞的？"

幼儿："对啊！它拍着翅膀就飞起来了啊。"

然然："我们可以直接去看一下嘛。"

实地考查验证：

小朋友们一起来到饲养园，观察鸽子是如何飞起来的，并用画笔和纸记录下鸽子起飞的过程。他们观察后有了自己的发现：“先使劲地拍打翅膀，然后脚跪下来的。”“先用力地扇翅膀，然后再小幅度地扇翅膀。”“先半蹲一下，然后拍打翅膀，飞的过程脚缩起来，翅膀再直着拍。”经过仔细的观察，小朋友们都有了自己的发现，问道：“老师，我观察得对吗？”为了给孩子们正确科学的认知，我们观看鸽子飞的视频，了解到原来鸽子飞翔的过程是：先半蹲跳跃为飞行加速，然后奋力拍打翅膀，向上飞行，再收起脚。

（2）鸽子怎么降落

了解了鸽子是如何起飞的，越越提问道：“鸽子是怎么落在地上的呢？”对于这个问题，孩子们纷纷发表自己的意见。有了前期了解鸽子起飞的经验，孩子们大胆猜测鸽子降落的方式，并用笔画了下来。带着他们的猜想，我们来到饲养园，现场观察，现场验证。

教师的感悟：

美国著名教育心理学家奥苏贝尔在“有意义学习理论”中提到，判断幼儿是否进行了有意义的学习，一是看幼儿是否把新学的内容与已有经验建立联系，形成知识系统或网络；二是学习以后能否会用来解决问题。在研究鸽子的降落时，他们有了先前的观察起飞经验：猜想—绘画—验证，然后利用之前的经验进行猜想—验证，并进行记录修正。幼儿独特的笔触和语言蕴含了丰富的想象和情感。在观察中幼儿能够发现并感受鸽子起飞、降落的形态，在自然中萌发对美的感受和体验。

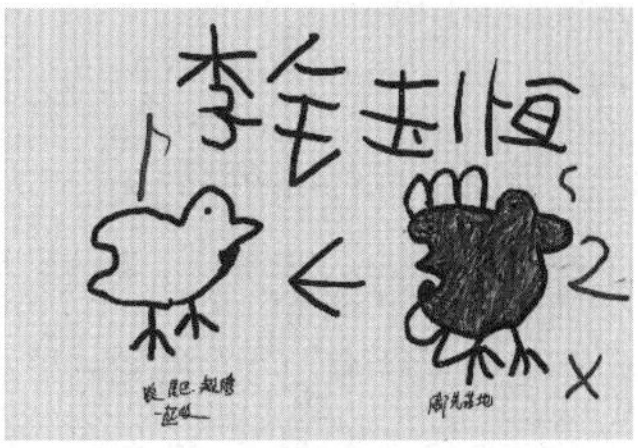

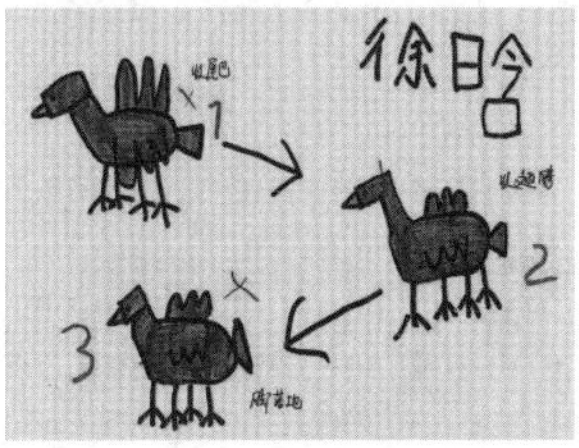

孩子们现场验证后，回到班级，将鸽子降落的正确姿势向大家分享展示。

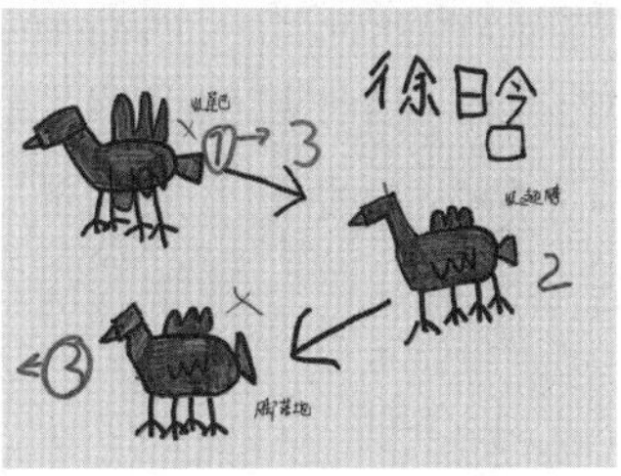
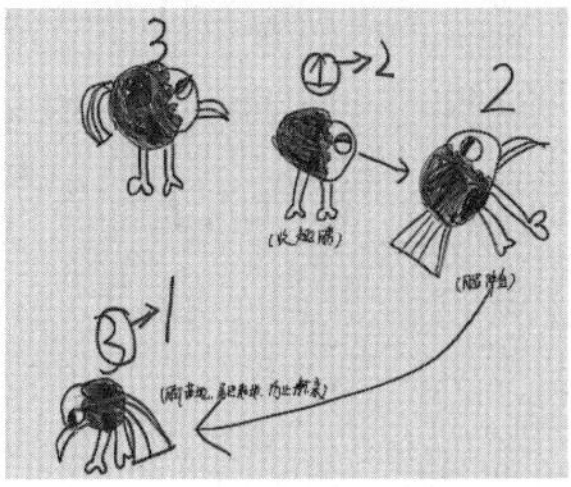
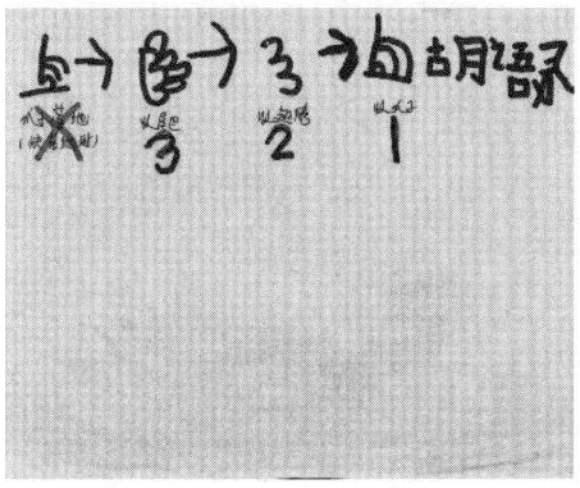

（五）活动反思

一次偶然的触碰，使得鸽子成了孩子们的朋友：喂养、清扫、洗澡、观察照料等等，历经了一年的时间，孩子们享受着这每一天、每一刻。每当幼儿外出游玩看到户外的鸽子时，也会与爸爸妈妈谈论着我们小鸽子的故事，就好像在说自己的好朋友一样，充满着亲切感。

1. 注重饲养活动中的观察，构建幼儿饲养认识发展

观察是发现知识、获取知识的一个重要环节，幼儿在观察中了解到鸽子最喜欢吃什么；通过观察鸽子食物量、阅读绘本，了解到鸽子的身心状态；通过观察鸽子的嗯嗯，了解到鸽子的身体构造，以及嗯嗯中白色物体是什么，提升了幼儿的饲养认知。在观察中，幼儿懂得利用信息化工具，以深入了解观察内容。如在观察鸽子吃什么环节中，幼儿利用望远镜观察到鸽子食物打翻的原因在哪里；为了捕捉到鸽子洗澡，幼儿利用摄像机去摄像记录。

2. 实践梳理劳动工具，提升幼儿饲养劳动技能

《幼儿园工作规程》中突出了幼儿的活动在教育活动中的地位。掌握劳动技能

既是幼儿园教育内容之一，也是幼儿全面发展的重要组成部分。在打扫鸽子的家时，幼儿只是单纯地利用工具打扫，在打扫期间发现了问题：打扫不干净。于是聚焦讨论，梳理打扫经验，针对不同地方寻找合适的工具，以提升打扫技能。随着技能的提升，他们逐渐享受起每一次的打扫。

3. 注重饲养活动，培养幼儿饲养劳动品质

劳动教育是幼儿全面发展教育的重要组成部分，它能帮助幼儿养成良好的道德意志和品质。特·沃里奇课程中指出，学习品质渗透在学习目标和每一个组成部分中。在《我和鸽子的故事》中，每一环节里都体现出幼儿的劳动品质。

（1）任务意识提升幼儿主观能动性

幼儿的任务意识是指幼儿在成人的带动下，有目的地完成某项任务的愿望。根据中班孩子的年龄特点，从中班开始发展孩子的任务意识有一定的可行性，但孩子的任务意识薄弱。在打扫饲养园的起初阶段，孩子们满怀信心地拿着工具准备进行打扫时，一阵扑面而来的“臭味”使得孩子们立即终止了打扫，于是我们展开讨论，设置值日生，将内容用图文结合的方式展示出来，进行每日每组值日自主认领，激发幼儿的任务意识。同时，我们将每日下午离园前的时间设定为“饲养劳动分享会”，在分享会上，孩子们将今日做的事分享给同伴，是打扫技能的分享，也是情感的分享。久而久之，他们每天主动地去打扫、照顾、喂养，爱上了照顾鸽子这个“任务”，在他们的眼中甚至不再是“任务”，而是一种责任、一种担当、一种约束，更是一种动力。

（2）感情升华激发幼儿的兴趣

幼儿期是情感教育的重要时期。因为处于这一年龄阶段的幼儿，以直觉行动思维和具体形象思维为主，往往在感知事物和现象的知觉过程中激起情感。动物是激发幼儿情感的刺激源之一，陶行知先生认为：花草树木、飞禽走兽、小虫微生物、山川湖海都是活书。幼儿在与鸽子相处的这段时间里，通过与鸽子的亲密接触，会逐渐懂得小动物也是有生命的。当发现鸽子的嗯嗯有两种颜色时，他们随即探讨，担心是不是生病所致；当鸽子的食物被一次又一次地打翻吃不到时，他们自发为小鸽子制作属于它们的小餐厅，从设计到制作都是亲力亲为。在这些过程中无不体现出了幼儿对鸽子的深厚感情，以至他们在后期的照顾中还生发出了观察鸽子的起飞、降落，甚至为鸽子洗澡等活动。

（徐婷）

子恒　男　5岁2个月

“太阳光金亮亮，雄鸡唱三唱。”我们喜欢听珍珠鸡的叫声，喜欢去饲养园的二楼捡鸡蛋，喜欢给小动物们冲洗棚舍、清洗食盆。我们是一群快乐的“小小饲养员”。

三、小小饲养员

持续时间：2021年1月—2021年6月

年龄段：大班

（一）活动缘起

我园是一所农村幼儿园，园内有一个很大的饲养园，里面饲养着萌萌小兔、鸽子、公鸡、母鸡、珍珠鸡等小动物，这里也成了我园全体幼儿的公共饲养区，全园幼儿轮流投放食物、照料动物的生活，公共饲养活动成为幼儿园的常态化活动，我们大班的幼儿对于饲养园的活动特别感兴趣，因此发生了一系列的故事。

（二）活动脉络图

（三）活动网络图

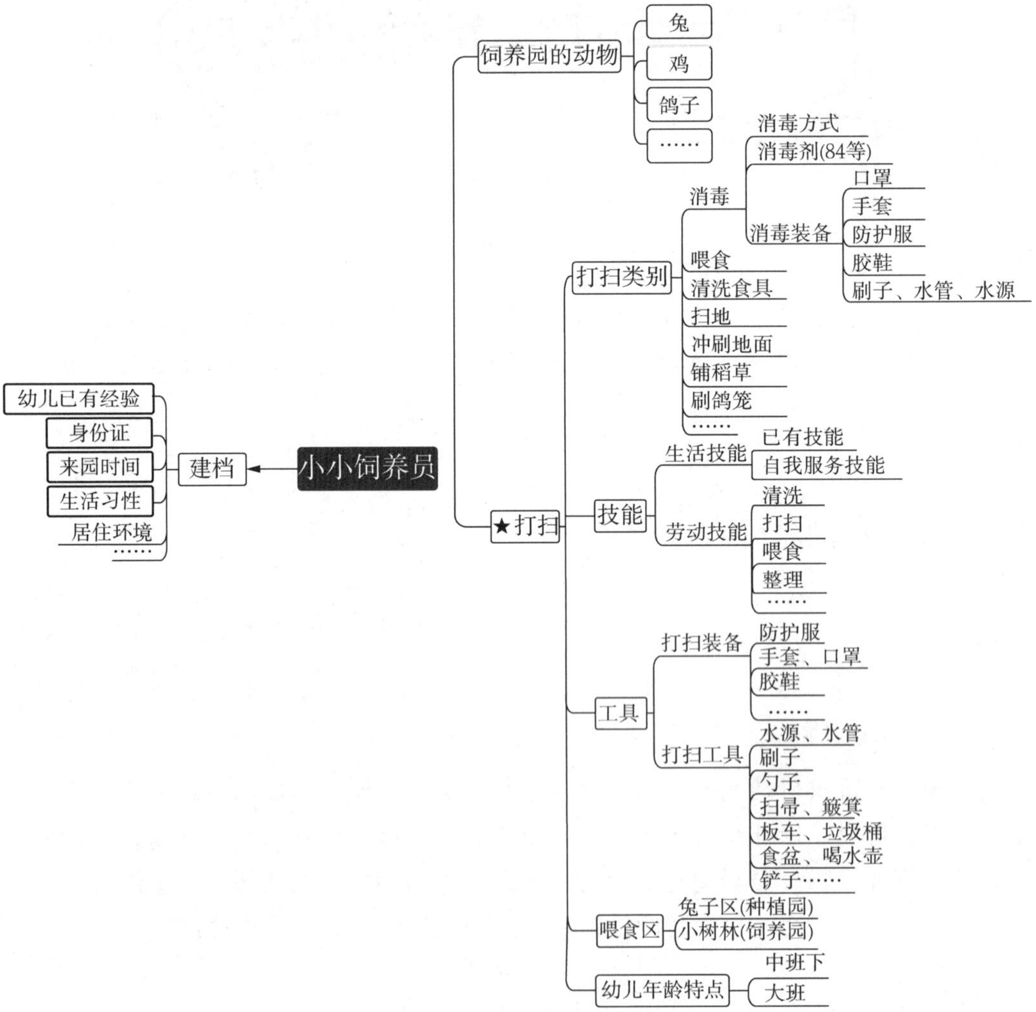

（四）活动过程

1. 欢迎小动物回家

开学第一周我们班负责照顾饲养园的小动物，幼儿们来到饲养园看到空荡荡的笼舍，心里十分疑惑："是不是疫情原因不给饲养小动物了呢？老师和我们商量过了，我们舍不得它们，愿意继续饲养它们的呀。"带着疑问，我们一起询问了丁主任。丁主任告诉我们，幼儿园接受我们幼儿的意见，继续饲养小动物，打算给笼子彻底消毒后，再接寄养在外的小动物回家。幼儿们听了以后放下心来，商量着为迎接小动物做些准备。该怎样给笼子消毒呢？幼儿们回家和爸爸妈妈在网上搜索资料，看看哪种消毒水是最适合幼儿操作的。第二天分享时，他们说出了很多种类的消杀用品，但最后认为"84"消毒水和"石灰水"最适合我们饲养园的消毒。石灰水在户外消毒很常见，它既能起到消毒的作用，也能起到保暖的作用，但是如果直接接触会灼伤皮肤，有一定的伤害性，所以幼儿们请来门卫爷爷帮忙用石灰水对地面进行全面清扫消毒。幼儿们则用成人配比好的"84"消毒液进行消杀，但消毒前需做好防护措施。接着，幼儿们为了迎接小动物们的回归忙前忙后：制作防疫小木柜，用来存放消毒、清扫的工具；给笼舍贴上"六畜兴旺""福"字等，进行装饰……一切就绪，小动物在幼儿们的期待中安全回家，幼儿园的饲养园里又开始热闹起来。

2. 我们一起来饲养

（1）初步规划，讨论劳动内容

到了饲养园，除了几个值日生外，其他的幼儿一哄而散，有的直接奔向了树屋，有的爬上滑索开始玩耍起来，只有几个值日生穿上防护服、戴上护目镜和手套开始工作。辰辰直接打开铁门把里面的食盆拿出来在水井边清洗，泽泽拿起扫帚开始打扫起来……他们俩一边打扫清洗一边发着牢骚："为什么我们在洗，其他人不来洗呢？就我们几个在喂养、打扫，他们都不打扫，在爬树屋、玩滑索。"他一边说着一边用刷子刷食盆。

> **老师的话：**
> 除了几个值日生外其他幼儿都去玩耍了，从值日生的"牢骚"中可以听出他们也想去玩，但是不得不完成"任务"。老师对值日生具有任务意识进行了表扬。

事实正如辰辰所说，小树林太吸引人了，虽然大家都想喂动物，可是到了饲养园，大部分幼儿被小树林里其他的东西吸引，忘了自己的"任务"，从而并没有真正地照顾、喂养饲养园里的小动物。回班后我们开始讨论："每次去都是几个值日生在劳动，你们觉得怎么样？"

涵涵："他们有点辛苦。"

小雪："我想去喂，可是我忘了。"

朵朵："我有点害怕……怕大公鸡啄我。"

蕊蕊："我就不想去喂，太脏了。"

……

这次没有参与劳动的幼儿说出自己的想法后，劳动的几个幼儿也发表了自己的意见。

"一点儿也不累。"

"你既然选择了做什么就得完成任务。"

"我们几个人都完成了。"

……

我们针对部分幼儿嫌脏不愿意打扫、害怕动物攻击、防护服没有穿好就去喂养、捡鸡蛋时太兴奋用力过度把鸡蛋捏碎等问题进行了讨论和梳理，并对打扫内容、任务分工等进行了规划，包括什么时间去？做什么？有哪些劳动项目？带什么？用什么工具？注意什么？等等。

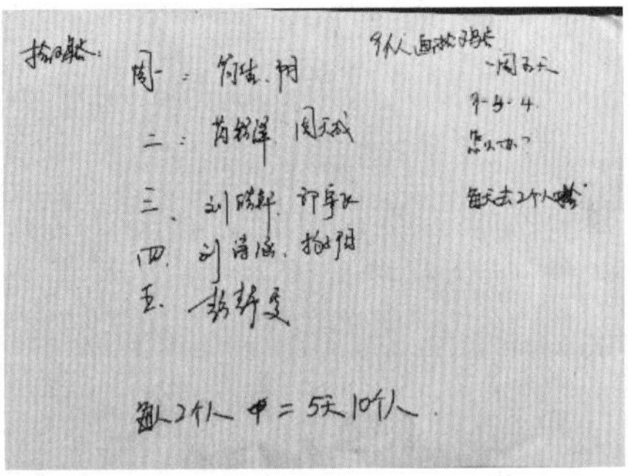

（2）深入规划，细分劳动到人

1）劳动内容分工

结合前段时间开展的主题活动"人们是怎样工作的"，我们效仿《河马村长》的部分内容，讨论并尝试制订工作计划和工作内容：认领自己喜欢的"工作任务"、自己制作工作牌，幼儿们能够坚持每天佩戴，能够记住自己的工作并主动承担相应的工作内容。

2）轮流值日劳动

内容分工好后，幼儿们就制定值日生表，轮流值日。

教师的感悟：

从讨论劳动内容到开工初体验，幼儿们口述能力都很好，虽然有了分工，但在“开工”的过程中，仍出现了有些幼儿嫌脏、不愿意进去，在捡鸡蛋的时候有幼儿太兴奋，用力过度把鸡蛋捏碎了……

针对这些问题我们的做法是：

① 集体教学活动中渗透劳动教育。利用有关于劳动的儿童文学作品和艺术作品，开展领域教学。如学习歌曲《劳动最光荣》，教育幼儿学会自我服务，并引导幼儿用自己的双手做各种事情，通过故事《河马村长》了解故事中所隐含的寓意，引导幼儿理解劳动是光荣的。

② 迷你课活动、区域活动中渗透劳动教育。在班级中，我们利用迷你课、区域活动游戏进行劳动渗透，利用值日生培养幼儿爱劳动的品质。

③ 在种植与饲养的活动中渗透劳动技能。在我们班的种植园地里，幼儿们用铲子松土，种上青菜、生菜等各种菜，定期给菜浇水、施肥、拔草，记录种子发芽，测量它们每天长高了多少，和幼儿们一起期待着小苗苗生根、长叶、开花、结果……

（3）“开工”——初体验

1）初次打扫

到了饲养园大扫除的时间了，幼儿们做好准备，穿上防护服或者雨衣，戴好口罩、手套，穿上雨靴。一切准备工作就绪后，幼儿们争着做值日生。打扫时，他们有的用刷子刷网格、有的用小排笔刷洗网格；有的用抹布抹鸡舍、抹门框；有的用钢丝球擦洗小楼梯；还有的用水枪喷雾器喷洒墙面及地面。幼儿们打扫得干劲十足，水喷完了再接，网格刷好了换个地方继续刷。一眨眼一个小时过去了，他们还不愿意离开，有的幼儿觉得用水管滋水很好玩，有的幼儿觉得笼舍的每一个格子都要洗刷到。

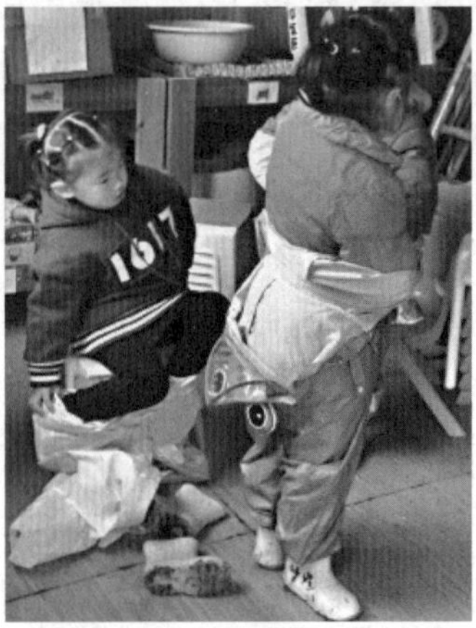

教师的感悟：

饲养园是全园的公共区域，地方大，动物多，在疫情防控常态化时期，消毒防疫工作更是不容忽视。我们严格按照卫生防疫的要求做好动物免疫工作和饲养场所的消毒灭菌工作，定期对饲养的动物进行防疫消毒，避免疾病传播。幼儿的身体稚嫩，免疫力较低，疾病很容易通过动物传播给幼儿。打扫活动中，捡蛋的幼儿戴上口罩和一次性儿童丁腈手套，穿好雨靴；打扫的幼儿穿上连体雨衣或幼儿防护服，戴上连帽；参与消毒的幼儿要戴上面屏（只限于稀释的“84”消毒液），保证幼儿在照顾、饲养小动物时做好防护。

2）集体打扫

一切就绪，幼儿们“整装待发”，打扫窝棚、清洗食盆、刷笼舍、用水管冲洗地面等等。他们边打扫边嬉戏，看着一张张欢快的笑脸，别提多开心了。

教师的感悟：

集体打扫时，场面壮观、和谐，幼儿各有各的“任务”，各做各的事情。同时，教师在观察他们的打扫兴趣和打扫重点以及劳动技能的掌握情况。当幼儿的“不经意”行为吓到珍珠鸡而后被珍珠鸡吓得不敢进园时，教师适时地对幼儿进行安慰和引导：朵朵看见其他幼儿进饲养园里面去打扫，也迫不及待地跑进去，她那不经意跑的动作惊动了珍珠鸡，珍珠鸡在园子里飞来飞去，还乱叫了起来，她顿时停住脚步，“哇”的一下哭了起来，珍珠鸡每飞一下，朵朵便哭一下，一次比一次厉害。等珍珠鸡停止了飞翔，朵朵也停止了哭泣，之后再也不愿意进园子里去打扫了。后经老师多次安慰、引导才有所好转。

（4）劳动中遇到的问题

问题一：什么时间打扫？

集体打扫时我们的问题又出现了，除了打扫时不能惊动小动物外，打扫后我们觉得打扫时间过长。怎样才能又快又好地进行打扫呢？针对这一问题，幼儿们展开了讨论：是像我们平时用放音乐来计时一样还是有更好的方法？有的幼儿说她姐姐用计时器计时：“我姐姐上小学了，她每次写作业的时候我妈妈就给我姐姐用计时器定时间。”也有的幼儿说去餐厅吃饭的时候看到过用沙漏计时间。基于幼儿们的讨论与好奇，我们决定三种方法都试一试，看看哪一种方法最好。一种是以一首时长为五分钟的音乐进行计时打扫，一种是用计时器计时，还有一种是用沙漏计时，哪种方法更便捷呢？

老师的话：

在尝试计时方法时，老师并没有直接告知幼儿哪种方法最好，而是让幼儿们自己探索，经过尝试、讨论，得到最合适的答案。

经过尝试，幼儿们一致认为计时器较为合适，第一时间准确，第二能结合数学认知。对大班幼儿而言，他们能够通过操作发现生活中许多的问题都可以用数学的方法来解决，并体验解决问题的乐趣。

小插曲：

在尝试用音乐计时时，幼儿们边听音乐边打扫，时不时地舞动几下，他们还没有打扫一会儿音乐就停止了，个别幼儿一听到音乐没有了，就嚷嚷着“不要干了不要干了，时间到了时间到了”；大部分幼儿听到后立刻停止手里的工作，收拾工具；有些幼儿听到音乐停止了，但手头的工作没有结束，因此仍然继续干活劳动，直到手头工作完成后才收拾、整理工具。在用沙漏计时时，幼儿们的关注点放在了沙漏上，盯着沙漏看而无心去打扫了。而在计时器计时时，他们的关注点更多的是在打扫上。

幼儿们通过计时的方法解决了打扫时间过长的问题。新的问题又随之而来：我们要在什么时间段去打扫？打扫时这些公鸡、母鸡、珍珠鸡、鸽子们要送去哪里？怎样能互不干扰？这是我们下一次打扫前要解决的问题。

针对“什么时间段去打扫”这个问题，幼儿们进行了讨论。有的幼儿提议早来的人就可以去打扫，可是立刻被其他幼儿推翻了：“因为来得早的一直就是那几个人，不行不行。”你一言我一语，不一会儿全班的幼儿都陷入了沉思，突然辰辰说：“我们每天散步的时候可以去呀，以前有的时候不也是散步时去的吗？我们只要加快点速度，争取在睡觉音乐响起之前完成打扫不就行了吗？”这一提议得到了大家的认可。于是就定在了中午散步的这个时间段。

经过上一次珍珠鸡受惊乱飞的事件之后，幼儿们有了一些经验，要先把各种小动物放到鸡舍里，在关门前还要给它们喂些食物。门关好后还要用砖头抵着门，以防动物外出、互相干扰。

饲养日记表

日期	时间段	内容	记录
	早上	喂食	
	中午	喂食、打扫	
	晚上	喂食	
	早上	喂食	
	中午	喂食、打扫	
	晚上	喂食	
	早上	喂食	
	中午	喂食、打扫	
	晚上	喂食	

问题二：打扫时动物怎么办？

在把小动物“关”进鸡舍的环节中，三个自认为胆大的幼儿一起帮忙。辰辰拿着大扫帚、浚泽拿着铁锹、佑子拿着簸箕，他们赶了一会儿，发现小动物们不听他们的使唤，到处乱飞。于是辰辰提议三个人分开站，两个人拿着工具，一人站在园子的一边，另一个人去赶，可是另一个赶的人有些害怕，用眼神寻求老师的帮助，老师先是征求其他幼儿的意见，愿不愿意进园帮助，有几个幼儿自告奋勇“我来，我来”。在一番人和动物“大战”后，他们终于把小动物们关进了鸡舍，得到帮助的三人不约而同地鼓起了掌。

在“大战”中幼儿和小动物间少了份和谐，多了份“不安”。那怎样不互相伤害呢？茜茜说：“现在不是已经把小动物关进去了吗？就伤害不到我们了呀，不过我们要快点儿打扫，不然小动物们会闷的”。还有的幼儿说我们要和小动物友好相处，不能用棍子打它们，等等。

教师的感悟：

在饲养活动中，幼儿们劳动技能的提升以及心理变化的过程，体现了人与自然、人与动物共处的一个真实现状，关于“伤害”一词，他们把经验迁移到了班级活动中，如怎样和同伴友好相处。在活动的时候幼儿能够与同伴分工合作，遇到困难也能协商解决，做到不欺负别人也不让别人欺负自己。结合饲养活动，幼儿们有高兴的事也愿意和同伴分享。此外，对待小动物的时候幼儿也特别有爱心，很温柔，进园的时候还小“声”翼翼，生怕惊扰了动物们。在饲养劳动活动中，教师起到的是穿针引线的作用，并没有过多地去干涉幼儿们的决定，对于幼儿的回答也是先鼓励，然后进一步引导他们往正确的方向思考，使他们通过生活经验的迁移，增强了自信心，也培养了探究精神。

问题三：梳理打扫时间长原因。

① 有兴趣，劳动技能不熟练。

② 劳动工具不合适。

③ 手套不合适。

（5）持之以恒再饲养

1）日常饲养劳动

对于饲养园的打扫工作，幼儿们有了一定的经验，他们还和别的班级的幼儿、老师们商量承担一定的任务：打扫鸡窝、鸽子窝、食具、喝水壶、鸡舍、楼梯等。而后他们顺理成章地包揽了全园一段时间的打扫任务，把打扫饲养园当成了一日生活的一部分，每天中午都能第一时间到饲养园里去打扫，他们分工合作：进园子拿食盆、喝水壶进行清洗，压水井，扫地，冲洗地面，收拾粪便和垃圾。打扫过程中，他们总结出了固定的打扫模式，如春季、秋季、冬季打扫时每周一、三、五干扫，二、四清扫；一周一次湿扫。夏季湿扫的频率高一些，一、三、五湿扫。

这天中午，我们像往常一样，吃完饭下楼散步，老师忘了拎装有剩饭的小桶，只见小煜和浚泽两人不慌不忙地去食堂门口拎小桶，然后径直走向小树林的饲养园里。到了饲养园他们熟练地操作起来——先去园子里拿食盆、喝水壶，拿出来后一人压水井，一人用刷子清洗，一边洗还一边说："这个水好舒服呀，一点儿也不冻手。"

教师的感悟：

幼儿们在饲养园喂食、打扫的过程中，他们从自行去食堂拿取剩饭剩菜—种植园采摘菜叶—饲养园去打扫—到最后将器具送回食堂……一个人拎不动就两个人抬，或者一人拎一段路，幼儿们有条不紊地劳动着，养成了责任心和持之以恒的精神。

小插曲：

他们一边打扫还一边情不自禁地唱起了《劳动最光荣》，佳佳还创编了歌曲《劳动最快乐》——今天的天气真呀真正好，我们大家一起喂动物，公鸡喔喔喔，母鸡咯咯咯，孔雀飞上顶，鸽子住二楼，哎呀呀哎呀呀，动物真可爱！哎呀呀哎呀呀，劳动最快乐！

教师的感悟：

幼儿们在一边打扫一边创编歌曲的过程中，教师不仅没有过多地干涉，而是和幼儿一起传唱。通过喂食，幼儿们有了一定的社会责任感，知道关心和尊重别人。

2）家中打扫

幼儿们在饲养园的饲养活动仍在继续，怎样不断提高全班幼儿的打扫技能呢？一方面让他们在打扫、饲养时做力所能及的事，另一方面我们通过一系列活动和家庭合作，如亲子打扫、幼儿家务劳动打卡等，以此促进幼儿劳动技能的提升。

浚泽在五一劳动节期间，每天和奶奶商量劳动的内容与地点，他对奶奶说："奶奶，你去田里的时候要记得叫我，我也要和你一起去。”奶奶也很配合，让浚泽做好防护措施，拎着小桶撒菜种。周末奶奶还会带着浚泽到菜地里去浇水、采蚕豆、种山芋苗、挖山芋……在家里浚泽也会做一些力所能及的事：洗自己的袜子、扫地、帮家人拿碗筷……

教师的感悟：

五一劳动打卡活动，虽然打卡的内容、形式不限，但呈现在班级群里的“劳动照片”总是那么几个人，打卡的人数不是很多，我们又在班级群里做动员，动员家长们积极配合。

从家长上传的照片及描述中我们发现，有的幼儿表现突出，如浚泽的责任心特别强，劳动的意识也特别强，是我们班当之无愧的劳动小达人。

亲子打扫：

幼儿对打扫有兴趣，但技能有些欠缺，于是让他们和家人一起参与家务劳动——亲子打扫“家务劳动游戏”，做自己能做的事，做自己会做的事。比如和妈妈一起抹桌子、扫地、洗碗、发碗筷等，然后上传打扫的精彩照片到班级 QQ 群里，之后我们把班级群里的照片通过一体机播放，请幼儿介绍自己的打扫内容，这不仅有利于大家互相学习、共同进步，也有利于幼儿劳动技能的提升。

小插曲：

糖宝和果果是一对龙凤双胞胎，家里还有个 10 岁的姐姐。由于家庭的原因，妈妈外出打工，爸爸也忙于工作。留下姐弟三人和爷爷奶奶在家。爷爷因身体不好，平时只负责接送三个孩子上下学，奶奶做好家务后还要去附近的工厂打零工补贴家用。后来爷爷突然离开了他们。三个孩子特别懂事，假期在家主动帮奶奶做一些力所能及的事。遇到姐姐回到家写作业的时候，糖宝和果果就争着、抢着帮奶奶扫地、拖地、择菜、洗菜……在劳动中提升了劳动技能，学会了关心他人。

> **老师的话：**
> 我们都是农村家庭，留守儿童比较多，亲子打扫能够增加亲子间的情感，提升幼儿的劳动技能。

教师的感悟：

对于特殊家庭的幼儿，我们更多地将关心和关注放在幼儿身上，了解他们的心情以及心理变化，真正走进他们的内心世界。对于他们主动帮助家人分担家务的行为给予肯定。

幼儿打扫打卡：

通过五一劳动打卡活动、亲子打扫“家务劳动游戏”活动，家长们也逐步放手，让幼儿一起参与体验劳动的快乐。我们趁热打铁，结合幼儿的兴趣，又进行了为期 14 天“我是家务劳动小能手”的打卡活动，劳动打卡的内容由幼儿讨论制订，以扫地、抹桌子、叠衣服、叠被子、洗菜、择菜等为打卡的内容。幼儿每天都会进行劳动打卡，我们会在第二天进行全班分享，经过 14 天的分享，幼儿自己都感叹劳动技能提高了很多。在接下来的日子里他们主动做力所能及的事情：喂自然角的小动物，给自然角、花圃里的植物浇水、拔草，争做值日生等，还能主动帮助需要帮助的同伴，他们的劳动品质也在悄悄地提升。

教师的感悟：

在饲养劳动活动中，我们利用亲子劳动打卡活动，让家长在家里给幼儿提供劳动的机会，让幼儿做些力所能及的事，培养幼儿的劳动习惯。家长在家中可让幼儿帮助摆餐具、摆鞋子、收拾玩具、扔垃圾、折衣服、洗袜子、洗毛巾等。家长还可适当地对幼儿的劳动成果给予奖励，让幼儿体验到劳动的愉悦。家长在亲子劳动过程中，要发现幼儿的闪光点，及时肯定和表扬，拍下幼儿的劳动照片或视频，通过微信群和班上幼儿分享，还可在家长会上分享劳动教育的心得体会，让幼儿之间、家长之间互相促进，使幼儿在家庭中的劳动持之以恒。

打扫秘籍：

秘籍一：四季打扫的千变万化

在多次打扫的过程中，幼儿们发现因季节的不同，打扫的方法也是不同的。如：夏季要用水管冲洗墙面、地面，适当地给棚舍降温。必要的情况下还需要给棚舍多消毒。冬季天气寒冷，不能冲洗地面，以免结冰，不利于小动物走路。同时也要给小动物勤换垫草、防寒保暖。

秘籍二：做好防护不怕脏

一天中午，梦雅穿好防护服、胶鞋，戴好口罩、手套，刚到园子门口，就看到一些鸡粑粑，她把刚要踏进去的脚又缩了回来，跟旁边的幼儿说："脏死了，全是屎粑粑。"梦雅不愿意进去打扫。后来是一旁的辰辰和浚泽拿着扫帚进去打扫的，他们一人用水管冲地面，一人用扫帚扫，两人配合得很默契。打扫完后，梦雅看着他们俩问："你们不怕脏吗？"辰辰说："我们都做好防护了，不脏的。"浚泽也说："是的，其实不脏的，玩水可好玩了。"经过这次交谈，在后来的打扫中，梦雅主动穿好防护服，戴上口罩、手套等，和小伙伴们一起打扫，再也不嫌脏嫌臭了。

教师的感悟：

梦雅在打扫时，对动物的粪便有些嫌弃，嫌臭嫌脏，于是辰辰和浚泽主动承担起打扫的任务，并把粪便送至种植园沤肥。他们会用扫帚挡住簸箕的口，防止粪便遗漏在地，两个人替换着拿，他们觉得这样省力。当别人在打扫时，梦雅也在默默地看着他们打扫，学习他们打扫的经验。这既体现了合作的精神、增强了交往的能力，也促成了旁观同伴心理的改变。

众所周知，小动物的棚舍会有粪便，粪便的清理是一项艰巨的任务。通常幼儿们用水管边洒水边清扫地面，给动物们一个干净舒适的环境。幼儿们最喜欢玩水，不管是雨天、晴天，夏天还是冬天，他们都沉浸在玩水的快乐中。冲洗、用水管滋水……在这里，我们让每个幼儿都能体验到用水管冲洗滋水的乐趣，慢慢地，他们在冲洗、打扫的过程中获得了一些经验：极寒天气不宜用水冲洗，夏天要及时用水冲洗地面，保持湿度……

3. 我是小小饲养员

（1）叮咚食铺

一天辰辰说："饲养园的小动物怎么这么能吃，一会儿就把青菜、剩饭吃完了。"小雪说："我家里青菜多呢，明天我带很多来。"就这样你一言我一语，饲养园动物的食物话题开始了。饲养园的动物吃什么呢？除了吃青菜还吃什么呢？胡萝卜肯定吃，那还有呢？过了几天幼儿们带来了一些除了青菜和胡萝卜以外的食物，有苹果、小米、玉米……通过几天的观察，幼儿们发现小动物们吃的食物可真多啊，但是最喜欢吃的还是青菜。“不如我们种点青菜吧。”他们的想法立刻得到了大家的同意，因此我们班的种植园地里基本上都是青菜，而且还有不同品种的青菜：有四季青、矮脚白、小油菜……

教师的感悟：

在“叮咚食铺”环节中我们增加了班级与班级间的交流，刚开始只有中二班尝试了“叮咚外卖”的服务。渐渐地这一环节被全园幼儿熟悉，他们对外卖比较有兴趣，因此就参与了平行班级的“叮咚外卖”环节。他们在点餐、订餐、取餐、喂餐等一系列活动中增加社会交往。通过饲养活动，幼儿们迁移经验，从种植等活动拓展到生活技能的提升。

很长一段时间，幼儿们看见饲养园里没有食物的时候就会立即拎着小篮子到种植园里去采摘菜叶，一边采一边数：“5,10,15……”一边喂一边说：“小兔子，这是我们自己种的青菜哦，你多吃点，吃完了我们再和老师一起种哦。”

在幼儿园的每一天，幼儿们在自主游戏和集体游戏时都多了份责任心——关心饲养园的动物有没有饿？有没有冷？有没有拉粑粑？当有以上情况发生时，不管哪个幼儿看见都会主动去清理、去喂食。

到了冬天，种植园的菜的生长速度很慢，供应不上饲养园里的动物们。我们结合园内资源——中二班的叮咚食铺“叮咚外卖”，到中二班班级区域去点餐，由中二班的幼儿做好美餐后送到我们班，最后由我们班的幼儿利用中午的时间去喂食、去打扫。

（2）喂水接壶

幼儿们在刚开始清洗食盆的过程中遇到了一点小问题，辰辰把水壶打开洗好后装上水，准备把底盘和壶身套起来，可是套了半天也没有成功，朵朵也加入其中，瑶瑶说“这个需要找到卡口的地方对准卡好就行了”。可她尝试了一下也没有成功，这时候皓皓把壶身倒了过来，浚泽说“这样水全撒了”，大家一时没有想到好的办法。但是他们并没有放弃，而是一次次寻找原因。他们晚上回去问家长，请家长和自己一起查阅资料。有的幼儿家里正好有这样的喂食水壶，便在家尝试操作了几次。

第二天一到幼儿园，辰辰就把如何操作告诉了大家。到了中午，他们早早地来到饲养园，辰辰还是和前一天一样进去把水壶拿出来，他先把水壶清洗了一下，然后在没有接水的情况下尝试连接卡口，很快就接上了。然后立刻叫来了浚泽："浚泽，浚泽，你试试看掉不掉？"浚泽试了试果然没掉，于是他们拿起壶身开始接水。装了一大半的水后，开始连接卡口。辰辰说："我需要你的帮忙，你把壶身扶好，我来连接底盘卡口。"第一次尝试，因为壶身增加了重量，没有扶稳，没有连接成功，于是他们又进行了第二次尝试。这一次辰辰让浚泽两手一起扶着壶身，按稳，辰辰拿壶底对准壶身进行卡口对接，过了一会儿终于好了。他们两个激动地说："我们成功了，这次小动物们再也不怕水少了。"其他的幼儿也为他们喝彩。

教师的感悟：

在装底盘的过程中，他们发现空壶和有水的壶重量不一样，空壶好卡一些，一个人就可以完成，重壶必须得两个人合作才能完成。《指南》中指出5—6岁幼儿在探究中能与他人合作与交流。在一次"换水接壶口"的过程中，幼儿们相互合作探索了自己的方法——一人扶稳有水的壶身，一人连接卡口，最终轻松完成换水任务。在这个过程中，他们发现问题并找到解决问题的方法，教师也为幼儿们的探索发现而高兴。

（3）提醒标识

1）制作安全提示标识

经过一段时间的饲养活动，幼儿们对饲养园里的小动物有了感情，对不同动物的特性也有了不一样的理解。比如大公鸡会啄人，珍珠鸡受了"惊吓"后会到处乱飞……我们班幼儿对这些情况比较了解，但其他班级的幼儿不太了解，于是我们和幼儿们商量，做安全提示标志和《饲养公约》来告诉全园的幼儿们，如：什么动物喜欢吃什么、什么动物需要特殊的喂养方式、什么动物有"攻击性"等，通过这些标识的提示，全园的幼儿都很好奇，每次散步或者进小树林活动时都会去看一看小动物们的特征表现。他们还有点不放心，又在饲养园的围栏上贴上了图示，细心地做了一个“警示标语”——大的芦花公鸡会啄人，大家进去打扫的时候一定要小心哦！

2）给动物做档案：建档——“立户”

我们已经和小动物们朝夕相处一段时间了，每次去喂养都有不同的收获，今天捡了两只鸡蛋，昨天捡到了漂亮的羽毛……可是，怎样才能让别人知道我们幼儿园小动物们的“生活方式”呢？蕊蕊建议：把它们画下来，贴在饲养园的门口，可是要画哪些内容呢？于是，幼儿们展开讨论。

辰辰说：“我去过动物园，每个动物馆的门口都有介绍，我爸爸读给我听过。”

佑子说：“是的，我也看到过，一到动物园的门口看见那个介绍就知道这个馆里是什么动物了。”

……

经过大家的商量，幼儿们设计了自己的“动物小档案”。瞧，我们幼儿园的大公鸡有几只，母鸡有几只，珍珠鸡、贵妃鸡……大家一目了然。

教师的感悟：

幼儿们在设计动物档案时，对有些小动物到来的时间记录有些疑惑，到底是什么时候来的？是记录来的日期还是记录小动物的年龄，兔子是他们从小班时就已经饲养的，所以兔子的档案很好记录。其他小动物的到来时间他们则询问门卫爷爷，从门卫爷爷口中知道了答案。通过制作小动物的档案，加上疫情防控期间和家人用身份证做核酸的经历，他们知道档案是特有的、独一无二的，是能够让别人一看就知道的。

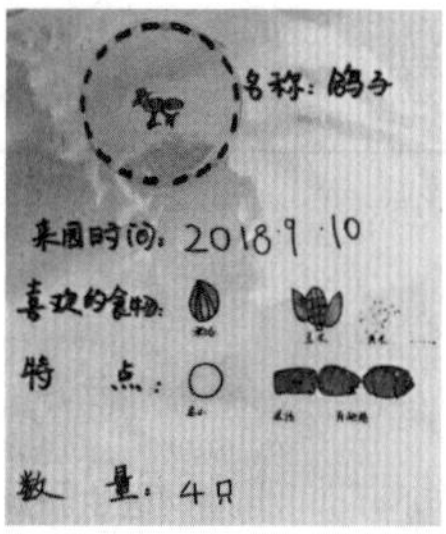

（4）托管——请中班、小班的弟弟妹妹照顾饲养园里的小动物

随着毕业典礼的开展，幼儿们眼看着就要离开幼儿园了，饲养园里的小动物怎么办呢？他们不放心饲养园里的小动物们。

峰说："请小班、中班的弟弟妹妹们照顾吧。"

辰辰说："他们会弄吗？打扫屋子、搅拌食物、清洗小动物们的餐盆可是有点难度的。"

"那怎么办呢？"幼儿们沉思了一会儿。

峰又说："我们用他们看得懂的'画'告诉他们。"紧接着他又解释道："就是我们把要做的事给画下来哦！"大家齐心协力，一起合作给弟弟妹妹们写了封"信"，并到每个班给弟弟妹妹们读信。弟弟妹妹们收到嘱托并答应了他们的请求，还保证定能完成任务。

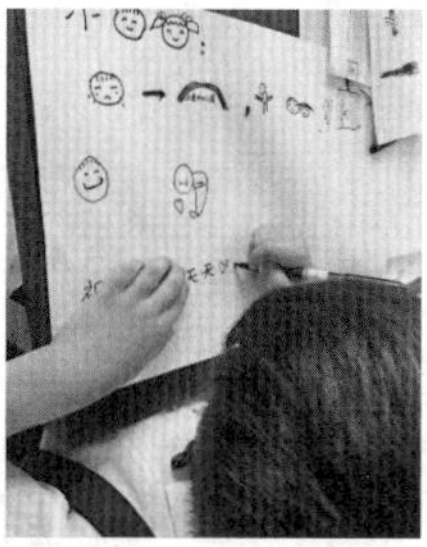

（五）活动反思

1. 幼儿经验的习得

在"小小饲养员"活动中，结合《指南》五大领域目标，幼儿们在各方面都取得了长足的进步。

（1）社会

幼儿们通过小小饲养员活动提高了合作、交往的能力，在饲养活动中，幼儿们能够认真负责地完成自己所接受的任务，也愿意为集体做事。通过打扫活动，他们能够分清轻重，在遇到问题时，他们能通过和同伴协商解决问题。

（2）科学

在饲养园劳动的过程中，他们发现水管没有捋直，并发现常见物体的结构与功能间的关系，同时感知、了解季节变化的周期性，了解人们与动物间的密切关系，知道尊重和珍惜生命，并且保护环境。

（3）艺术

幼儿们制订并依照打扫步骤图给小动物换水，他们在劳动时不经意地唱出歌曲《劳动最光荣》，而且还演唱自行创编的歌曲《劳动最快乐》。他们用绘画、歌唱的形式表达自己的所见所想，共同分享艺术活动的乐趣，他们还乐于模仿珍珠鸡的鸣叫，模仿鸽子的飞翔。

（4）语言

幼儿们通过饲养、打扫活动能理解一些因果、假设等相对复杂的句子。他们劳动时的互相交流、互相讨论，效仿河马村长的故事、争当值日生工作等等，使他们的人际交往能力也有了一定的提升，愿意主动与人交往，表达自己的想法，有高兴的或有趣的事也愿意与大家分享。

（5）健康

他们每次在饲养园劳动半小时以上，增强了身体素质，通过喂养小动物、帮小动物洗刷餐盆，进一步了解动物们的食物、生活习性等，知道动物们也喜欢绿色食物、稻谷、玉米等。他们也结合自身，在班级进餐环节中做到不挑食、不偏食，养成光盘不浪费的良好习惯。

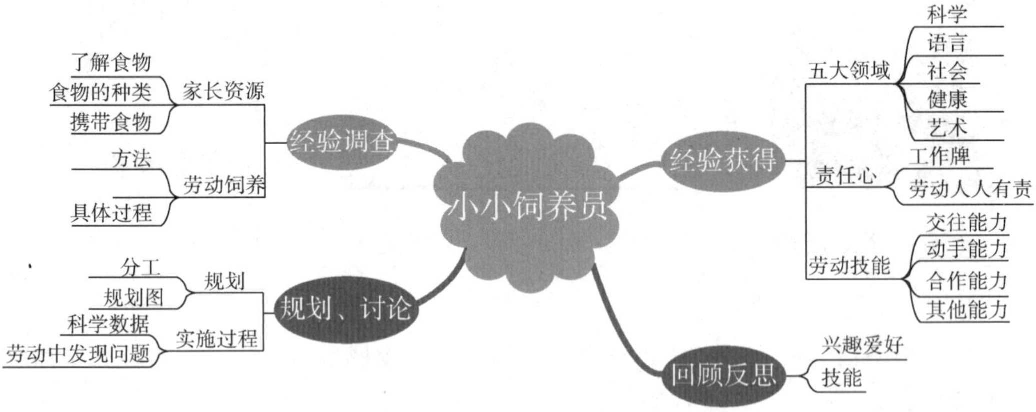

2. 幼儿在前，教师在后

在饲养活动中我们教师改变了以往的观念，把幼儿放在首位，自己做一个观察者、记录者和支持者，观察幼儿们在饲养活动中的各种行为，记录幼儿们在活动中的各种表现，在他们需要帮助的时候给予适当的支持。在“小小饲养员”活动中跟随幼儿们一起探索，一起成长。

幼儿们在探索时，我们老师也在学习，学习幼儿们探索时的思维方式，学习幼儿们是怎样解决饲养中出现的问题的。

3. 结合资源，保驾护航

（1）家长资源

我们开展饲养活动的过程离不开家长们的参与和支持。我们利用 QQ 群、微信群、家长园地等形式向家长宣传开展“小小饲养员”饲养活动的意义，以此获得家长的理解和支持。我们班的家长也特别积极地配合幼儿园和幼儿一起开展饲养活动，当知晓要给兔子举办婚礼的时候，大家纷纷出谋划策，让幼儿带上家里的小装饰来装扮兔子的家，当兔妈妈生宝宝的时候要看一看兔宝宝长什么样，看见一只只毛茸茸、白白的小兔子蹦蹦跳跳出来时，也拍手叫好。当幼儿们在饲养过程中遇到问题时，家长们或献计献策，或上网查找。

（2）园内资源

活动中我们结合园内资源，利用园内饲养劳动资源表（一级资源、二级资源、三级资源），根据班本化课程利用自然资源（种植园等）、班级资源——中二班“叮咚外卖”、食堂资源——剩饭菜汤等等来促进我们活动的有效开展。在资源利用中，我们结合“小小饲养员”活动进行相关活动的开展，把资源利用最大化。

4. 安全保障，促进课程的有效开展

在“小小饲养员”活动的开展中，我们时刻提醒幼儿们注意自我防护，穿好防护服、戴好口罩、手套。我们强调劳动过程中要安全使用工具，消毒时需要特别注意，如消毒方法的选择、石灰水的使用等。为了保证小动物们的安全，提醒幼儿不要过多地接触小动物，不追赶、不打闹。

每当幼儿们去小树林秘密基地嬉戏玩耍时，都会驻足观望一会儿，在那里他们学一学珍珠鸡的鸣叫，学一学鸽子的飞翔，学一学公鸡的打鸣……

他们见饲养园脏了，会主动拿起扫帚、水管，清扫、冲洗地面，清洗小动物的食盆……他们喜欢小动物的蹦蹦跳跳，喜欢去二楼捡鸡蛋，喜欢倾听公鸡、珍珠鸡的鸣叫，喜欢孔雀开屏的那一瞬间，喜欢饲养园里的“动物音乐会”。

（阴玉婷）

第九章

家庭饲养劳动

第一节 家庭饲养劳动如何促进幼儿的发展

恒恒 男 5岁2个月

我的家是个小小的“动物园”，有小白兔、小鸡、小鱼、小鸭子，最近又添了一个新成员——小仓鼠，我总是带它们在院子里看看花，散散步，小动物们也喜欢跟着我。

一、家庭饲养劳动的价值分析

家庭饲养劳动是指在幼儿家庭中开展的饲养劳动。幼儿园的空间和其他条件往往难以充分满足幼儿对动物饲养的兴趣，而家庭饲养劳动在饲养对象以及人力资源等方面有着独特的优势，因此，将家庭饲养劳动纳入到幼儿园饲养劳动体系中是非常有必要的，它是资源的补充，也是幼儿园饲养劳动活动的补充与延续，可以让幼儿更多地关注动物、观察动物、了解动物。

家庭饲养劳动具有以下几个特点：

（一）家庭饲养劳动具有生活性

幼儿在家参加的饲养劳动多与其家庭生活环境相关，无论是饲养宠物还是饲养家禽、家畜，都是与幼儿密切相关的生活内容。他们长期观察家人的劳动，有一定的生活经验，并尝试模仿操作。幼儿在家人的指导、看护或约束下，在自己熟悉的生活环境中，学着做自己感兴趣的劳动任务。因此，家庭饲养劳动可能更随意、更多变，没有明显的年龄特点。小小的孩子会拿着大人的劳动工具，吃力但熟练地进行着劳动。这些都是与他们所处的生活环境和所获得的生活经验息息相关的。

（二）家庭饲养劳动具有开放性

家庭的饲养大多是家长占主导，照顾动物、开展劳动也多以家长为主。通过家园沟通，家长逐渐放手幼儿，让他们参与一些力所能及的照顾动物的劳动。多数以喂食、观察记录为主，打扫其次，建屋、垒窝等相对较少。家长对孩子参与劳动没有过多的硬性要求，这让孩子和家长都很轻松，也让幼儿与动物能够和谐相处。

（三）家庭饲养劳动具有分享性

家庭中，幼儿在家长一对一、手把手的指导下，掌握了各种饲养劳动的技能和经验，这些技能和经验又是幼儿开展班级饲养劳动和公共区域饲养劳动的基础。幼儿园开展饲养劳动时需要幼儿调动、分享自己的生活经验；节假日把班级动物带回家开展饲养劳动时，需要分享家庭开展的劳动情况；与班级同步饲养时，幼儿可以分享家庭中饲养的趣事，让幼儿感受不在幼儿园生活的这段时间内动物发生的事情，让幼儿对该动物的感知更加全面；其他一些家庭饲养的特殊动物的饲养知识和劳动分享，更能拓展幼儿的生活经验。

家庭饲养劳动中，幼儿向家长学习、与家长合作、与动物相伴，各方面都得到了发展。

1. 健康

幼儿期的积极情绪体验有助于他们形成良好的情绪反应模式和习惯，与家人共同饲养动物，易于让幼儿形成积极的情绪体验。幼儿在给动物准备食物、打扫笼舍、换水喂食等日常劳动中，身体动作也在不断发展。在与动物共生共长的过程中，能够培养幼儿良好的生活与卫生习惯，提升生活自理能力，增强安全和自我保护意识。

2. 语言

幼儿的语言是在交流和运用的过程中逐渐学习和发展起来的，家庭饲养劳动为幼儿和成人、幼儿和同伴之间的交流提供了话题，幼儿就某一话题进行交谈，围绕话题运用生活中习得的形象的语句进行讲述；尝试用简单明了、规范准确的语言说明与解释家里动物的特征、种类或饲养过程。家庭饲养劳动中幼儿与家长一起阅读图书、记录发现、交流研讨、大胆讲述，为幼儿提供了自主性学习的更大平台。

3. 社会

家庭饲养劳动也是连接家庭与社区、家庭与幼儿园的途径之一，幼儿最初接触的人际环境来源于家庭，最初的社会交往的对象就是自己的亲人与长辈，他们的饲养经验丰富，是指导幼儿饲养的宝贵资源，幼儿通过日常社交进行问话、讨论、模仿、实践，不断寻求答案。幼儿在家庭中总结出来的饲养经验又成为幼儿与同伴分享的话题素材。农村家庭大多散养家禽、家畜，饲养过程中，邻里交往、友好相处、乐于分享得到了体现。多样化的饲养方法也使幼儿视野开阔、接触大自然的机会增多，从而让幼儿养成爱护自然、尊重生命的意识。

4. 科学

幼儿在家庭饲养劳动中所受的科学教育是与生活实际相联系的，幼儿与最亲近的人一起探索发现。家长根据饲养劳动中幼儿的不同兴趣、需求，进行有针对性的、个别化的指导，更能满足幼儿的好奇心和求知欲。幼儿和家长一起观察、猜测、思考、验证、设计、制作，培养了幼儿动脑思考的习惯和动手操作的技能。

生活中处处都能看见数学的影子，在生活化的情境中数学经验相对来说比较容易获得，并且比较有趣，在饲养劳动过程中就蕴藏着许多对幼儿产生数学影响的情景和故事。如：养了八只鸡，每天喂两勺谷物，八点赶小鸭去池塘，为小狗建一个长方体带三角顶的狗窝……

5. 艺术

贴近大自然的原生态家庭饲养劳动能让幼儿感知更多的真实事物，并由此积累丰富的感知经验，有助于幼儿进行艺术表现，提高表现的能力。生态的自然环境、自由活泼的动物、灵动的行为表现……这些美好的事物被幼儿所感知，在表现创造这些美好的时候，因为有浓浓亲子情的植入而更加增添了艺术表现力与创造力。

二、家庭饲养劳动与《指南》、幼儿生活经验的联结

《指南》可以指导家庭实施科学的保育和教育，通过《指南》家长也可以辨识出幼儿在家庭饲养劳动中做了什么，学到了什么，运用《指南》家长也可以精确地知道幼儿会做的事、会说的话，并根据建议支持幼儿迈向下一个发展阶段。

表 1　家庭饲养劳动与《指南》、幼儿生活经验及资源联结表（3—4 岁）

领域	《指南》主要经验对照		幼儿可能做的事
健康	1	情绪比较稳定，很少因一点小事哭闹不止。	喜欢家里饲养的小金鱼。
	2	有比较强烈的情绪反应时，能在成人的安抚下逐渐平静下来。	家里饲养的动物死亡了，能在家人的安慰下平静下来。
	3	能在较热或较冷的户外环境中活动。	放暑假后，每天到户外为小仓鼠寻找它喜欢吃的树叶。
语言	1	别人对自己说话时能注意听并做出回应。	“宝宝，你有没有看见小兔子在啃胡萝卜啊？”“我看见了，它吃得好香啊。”
	2	能听懂日常会话。	爸爸：“把小仓鼠放阳台吧。” 辰辰：“阳台会晒太阳，太热，开空调的时候把阳台门一关，会闷死它的。”
	3	愿意在熟悉的人面前说话，能大方地与人打招呼。	带小仓鼠到小区散步，与熟悉的人打招呼，向他们介绍小仓鼠。
	4	愿意表达自己的需要和想法，必要时能配以手势动作。	“妈妈快看，咕嘟咕嘟的声音是‘小可爱’在喝水。”
	5	能口齿清楚地说儿歌、童谣或复述简短的故事。	会说《小兔乖乖》的故事。
	6	主动要求成人讲故事、读图书。	请妈妈讲关于小兔的故事、图书。
	7	能听懂短小的儿歌或故事。	妈妈讲了小兔爱吃萝卜、青菜的故事，改善了孩子不吃蔬菜的状况。
	8	喜欢用涂涂画画表达一定的意思。	妈妈和七月两人把小金鱼吃食的场景画了出来。
社会	1	愿意与熟悉的长辈一起活动。	愿意和奶奶一起喂鸡。
	2	有高兴的或有趣的事愿意与大家分享。	“妈妈，姐姐，你们快来看，这条红色的小金鱼真的把饭粒吃掉了哎，好神奇哎！”
	3	为自己的好行为或活动成果感到高兴。	发现豚鼠喜欢吃自己采摘的嫩竹叶，很开心，以后每天都采摘嫩竹叶。
	4	自己能做的事情愿意自己做。	戴上手套为小仓鼠打扫笼舍。
	5	喜欢承担一些小任务。	每天坚持到户外为小仓鼠寻找食物。
	6	长辈讲话时能认真听，并能听从长辈的要求。	“妞妞，把食物倒在长方形的猪槽里去。”“好的。”
科学	1	经常问各种问题，或好奇地摆弄物品。	“小鱼儿们吃什么呢？除了我们买的鱼食，还吃什么呢？”
	2	对感兴趣的事物能仔细观察，发现其明显特征。	“这个叶子太老了，咬不动，还有刺，‘小可爱’吃的时候戳嘴的。”
	3	认识常见的动植物，能注意并发现周围的动植物是多种多样的。	七月选了六条不一样的鱼：金色、红色、红白色、黑色、黄色，还有一条大眼睛金鱼。

续表

领域	《指南》主要经验对照		幼儿可能做的事
科学	4	体验和发现生活中很多地方都用到数。	会说：有几只动物，喂几勺饲料，喂几片树叶等。
	5	能感知和区分物体的大小、多少、高矮长短等量方面的特点，并能用相应的词表示。	“公鸡大、母鸡小，小鸡更小”。
	6	能通过一一对应的方法比较两组物体的多少。	拔了5棵菜喂鸭子，发现还有一个鸭子没有菜吃，赶忙又拔一棵喂没有吃到菜的鸭子。
	7	能手口一致地点数5个以内的物体，并能说出总数。能按数取物。	“我家池塘里一共有4只大鹅。”
	8	能用数词描述事物或动作。	“小鸡拍了三次翅膀。”
	9	能注意物体较明显的形状特征，并能用自己的语言描述。	“我家有一个长方形的刷子。”
	10	能感知物体基本的空间位置与方位，理解上下、前后、里外等方位词。	“豚鼠在笼子里还把木屑扒拉到笼子外面来呢。”
	11	容易被自然界中的鸟鸣、风声、雨声等好听的声音所吸引。	“小鸡‘yueyueyue’的叫声真好听，它肯定是饿了吧”。
艺术	1	经常自哼自唱或模仿有趣的动作、表情和声调。	一边清洗豚鼠笼舍的托盘，一边哼唱。
	2	经常涂涂画画、粘粘贴贴并乐在其中。	和姐姐一起画小金鱼、记录金鱼的趣事。
	3	能用声音、动作、姿态模拟自然界的事物和生活情景。	模仿小鸭子在池塘里游泳。

表2　家庭饲养劳动与《指南》、幼儿生活经验及资源联结表（4—5岁）

领域	《指南》主要经验对照		幼儿可能做的事
健康	1	经常保持愉快的情绪，不高兴时能较快缓解。	因为家里饲养小动物而感到开心。
	2	有比较强烈情绪反应时，能在成人提醒下逐渐平静下来。	发现家里的小猫被家人送走时大哭，在爸爸的安慰下能平静下来。
	3	愿意把自己的情绪告诉亲近的人，一起分享快乐或求得安慰。	告诉爸爸舍不得猫妈妈才生的小猫送给别人，心里很难受，寻求爸爸安慰。
	4	能在较热或较冷的户外环境中连续活动半小时左右。	户外遛狗半小时。

续表

领域	《指南》主要经验对照		幼儿可能做的事
语言	1	愿意与他人交谈，喜欢谈论自己感兴趣的话题。	愿意将自己感兴趣的有关饲养的话题和家人、邻居谈论。
	2	能基本完整地讲述自己的所见所闻和经历的事情	“妈妈，我刚刚看见豚鼠吃那个带刺的树叶了。”
	3	讲述比较连贯。	“我先把鱼从鱼缸里捞出来，然后再把水换掉，加上新的水，最后再把小鱼放进去。”
	4	别人对自己讲话时能回应。	“你家的小鸭和我家的小鸭混在一起了，你能分辨出来吗？” “我能分出来的，我家的小鸭会自己回家的。”
	5	反复看自己喜欢的图书。	与妈妈一起亲子阅读《蚂蚁的日记》。
	6	喜欢把听过的故事或看过的图书讲给别人听。	把《像狼一样嚎叫》的故事讲给爷爷奶奶听。
	7	愿意用图画和符号表达自己的愿望和想法。	和哥哥一起记录家里刚出生的小狗的毛色，并起名字。
社会	1	喜欢和长辈交谈，有事愿意告诉长辈。	“爷爷，你快看，家里的小羊要生宝宝了。”
	2	活动时愿意接受同伴的意见和建议。	哥哥：“我牵大羊在前面走，你牵小羊在后面走”。 涵涵：“好的，你走慢点等等我。”
	3	自己的事情尽量自己做，不依赖别人。	到菜园拔青草放入篮子里，放满后喂猪。
	4	敢于尝试有一定难度的活动和任务。	和爸爸一起给小狗洗澡。
	5	会用礼貌的方式向长辈表达自己的要求和想法。	“妈妈，今天我来喂猪可以吗？”
科学	1	喜欢接触新事物，经常问一些与新事物有关的问题。	“狗妈妈一次可以生几只？猪妈妈呢？”
	2	能对事物或现象进行观察比较，发现其相同与不同。	观察比较猫、狗的区别。
	3	能根据观察结果提出问题，并大胆猜测答案。	看到爸爸在用手动抽水器给金鱼换水，恒恒问：“用手一捏一捏就是在吸水吧，你把小石子都吸进去了，当心把小小鱼也吸进去。”
	4	能通过简单的调查收集信息。	向有经验的邻居咨询饲养小兔的经验。
	5	能感知和发现动植物的生长变化及其基本条件。	和姐姐一起观察、记录小猫“生下来—睁眼—爬行—长大”的过程。
	6	能感知和发现不同季节的特点，体验季节对动植物和人的影响。	发现小乌龟冬眠的时候会自己用沙子把自己埋起来。
	7	在指导下，感知和体会有些事物可以用数来描述，对环境中各种数字的含义有进一步探究的兴趣。	知道5只鸡每天要挖一大勺稻谷，喂3棵青菜。

续表

领域	《指南》主要经验对照		幼儿可能做的事
科学	8	能感知和区分物体的粗细、厚薄、轻重等量方面的特点，并能用相应的词语描述。	知道细小颗粒的饲料是喂小鸡的，颗粒较大的稻谷喂鸡，大颗粒的玉米喂鸭子。
	9	能通过数数比较两组物体的多少。	数一数奶奶家里养了几只鸡和几只鸭，比一比鸡多还是鸭多。
	10	能使用上下、前后、里外、中间、旁边等方位词描述物体的位置和运动方向。	“我在打扫地上小鸡的嗯嗯。”“鹦鹉从笼子里飞了出来。”
艺术	1	在欣赏自然界和生活环境中美的事物时，关注其色彩、形态等特征。	欣赏公鸡和母鸡的羽毛色彩和形态。
	2	喜欢倾听各种好听的声音，感知声音的高低、长短、强弱等变化。	在喂养小动物时喜欢倾听它们的叫声，感知不同动物叫声的特点。
	3	能用自然的、音量适中的声音基本准确地唱歌。	把自己学会的歌曲唱给小动物听。

表 3　家庭饲养劳动与《指南》、幼儿生活经验及资源联结表（5—6 岁）

领域	《指南》主要经验对照		幼儿可能做的事
健康	1	能在较热或较冷的户外环境中连续活动半小时以上。	和家人一起打扫小狗的棚舍。
	2	能使用简单的劳动工具或用具。	用刷子刷洗动物们的食盆，用扫帚清扫小动物的窝棚。
语言	1	听不懂或有疑问时能主动提问。	在家庭饲养中，有疑问可以向爸爸妈妈提问，或者利用通信工具询问老师、小伙伴。
	2	能结合情境理解一些表示因果、假设等相对复杂的句子。	“因为我天天在小树林扔菜喂小鸡，所以它们看到我到小树林来玩，都跑过来了，真好玩。”
	3	愿意与他人讨论问题，敢在众人面前说话。	刚满月的小狗要送给邻居，恒恒与邻居交代养小花（小狗）的注意事项。
	4	能有序、连贯、清楚地讲述一件事情。	“我发现小鸡喝水的时候，把水吞到嘴里后嘴巴会往上扬起。”
	5	能依据所处情境使用恰当的语言。如在别人难过时会用恰当的语言表示安慰。	对狗妈妈说：“大黄，别难过，你的宝宝长大了就会离开你到别的地方生活的，我跟奶奶说了，留下一只最漂亮的小黄陪你。”
	6	专注地阅读图书。	在家中和爸爸妈妈一起专注阅读《昆虫记》。
	7	能初步感受文学语言的美。	和妈妈一起阅读《猜猜我有多爱你》。
	8	愿意用图画和符号表现事物或故事。	记录家中养的蚕的饲养日记，带到幼儿园与大家交流。

续表

领域	《指南》主要经验对照		幼儿可能做的事
社会	1	有问题愿意向别人请教。	向家人请教怎么给蚕做蚕房。
	2	有高兴的或有趣的事愿意与大家分享。	把自己在家和爸爸做蚕房的经验和小伙伴们分享。
	3	知道别人的想法有时和自己不一样，能倾听和接受别人的意见，不能接受时会说明理由。	看到路边的繁缕草长得茂盛，凯凯拔了一些要给小猪吃，被奶奶拦下了，说这个路边草可能被喷洒了农药，不能给猪吃，他同意了。
	4	能主动发起活动或在活动中出主意、想办法。	发现家里的豚鼠食物不够，能主动去小区里寻找它能吃的食物。
	5	主动承担任务，遇到困难能够坚持而不轻易求助。	把家里的小羊牵到草地上吃草，用石头把牵引绳上的铁钎钉入草地。
科学	1	对自己感兴趣的问题总是刨根问底。	“狗妈妈为什么一次可以生六只宝宝？狗妈妈的奶够它们吃吗？狗宝宝眼睛为什么是闭着的？我生下来的时候是什么样的？”
	2	能经常动手动脑寻找问题的答案。	放羊时敲牵引绳的铁钎，敲了几次铁钎都只在土层表面，经过观察、尝试，找到草地下有些湿润的泥土处，用旁边的石块用劲敲入。
	3	探索中有所发现时感到兴奋和满足。	把小羊的牵引绳敲入泥土中，感到很兴奋。
	4	能通过观察、比较与分析，发现并描述不同种类物体的特征或某个事物前后的变化。	通过自己拍的照片和记录，发现刚出生的狗宝宝一个月中的前后变化。
	5	能用一定的方法验证自己的猜测。	妈妈说蚕只吃桑叶，书里说蚕还吃构树叶、无花果叶、生菜叶、蒲公英叶……辰辰找来这些叶子进行验证。
	6	在成人的帮助下能制订简单的调查计划并执行。	和妈妈制订调查计划，去哪里可以找到蚱蜢、蚱蜢吃什么。
	7	能用数字、图画、图表或其他符号记录。	能够及时记录下给豚鼠打扫、喂养的过程。
	8	探究中能与他人合作与交流。	与家人合作，制作表格，观察小鹦鹉每天的进食量。
	9	能察觉到动植物的外形特征、习性与生存环境的适应关系。	发现小兔子鼻子变颜色了，小时候是白色的，现在是灰色的。
	10	能发现常见物体的结构与功能之间的关系。	发现毛糙的地方要用刷子才能刷干净。小动物的毛是用来保暖的。
艺术	1	乐于模仿自然界和生活环境中有特点的声音，并产生相应的联想。	能用动作展示所观察到鹦鹉的各种动作，如挠痒痒。模仿小动物的叫声。
	2	能用自己制作的美术作品布置环境、美化生活。	用自己的作品给家庭饲养的小动物美化环境。

第二节
家庭饲养劳动环境创设

一、空间

家庭饲养劳动的对象可以是小型的笼养、水生动物，也可能是大型圈养的家禽家畜，各个家庭根据具体情况规划饲养空间。

水生动物的饲养主要是利用庭院中的小型鱼池或者家中的鱼缸、水族缸等进行的饲养，不包括野外大型鱼塘的饲养。

二、时间

幼儿家庭饲养劳动建议利用早上和晚上的时间进行，针对早上时间紧，晚上时间充足这个现状，家长可以有针对性地引导幼儿做出饲养内容的调整，如早上只是完成喂食或者简单的观察记录，晚上可以系统地进行喂食喂水、卫生打扫等相关劳动。节假日期间可以重新安排饲养作息时间，参与全天的劳动管理。

三、材料

（一）饲养对象的选择

家庭饲养对象的选择可以考虑以下几种情况：① 幼儿对幼儿园饲养的动物感兴趣，延伸到家庭饲养；选择与幼儿园相同的动物，进行同步饲养；在节假日的时候把班级饲养的动物领回家饲养，作为班级饲养的补充。② 家庭利用现有资源进行的饲养，多为家禽、家畜，幼儿利用已有资源开展辅助的饲养活动。③ 根据家长或幼儿兴趣饲养不常见的动物。

经过调查，我们整理出家庭饲养劳动的部分动物：

家庭饲养劳动常用资源表

种类	常用资源
家禽	鸡、鸭、鹅
飞禽	鹦鹉（虎皮鹦鹉）、鸽子、八哥
家畜	羊、兔、猪、猫、狗
鱼类	金鱼、锦鲤、泥鳅、黄鳝、鲇鱼、黑鱼、昂刺鱼、鲢鱼、草鱼、鳊鱼、白鱼、银鱼
甲壳类	螃蟹、龙虾
昆虫类	蚕、蝗等
爬行类	乌龟、甲鱼、六角恐龙、豹纹守宫
软体	河蚌、螺蛳
其他	豚鼠、仓鼠等

（二）饲养工具的准备

家庭饲养劳动的工具准备建议如下：

1. 笼舍类材料

农村家庭饲养家禽有两种情况：

① 散养——白天放养，只需要准备夜晚居住的笼舍。

② 圈养——相对大一些的生态环境，如小鸭饲养，可以就水塘边圈一块有水、有土地、有屋（鸭棚）的地方。

家畜饲养也分散养和圈养，散养的如猫、狗，准备固定的猫屋、狗屋就行；圈养的根据不同物种，选择建造相应的笼舍、屋子、圈。

水生动物饲养分观赏和食用两种，观赏型基本用饲养器皿，食用型则利用更大一点的盆、桶、缸等器皿。

一些特殊的不常见的动物则利用相应的特殊设施设备。

2. 喂养类工具

（1）喂水工具

笼养动物一般都有专门的喂水工具，也有就地取材利用废旧盆碗的。

动物幼崽时期可能会用到针筒、滴管、奶瓶等。

（2）喂食工具

笼养动物有专门的喂食工具，有喂食盆、喂食槽等，也有就地取材利用废旧盆碗的。

（3）换水工具

器皿水养类动物换水需要临时器皿、水桶、水泵、增氧泵等。

3. 卫生防疫类工具

打扫类工具

打扫一般需要簸箕、扫帚、拖把、刷子、抹布、钢丝球、海绵刷、毛刷、喷壶、水桶、加压水管等工具。

在打扫时不建议幼儿直接接触动物，建议戴上口罩和幼儿一次丁腈防护手套或儿童安全防护手套。

4. 探究类工具

建议家庭中创设一个区域，用于摆放观察动物、记录表、工具、相关的图书。这些物品的摆放要靠近饲养的动物，提供适宜的桌椅，便于幼儿观察、照料动物，也方便讨论、记录。除此之外，我们还需要：

① 用于观察的工具：摄像设备、放大镜、各种测量工具、称重工具等。

② 用于记录的工具：记录表、纸、笔、手机、相机等。

③ 用于查阅的资料：相关图书、电子设备等。

第三节
家庭饲养劳动活动推进策略

一、规划家庭饲养劳动课程

如果家长不了解饲养劳动课程对幼儿发展的影响，就会出现游离状态，甚至不理解、不合作。幼儿园要基于幼儿园的实际情况，利用一切可以利用的教育资源，顶层设计幼儿园饲养劳动课程，拓展教育的深度和广度。教师是课程的设计者也是实施者，以课程理念为指引，转变观念，利用资源开展饲养劳动课程的同时，要向家长传递相关的教育理念，让家长感受到幼儿园开展饲养劳动课程对幼儿各方面能力和情感发展的作用，从而提高家庭参与饲养劳动的积极性。

二、沟通达成共识

一般来说，多数的家庭饲养劳动来自家长的选择，从卫生、便捷方面考虑，家长很少会让幼儿参与到饲养劳动中。教师要采用多种方式让家长看到饲养劳动对幼儿发展的价值，如邀请家长来园，通过课程故事展示、案例分析、讲座等，引导家长关注幼儿饲养活动中的行为表现，感受幼儿在饲养劳动中的饲养认知、劳动能力和劳动品质的发展，真真切切感受幼儿园饲养劳动课程的实施理念，引导家长形成利用生活中便利的家庭资源开展劳动教育的意识，让家长明白教育不仅是认知上的学习，还包括能力的提升与情感的升华等。

三、交流分享学习经验

家长仅有意识是不够的，还需要将饲养劳动理念付诸实践。但身处各行各业的家长对饲养劳动的理解与掌握程度以及对饲养劳动教育价值的认识是不同的，我们要聚焦家长的问题，倾听家长在家庭饲养劳动中的困惑，尝试让家长、教师、幼儿共同解决问题。如饲养中的技术问题，可以请有经验的家长来解答；饲养劳动的有效开展及饲养劳动的合理应用，教师可以用幼儿园饲养的成功案例来引导；饲养劳动中饲养认知的获得、劳动技能的习得、劳动品质的养成，可在课程理念的引领下，鼓励家长与幼儿一起探索、实现。问题的提出、探索的过程、总结的经验，教师可以通过班级群线上研讨、班级主页展示、家长会线下分享、幼儿心情日记等形式进行分享，让家庭间相互学习。

四、放手幼儿劳动

现在一些家庭中由于家长包办，幼儿的自理能力越来越弱。家长或许能接受饲养劳动中饲养认知的教育价值，但对于饲养劳动过程中劳动素养的教育价值认识不足。我们把幼儿在劳动课程中可能产生的劳动环节、可能需要的劳动技能、劳动工具等都梳理出来，并用幼儿园饲养中的案例作佐证，从可能和现实两方面向家长证明幼儿是有能力的学习者，劳动素养对于培养一个完整的人具有重要的意义。家长只要放手，在保证安全、卫生的前提下，提供合适的劳动工具，幼儿就可以成为照顾动物的小能手。通过饲养劳动活动，可以补上劳动教育缺失的短板。

第四节
家庭饲养劳动中的常见问题

一、家庭饲养中如何把握好与宠物的距离，守护好幼儿的安全

第一，不要把宠物的窝建在卧室和客厅内。因为宠物的身上可能会有一些细菌，它们可能会引发幼儿过敏性反应，或者是呼吸道疾病，所以尽量不要把宠物的窝安置在卧室或客厅。同时幼儿经常接触到的书本、玩具之类的物件要经常暴晒，尽量不要让宠物也接触到，对宠物接触过的一些地方和东西，要经常进行消毒，防止影响到幼儿的健康。

第二，注意宠物的卫生习惯。平时多给宠物做一些清理工作，让宠物远离一些不干净的地方。宠物可能会在室内随地大小便，养宠物的时候，要注意宠物每次排泄之后，都要把排泄物及时进行处理，家里的消毒卫生工作要做到位，这样才能避免宠物把一些细菌或者是病毒传给幼儿。宠物接触过的家具要及时进行清洁。此外宠物生活的地方要用肥皂水或者消毒液每周擦拭一次，这样就可以避免宠物把自己身上的螨虫等有害物质传播到幼儿的身上。

第三，注意用餐工具。有些家庭因为父母过于喜欢宠物，可能会和宠物共用餐具，这样其实非常危险，宠物的唾液中含有非常多的细菌，因此，喂食宠物一定要有专用的餐具，不能与人有交叉。家庭成员进餐前要认真使用洗手液清洗双手，另外让幼儿避免用手投喂宠物，以免沾上宠物唾液或被误伤。

第四，让幼儿承担照顾任务。让幼儿懂得去承担自己的责任，幼儿才会在养宠物的过程中培养自己的同情心和劳动能力。在养宠物的过程中，可以将宠物平时的一些事宜交给幼儿来处理，比如给宠物喂食、洗澡、简单打扫等。

二、农村家庭中饲养的动物，有的是当食物饲养的，如何看待饲养大的动物被宰杀、烹饪成食物的现象

农村家庭基本都饲养鸡、鸭、鹅等家禽，它们的作用是下蛋和被食用。家庭饲养劳动开展后，幼儿参与喂食、喂水、捡蛋等照顾活动的机会多了，可能会对动物产生感情，这种情况下，他们不能接受自己饲养长大的动物被宰杀吃掉。教师一般建议家长这样做：① 卖了，用卖的钱做一些有意义的事，如买新动物、买有意义的礼物、捐赠等；② 遇到合适的家庭或单位，交换饲养的动物，如用小鸡交换小兔等；③ 不要当孩子的面进行宰杀，如果吃了也不要告诉孩子。虽然作为食物饲养的动物终归会变成食物，但我们还是要呵护孩子的爱心和童真。

三、家庭饲养劳动中如何培养幼儿的责任意识

家庭中的饲养劳动常会出现“先热后冷”的情况：开始幼儿和家长都很感兴趣，一同进行饲养照顾，一段时间后，幼儿失去耐心，由家长全权接手饲养任务。面对这种情况，家长可以这样做：① 饲养照顾什么动物，幼儿说了算；饲养照顾要做哪些事，事先和幼儿约定好；幼儿可以做的事，家长放手让幼儿做，让幼儿成为饲养劳动的主角。② 鼓励幼儿和家长总结饲养经验、记录饲养笔记，在任务意识的驱动下记录发现动物的生长变化、饮食起居、陪伴趣事，这不仅能丰富亲子陪伴的内容，也能促使幼儿与动物不断增进感情。③ 在饲养交流周或有需要的时候，请家长或幼儿在家长群、在幼儿园大厅或班级展示饲养的动物、交流饲养经验。向老师、同伴详细地介绍自己与小动物之间的点点滴滴，增强幼儿及家长的成功感，从而激发幼儿坚持饲养、陪伴的兴趣，提高幼儿责任意识。

第五节
家庭饲养劳动活动案例

辰辰　男　4 岁 9 个月
“小可爱”最爱吃绿色的桑叶。

一、我和“小可爱”的假期生活

持续时间：2020 年 6 月 25 日—2020 年 9 月 5 日
年龄段：小班

故事主要人物：
辰辰，男，4 岁 9 个月
记录人：辰辰妈妈（幼儿园教师）

活动背景：

幼儿园中班饲养的豚鼠，生了五只小豚鼠，过了半个月，豚鼠们的食量见长，照顾它们的任务也变得繁重了。临近放暑假，为了解决豚鼠们暑期的照料问题，幼儿园征求孩子们的意见，鼓励孩子们带回家饲养。辰辰听到消息后，通过同伴之间的激烈竞争，终于领养到一只豚鼠，并给它起名字“小可爱”，开始了假期照顾“小可爱”的生活。

（一）初见豚鼠

<table>
<tr><td>日期</td><td>6月25日</td><td>时间</td><td>14:00—14:20</td><td>幼儿姓名</td><td>辰辰</td><td>记录人</td><td>辰辰妈</td></tr>
<tr><td>观察背景</td><td colspan="7">幼儿园征集暑期寄养家庭时，辰辰没有和我们商量，自己通过竞争领养到了一只豚鼠。放学，我去接他。</td></tr>
<tr><td>轶事记录</td><td colspan="7">他排在队伍的最后，弯着腰左手拎着纸箱的一个上盖，右手拎着一个白色方便袋，纸箱的一角顺地拖着，头还不时地向左手看去。他抬头看见我，嘴角弯了一下，低头又向左侧纸箱看去，右手抓住袋子在头上挠了一下，又抬眼看看我。我问：“辰，你带的什么东西？”他眼睛盯着纸箱，低声说道：“老师让我带‘小可爱’回去养。”边说边放下袋子，打开纸箱，我看着纸箱里一只黑黄白相间的豚鼠，对他说：“好可爱哦，你还带了什么？”他抬起头看了我一眼，又低头在箱子里边找边指给我看：“里面有它吃饭的碗，还有喝水的水盆。”他左手拎起袋子，右手举起给我看：“这里有它吃的，还有给它垫的睡觉的。”我点点头：“好吧，如果我们把它带回家，是由你来照顾它吗？”他使劲点头。我弯腰要帮他拿纸箱，他把方便袋递给我，把纸箱合上，双手捧起了纸箱。
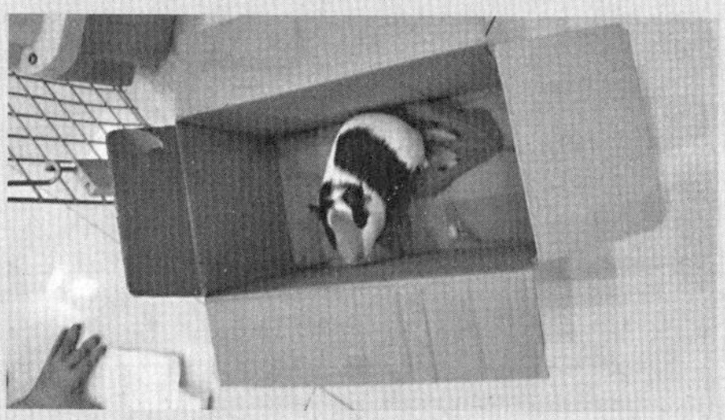</td></tr>
<tr><td>幼儿行为评析</td><td colspan="7">前几次周末辰辰带兔子回来饲养，由于兔子斜着排便，弄脏了家里的墙壁，因而遭到奶奶的强烈反对。这次，在没有征得我们同意的情况下，辰辰便领养了豚鼠，他怕我不答应，说话时不敢看我，也不敢大声说话。当我表示接受的时候，他才放下心来，说话、行为也自如起来了，他能根据成人的语言行为，调整自己的情绪状态。
从辰辰边走边小心地看、为豚鼠起名“小可爱”、主动捧装有豚鼠的纸箱等行为表现可以看出，他乐于接受饲养任务，喜欢饲养小动物。</td></tr>
<tr><td>感悟与支持</td><td colspan="7">喜欢动物是孩子的天性，与动物相处可以让孩子更有爱心、耐心，还能培养孩子的独立性和责任心。但由于居住环境不允许，家里只饲养了水养动物，也很少让他参与照顾。因此有一个可爱的毛茸茸的动物与孩子朝夕相处一段时间，我还是非常乐意的。于是我同意他饲养豚鼠，和他约定了需要照看小动物的一些小任务，并从同事那找来一个闲置的航空托运宠物箱给他放豚鼠。</td></tr>
</table>

（二）说服养“小可爱”

日期	6月25日	时间	14:00—14:20	幼儿姓名	辰辰	记录人	辰辰妈
观察背景	回到家，爸爸、奶奶看见家里又来了个小动物，立即提出反对。						
轶事记录	奶奶：“养这个鬼东西呢，臭死了！” 辰辰：“‘小可爱’不臭的，它又不像兔子会歪着尿尿。” 爸爸：“现在是夏天，一天不弄就臭了。” 辰辰：“有垫的木屑，天天换，给它天天洗澡就不臭了。” 爸爸：“谁换？” 辰辰（看看我）：“我换……” 奶奶：“它吃什么？这点饲料就够啦？”（带回家的饲料不多） 辰辰：“我问过哥哥姐姐了，‘小可爱’吃菜叶子、苹果的，饲料不够就在网上买。” 爸爸：“放哪儿都臭，不准养。” 辰辰：“你不是说你小时候养过毛毛虫、蝈蝈的嘛，小麻雀从窝里掉下来你还带回家养的，我也是小时候呀。” 爸爸：“那放门外面。” 辰辰：“不行，门口热，晚上黑乎乎的，‘小可爱’会怕，要是有坏人把它拎走了怎么办？” 爸爸：“放阳台吧。” 辰辰：“阳台会晒太阳，太热，开空调的时候把阳台门一关，会闷死它的。” 奶奶：“那就放你睡觉的房间。” 辰辰：“不行，放客厅，开空调它也能吹到，放房间，我怕它会臭。” …… 就这样，在辰辰的努力争取下，“小可爱”在客厅玄关处安了家。						
幼儿行为评析	这个片段充分展示了4岁幼儿的辩论能力，他思维敏捷，能仔细倾听并明白家人的观点，快速应对，语言表达有一定的连贯性与条理性。他坚持自己的观点，坚决要养“小可爱”，坚持放在室内客厅处；能尝试找出不同的理由反驳别人的观点：臭——不会歪着尿尿、天天打扫；饲料不够——用其他食物代替、网购；放门外——热、黑、坏人拎走；放阳台——热、闷；放房间——怕臭。同时他还通过各种角度，一一辩驳，利用平时的语言信息整理出“爸爸小时候也养小动物”“我也是小时候”等有力论据来反驳爸爸“不准养”的观点。						
感悟与支持	我事先预料到辰辰饲养小动物会遭到家人的反对，但我没有发表任何意见，只是在辰辰带“小可爱”回家之前向他表示了支持，并告诉他说服家人、照顾动物的任务都是他自己的。于是他心里有了靠山后，能自信地进行辩论。辰辰其实是个有点内向的小男孩，他喜欢一件东西一般不会直接表达，而是通过其他方式委婉地表达。但饲养“小可爱”的强大信念，让他化身“小可爱”的“守护者”，与爸爸、奶奶进行激烈的“唇枪舌剑”。我感受到动物与孩子的微妙关系，并感觉到我同意他饲养“小可爱”的决定是正确的。						

（三）恼人的“小可爱”

日期	6月26日	时间	16:00—16:30	幼儿姓名	辰辰	记录人	辰辰妈
观察背景	“小可爱”安家后的第二天，我和辰辰都不在家，白天没人照顾“小可爱”。下午，我和辰辰回到家，奶奶再次提出反对意见。						

续表

<table>
<tr><td>日期</td><td>6 月 26 日</td><td>时间</td><td>16:00—16:30</td><td>幼儿姓名</td><td>辰辰</td><td>记录人</td><td>辰辰妈</td></tr>
<tr><td>轶事记录</td><td colspan="7">我和辰辰从外面回家，奶奶说：“这个东西真不能养，都吵死了，会叫、还弄得咕噜咕噜响、还把木屑扒拉得到处都是，真脏。”我笑看着辰辰：“你怎么说？”他低头不语，换好鞋子后蹲坐在“小可爱”的笼子旁，向左转着头盯着“小可爱”看了一下，然后他用两手的拇指放在笼子门锁的上方，其余手指放在门锁下方，一起握住用力打开笼门，偏头看向我：“‘小可爱’没有吃的了。”我说：“那你赶快喂点呀。”他点点头并站起来，右手从饲料袋里抓了一把饲料准备放盘子里，看见食盆里有木屑和便便，于是他左手拿起食盆反向在笼子里敲敲后放好，右手把饲料放入盘子。豚鼠先是躲在笼子最里面，看见有食物来了，一边咕咕咕叫着，一边爬到食盆处开始吃了起来。辰辰一直保持左腿跪坐、向左侧着身体朝笼子里看的姿势，观察着“小可爱”。大约五分钟之后，他来到我身边，倚靠着我说：“妈妈，‘小可爱’是饿了才会‘咕咕咕’地叫。”我点点头，他又说：“它可真不爱讲卫生，到处都是它的便便，连饭盆里都是。”我说：“是的呢，你有什么好办法呢？”辰辰：“它的笼子很大，不过没有房间、卫生间、餐厅，所以它就到处拉屎了。”我：“嗯，有这个可能，你准备怎么办？”辰辰：“帮它把房间和卫生间隔开来，特别是吃饭的地方。”我：“用什么隔开呢？”辰辰说不出话来了。我：“别急，我们慢慢想办法。”辰辰：“好吧。”说完，他又蹲坐在笼子旁看“小可爱”去了。大约过了五分钟，他急急地跑到我面前，拖着我往笼子前去：“妈妈快看，咕噜咕噜的声音是‘小可爱’在喝水。”
</td></tr>
<tr><td>幼儿行为评析</td><td colspan="7">辰辰是一个观察能力强的孩子，他能认真倾听奶奶说话，并能理解话语的意思，抓住关键要素，通过观察获取第一手的资料。能根据观察的结果结合已有的经验进行合理的推断，对观察到的现象进行解释。通过观察，他在短时间内探索找到了引起“小可爱”“叫”和发出“咕噜咕噜”声音的原因，并根据生活中房子的一般构造，猜测笼子没有隔开卫生间、房间、餐厅是造成“小可爱”到处便便的原因。他能用较完整的语言讲述自己在观察中的发现，表述中使用了反映因果关系的句子。</td></tr>
<tr><td>感悟与支持</td><td colspan="7">辰辰回家听到奶奶告状“小可爱”恼人的三件事，他担心奶奶再次反对他饲养，没有立即进行反驳，而是进行观察，想办法找出问题的答案。我没有想到他会如此沉静，平时一刻不停歇的他能安静坐下，一边履行喂食的任务，一边观察、思考事情的缘由，当找到问题的答案时，他的兴奋之情溢于言表。对于他的观察、猜想是否正确，还有待进一步验证，我接下来要做的就是和他一起验证，并解决问题。</td></tr>
</table>

（四）为“小可爱”设计房间

片段一：

日期	7月2日	时间	8:00—8:30	幼儿姓名	辰辰	记录人	辰辰妈
观察背景	为了解决“小可爱”到处便便的问题，辰辰决定给“小可爱”设计房间。						
轶事记录	开始，他的设计规划有客厅、餐厅、厨房、卧室、玩具屋、卫生间，计划用纸板像家里的布局一样完全隔开，“小可爱”从门里穿行。根据水果箱分割水果的灵感，他在爸爸的帮助下设计了简版“丰”字形的隔断放进笼子，把“小可爱”的家分割成六个小房间，可是，辰辰又发现每个空间太小，“小可爱”缩在家里完全伸不直身体，太憋屈了。于是他又调整计划，只留下最基本的餐厅、卫生间、卧室，同样还是用纸板，不同的是做“丁”字形隔断。因为笼子是四周镂空、上下两面封闭的，辰辰看“小可爱”时只好转着圈看。第二天早上，辰辰刚起床就来到笼子边，一看就叫了起来：“不好了，‘小可爱’的房子倒了。”只见纸板隔断倒在笼子里，上面全是“小可爱”的粪便，在纸板翘起来的一端还有被啃咬过的痕迹。辰辰拍着手后在胸前摊开，一边皱眉一边说：“哎，又失败了。”我笑了起来：“没事的，我们再想办法。我发现一个有趣的地方，（指着咬痕）你看，它吃纸板吗？”辰辰探过头去看：“是的呢。”我说：“要不要查一查资料，看看他是不是喜欢吃纸板？”他点点头。						
幼儿行为评析	辰辰喜欢搭建积木，平时也会根据自己的生活经验在围合的空间内进行分割，在家人的帮助下，会根据实际使用情况调整自己的设计规划。两次失败后，虽然有些沮丧，但能在成人的帮助下，尽快改变想法调整自己的情绪。在“为‘小可爱’设计房间”的信念驱使下，积极探索，即使遇到问题也能持续专注地做一件事，在成人的协助下，会灵活使用材料进行探索。						
感悟与支持	辰辰对“小可爱”持续的关注与热情也感染了爸爸，使得爸爸愿意陪着他一起为“小可爱”设计房间。虽然我们都知道这样的设计和材料使用不合理，但简单的尝试与失败也是学习的过程。有爸爸陪着一起建构，对男孩来说是一段美妙的经历，也能提升他的抗挫能力。建构过程中，我也陪着他，激发灵感、寻找材料，引导他不断发现建构中出现的问题，当他再次失败而精神沮丧时，我安慰他，并用新的发现转移他的注意力。通过查找资料我们最终找到问题答案：豚鼠是啮齿动物，他啃食纸板、饭盆、喂水器、笼子，都是磨牙的表现，而我们听到“咕噜咕噜”的声响，是它咬喂水器铁管发出的声音。						

片段二：

日期	7月5日	时间	8:00—8:30	幼儿姓名	辰辰	记录人	辰辰妈
观察背景	“小可爱”的房子虽然失败了，但从纸板上的痕迹看，它需要磨牙的物品，今天我们想趁找食物的时候，看能不能找到适合它磨牙的物品。						
轶事记录	不久后的一天，正当我们为“小可爱”在小区内找食物时，我发现绿篱围栏里有手指粗细的木棍，我问辰辰：“这里有小木棍，可以给‘小可爱’干什么呢？”辰辰侧着身从绿篱缝隙中挤进去，把树枝捡起，拿在手上像拿着宝剑一样挥了挥，说：“给它玩呗。”我问：“怎么玩？”辰辰收好树枝放在手上：“它可以滚滚、踢踢、咬咬。”我赞同道：“这主意好，还可以磨磨牙呢。”他听后，跳了起来：“对的，还可以磨磨牙。”过了一会儿，又发现了两根树枝。我指着说：“这两个树枝好有趣，你看像什么？”他边捡边说：“我看看，像……手指、像小鹿的角。”我问他：“真的好像鹿角呀，需要带回去吗？”他点头：“要的要的，给“小可爱”也看一看。”回到家，他打开笼子把树枝没有分叉的一端朝里斜放进去：“‘小可爱’，看看，这个树枝好玩吧，像鹿角，给你咬的磨牙，你不要再咬铁了，忙得咕噜咕噜的奶奶不喜欢。”说完他又把食盆和叶子放在靠近笼子门口处。我一看乐了：“辰辰，你看，你的鹿角树枝可不可以做隔断呀？”他仔细看了一会儿，拍手笑了：“树枝隔断，三个房间。”						

续表

日期	7月5日	时间	8:00—8:30	幼儿姓名	辰辰	记录人	辰辰妈
轶事记录	我说："你的小鹿树枝作用可大了，隔出了房间，还不影响"小可爱"到处串门，还可以给他玩、给他磨牙。"他高兴地用劲点头。  						
幼儿行为评析	辰辰的想象力丰富，能根据提示，主动通过观察，表达自己的意见参与谈话。在为"小可爱"设计房间的过程中，辰辰与"小可爱"产生情感上的共鸣，能够站在"小可爱"的立场思考和解决问题，调动自己的生活经验为"小可爱"设计房间、寻找玩具。						
感悟与支持	直接感知、实际操作、亲身体验是幼儿的学习方式，房间隔断的问题在感知操作中不经意地得到了解决。辰辰的口头语言一直发展较好，我与他交流时会耐心倾听他的讲话，我与他交谈时，用他能听得懂的语言，鼓励他多想、多说，通过语言来表达自己的想法。他认真照料"小可爱"，学会了替"小可爱"着想，能够站在"小可爱"的角度思考问题，把"小可爱"当朋友，与它说话、谈心。						

（五）为"小可爱"找食物

片段一：

日期	7月8日	时间	18:05—19:25	幼儿姓名	辰辰	记录人	辰辰妈
观察背景	辰辰从大哥哥大姐姐处得知：豚鼠除了吃饲料，还吃菜叶。于是我们打开冰箱，看看有没有新鲜的菜叶，翻找无果。吃完晚饭后到小区散步，我们打算顺便采摘一些新鲜的叶子。						
轶事记录	"小可爱"喜不喜欢吃树叶？喜欢吃哪种叶子？我和辰辰决定多采摘一些回去试试。他选择的第一个是桑叶，我问他为什么选择桑叶，他说："蚕喜欢吃桑叶，'小可爱'应该也会喜欢的。"他采了一把，大约10片，还准备继续采摘，我提醒："'小可爱'吃得完吗？还需要试试其他树叶吗？"我指着石楠树的叶子问他要不要也摘点，他说："这个叶子太老了，咬不动，还有刺，'小可爱'吃的时候戳嘴的。"最后他还选择了心形的紫荆花尖端的嫩叶和构树的叶片带回家。回到家，他一股脑地将采摘的树叶全丢进笼子里说："'小可爱'喜欢吃树叶的。"一会儿便走开了没有再关注。我问他："辰辰，'小可爱'最喜欢吃什么树叶？"他放下手里的玩具，走过去，打开笼门，看了一下说："他在吃桑叶，好像构树叶也吃了点，我就说它喜欢吃桑叶嘛。"我说："今天放了哪些树叶，我们记下来，明天再看看它吃得怎么样？"他同意了。						

续表

<table>
<tr><td>日期</td><td>7月8日</td><td>时间</td><td>18:05—19:25</td><td>幼儿姓名</td><td>辰辰辰</td><td>记录人</td><td>辰辰妈</td></tr>
<tr><td>轶事记录</td><td colspan="7"> </td></tr>
<tr><td>幼儿行为评析</td><td colspan="7">辰辰能理解“小可爱”需要食物、水和住所，能根据已经获得的信息——“小可爱”喜欢吃菜叶进行推断，在没有菜叶的情况下去采摘树叶，并结合已有经验——蚕吃桑叶、石楠树叶厚硬有锯齿，推断出“小可爱”喜欢吃桑叶、不吃石楠树叶，具有初步的科学思考能力。辰辰虽然能根据已知的信息和经验选择“小可爱”的食物，但他没有采取一定的措施进行验证。</td></tr>
<tr><td>感悟与支持</td><td colspan="7">孩子的兴趣若没有适宜的环境、材料支持，是很难保持的。他的任务意识较浅，认为没食物就找一些，至于它吃不吃、喜欢不喜欢吃，没有观察、求证的意识，于是我就提醒他去关注，但材料支持不够，我就鼓励他用表格或图画的形式进行记录、猜想、验证。</td></tr>
</table>

片段二：

<table>
<tr><td>日期</td><td>7月9日</td><td>时间</td><td>7:35—8:45</td><td>幼儿姓名</td><td>辰辰</td><td>记录人</td><td>辰辰妈</td></tr>
<tr><td>观察背景</td><td colspan="7">昨天辰辰采摘了一些树叶，投放给“小可爱”后，他没有关注，后来我提醒了他，今天我想和他一起寻找“‘小可爱’喜欢吃什么树叶”的答案。</td></tr>
<tr><td>轶事记录</td><td colspan="7">第二天早上，辰辰起床后来到“小可爱”的笼子旁，蹲下查看了一下：“妈妈，‘小可爱’最喜欢吃饲料，一点都没了，叶子还有很多。”我问：“他吃叶子了吗？吃了哪些叶子？”他伸手扒拉了一下叶子：“昨天看见他吃桑叶了，可是现在叶子都卷在一起，不知道了。”我问：“为什么会多这么多树叶？”他坚持：“他吃桑叶的。”我提醒：“是的，可能是采多了，它吃不完，也可能是有些它不喜欢吃。经过一晚，叶子蔫了，又和它的便便混在一起，看不出来了，用什么方法才能知道‘小可爱’到底喜欢吃什么叶子呢？”他摇摇头。我提议：“这样吧，我们再去摘些，你再想想吧。”我们一起来到桑树旁，他开始采摘，我问：“你准备采多少片？小桑树上没有几片叶子了，你还采其他叶子吗？”他点头：“对的，采多了就没有了，‘小可爱’也吃不完，我采5片。”同样，构树叶、紫荆花叶也各采了5片。他见这棵桑树上叶片不多了，就建议在小区再找找，看有没有别的桑树。走了几步，他指着箬竹叶问我：“这是什么叶子，这么大？”我告诉他：“这是一种竹叶，叫箬竹，叶片很大，有的地方还用它的叶片包粽子呢。”他问：“‘小可爱’吃不吃呢？”我建议他采摘一些试试，为防止划手，我和他拽了几根竹叶心。回去后我问他：“怎么才能知道‘小可爱’吃不吃？喜不喜欢吃？”辰辰说：“都放进去呀，吃的多就是喜欢吃，没吃就是不喜欢。”我建议他把投放的食物和数量记录下来，第二天早上再查看“小可爱”的进食情况，就能知道“小可爱”吃不吃、喜欢不喜欢吃了，他表示同意。

“小可爱”的食物记录表
<table>
<tr><td>投放的食物</td><td>几片？</td><td>“小可爱”吃了吗？</td><td>“小可爱”喜欢吗？</td></tr>
<tr><td></td><td></td><td></td><td></td></tr>
<tr><td></td><td></td><td></td><td></td></tr>
</table>
</td></tr>
</table>

续表

日期	7月9日	时间	7:35—8:45	幼儿姓名	辰辰	记录人	辰辰妈
轶事记录	  						
幼儿行为评析	表达和交流具有丰富的形式，除了口头语言的表达，还可以采用图画方式。辰辰的口头语言发展较好，能根据观察到的现象和已有经验大胆猜测答案。但他没有用符号和其他符号进行记录的意识。						
感悟与支持	家长总认为孩子小什么都不懂，忍不住告诉他们结果、代替他们操作，我有时候也忍不住去这样做，但若管住手——不去做、管住口——不去说，忍一忍，放手让孩子自己去探索发现，你会有不一样的收获，你会惊叹孩子是有能力的学习者。记录能更好地帮辰辰梳理问题、得出答案，也能回忆探索的过程，因此我有意识地引导他进行记录，发现他对符号、图画记录不感兴趣，我想利用他对“小可爱”的浓厚兴趣引导他参与记录、主动记录。通过记录，辰辰发现“小可爱”最喜欢吃竹叶、空心菜叶、青菜叶、豆叶、桑叶、玉米、梨、桃……不吃紫荆花叶、木耳菜叶、菊花脑叶、葡萄……在这个过程中，辰辰的记录表征能力也得到了发展。						

（六）帮“小可爱”打扫笼子

片段一：

日期	7月5日	时间	8:00—8:30	幼儿姓名	辰辰	记录人	辰辰妈
观察背景	“小可爱”是个邋遢鬼，即使给它分好房间，固定投喂它，它也会满笼子拉屎，连喂食盒里也有便便。更糟糕的是它还会在笼子里扒拉，垫料、屎会从笼子缝隙里被扒到外面。这样的场景常遭到奶奶的埋怨，辰辰听到后就会拿笤帚簸箕清扫干净。由于用的是垫料，我们决定隔一天打扫一次。一开始都是我在打扫，辰辰只做前期工作：引“小可爱”进纸盒，然后陪“小可爱”玩。有时候“小可爱”从盒子里跑出来，他会满屋去追。他也顺其自然地忘记了他的承诺“自己打扫”，于是今天我决定让他尝试打扫，并看看他会不会打扫。						
轶事记录	这天，我对辰辰说：“你不是说自己打扫的吗？”他笑着说：“我不会，‘小可爱’太能拉了，脏死了。”我说：“我也觉得，太脏了，干脆我们送还给幼儿园吧。”他立刻反对：“不行，暑假归我养。”我说：“那以后你来打扫。”他说：“好吧，那我也要戴手套。”家里没有小手套，我便拿了洗衣用的手套给他戴上。于是在我的指示下，辰辰开始了打扫工作，在纸盒里放些食物，把笼门打开，引“小可爱”进去并盖好纸盒。拿出喂食盒和鹿角形树枝，抽出隔尿板，用毛巾把隔尿板上的垃圾掸进垃圾桶，把隔尿板放入水桶中。随后，他蹲下身体，左手扶住笼门，右手伸进笼子抓垫料放进身边的垃圾桶。由于这是大人的手套，每次只能抓一点，后来他两只手同时去抓，从笼子到垃圾桶的地上撒的都是。一会儿他说：“妈妈里面我够不着。”我示意他自己想办法。他左手扶着笼门，右手拿上抹布，右身侧向笼子，右手伸长						

续表

<table>
<tr><td>日期</td><td>7月5日</td><td>时间</td><td>8:00—8:30</td><td>幼儿姓名</td><td>辰辰</td><td>记录人</td><td>辰辰妈</td></tr>
<tr><td>轶事记录</td><td colspan="7">去够。等垫料清理得差不多了，把隔尿板和笼子一起拎进卫生间，左手抓住淋浴花洒，右手扶住笼子进行冲洗，洗干净后，关上开关，左手拎住把手，右手抓住笼子镂空处，把笼门朝向地面控水。冲洗隔尿板时，左手拿着花洒，对着隔尿板冲，右手拿抹布抹洗，最后让我帮忙拧干抹布，自己又全部擦拭了一遍。我欣喜地对他说：“辰辰，你真厉害呀，做事还挺讲究的嘛，不错不错，要给你大大的赞！”
 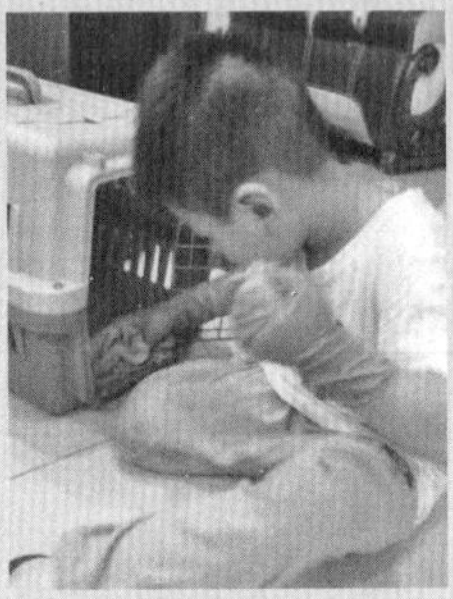 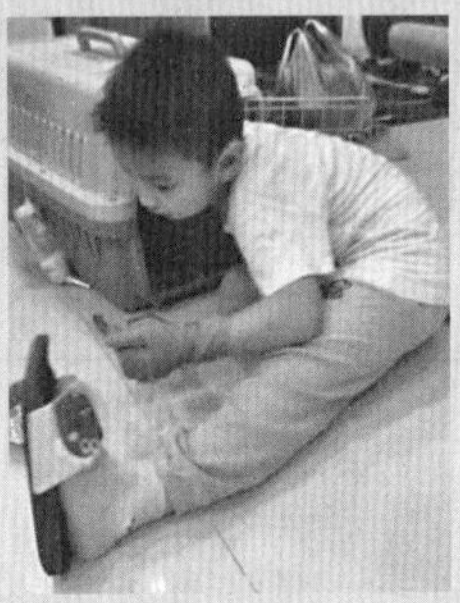
  </td></tr>
<tr><td>幼儿行为评析</td><td colspan="7">辰辰怕脏，所以他一直忽略当初的承诺，但当我佯装要把“小可爱”送走，他立马反对，表示愿意兑现承诺参加劳动，说明他确实喜欢“小可爱”，愿意承担责任，对“小可爱”的喜欢战胜了自己嫌脏怕累的心态。虽然没有参与之前的打扫活动，但他有意识地观察、记住了我的打扫过程并运用到自己的实践中。打扫时，虽然工具、手套不配套，但事情做得有模有样，手的动作灵活协调，拿、抽、掸、冲、拎、抹等动作熟练，会使用抹布、扫帚等简单的劳动工具，掌握了扫地、掸抹、冲洗等劳动技能，他已经能通过观察成人打扫情景和成人语言提示，进行独立打扫活动。他把自己的生活经验迁移到劳动中，知道洗完隔尿板后会有水滴下，于是用布擦干后才放入笼子。我立刻表扬了他，增加他的成就感，让他保持为豚鼠继续打扫的兴趣。</td></tr>
<tr><td>感悟与支持</td><td colspan="7">养“小可爱”是有气味的，笼舍里的粪便、垃圾还是有点脏的。一开始都是我戴上手套，专门用块抹布进行打扫，我也认为让一个4岁的孩子进行打扫是为难他了，担心他不会打扫，会弄得满地都是；担心不卫生会影响他的安全健康；担心他嫌脏不愿打扫。后来，我试探着让他打扫，任务意识让他遵守承诺，承担起打扫的任务。真没想到，他平时虽然在逗“小可爱”，但无意间观察并记住了我的打扫过程。打扫时，虽然工具、手套不配套，但事情做得有模有样。“小可爱”没来时，辰辰有时也会扫地、整理玩具、帮忙择菜，但很少会这么积极。他喜欢“小可爱”，把它当做自己的好伙伴，“小可爱”也温暖了他，使他在照顾的过程中自然而然地不顾脏、累地为它营造一个温馨、干净的“家”。在辰辰清扫的过程中，我也感觉到卫生防护、合适工具的重要性，这些都会影响孩子劳动的兴趣和积极性。</td></tr>
</table>

片段二：

<table>
<tr><td>日期</td><td>7月12日</td><td>时间</td><td>19:00—19:30</td><td>幼儿姓名</td><td>辰辰</td><td>记录人</td><td>辰辰妈</td></tr>
<tr><td>观察背景</td><td colspan="7">这天辰辰的姐姐整理物品，整理出一打宣纸让我扔了，我觉得挺可惜的，想着宣纸有吸水的特点，就尝试把它折成隔尿板大小，铺在隔尿板上代替隔尿垫。我把观察、记录实验结果的任务交给了辰辰。</td></tr>
<tr><td>轶事记录</td><td colspan="7">第三天，我问他“宣纸隔尿垫”好不好，他说：“这样蛮好的。”“尿都吸在了纸上，便便也不漏到笼子里（底部）了。”“不用浪费垫料了，也不用一把一把地抓垫料，撒得到处都是，笼子底干净了……”这个妙招得到了辰辰的大力称赞。只见他在我的帮助下戴上儿童丁腈手套，把树枝、喂食盆拿出来后，从笼门处进伸右手，抓住宣纸轻轻抽向笼门外，抽到一半时，左手伸进笼子里，抓住宣纸另一边，两边一合，团在一起放进垃圾桶。隔尿板抽出来只有很少的污物，笼子底部也可以隔天清洗消毒一次了。清洗消毒后，辰辰拿出一张宣纸进行角对角、边对边地对折，但都对不齐，然后铺在隔尿板上，把多余的纸张折进隔尿板里，再根据折痕折好铺在隔尿板上，最后把树枝、喂食盆清洗消毒后放进笼子，这样打扫任务就结束了。对笼子进行消毒，我们选择用稀释的“84”消毒液，辰辰的理由是：幼儿园都是用“84”消毒，酒精会把“小可爱”熏醉了。
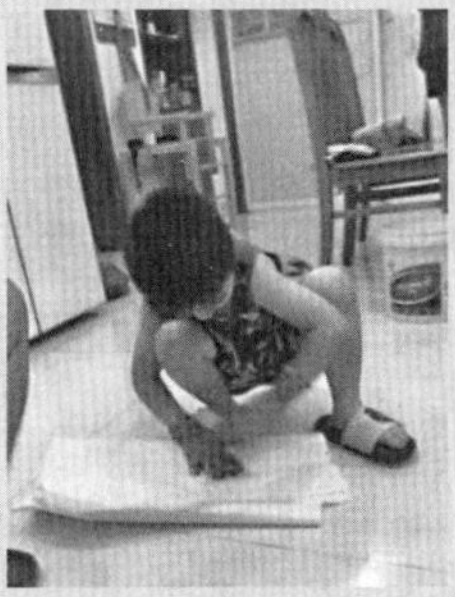 </td></tr>
<tr><td>幼儿行为评析</td><td colspan="7">经验的提升就是学习的过程，打扫经验的提升也是劳动经验、技能提升的过程。劳动中如何省时省力也是值得探讨的问题。辰辰对于“宣纸隔尿垫”的投放进行了观察，发现其吸水不易烂的特性与“隔尿垫”有着异曲同工之处，通过操作，由亲身体验而带来的劳动内容与技能的改变，让他乐意接受这个改变过程。辰辰能描述所发现的事实，用完整的语言讲述自己在观察中的发现，概括出发现结果并给予一定的评价。</td></tr>
<tr><td>感悟与支持</td><td colspan="7">当我思考如何将宣纸废物利用时，自己就不自觉地完成了操作过程，结束后才发现没有和辰辰谈话商量，于是我故作神秘地把观察实验的任务交给了辰辰。第二天打扫前，我有意识地让辰辰感受宣纸的特性，体验“宣纸隔尿垫”带来的便利。加长的儿童手套、废旧的宣纸、小号的抹布、冲洗的花洒……这些工具、材料的引入充分调动了辰辰劳动的积极性，也增加了劳动的趣味性，使辰辰与“小可爱”的亲密关系更为融洽。</td></tr>
</table>

（七）带“小可爱”去散步

<table>
<tr><td>日期</td><td>7月15日</td><td>时间</td><td>8:00—8:30</td><td>幼儿姓名</td><td>辰辰</td><td>记录人</td><td>辰辰妈</td></tr>
<tr><td>观察背景</td><td colspan="7">每天傍晚吃过晚饭，辰辰都会在小区广场散步、拍球、骑车。这天，辰辰一反常态磨磨蹭蹭地准备穿鞋出门，我催他快点，他边穿边小声地嘟囔了一句，我问他说什么，他提高了一点声音说：“小可爱也想去散步。”我问为什么，他说：“它天天呆在家会闷的。”于是，我们把“小可爱”连笼子一起拎到了小区广场。</td></tr>
</table>

续表

日期	7月15日	时间	8:00—8:30	幼儿姓名	辰辰	记录人	辰辰妈
轶事记录	“小可爱”的到来立刻引来了小伙伴，睿睿和辰辰一起蹲在笼子前逗弄“小可爱”，不一会儿，听到辰辰大声说：“不能戳，你不能这样。”我赶紧走近问原因，辰辰站起来左手叉腰，右手指着睿睿说：“他喂‘小可爱’，‘小可爱’不吃，他就弄棍子戳，‘小可爱’都躲到里面吱吱叫了。”睿睿把手里的棍子扔了，站了起来，没有说话。辰辰说：“你再戳我就不跟你玩了。”睿睿奶奶走过来说：“哎哟，这个东西都脏死了，现在有新冠病毒，小动物都不能碰的。”说完拉着睿睿走了。辰辰拉着我的衣服抬起头对我说：“妈妈，新冠病毒不能养动物了吗？”我说：“不是，‘小可爱’的爸爸妈妈是打过疫苗的，‘小可爱’是在幼儿园出生的，应该不会携带病毒，我们注意它的健康和卫生，照顾它的时候做好防护、保护好自己，应该没事的。”他点头表示赞同，又蹲下来拿了片竹叶，从缝隙里伸进去喂“小可爱”，嘴里嘀咕：“‘小可爱’，别怕，疼吗？对不起，我们不跟他玩，这是你最喜欢的竹叶，快吃。”“小可爱”一直缩在角落不动，辰辰打开笼门，准备把手伸进去，我制止了他：“现在别动，‘小可爱’被吓着了，可能会挠人的。”他赶紧把手缩了回来。看“小可爱”一直不动，他就到一边拍球了。不一会儿，“小可爱”爬出了笼子，窜到了红花檵木球下，他放下球追了过去，大声说：“‘小可爱’好了，出来玩了。”“小可爱”又迅速窜到了另一棵树下，辰辰又追了过去，我赶紧说：“别追，‘小可爱’跑远了就找不到了。”他着急地说：“怎么办？我去抓回来。”我说：“你别追，想办法让它自己进笼子。”他跑到笼子边，左手提着笼子右手拿着竹叶，踮着脚慢慢走到“小可爱”躲藏的树旁，蹲下身向着“小可爱”的方向探头说：“‘小可爱’来，别怕，我们回家，来吃竹叶，我不戳你也不抓你，快来。”我走到“小可爱”背后方向，轻轻驱赶，“小可爱”终于进了笼子。辰辰赶紧关上门：“‘小可爱’，你可回家了，急死我了。” 							
幼儿行为评析	辰辰能完整叙述事件发生的原因，能够根据所处情境使用恰当的语言，不允许别人伤害“小可爱”，如：当“小可爱”被戳后，能大声制止同伴的伤害：“不能戳，你不能这样。”“再戳我就不和你玩了。”能安慰“小可爱”：“别怕，疼吗？”“我们不跟他玩了。”能关注“小可爱”的情绪和需求，并给予力所能及的帮助，用语言和“小可爱”喜欢的食物安慰“小可爱”、引诱“小可爱”进笼。							
感悟与支持	动物是孩子很好的玩伴，但也存在一定的危险。“小可爱”是有毛的啮齿类动物，柔软的皮毛给人带来温暖的同时，也容易藏污纳垢，因此我一直注意“小可爱”的卫生问题，特别是在后疫情时代，宠物饲养更要注意安全卫生，辰辰参与打扫是在做好一定的防护措施下进行的劳动。除了做好防护外，我和辰辰也做了安全防护约定：可以隔着笼子喂食，不要直接拿食物喂到“小可爱”嘴边；打扫时可以用食物引诱“小可爱”进过渡盒，不能用手捉；在“小可爱”吃食、睡觉的时候尽量不打扰；有大人在时，可以轻轻摸摸“小可爱”的背，不能用力挠“小可爱”的头和肚皮；摸过“小可爱”后要用洗手液洗手……正是这些约定，让辰辰时刻保持适宜的距离与“小可爱”相处，既尊重了彼此，也提高了安全性。							

（八）“小可爱”回家

日期	9月5日	时间	8:00—8:30	幼儿姓名	辰辰	记录人	辰辰妈
观察背景	转眼，暑假结束了，幼儿认领的豚鼠陆陆续续都回到幼儿园。我和辰辰商量准备怎么处理“小可爱”。						
轶事记录	我问辰辰准备怎么处理“小可爱”。他问我：“妈妈，你说呢？”我问他是不是舍不得送“小可爱”回家，他连连点头。我接着问他：“你说说看‘小可爱’在我们家生活得好呢，还是在幼儿园生活得好？”他学着我平时说话的语气开始梳理：“‘小可爱’在我们家很好呀，我现在很会照顾它了。”边说边从左手大拇指开始扳手指头罗列：“我会采各种叶子给它吃，我会给它打扫、垫宣纸，我会带它散步出去玩，爸爸和奶奶也不嫌弃它了，它是我的好朋友。”我点点头：“是的呢，那它在我们家有什么不好呢？”他想了想又说：“其实呀，它还是有点臭味的，手机上说它喜欢和小伙伴在一起，幼儿园有它的小伙伴。”我问他：“那你什么时候送它回幼儿园呢？”他用手指着宣纸说：“等姐姐的宣纸用完了吧。” 三天后，辰辰把小“小可爱”带回幼儿园，和它的小伙伴放在了一起。他蹲在笼子前看了半天，歪着头对我说：“妈妈，‘小可爱’吱吱叫个不停，小鼻子凑来凑去的，是熟悉小伙伴的气味呢，它喜欢和小伙伴在一起。”然后他起身把喂水器灌满了水，抓了一把饲料放进喂食盘里。  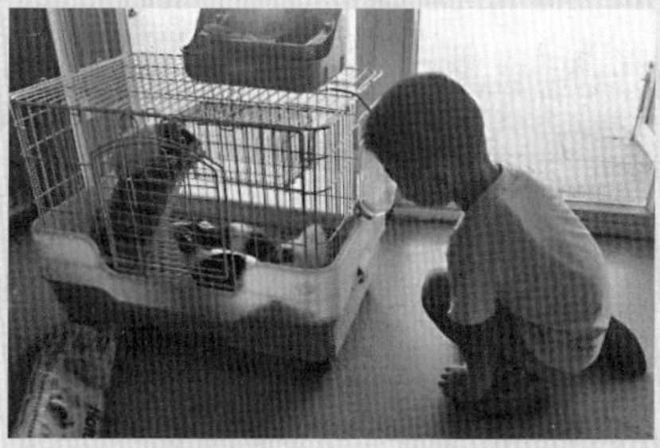						
幼儿行为评析	两个月的陪伴，辰辰和“小可爱”的感情愈加深厚，他舍不得送还“小可爱”，于是他迂回问我怎么办。在我的引导下，他自己梳理“小可爱”留在家里的利与弊，思路清晰，讲述连贯。 当“小可爱”回到集体生活时，辰辰还不太放心，仔细观察了一下“小可爱”对于新环境是否适应，并得出“小可爱”更喜欢和同伴在一起的结论，同时能注意到它们的需求，帮它们储好水、放满食。						
感悟与支持	在饲养“小可爱”的过程中，我和辰辰会查阅一些饲养资料，知道豚鼠是群居动物，特别爱热闹；在瑞士法律规定不可以只养一只豚鼠，否则就算是虐待动物。这次他在梳理家里、幼儿园哪个环境更适合“小可爱”生活时立刻就想到我们查阅的这个资料，从而决定让“小可爱”回归幼儿园，和小伙伴在一起。辰辰的记忆力一直都不错，他会从我们平时闲聊的话语中抽取所需的信息，倾听习惯较好。因此，平时遇到他的“十万个为什么”，除了实践操作外，我也会尽量通过书籍、网络资料、视频等，多方位地去寻找问题的答案，拓展他的信息来源渠道和知识面。						

我想说：

1. 魅力

魅力是极能吸引人的力量。动物的软萌可爱吸引了辰辰，让他义无反顾地要照顾“小可爱”；辰辰的语言魅力，征服了家人，同意辰辰进行饲养；辰辰与“小可爱”相互依赖，共同成长的魅力，带动了全家共同参与到照顾“小可爱”、陪伴辰辰的活动中。一直反对的奶奶散步时发现了桑叶会采摘一些带回家；爷爷特意留下点玉米，看看“小可爱”吃不吃；爸爸找来纸板与辰辰一起做隔断，陪着辰辰经历失败、探索最佳方案；妈妈全力支持、引导，与辰辰一起观察、探索、劳动……这种全家总动员的样态也是饲养活动的魅力吧。

2. 陪伴

动物是孩子的好伙伴，这种自然和谐的情感使他们彼此依赖、信任，相互陪伴。动物收获了丰富的美食、舒适干净的生活环境、快乐的情感体验。孩子则收获了认知、技能、情感等多方面的发展。照顾动物也是家长陪伴孩子做有意义的事，我们陪辰辰一起摘树叶、观察“小可爱”吃什么、为“小可爱”设计房间、打扫“小可爱”的笼舍……有动手操作、情感体验、语言表达、友好相处、换位思考、科学认知、猜想推断、观察想象……有时候我们需要像孩子一样思考，有时候我们要引导孩子像我们一样思考，大家相互影响相互作用。有了家长的陪伴与引导，孩子才能获得更多发展思想、情感和能力的机会。有了陪伴，动物、孩子、家长才能更好地彼此互动、共同成长。

3. 放手

现在越来越多的人认识到不能包办孩子的生活，要提高孩子的生活自理能力。但实际上，家长却不让孩子插手一些家务劳动，更别说养动物、为又脏又臭的动物打扫了。我也从安全、卫生角度考虑过这件事，但“小可爱”的到来，改变了我的看法。很多的事情都是在与“小可爱”一起成长过程中自然而然发生的，很多的活动都是在发现问题、解决问题的探索过程中进行的。正因为喜欢，所以孩子才愿意去做、才有兴趣去做。如果没有放手，你永远不知道自己的孩子也可以如此思考、如此能干。辰辰在大家眼中是个调皮、做事毛里毛糙的孩子，但他在饲养“小可爱”的过程中，不去奔跑，而是驻足观察植物，采摘“小可爱”喜欢的、嫩嫩的叶片；不去看电视，而是蹲坐在“小可爱”身边，投喂、说话、观察；没有捏住鼻子走开，而是打扫、擦拭、冲洗、擦干、消毒“小可爱”的家；不擅长手工，却参与设计房间隔断、折出隔尿垫；不喜欢画画，却乐意记录、分享……

4. 支持

我们饲养“小可爱”源于幼儿园的饲养劳动课程。幼儿园饲养的豚鼠繁殖很快，长达两个月的暑假，如果让幼儿长时间与豚鼠分离，不能参与饲养活动，不能陪伴豚鼠慢慢长大，只是把豚鼠放在幼儿园，由门卫每天喂养，那么饲养劳动的意义就没有了。带豚鼠回家的安排既是满足幼儿的心愿也是对家长的考验。从幼儿园领养回来的小动物，让孩子和家长都能有任务意识，避免了三天打鱼两天晒网式的家常饲养。在兴趣和任务的驱使下，孩子和家长都能悉心照顾、开心劳动、认真记录，开学后再与大家进行分享。这样的活动，得益于幼儿园饲养劳动课程的支持，得益于幼儿园饲养劳动资源的支持，得益于孩子和家长的支持。正因为有了家园共同支持，孩子才能在园、在家都能有丰富的资源，有更多经验的获得，有幸福成长的机会。

5. 幼儿园在家庭饲养劳动中的作用

首先，家庭饲养对象的建议者。家庭饲养对象一般分为三种：一种是家庭饲养的家禽家畜等，平时一般不会作为幼儿饲养的对象，幼儿园可以建议家长选择一些幼儿喜欢的、没有攻击性的、安全的动物作为幼儿饲养、观察、劳动的对象；一种是家庭成员的宠物，其中也包括家长满足幼儿兴趣、为幼儿饲养的小动物，这一类也多是家长管理，孩子偶尔参与逗弄，幼儿园可以建议家长放手让幼儿参与力所能及的劳动，如喂食、打扫等；第三种是幼儿从幼儿园领养回去的动物，或有意与幼儿园同步饲养的动物，这类动物基本是根据幼儿园提供的建议进行饲养的。“小可爱”的饲养就属于第三种，若不是幼儿园的这次领养活动，“小可爱”就不会来到我们家，正是这次契机，让“小可爱”近距离地走进辰辰的生活，助力家庭饲养劳动安全、科学、有效地开展。

其次，家庭饲养劳动的倡议者。由于有些动物存在一定的危险性，动物的皮毛、排泄物等存在卫生隐患，一般家庭是不建议幼儿参与饲养劳动的。当“小可爱”进入我家后，作为教师的我抓住这次机会，响应幼儿园开展饲养劳动的号召，力排众议放手让辰辰参与了“小可爱”的采摘喂食、喂水、打扫、建房等活动，辰辰在兴趣、任务意识的双重指引下积极参与。虽然在探索中也遇到困难、挫折，但都在我和辰辰的努力下克服了。

再次，家庭饲养劳动经验的传播者。幼儿园倡议开展家庭饲养劳动，可能在短时间内能得到家长和幼儿的支持，但时间一长大家就会失去兴趣。于是幼儿园提供平台，供各个家庭交流饲养劳动开展的经验或困惑。如：“我的家庭饲养劳动小故事”——让家长和幼儿用图文并茂的幼儿表征、家长倾听记录的方式讲述饲养劳动过程中的经历；“来，看我家‘小可爱’”——让家长和幼儿把家里饲养的动物以安全的方式带到幼儿园，与班级或全园的幼儿交流饲养经验；“一起来聊×××”——为领养或家园同步饲养的家长提供交流饲养劳动经验的机会。领养了“小可爱”后，我和辰辰加入了“一起来聊小豚鼠”的话吧，把我们发现的豚鼠吃什么、怎样让小朋友做好防护进行打扫等经验在话吧里分享。更重要的是，我把辰辰通过饲养豚鼠而带来的劳动素养提升经验分享给其他家长，使得班级中形成会劳动、爱劳动的良好氛围，在班级的各项活动中，老师和其他小朋友们也都能感受到这种成长变化。

子恒　男　4岁3个月

我家里养了很多小鱼，我喜欢每天看着它们在鱼缸里游来游去，也喜欢看它们吃食物的样子，每天放学的第一件事是和它们说会儿话，可好玩了。

二、鱼儿游呀游

持续时间：2021年12月—2022年6月
年龄段：小班

故事主要人物：
子恒（乳名七月），男，3岁7个月
记录人：七月妈妈

（一）买小鱼（2021年12月31日）

2021年12月31日，我和七月送姐姐去跳舞，因为时间比较短，我和七月在街上逛着等姐姐下课。路上，他看见宠物店，立刻停了下来驻足观望。只见他眼睛盯着鱼缸里的鱼一眨也不眨，嘴里还说着“哇，这条鱼好漂亮呀！”“这条鱼怎么是花色的？”“这条鱼怎么全是黑的？”“比我们幼儿园的鱼多了好多”……一时间他的问题一个接着一个，我还没来得及回答他，他的目标就转移到了卖宠物的叔叔那里：“叔叔，叔叔，这些小鱼好可爱呀，它们难养吗？”叔叔回答他后，他立刻对我看了看。见我没说话，他说："妈妈，我们买几条回去吧！"我问他为什么要把小鱼带回家照顾呢？他答道："我们班上也有小鱼，我们班的小朋友们一起照顾它的，我想买点自己照顾它。"听了他的话后，我便让他自己选小鱼，他让叔叔帮他捞，他指一条叔叔帮他捞一条，最后选了六条不一样的鱼：金色、红色、红白色、黑色、黄色，还有一条大眼睛鱼，选完后他说他要分清每一条鱼，然后开心地对我笑了笑。突然他又"噢"了一声："我想起来了，还要买小鱼食呢！叔叔，有鱼食吗？"叔叔说"有"，然后直接拿了一包鱼食放在袋子里。因为家里有鱼缸，所以我们就只买了鱼。拿到鱼后，我们等到姐姐放学便拎着小鱼回家了。回到家后七月就迫不及待地把小鱼倒进鱼缸里。他在鱼缸旁边看了足足有半个小时。一会儿看看这条鱼、一会儿看看那条鱼……

七月的画：

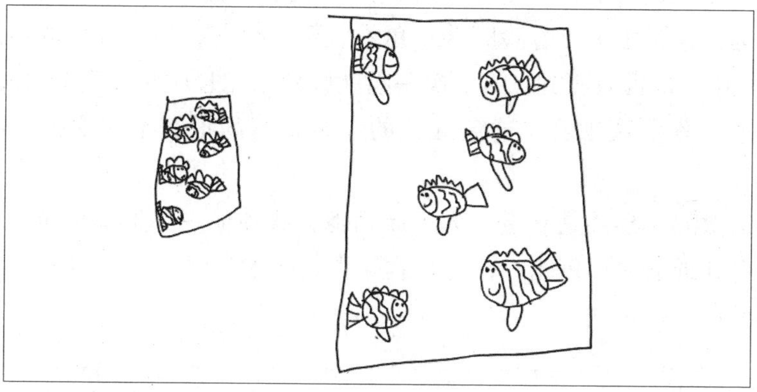

妈妈的话：

在买小金鱼的时候，我把选择权给了七月。他先观察小鱼，而后他的选择让我惊叹。我以为他会胡乱地选几条，没想到他在选择的时候有自己的想法，看鱼儿游得欢、游得快就让叔叔赶紧捞起来，而且选择的颜色也不同。七月在买鱼的过程中也在思考，他会按照自己的想法进行选择。

（二）小鱼的食物（2022 年 1 月 2 日）

吃中饭的时候，七月撒了几粒米在桌上，他一边捡一边问我：“小鱼们吃什么呢？除了我们买的鱼食，还吃什么呢？”“妈妈，妈妈，小鱼们吃饭米粒吗？我吃饭掉下来的饭米粒可以给它们吃吗？”我说：“我也不知道，你可以试一试。”他把掉下来的饭米粒放进了鱼缸后，并没有立即走开，而是站在那里看着小鱼吃不吃。饭米粒在水里浸泡着，过了很长时间也没有看见小鱼来，“妈妈，小鱼是不是不吃饭米粒呢？”说完他就走开了。过了二十分钟后，他又走到鱼缸面前看小鱼，只见他惊喜地说道：“妈妈，你快来看，饭米粒没有了，是不是都被小鱼吃掉了？”一系列的问题又来了：“它是怎么吃的呀？我没有看到它们吃呀。”我告诉他下一次喂食的时候认真观察，肯定会有发现。

晚上喂小鱼时，他目不转睛地盯着鱼缸。这一次他将观察目标缩小，只盯着小鱼的嘴巴。一分钟过去了，两分钟过去了，他有点不耐烦了，原地转了个圈，然后找了把椅子坐下来，用手撑着脸盯着小鱼看。不一会儿，一条红色的鱼游了过来，嘴巴吸了吸，第一次没有吸到，第二次一吸就吸到了，七月发现后立刻大声叫起来：“妈妈，姐姐，你们快来看，这条红色的小金鱼真的把饭米粒吃掉了哎，好神奇哎！”

我对他细微的观察甚是欣慰，为了鼓励他，我和他一起把小金鱼吃食的场景勾画了出来。看到纸上的小鱼儿后，七月欢呼雀跃起来。

七月的画：

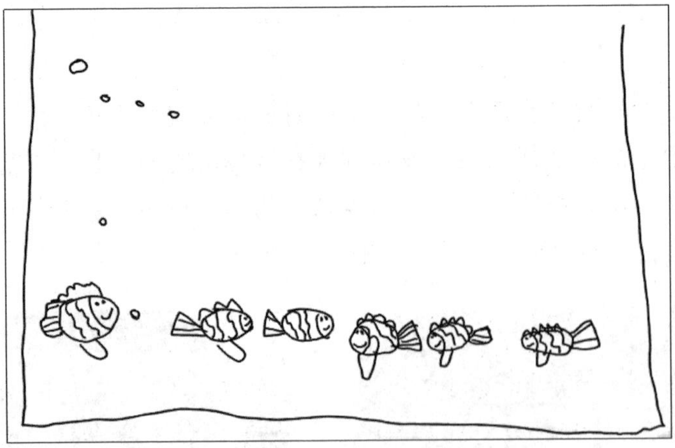

妈妈的话：

七月在喂养小鱼的过程中能够开动脑筋，有自己的想法并大胆尝试。在这个基础上我做的更多的是支持他的想法和做法。我们一起观察小鱼吃食的状态，一起观察小鱼有没有吃到饭米粒……

（三）喂小鱼（2022 年 1 月 16 日）

“妈妈，小金鱼每天都吃几顿呢？是不是和我们一样每天吃三顿呢？”“喂食物的时候喂多少呢？”说完他忙着找喂食的工具（自己喝奶粉的勺子、吃饭的调羹）往鱼食罐里试了试，自言自语地说：“太大了，小金鱼们吃了会撑死掉的，怎么办呢？”我全程看着他在忙活。

过了一会儿，他突然说：“妈妈，我想到了，我用我喝药的小勺舀点鱼食喂小鱼不就行了吗？又不多，又不少。”

就这样，他用他的方法舀了两次。喂完后他把勺子放在了旁边，然后把鱼食和工具放回了原处。

喂完后，他还发现小金鱼吃完了一会儿拉了一条长长的粑粑：“咦，小金鱼是不是吃多啦，吃完就拉粑粑啦！”“我来闻一闻，小金鱼的粑粑臭不臭！”说完，他真的趴在鱼缸上面闻了闻。闻了之后还说：“没有闻到臭味，就闻到了小金鱼的腥味了。”

七月的画：

妈妈的话：

七月在喂鱼后看见了鱼拉的便便，发现鱼便便是黑色的，细长细长的。他还用鼻子闻一闻，“腥味”一词从他的嘴巴里蹦了出来，自从七月上了幼儿园之后，语言表达能力有了一定的提高，词汇量也逐渐增多。经常冷不丁地冒出一句话，真像个小大人。

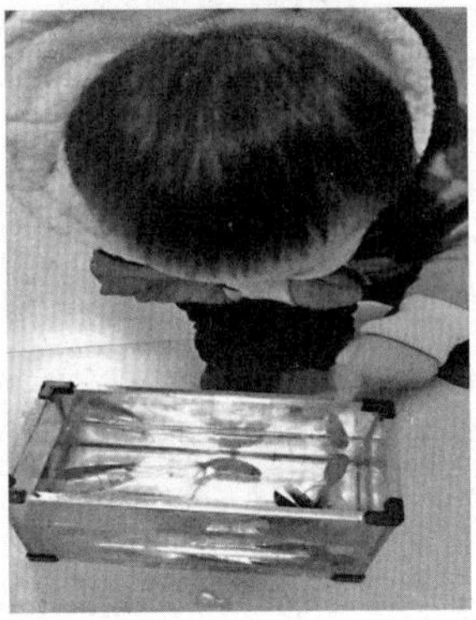 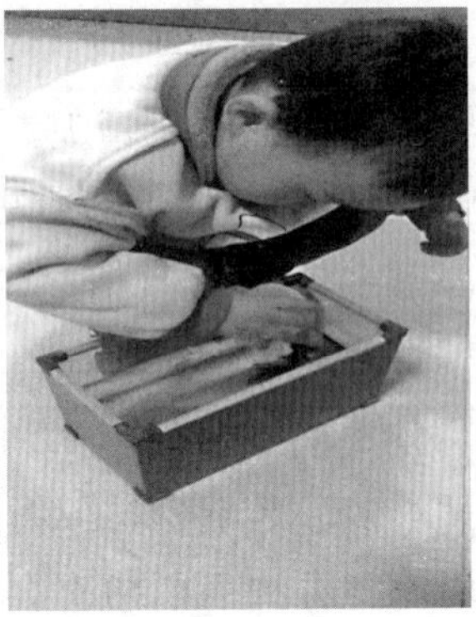

（四）小金鱼之死（2022 年 1 月 31 日）

一天早晨，七月醒来后发现一条小金鱼浮在水面上不动了：“小金鱼是不是死掉了？一动也不动了。”然后他走到姐姐房间对姐姐说：“姐姐，姐姐，小金鱼死掉了，好可怜啊？它怎么会死掉的呢？”姐姐问他：“是不是你喂小金鱼吃多了？”他说“没有”，然后就回头走到鱼缸面前对着小金鱼发呆。“妈妈，这个死掉的小金鱼怎么办呢？是不是直接扔掉？要是把它埋在土里会不会长出小金鱼来呢？我们把它埋起来吧。”和我说完后他去拿小网把死掉的小金鱼捞出来，用小盒子装好，带到楼下，找了个铲子，在小区门口有土的地方（花坛处）挖了个小洞洞，把小鱼埋了进去，还给它做了个记号，便于以后下楼的时候能够看见。每次上下楼的时候他都会说：“我们的小金鱼就埋在这里的，我们等一段时间就会长出新的小鱼来的。”

小金鱼的死，让七月对生死有了更深的认识。在我们的家庭里，他会联想到自己的外公，会联想到班级里的小蚯蚓之死。虽然他没有见到过自己的外公，但每每回外婆家看到外公的遗像时，他都会说：“这是我的外公，他去了很远很远的地方看着我们。”

七月的画：

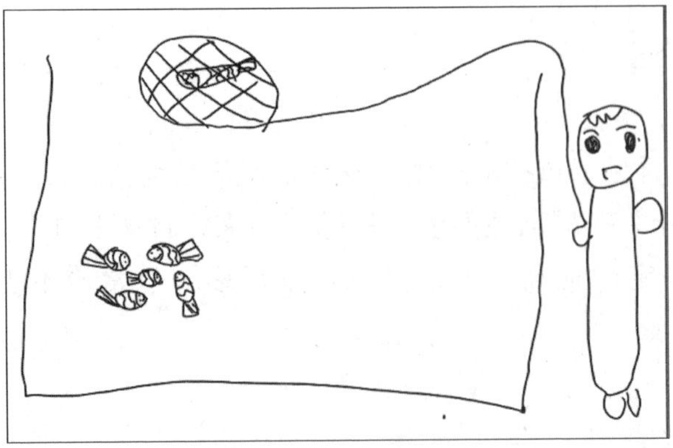

妈妈的话：

对于小金鱼的死，七月心里有很多的想法：惋惜小金鱼的生命脆弱，联想到自己的外公。虽然他没有见过外公，但从照片、视频中了解到外公，也知道外公已经离我们而去。人是不可以重生的，小鱼也不会重生，我和他一起把死掉的小鱼埋在大树底下。

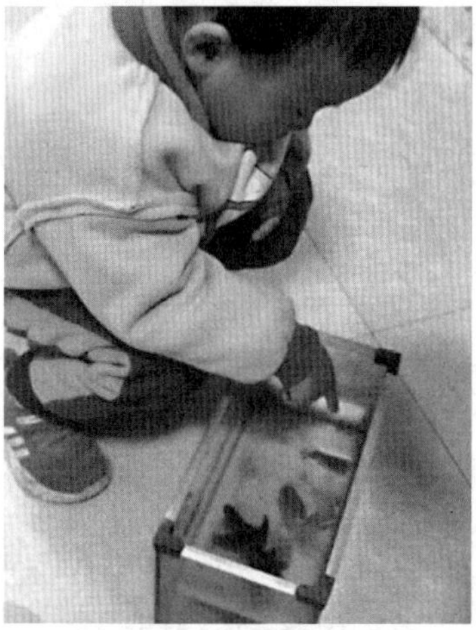

（五）鱼儿游啊游（2022 年 3 月 8 日）

小金鱼游得可欢了，一会儿往上游，一会儿往下游，太可爱了。七月一边看着鱼缸里的小鱼，一边学着小鱼游。

一会儿，他去房间把姐姐喊了出来："姐姐，姐姐，快来看我呀，我在学小金鱼游泳哦，你来陪我一起游吧，可好玩了。"姐姐对他说："我等会儿来，你先学着游，等会儿陪你游。"姐姐说完，他立刻哭了，跑到我面前告状："我让姐姐陪我学小金鱼游泳，姐姐不来，她总是写作业、写作业。"我对他说："姐姐要把自己的作业完成了才能和你一起玩，姐姐是小学生，你也是幼儿园的学生哦。你可以把小鱼游的动作画下来，等会儿等姐姐写好了给姐姐看。"说完，他一言不发地把彩笔、画纸拿到鱼缸的旁边，坐在椅子上画了起来。他先画一条小鱼，然后画了好多泡泡，还添加了水草、小虾，画好后，还涂上了颜色。

画好后，他立刻拿着画告诉姐姐："姐姐，你看，这是我画的鱼儿游啊游，妈妈说很好看，你看好看吗？"

七月的画：

妈妈的话：

对于七月依赖别人的性格，我们作为家长也总在思考：是不是带他出去少了，接触外界少，所以导致他依赖性强，性格胆小，我和七月爸爸也经常讨论，要给予他更多的亲子时间，带他多看、多听、多说。

（六）给小鱼找个伴（2022 年 3 月 21 日）

今天来到了外婆家，外婆用网从水塘里捞了一些小龙虾，七月蹲在地上看着虾子爬行，就决定把虾子带回到家里和小鱼做伴。外婆拗不过他，用一个袋子装了两只小龙虾给他带着。他看了看，立刻把袋子扔了，自己跑到纸盒旁找了个矿泉水瓶来，他害怕小龙虾夹手，就让外婆帮她，外婆假装生气，问他为什么把袋子扔了，他一边晃着瓶子一边说："袋子软软的，龙虾还没到家就把袋子夹破了。我找个瓶子把虾子放进去，它们不就不会把瓶子夹坏掉嘛。"说完，他又去找剪刀。外婆问他拿剪刀干什么，他回答说："给龙虾一点空气呀，不然会闷死掉的。"就这样，他指挥外婆用剪刀在瓶子上戳洞，盖子上一个，底部一个，抱着瓶子一刻也不松手地带到了家里。他一边走一边说："小龙虾，等会儿你要和我的小鱼做朋友了，开心吗？我很开心哦，小鱼终于有小伙伴了！姐姐，是不是？"一回到家里，他就迫不及待地把小龙虾倒进鱼缸里。倒完之后还数一数龙虾的只数和小鱼的数量。

过了一会儿小鱼缸里的动静有些大，小金鱼们到处游来游去，小龙虾们也张开大钳子在鱼缸底部"横行霸道"。七月看了看说："是不是小鱼不喜欢虾子呢？还是鱼缸太小了，不够它们游泳呢？"说完他到卫生间去拿了一个盆，然后用网兜把小金鱼和小龙虾都捞出来放到盆里。刚把小鱼放到盆里时，他看了看盆说："哦，不对，盆里没有放水，小龙虾没有水不要紧，小金鱼一定不能离开水，离开水就会死掉的……"说完又端着盆去接水。淋浴间的水龙头有些高，他够不着，他便拿着摆放在龙头上面的花洒把水龙头顶开。当水出来的时候他笑了笑说："原来我也蛮聪明的嘛。”接好水后他又用同样的方法把水龙头关上，喃喃地说：“关水龙头要比开水龙头难多了。”他端着装好水的盆走到鱼缸面前，用小鱼网把小鱼和小龙虾分别捞出来，捞出来之后又说：“小鱼和小龙虾能不能放在一起养呢？”

看了一会儿之后他又跑到卫生间去拿了一个盆装好水，一边走一边说：“这一次我想到了一个特别好的办法，就是把它们分开来养，这样不就不打架了吗？”想了一会儿又说：“那小鱼不就又没有朋友了吗？”说完继续看着盆里的小鱼。

他让我买一个大一点的鱼缸，这样虾子和鱼就能自由自在地在鱼缸里游来游去了。小鱼有小伙伴了，小龙虾也有小伙伴了，不是吗？

晚上，他听完睡前故事，突然爬起来对我说：“哦，对了，妈妈，我们还没有买鱼缸呢？我们一起在网上看看吧！”我说：“睡觉了，灯都关掉了，明天再看行吗？”他点点头，嘴上还说：“哎，那好吧，明天可不能忘记哦！”

七月的画：

妈妈的话：

在给小鱼找伙伴的过程中，他觉得龙虾也是在水里的，于是就把龙虾放进鱼缸里和小鱼做伴。但因为鱼缸有些小，鱼和虾的活动空间也小，不免会互相碰着，会有些小“冲突”。为此他又有了新的想法，买个大点的鱼缸，那样小鱼和龙虾会各自游来游去。

（七）给小金鱼增氧（2022年3月31日）

七月：“妈妈，妈妈，我在网上看过赶海视频，那些从海里抓回来的小鱼会不会死掉呀？他们离开了水要怎么活下去呢？”

妈妈：“上次你不是跟我去过菜场吗？你看到卖鱼的那里除了有鱼、有盆、有水，还看见了什么？你当时问我的。”

七月：“就是当时那个吹泡泡机吗？我们幼儿园的小一班也有哦，我们老师也把它放在养鱼的水里，为什么要放这个呢？”

妈妈："为了给小鱼增氧，让小鱼们多多吸收氧分，那样小鱼们的存活率就高了呀。"

七月："哦，原来是这样的呀，我知道了。我们也给小鱼增个氧吧。可是，增氧的这个是从哪里来的呢？不行就把我们班的借来用一用？"

看着七月陷入了"沉思"，我提议用身边的废旧瓶子、管子做一个水循环系统。怎么做呢？我们通过网络搜索、询问有经验的人，然后根据视频的步骤做出了一款极其简易的水循环鱼缸。在做的过程中我们浪费了一些瓶子，同时了解到使用胶枪时也要注意安全。七月："这是一个小巧简单的系统，过一段时间我们还可以做一个更大更高级的循环系统，妈妈可以吗？"

七月的画：

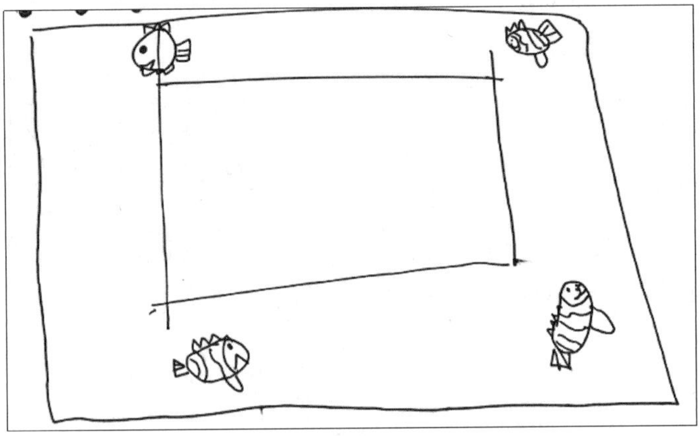

妈妈的话：

当简单的水循环系统完工后，七月的脸上露出了惊呆的表情，真的没想到水会被吸上来然后流下去。当亲手制作、亲身体验了，七月才能感受到实验、操作带来的快乐。和孩子一起亲子制作，我也感到满足、感到欣慰：满足的是我们之间的亲子情增进了，欣慰的是他能够把对小鱼的耐心转移到学习中。

（八）大鱼缸（2022 年 4 月 1 日）

前一天我们说好第二天买鱼缸，小朋友一早就醒了，盯着要我买鱼缸，还一直比划着要多大的。看我盯着他看，他又下床穿好鞋子去客厅柜子里找出了卷尺：“妈妈，你看，就拿这个量我的手臂，就这么大，你量一量有多‘大’？”说着他把手张开等着我量，于是我拿着卷尺开始量他的手臂。他边看边有些担心：“你小心点，别‘挖’到你的手和我的手呀。”说完，还看了看我手里的卷尺。收好卷尺后，我俩就在网上查询购买。当看到和我们家之前差不多的鱼缸时，他让我停了下来，让我点进去看一看，然后根据刚才量的尺寸下单，下单后没有让我立即购买，而是顺道看了看店家里的其他辅助物品，小石子、小水草等，一起选好后才说：“好了，妈妈付钱吧！”

就这样，他一直期待大鱼缸的到来，每次一有快递就急着要去拿快递。当真正到来的时候，他又拿不动了。七月想让姐姐和他一起抬回家，因为是玻璃器皿，最后我们决定等爸爸回来的时候把它搬回家。到家拆开后，他看见透明的鱼缸，开心地鼓起了掌，还不忘喊姐姐来，和姐姐一起分享快乐。

七月的画：

妈妈的话：

七月在不认识数字的情况下，由我把数字读出来给他听，对于数字大小、多少的概念他还不懂，于是我跟着他描述的意思，在网上找了接近他手臂长短同时又适合摆放的大鱼缸。除了选购鱼缸，在网店里他还选了一些水草、石子等营造小景氛围的辅助材料。现在网购是再平常不过的了，购买鱼缸的全过程都有他的参与，这也为他日后的生活学习作了铺垫。

（九）虾吃鱼（2022 年 4 月 25 日）

大鱼缸里的鱼儿们、小龙虾们在水里游来游去。一天早上，我发现一条黑色小金鱼死了，当时没有处理，想等七月来发现、处理。后来遇到急事，七月起床后我们就出门了，等到我们晚上回家，七月来到鱼缸边突然大喊起来："不好了，龙虾吃小鱼了！"我们走近一看，只见金鱼只剩下半个身体在鱼缸里了，"妈妈，姐姐，你们快来看，小龙虾把小金鱼吃掉了，我们赶紧把小龙虾换走吧。"说完之后，他立刻跑到卫生间去拿盆，用小网把小龙虾捞出来，一边捞一边说："哼，你这个坏家伙，居然把小金鱼给吃了，太坏了，我不喜欢你们了。"

七月的画：

妈妈的话：

当他发现小龙虾把死掉的小金鱼吃掉后最快的反应就是把它们分开。当时他并不知道小金鱼已经死掉了，第一反应是拿工具把小龙虾捞出，让小金鱼们在鱼缸里游来游去。在这之后我和他以及姐姐一起分析小金鱼是不是被小龙虾夹死并吃掉的，我把我的发现告诉了他们，但我也不确定小金鱼的死是因为鱼缸缺氧还是被小龙虾夹死的，这有赖于我们在后期的观察中再发现。

（十）嘚瑟的七月传授经验（2022 年 5 月 2 日）

这一天，七月的表妹糯米到我们家来玩，她一眼就看到了鱼缸里的小金鱼。她走到七月面前说：“七月，你家也有小金鱼呀？我家的小金鱼都死掉了。”七月说：“是呀，你数数有几条，这是我和我爸爸一起去卖金鱼的地方买的，以前和我妈妈一起买的也死掉了，可能是鱼缸太小了。糯米你看，我养的鱼好不好看？这五条鱼每一条都不一样，都是我选的。我选的有六条呢，我指一条，卖鱼的叔叔就帮我捞一条，但是买回来第二天就死掉一条了，妈妈说可能是我喂食喂多了，我每天都会跟它们玩，还喂食物给它们吃。你家的鱼是不是没有喂食物，所以死掉了呀？”小糯米说：“七月，我每天也喂食物给它们吃，每天都和它们玩，用小渔网捞它们，也给它们换水的。”“那是怎么回事呢？怎么会死掉的呢？”七月转身走到舅妈面前，“舅妈，舅妈，你们家的小鱼是怎么死掉的？是不是没有照顾好它们呀？”舅妈告诉他：“小鱼缸有些小，鱼有点多，加上水质不好，所以小金鱼都死掉了。”他听了后说：“原来是这样呀。”随后又跟糯米说：“糯米，我们每次换水前，先把水接好放一放，然后再换的，下次你知道了吧。可以让你妈妈再给你买小金鱼，我们一起养。”舅妈跟他开玩笑：“七月，送两条小鱼给糯米带回家，好不好？”这时候的七月立刻用身体挡住了鱼缸，别过头对舅妈说：“舅妈，你自己帮糯米买，这是我爸爸给我买的。我养了好长时间了。可以让我爸爸带你们去买，真的。那个叔叔家好多鱼的，有大的有小的，还有像鳄鱼一样的鱼，但是比鳄鱼小很多，它们都是吸在玻璃缸上的。糯米，下次带你去看？”糯米看着七月点点头。

七月的画：

妈妈的话：

今天七月的表妹来家里做客，看到了鱼缸里的小鱼，七月就在表妹糯米的面前介绍他的养鱼经验，脸上露出自豪的表情。等糯米回去之后，我和七月交谈，告诉他把经验告诉妹妹非常好，和妹妹一起养金鱼的想法也很好，有趣的事情可以和亲戚、朋友一起分享，一个人快乐，大家也跟着快乐，是更好的。

在和糯米交流的时候，七月俨然是个“哥哥”的角色，虽然和糯米只相差一个月，但是上学和没有上学还是有区别的，七月是在8月底出生的，糯米是9月底出生的。七月在交流中有自己的想法，不会因别人的“干扰”而影响自己的想法，这一点还是值得肯定的。但当别人跟他索要金鱼时，他“用身体挡住鱼缸”的行为惊到了在场的人，大人认为以他的年龄不会做出这样的事情，而孩子是天真烂漫的，想法也是天马行空的。我对他的做法感到欣慰，珍惜自己的“劳动”成果，珍惜和小金鱼在一起没有什么不对的。

（十一）网购风波（2022年6月12日）

搬家惹祸——鱼缸碎了

在养鱼的过程中我们搬家了，鱼缸也因磕磕碰碰被打碎了。怎么办呢？七月提议：“我们在网上买一个鱼缸吧，经老师班上的鱼缸就是他自己在网上买的，有一次放学我看见他的快递了，他拆开了就是一个方形的鱼缸，还有另外一个东西，很大很大。”于是我就追问：“买个什么样的鱼缸呢？”他立刻回答：“像经老师的那个不就行了吗？”我又随机抛问：“我又没有看过经老师买的鱼缸，我怎么知道呢？”他说：“你把网打开，我来看，要看鱼缸的样子。”随即，我俩头靠头一起在网上搜索相关资料，看到合适的我们会一起惊喜，遇到意见不统一的他会想法子说服我，于是这场“网购”在和谐声中“搞定”了。

继续网购——小鱼苗（品种：孔雀鱼）

我原以为网购鱼缸已经成功了，实际上并没有结束，七月还有更多的想法：“妈妈，鱼缸买好了，是不是还得买几条小鱼，鱼缸太大了，只有几条小金鱼太孤单了……”说着就嚷嚷着让我买鱼。于是我们开启了网购小鱼的经历。“妈妈，我们进去看一看她家还有什么鱼吧。说不定有我们俩都想要的。”七月说道，于是我按照他的意思点进去了：“哇，好美的鱼尾巴呀，你看你看，还是彩色的，它们的尾巴像小扇子一样，简直太漂亮了吧！”看了半天，他说：“我们就买这种的吧，这种叫什么鱼呀？”在得知是孔雀鱼时，他得意地说：“看，我就知道吧，就是孔雀一样的鱼。”

于是我们的意见又达成了一致，那么买多少条呢？孔雀鱼要怎么养？这又是一个新的问题。随后他说：“我们先买吧，买好了我们再看看孔雀鱼怎么养。”

我说：“买几条呢？”

他说："多买几条吧！"

我说："我们数数吧，你能数到几我们就买几条。"他一直数到了14，于是我们就花了9.9元买了15条。

接下来几天，一下班回家他就会问："妈妈，我的孔雀鱼到了吗？"在期盼中，我们的"货"到了，我检查了一下鱼的存活率，因为是热天，有两条已经死亡，但是我并没有打开来，而是下班后带回家，让七月和姐姐一起拆开。刚一到家，七月的眼睛都弯了起来，他从我手里接过快递盒，迫不及待地打开盖子，一下子惊叫起来："哇，妈妈，真的是孔雀鱼哎，妈妈，你真好！"我把快递盒给他俩之后故意去厨房做饭，他和姐姐默不作声地把袋子拆开，刚一拆开，袋子里的水就漏了出来，他急得大喊："妈妈，妈妈。你快来，孔雀鱼的水翻掉了，快来帮我们一下。"我当作没有听见，仍然让他们自己处理，并悄悄在一旁看着他们怎么把孔雀鱼放进鱼缸里。抹布、面纸、塑料鱼缸……他们把各种工具全都用上了，几分钟后孔雀鱼们一个个在水里欢快地游来游去。

孔雀鱼的数量：

七月看到小鱼们在水里游得很欢，就两手趴扶在桌上，把小脸蛋"压"在两只手的手背上，眼睛盯着鱼缸里的孔雀鱼。当他数鱼的数量时，怎么也数不过来。数一下鱼儿就游了过来，再在旁边数一下鱼儿又游了过去。

"哎呀，哎呀，妈妈我怎么数不通到底有多少小的孔雀鱼呀？哎，我还是让姐姐帮我数吧。孔雀鱼们太调皮了。"说完去喊姐姐了。他们俩换水的时候边捞边数数量。每天他都会在鱼缸面前呆上许久，看看小鱼们的动态，看看它们游泳的样子、吃食的样子……有时也会把手伸出来学学小鱼游泳的样子。

孔雀鱼的雌雄：

金鱼不会看雌雄，孔雀鱼能一眼就认出雌雄吗？因为之前网购时视频里介绍孔雀鱼会生宝宝，要数量均衡才行。哪些是孔雀鱼爸爸，哪些是孔雀鱼妈妈呢？这应该也难不倒强大的网络，在网上查阅了相关资料，结合视频讲解和图片信息我们了解到：公鱼看上去要比母鱼小一点，从臀鳍上看，公鱼的臀鳍很长，而母鱼的臀鳍打开来像个小三角之类的……这个对七月来说有些困难，最简单的方法是从大小上来辨认。一般来说公鱼比母鱼小一些。在知道了这个知识后，七月就一直在鱼缸旁看："哎，妈妈，妈妈。你看，这一条是公鱼，它比这条鱼小很多。"他边说还边用手指着鱼缸里的鱼。

七月的画：

妈妈的话：

在买鱼缸的过程中，我也是在学习的，第一不知道买什么样的鱼缸，之前的鱼缸一直是家里闲置的；第二鱼缸买多大合适，便于换水吗？便于清洗吗？……于是我和七月在购买前也查了一些网络资料，结合网络资料我们选择了一款带有净化系统的长方形透明玻璃鱼缸，买回来之后我用尺子量了量长度和宽度，想要潜移默化地让七月初步感知测量方法及以正确的读数过程。虽然他现在上小班，但用不同的物品替代测量对他而言是可行的，比如用他的玩具、用他的衣服等等。养了一段时间的小鱼后，他发现鱼缸有些脏，于是主动换水。

在网购小鱼的过程中我们俩各自都有自己的想法，我想的是换个品种养一养，他的想法是图片上的鱼好看就行，于是我们采用了折中的方法——各自说出原因，而后他认为我说的比较合理，就同意了我的想法。我们也结合了姐姐的想法，借此让他知道养鱼并不是他一个人的事。

在确定买鱼的数量时，我还真害怕他往大数上数，因为他能正确数到 20，然后到整数时经提示后能数出 60—100，当他数到 10 的时候我捏了把汗，后来他越数越慢，越数越慢，到了 14 停了下来。我问他为什么不数了，他说再数的话就越来越多，鱼缸装不下了，他以为鱼会很大。

当他数数时小鱼在鱼缸里游来游去，我也以为他会不耐烦。谁知他并没有发脾气，他只是“哎”了一声。这一声“哎”涵盖了一些“意思”——有一种想发火却不好意思发火的意思，也有一种“算了吧，还是找人帮忙”的意思。我想，不管什么意思，最大的进步是他变得有耐心了，没有因为这件事闹脾气。

亲子养鱼感悟：

从七月有了基本的认知后，我们的家里就有了小动物——小乌龟、小金鱼、小兔子等。但他对小鱼的热爱远远超过了其他的小动物，因为他们班上也在饲养着小鱼。在他会走路时，家里买了一只巴西龟，那时候“不知天高地厚”的他拿着小乌龟到处跑，一会儿把小乌龟扔在旁边不管，一会儿当成玩具，唯独看见小鱼能安静很长一段时间。在卖小鱼的那里，他能看很久，关注它们的颜色、大小等等。

在和七月养小金鱼的日子里，我们一起给小金鱼换水，一起喂小金鱼鱼食，一起给它们换鱼缸、增添小景、制作水循环系统……美好的景象好似昨天。

在饲养小鱼的过程中，我尽量让他自己动手，做力所能及的事情，想办法解决自己需要解决的问题，真正解决不了需要帮助时，我再给予一些适当的帮助。就说买鱼缸，因为缺乏一些制作鱼缸的经验和工具，我们就在网上买了一个现成的鱼缸，虽然是买的现成的鱼缸，但小朋友了解到了一个新的采购“渠道”——网购。现在的科技发达，孩子的认知水平也在进步，我们小时候的老一套已适用于当下。当鱼缸在路上时，他每天都在等：“是不是我的鱼缸到货了？是不是到菜鸟驿站了。”……当鱼缸真正到家的那一刻，他的惊喜和开心是发自内心的。当发现鱼缸里的鱼缺氧死亡时，他又会想到科学小实验——制作水循环系统，给鱼儿增加氧分。当安装好后他又迫不及待地把小鱼们捞进大鱼缸里，这不正是他所要发展的技能吗？通过喂养小鱼，我发现七月真的长大了，他对待一件事时能够持之以恒，也有了一些责任感。给小鱼喂食需要定量，他知道用老师教过的知识（面霜的勺子）喂少许的鱼食给小鱼们。当给小鱼换水时，他知道要先把小鱼捞出放在有水无油的盆里，然后再去拿水（还知道前一天要提前把水接好静置）倒入小鱼缸里。当换了大鱼缸之后鱼缸端不动，换水时他又想到了别的办法，用舀子把水舀出来，对于剩下没有舀干净的水他想到用吸水性较好的洗脸巾吸水，然后进行装水，整个过程井然有序。

喂养的过程中，我们通过饲养劳动增进了亲子之间的感情，他对我无话不说，有的时候还抢着帮我做他能做的事情，把“爱”挂在嘴边，我常常能够感受到他感性的一面。对姐姐的爱、对家人的爱、对小鱼及其他小动物的爱。在我们自己即将搬新家时，他还提议要把小鱼们带到新家去饲养。

养鱼的过程虽然一波三折，但带给我们的改变很大，每天爸爸回来也多了份“责任”——看看鱼儿在水里游来游去的样子。姐姐和弟弟一起喂食、一起看鱼儿游泳，可爱极了。一时间家里的氛围也十分的融洽，不再是各自忙各自的。

搬新家、买鱼缸、网购小鱼的过程也很精彩，他能够在饲养小鱼的过程中为他人考虑、为小鱼考虑，能够真正关心和爱护小鱼；当网购孔雀鱼之后，他把更多的注意力放在了饲养方法上，因为孔雀鱼是热带鱼，在我们的家里第一次饲养。在这个过程中，他的专注力自然而然地得到了发展。他的最大收获是体验了养鱼的不同经历，也获得了一些知识，在快乐中学习，在体验中成长。

我们在家庭养小鱼的路上越走越远，从养小金鱼开始—做循环系统—网购小鱼—制作鱼食—网上买菜—辨别公母等等，我们从养鱼“小白”逐步成长为“行家”，不说逆袭成功，但也有成长的痕迹。从经历到经过，从经过到收获，一点一滴都有参与的痕迹。中途有小鱼死掉，我觉得这是生命的轮回，也要让孩子适当知道“死亡”一词的含义。然而在我告诉他死亡的意义时，小家伙却一脸认真地告诉我们，其实他知道死亡，就像他的外公，他的认知是外公到了很远的地方看着他、保护着他。当他说出这些话的时候，我既感动又欣慰：这么点小小的人儿，居然也能懂得人间的“悲欢离合”。

我和孩子一起饲养小动物的过程中，最大的感悟是虽然我的孩子在农村幼儿园就读，但农村幼儿园有其独特的优势，地方大，资源多，最值得高兴的是老师们给了孩子们更多的自主学习机会，让他们自由发现探索，让他们在快乐中成长，在游戏中学习。老师们给我最深的印象是他们的观念改变了很多，让孩子在前，让孩子去探索，教师在后给予一定的支持。七月在上了学之后的改变是可喜的，刚开始入园时，闹脾气、哭闹的现象每天都在上演，渐渐地越来越好、越来越好。所以我觉得我们作为家长也应该放手、放下手机陪伴孩子一起体验、一起游戏、一起学习、一起成长！

疫情的影响让家长们进不了幼儿园，但我们能通过微信群、QQ 群等形式了解孩子们在园的状态：喂养兔子，喂蜗牛、鹦鹉、鸽子……他们的每一步成长都离不开老师的辛勤教导。我的孩子也在饲养中有很大的收获：责任、坚持、热爱、学习……

我将和我的孩子继续饲养小鱼们和其他的小动物，继续记录和它们发生的有趣的故事……

教师分析：

七月的父母是非常有教育智慧的父母，他们能够将老师传递的饲养劳动的理念落地在家庭中，整个饲养故事中主要展现的是孩子的发展轨迹，但是所有活动背后都有家长的支持，因为家长对于饲养劳动重要性的认可，才有了后来所有的故事发生：从七月买鱼到饲养小鱼，照顾小鱼以及后期的换大鱼缸，再到向表妹介绍饲养小鱼的方法等等，在持续半年的喂养、记录过程中，我们看到了家长的坚持与好学，看到了劳动给所有人带来的成长。

1. 幼儿能力的习得

饲养劳动无疑需要付出艰辛的劳动，而且要能够一直坚持下去。结合《指南》小班幼儿年龄特点来看，七月喜欢小动物，在饲养小鱼过程中，从爱发脾气到渐渐地控制住自己的小脾气，一次次的失败后他并没有气馁，从刚开始的打算放弃到后来的持之以恒，这是一种难能可贵的责任意识在萌发，是一种坚持不懈的品质在养成。纵观整个饲养过程，七月能够认真负责地完成自己所接受的任务，也愿意和家人一起做事、游戏：设计规划图、设计水循环系统装置，遇到问题想办法解决；帮小鱼洗刷鱼缸，了解小鱼们的食物，知道小鱼也是可以吃藻类的等，他的探究能力在这些过程中不断提升。

在记录与表征过程中，他的数概念、绘画水平以及语言表达能力等都得到了很好的提升，这就是劳动能够带来综合能力提升的最佳表现。

2. 亲子关系更加融洽

在家庭饲养活动中，我们看到了七月和爸爸、妈妈、姐姐一起全家总动员饲养小鱼，给鱼缸换水、造景……他们彼此成就，互相鼓励，相互影响，从而他们的家庭关系更加融洽、和谐。饲养小鱼成为全家人共同关注的事情，在劳动中，他们收获了幸福与快乐，同时对于责任与担当也有了更深的理解。

3. 伙伴间的影响增强

七月在饲养小鱼过程中，个人社会性发展也有了一定的进步。他不仅喜欢并主动照顾家里的小动物，而且也愿意饲养和照顾幼儿园饲养园里的小动物，他把小动物当成了自己生活的一部分，他愿意和同伴一起打扫棚舍、清洗喂食工具、按类别摆放劳动工具……七月的这些认知与行为也深深影响着他的伙伴，他主动建构的经验在班集体的互动中，潜移默化地影响与引领着身边的伙伴，成为大家共同成长的动力之一。通过饲养活动他们一起了解小动物的生活习性，探索动物与环境、与人的各种关系。他们知道每一种工具都有各自的用途，知道选择合适的打扫工具进行劳动，他们一起在愉快的饲养活动中掌握了劳动的技能，养成了爱劳动的品质。

这是七月在幼儿园的第一个家庭饲养劳动故事，在以后的中班、大班将会有更多、更有趣的饲养小故事生发出来，我相信在饲养劳动过程中收获成长的将不仅仅是七月。这个故事值得被记录，更值得被分享，让更多的家庭加入到饲养劳动中来！

后　　记

二圣中心幼儿园是一所有着四十多年办园历史的公办幼儿园，在前二十年里主要的办园目标是解放农村劳动力，因此幼儿园提供的是看护式保育教育，还谈不上质量与发展。

我在这所幼儿园工作了二十余年，见证了幼儿园从规范办园开始一步步走向内涵发展。2010 年我接任园长一职，那时我憧憬过幼儿园的美好未来，也规划过自己的发展方向，但是在这些规划里面没有深度研究以及经验出版推广这一条。不仅那时没有，五年前的我也没有往这方面想过。这不是我坐井观天，而是在幼儿园二十多年的发展过程中，我见证了它从蛰伏到崛起，而今又不可避免地走向萎缩。城市化进程和乡镇布局调整的加快，导致幼儿园所处区域内的常住人口锐减，幼儿园近五年以每年一个班的规模在缩减。幼儿园因地处城郊，教师流动性也极强，符合调动条件的教师都进城了，虽然每年也有新教师补充进来，但是这样的现状决定了我们每年都在大力培养新教师，幼儿园三年以内教龄教师占一半。这样的师生状况，让我不敢有太深入的规划。我做的最多的就是与小伙伴们一起以教师队伍建设为抓手，一点一滴积累幼儿园的内涵，做着自己认为对孩子、对老师有益的事情。

都说挑战与机遇并存，2017 年对于我们来说就是如此。那一场江苏省课程游戏化深度推进现场会让我们感受到拔节的疼痛，也让我们因为这一场会议能与虞永平教授结缘，在幼儿园工程狼藉一片的时候，在幼儿园重新归零的时候，我们得到了最好的资源，站在了巨人的肩头，于是不知不觉就开启了加速度的奔跑模式。

幼儿园环境越来越接近自然生态，资源越来越丰富，教师观念不断转变，园本课程、班本课程也越来越生动。这些改变让我们能够加入到“劳动教育”研究团队中，开展饲养劳动实践研究。我们从梳理自身资源开始摸着石头过河，学习是必须的，虽然学前教育阶段的饲养劳动教育是一个全新的领域，没有现成的研究成果可以参考，但是先贤们的教育思想仍然给我们很多启发：陈鹤琴先生对于劳动环境的重视，陶行知先生“在劳力上劳心”的“教学做合一”的理念，苏霍姆林斯基对于劳动教育的系统阐述，蒙台梭利早期教育法中对于农业劳动的强调……尤其是在虞永平教授、刘颖副教授领衔的课题组团队的带领下，我们从热闹中逐步走入门道，以一种责任与使命的担当，潜心实践研究，在一次次的课题交流与反馈中，逐渐有了总结本书经验的勇气与底气。

从 2019 年加入课题组以来，我们面临过很多挑战，尤其是在疫情大背景下，社会对于幼儿园饲养动物提出了异议，但是我们内心从未动摇，我们理智地认识到：这不是对课题研究的阻碍，而是对课题研究的推进，这是需要我们用专业的认知与实践向社会交出一份答卷的时刻，同时我们有责任让研究更加深入与全面。这三年疫情期间，学生来来去去，教师进进出出，但是我们课题研究的脉络与线索没有中断，反而越来越清晰。当我们把所有的线索整理后，饲养劳动教育的课程框架也逐渐显现出来。

“白日不到处，青春恰自来。苔花如米小，也学牡丹开。”对于二圣中心幼儿园来说，如果现在它有如同牡丹盛开的姿态，那首先要感谢关心与支持我们的专家与领导，感谢虞永平教授及其团队给予我们在课程建设方面的引领与帮助，感谢镇江市教研室王兰老师在我们课题总结阶段的出谋划策，感谢句容市教育局孔庆俊副局长在我们遇到困境时的倾力相助，感谢句容市教师发展中心前副主任黄铁生老师在研究过程中的深入指导，感谢句容市教育局学前科孙建霞科长、句容市教师发展中心学前科杨华俊副主任及吴玉娥科长的陪伴，感谢在本课题研究中劳力劳心的教师们，感谢家长朋友们的信任与支持，感谢在课题总结阶段不畏酷暑、坚持到底的小伙伴们，他们是：丁美婷、桂国青、经浩、孟珊珊、徐婷、阴玉婷、张贤青、张蓉，感谢为小如苔花的二圣中心幼儿园发展做出贡献的所有人。我们将牢记肩上的责任与使命，坚持学习、潜心研究，为留守一方的孩子与家长做出自己的一份努力，为学前教育的发展贡献自己绵薄的力量。2023 年 8 月，二圣中心幼儿园因办学规模太小撤除编制，并入到后白镇中心幼儿园，成为一所分园。这一次我们将以分园为起点，在已有研究经验的基础上，点燃整个后白镇范围内学前教育饲养劳动乃至劳动教育的深度研究之火。

因一线教师团队还很年轻，水平、能力有限，总结的经验不免有稚拙之感，敬请各位同仁批评指正！

陈小娟

2023 年 9 月